Karin Haß

Mein Dorf in Sibirien

Die Liebe und der Krieg

Von Karin Haß erschienen bisher:

ISBN: 978-3-937431-61-1,
ca. 232 S., 60 Fotos, geb.
19,90 €

ISBN: 978-3-937431-77-2,
ca. 216 S., 50 Fotos, geb.
19,90 €

ISBN: 978-3-946324-21-8,
ca. 246 S., 80 Fotos, geb.
19,90 €

Impressum

Herausgeber:
cw Nordwest Media Verlagsgesellschaft mbH • Am Lustgarten 1 • 23936 Grevesmühlen
Tel./Fax: 03881/2339 • info@nwm-verlag.de • www.nwm-verlag.de

Autorin: Karin Haß
1. Auflage 2024
Titelfoto: Karin Haß
Lektorat: Anja Sieber

Gesamtherstellung:
cw Nordwest Media Verlag
Erscheint unter dem Label: FOX

ISBN: 978-3-946324-69-0

Karin Haß

Mein Dorf in Sibirien

Die Liebe und der Krieg

Für meine Enkel Levi, Birk, Kim und Kilian

Ich fühlte mich immer hin- und hergerissen zwischen der Liebe zu ihnen und meiner Tochter und der Liebe zu meinem Mann und Sibirien.
An meinem Aufenthalt in Sibirien bedaure ich nur, dass ich dadurch so wenig Zeit mit meinen Enkeln verbringen konnte.

Inhalt

Prolog

Nun lebe ich schon das 16. Jahr in Srednjaja Oljokma, dem kleinen Dorf in der Taiga, das mir zur zweiten Heimat geworden ist. Langweilig wurde es mir nie an diesem abgeschiedenen Ort, über dessen Lage und Einwohner ich schon in „Fremde Heimat Sibirien“, „Bärenspeck mit Pfeffer“ und „Alles normalno“ autobiografisch und chronologisch berichtet habe.

Wir alle möchten behalten, was uns lieb und angenehm ist, und leiden unter Veränderungen, die unseren Wünschen widersprechen. Doch das Leben ist wie ein Fluss, der manchmal ruhig durch schöne Landschaften fließt, ein anderes Mal Strudel und Untiefen aufweist, die wir umschiffen müssen, oder gar zum reißenden Gewässer wird, mit vielen Verwirbelungen, denen wir hilflos ausgesetzt sind.

Obwohl unser Taigadorf durch das Fehlen einer Straße in die Zivilisation isoliert erscheint, bleibt es nicht unberührt vom Wandel und den Geschehnissen in Russland und der Welt. Und nicht zuletzt verändern sich ganz persönliche Lebensumstände und wir uns selbst – äußerlich und innerlich – ebenfalls.

Manche Änderungen in unserem Leben sind schmerzhaft, aber wir können sie auch als Chance begreifen.

Hermann Hesse schrieb in seinem Gedicht „Stufen“:

Wie jede Blüte welkt und jede Jugend dem Alter weicht,
blüht jede Lebensstufe, blüht jede Weisheit auch
und jede Tugend zu ihrer Zeit und darf nicht ewig dauern.
Es muss das Herz bei jedem Lebensrufe
bereit zum Abschied sein und Neubeginne,
um sich in Tapferkeit und ohne Trauern
in andre, neue Bindungen zu geben.
Und jedem Anfang wohnt ein Zauber inne,
der uns beschützt und der uns hilft, zu leben.

In jedem Leben, so auch in meinem, gibt es Abschiede und Neubeginn. Dieses Buch handelt davon und dem Umgang damit.

Rückkehr nach Sibirien

Was beim Papst als große Geste gilt, würde bei mir verschroben wirken und wäre wohl auch ein ganz klein wenig übertrieben. Also verzichte ich darauf, niederzuknien und die sibirische Erde zu küssen. Heute ist der 19. Mai 2021. Die Coronapandemie und die damit verbundenen Einschränkungen haben nach einem geplanten, längeren Deutschlandaufenthalt die Rückreise nach Russland verhindert. Nach anderthalb Jahren betrete ich endlich wieder russischen Boden. Auch jetzt ist die Pandemie weder in Deutschland noch in Russland beendet, doch Reisen sind wieder möglich. In Deutschland werden die Infiziertenzahlen mit einer durchschnittlichen Inzidenz von 72 als immer noch relativ hoch angesehen. Alle nicht lebenswichtigen Geschäfte sind geschlossen, genauso wie Restaurants, Sport- und Kulturstätten. Darüber hinaus besteht Masken- und Abstandspflicht, teilweise auch im Freien. Da ich wegen nicht ausreichenden Impfstoffs bisher nur die erste Schutzimpfung erhalten konnte, besteht zwar ein Risiko, schließlich in Russland an Corona zu erkranken, doch die Sehnsucht nach meinem Mann und dem stillen Dorf in der Taiga sind stärker als alle Bedenken. Zudem bin ich dieses Mal sogar froh, Deutschland zu verlassen. Nicht nur sie, aber auch die Coronakrise hat wie ein Scheinwerfer die Unfähigkeit und Unwilligkeit der maßgeblichen Politiker in Deutschland beleuchtet, die in vielen Bereichen gravierenden Mängel abzustellen und effektivere Strukturen auf Bundes- und Landesebenen zu schaffen.

Beim Einchecken zum Flug nach Russland muss ich einen negativen PCR-Test vorweisen, der nicht älter als 72 Stunden sein darf. Ich nehme an, dass das für alle Fluggäste in der Maschine gilt, aber kurz vor der Landung in Moskau sehe ich, dass viele Passagiere Formulare ausfüllen, die sie zuvor von der Stewardess erhalten haben. Ich frage meine Nachbarin, warum sie ein Formular ausfüllen muss. Sie erklärt mir, nur Ausländer mussten einen PCR-Test machen. Passagiere mit russischem Pass müssen lediglich erklären, wo sie sich in Russland aufhalten werden. Ich versäume zu fragen, ob sie sich dort in Quarantäne begeben müssen, aber selbst, wenn es diese Bestimmung gäbe – wer wollte das kontrollieren?

Auf dem riesigen Moskauer Flughafen Sheretmetjewo fällt mir der lässige Umgang mit der auch dort angeordneten Maskenpflicht auf. Von zehn Fluggästen trägt maximal einer eine Maske korrekt über Nase und Mund, bei anderen hängt sie zur Dekoration um den Hals, sitzt lässig unter der Nase oder ist überhaupt nicht zu entdecken.

In Irkutsk holt mich mein Freund Schenja vom Flughafen ab, um mich zu seiner Mutter Natascha zu bringen, deren Gastfreundschaft ich wie immer genießen darf. Ich erzähle ihm, was ich in Moskau beobachtet habe und frage: „Habt ihr keine Angst davor, zu erkranken?“

Er zuckt unbestimmt mit den Schultern: „Wie das bei uns so ist. Man sagt ‚Nu ladno – na gut' und macht dann, was man will."

„Ihr Russen seid geborene Anarchisten", stelle ich fest. Schenja lacht.

Aus einer Welt voller Ängste kommend, steigert das meine Besorgnis bezüglich der dreißigstündigen Weiterreise mit der Transsib. Ich hatte mir zwar rechtzeitig von Schenja per Email ein elektronisches Bahnticket für einen Platz im Zweierabteil eines Schlafwagens schicken lassen, statt wie früher im Viererabteil zu fahren, aber das Zusammensein mit einer anderen, eventuell auch wechselnden Person über einen solch langen Zeitraum ist mir nicht geheuer. Da man nicht die ganze Zeit, auch während des Schlafs, eine Maske tragen kann, hatte ich gehofft, jeder müsse sich vor der Fahrt testen lassen, was aber nicht der Fall ist. Allerdings kontrollieren die Zugbegleiter vor dem Einstieg die Temperatur der Fahrgäste.

Mein Zug fährt die Strecke Moskau – Wladiwostok. Da der Rubelkurs seit Längerem extrem niedrig ist, bezahle ich für meine Fahrt von 1700 Kilometern Länge im Erste-Klasse-Abteil nur umgerechnet 136 Euro. Als ich den Waggon betrete, sehe ich, dass einige Abteile ganz leer und die anderen mit nur einer Person besetzt sind. Auch ich bin die ganze Fahrt allein im Abteil. Es ist ausgestattet mit Bettwäsche, Handtüchern, Kleiderbügeln und einem Beutel, in dem sich ein Paar Hausschlappen, Schuhanzieher, ein Pad für die Schuhreinigung, Reisezahnbürste und Zahnpasta, ein Stück Seife, ein Kamm und feuchte Hygienetücher befinden. Pro Fahrgast liegen einige tagesaktuelle Zeitungen zur Lektüre und zum Mitnehmen bereit. Dazu erhält man kostenlos nach Wunsch ein Frühstück oder ein warmes Mittagessen.

Ich fahre seit 15 Jahren jedes Jahr zweimal diese lange Strecke, nur mit einer einzigen Unterbrechung während der Pandemie. Bisher gab es lediglich einmal eine leichte Verspätung von 20 Minuten, obwohl neben den fast kilometerlangen Passagierzügen viele nicht enden wollende Güterzüge in beiden Richtungen verkehren.

In jedem Waggon gibt es zwei Zugbegleiter, die sich in Nacht- und Tagschicht abwechseln. An den Haltestationen öffnen sie die Türen und kontrollieren, ob die Namen und Passnummern der einsteigenden Fahrgäste mit dem Ausdruck auf der Fahrkarte übereinstimmen. Ohne diese Angaben ist ein Fahrkartenkauf nicht möglich. Man kann es Überwachung nennen, aber da es der Sicherheit der Fahrgäste dient, darf man gern auch meinen Namen und die Passnummer wissen. Ein großes „Abenteuer", für das die Reise mit der Transsib in Deutschland gern gehalten wird, ist es nicht. Wenn man Abenteuer erleben will, sollte man lieber mit der Bundesbahn fahren.

Die Zugbegleiter sind für das Wohl und die Betreuung der Gäste zuständig. Bei ihnen kann man ein Teeglas ausleihen, kalte Getränke in Flaschen sowie Tee- und Kaffeebeutel erwerben. Außerdem getrocknete Nudel- und Kartoffelbreizubereitungen, die mit kochendem Wasser aus dem elektrischen Samowar im Gang aufgegossen werden. Der Speisewagen scheint unter den jetzigen Corona-Bestimmungen geschlossen zu sein, aber man kann beim Zugbegleiter Bestellungen aufgeben und bekommt Speisen und Getränke ins Abteil gebracht. Täglich staubsaugen die Zugbegleiter den Gang und die Abteile. Auch die Toiletten sind immer sauber. Unter solchen Bedingungen könnte ich die Fahrt noch länger aushalten – essen, trinken, schlafen, lesen und ein abwechslungsreiches am Fenster vorbeiziehendes Landschaftsprogramm.

Die Landschaft ist hügelig. Viele Hügel sind bedeckt mit pinkfarben blühenden Bagulnikstäuchern. Gelbe Blumen wachsen polsterförmig, setzen andere Farbakzente. Weiden und Sträucher sind schon hellgrün belaubt, und die Birken tragen erste zarte Blätter. Es muss viel geregnet haben. Auf den Wiesen stehen Wasserlachen und die Flüsse, an denen die Bahn entlangfährt, haben hohe Wasserstände. Mich überkommt wieder die Sehnsucht, wie früher mit Faltboot und Zelt auf unbekannten Flüssen wochenlang durch unbewohnte Landschaften zu paddeln. Am Himmel hängen dicke Wolkenbänke, durch deren Lücken manchmal die Sonne hindurch scheint und den grünen Bewuchs hell aufleuchten lässt. Dörfer mit den typischen Blockhäusern aus Holzstämmen, umgeben von großen Gemüsegärten, hübsche Bahngebäude und grasende Pferdeherden beleben hin und wieder das Bild.

Zwei Stunden vor meinem Ausstieg in Mogotscha fährt der Zug eine Weile durch dicht verschneites Gebiet, und ich sehe mich schon in meinen weißen Halbschühlein durch den Schnee stapfen. Zu meiner Erleichterung muss ich das nicht ausprobieren, denn in Mogotscha ist es zwar nass, aber schneefrei. Slawa erwartet mich auf dem Bahnsteig. Er hat sich in Schale geworfen, auch seine Goldkette fehlt nicht. Plötzlich kommen mir Bedenken: Um meine inzwischen zusätzlich entstandenen Falten zu kompensieren, hätte ich vielleicht doch mehr Wert auf äußeren Schick legen sollen? Aber nein, alles ist gut, er umarmt mich herzlich. Die lange Zeit der Trennung ist in diesem Augenblick wie weggeschmolzen.

Unser Freund Nikolaj wartet in seinem Jeep auf uns. Auch er nimmt mich in den Arm. Auf der Fahrt in sein Dorf Semnosjornyj, das 60 Kilometer östlich von Mogotscha an der Fernstraße von Moskau nach Wladiwostok liegt, fällt mir auf halber Strecke ein, dass ich mich bei der Innenbehörde in Mogotscha hätte registrieren lassen müssen, denn ich bin mit einem dreimonatigen Besuchervisum eingereist, weil meine für fünf Jahre befristete Aufenthaltsgenehmigung in einigen Tagen ausläuft. Dumm nur, dass heute Freitag ist und ich mit der Registrierung nun bis zum Montag warten muss. Dabei wollte ich doch möglichst schnell in unser Dorf weiterfahren.

Nikolaj und seine Frau Vera erzählen mir, dass sie sich beide, wie auch ihr nebenan wohnender Sohn und die Schwiegertochter, vor einigen Monaten mit Corona infiziert hatten. Vera musste wegen Atemproblemen sogar zehn Tage im Krankenhaus behandelt werden, während der zweieinhalbjährige Enkel gar nicht und die anderen Familienmitglieder nur leicht erkrankt waren. Auch Natascha und Schenja mit seiner Familie in Irkutsk hatten die Krankheit im März überstanden, glücklicherweise ohne größere Beschwerden. Für mich ist es eine Erleichterung, dass ich im Beisammensein mit ihnen guten Gewissens die Maske weglassen kann.

Vera versucht, ihren Enkel zu erziehen oder wenigstens zu beeinflussen. Sie redet ihm gut zu, Kartoffeln und Fleisch statt der auf dem Tisch stehenden Süßigkeiten zu essen. Er ist aber anderer Meinung und nascht weiter. Daraufhin sagt sie mehrmals vorwurfsvoll, er sei unartig, und das dürfe er doch nicht. Davon lässt er sich nicht beeindrucken. „Vera, dein Enkel hat jetzt gerade von dir gelernt, wie unwichtig es ist, was du sagst und dass er auf dich nicht zu hören braucht", lächle ich.

„Na ja, er tut mir leid", antwortet sie verlegen. Wahrscheinlich wollte Vera nur demonstrieren, was für eine verantwortungsvolle Oma sie ist. Weil sie aber selbst dauernd Gebäck und Süßigkeiten isst, bringt sie es nicht fertig, sie dem Enkel zu verwehren. Da wäre es dann aber besser, gar nichts zu sagen, denke ich bei mir.

Am Montag bin ich pünktlich beim Meldeamt und gehe davon aus, dass die Registrierung nur wenige Minuten dauern wird und ich schnell wieder draußen bin. Aber ich bekomme ein zweiseitiges Formular ausgehändigt und werde zu einem Büro geschickt, dass das korrekte Ausfüllen übernehmen soll. Ich muss über zwei Stunden warten, bis ich endlich an der Reihe bin und mit dem ausgefüllten Formular zurück zum Meldeamt gehen kann. Die Beamtin sieht im Computer, dass meine Aufenthaltsgenehmigung bald abläuft und veranlasst durch einen Anruf beim FSB in Tschita eine Verlängerung der Ablauffrist bis Ende Juni. Um im Anschluss daran eine weitere Aufenthaltsgenehmigung zu bekommen, müsse ich diese aber bis zum 26. Juni in Tschita beantragen, verschiedene Dokumente kopieren und in einer notariell beglaubigten Übersetzung vorlegen. Am liebsten würde ich mich nun sofort nach Tschita begeben, anstatt zunächst in unser Dorf und in vier Wochen wieder zurück nach Mogotscha und dann nach Tschita zu fahren. Das würde uns immerhin einen zusätzlichen Weg von 800 Kilometern und mindestens fünf Fahrtage ersparen.

Doch zu meiner Bestürzung überrascht mich Slawa mit der Mitteilung, er habe Schenka aus Mogotscha versprochen, dass er zwei Wochen Urlaub bei uns verbringen könne. Dieser warte nun darauf, dass wir mit ihm zusammen losfahren. Offensichtlich will Slawa sein Versprechen unbedingt einhalten. Na großartig, denke ich, nichts mit „trautes Heim, Glück allein". Slawa sieht mir die Ablehnung und Enttäuschung an und erklärt, es sei anders geplant gewesen.

Eigentlich wollte er Schenka schon Anfang Mai nach Eisaufbruch abholen und nach Mogotscha zurückbringen, wenn ich mit dem Zug ankomme. Aber beim Eisaufbruch seien auf dem Fluss Tungir durch sich aufstauende Eisblöcke kilometerlange Blockaden entstanden, die weit bis in den Mai hinein jede Fahrt verhindert hätten. Die Spuren dieses Ereignisses erkenne ich während der Fahrt ins Dorf dann auch sehr deutlich an den Ufern – die sich langsam durchpressenden Eisschollen haben die Rinde der Bäume bis tief ins Holz hinein abgeraspelt und helle, großflächige Wunden hinterlassen.

Das Wetter ist immer noch kalt und feucht. Auf der Bootsfahrt sitze ich – wie eine Schildkröte unbeweglich mit eingezogenem Hals – in einem Kokon aus winterlicher, warmer Kleidung, dicker Filzunterlage, Decke und Regenschutz. Dennoch kriechen Kälte und Feuchtigkeit allmählich durch alle Hüllen. Schenka im Bug und Slawa im Heck, wo er das Boot mit dem Motor steuert, sind dem Fahrtwind direkt ausgesetzt. Wir übernachten in einer Jagdhütte und kommen am nächsten Tag bei besserem Wetter – sogar die Sonne lässt sich ab und zu sehen – im Dorf an.

Mein Dorf an der Oljokma

Hausfrau im Taigadorf

Als ich das Haus betrete, bin ich angenehm überrascht, denn auf den ersten Blick sieht es ordentlich aus und der Fußboden ist sauber. Es liegt zwar eine gewisse Düsternis im Raum, aber das mag am fehlenden Sonnenschein liegen. Wenig später jedoch merke ich, dass Sonnenlicht lediglich eine Erklärung für die Düsternis liefert. Alle, aber auch alle Flächen und Gegenstände sind entweder mit einer dunklen Staubschicht bedeckt, weil unbenutzt, oder schmutzig, weil benutzt. Das Durcheinander in den Vorratsräumen und in Slawas Schrankfächern lässt mich die Türen schnell wieder schließen. Chaos, wohin mein Auge blickt. Mein Mann Slawa hat unübersehbar andere Prioritäten, anstatt kleinlich dem Schmutz hinterher zu jagen. Das schockiert mich wenig, denn ich habe es nach meiner langen Abwesenheit nicht anders erwartet. Slawa kann sich nicht um alles gleichermaßen kümmern. Im Winter weilt er die meiste Zeit zur Zobeljagd in seinem Jagdgebiet, vor anderthalb Jahren hat er die Arbeit als Dorfvorsteher übernommen und muss in dieser Funktion viele verschiedene Dinge regeln und nicht zuletzt erfordert unser angewachsener „Fuhrpark" häufig Reparaturen.

Zum Lastwagen, dem Schneemobil und den zwei Booten – ein etwa zwölf Meter langes Holzboot und ein kleineres Metallboot – sind ein Quad für Fahrten in der Taiga und ein praktischer Pritschenwagen dazugekommen, der eine offene Ladefläche hat und in der Fahrerkabine sechs Personen Platz bietet. Das hat den Vorteil, dass bei Winterfahrten nach und von Mogotscha sowohl Dinge transportiert als auch Dörfler mitgenommen werden können, die dort Wichtiges zu erledigen haben und selbst kein Fahrzeug besitzen.

Der große Garten liegt noch im Frühlingsschlaf. Für den Kartoffelacker ist Slawa zuständig, aber die Gemüsebeete sind meine Sache. Die vier Hochbeete müssen neu aufgesetzt und mit Stallmist versehen, die anderen Flächen umgegraben bzw. gelockert und vom hartnäckigen Wurzelunkraut befreit werden. Mein Rücken wird mir das mit nächtlichen Schmerzen heimzahlen. Danach muss ich so schnell wie möglich die ersten Gemüsesamen in den Boden sowie Gurken-, Zucchini- und Kürbissamen in Aussaattöpfen zum Keimen bringen. Kohl-, Tomaten- und Paprikasetzlinge hat unsere Nachbarin auf Slawas Bitte hin für uns bereits vorgezogen. Sie müssen noch bis zum Auspflanzen um den zehnten Juni herum im Haus bleiben.

Aber auch der Garten wäre kein Problem, wenn ich mich ihm tatsächlich widmen könnte und nicht ständig für Essen und Getränke sorgen müsste. Wir haben einen Gast, der sich nach alter russischer Tradition sechs- bis achtmal am Tage am Tisch niederlässt, um „Tee zu trinken". „Tee trinken" heißt in Russland, dass dazu auch immer mindestens eine Kleinigkeit gegessen wird. Ich halte es weder für gesund, ständig etwas zu futtern, noch möchte ich mich damit beschäftigen, andauernd Essbares zu offerieren. Unser Gast soll aber auch nicht hungern.

Deshalb stelle ich zum Frühstück Brot, Butter, Marmelade, Wurst und Käse auf den Tisch, obwohl Slawa und ich nicht frühstücken. Zu Mittag und zum Abendbrot koche ich jeweils ein sättigendes Gericht und sage Schenka, dass er sich von den Resten nehmen soll, falls er zwischendurch etwas essen möchte. Doch dies ist offenbar nicht das, was seine Mutter zu Hause für ihren 45-jährigen Sohn kocht und backt und woran er gewöhnt ist. Ich habe aber keine Zeit, auf seinen persönlichen Geschmack einzugehen und süße Kuchenbrötchen zu backen. Schließlich jedoch kann ich seine enttäuschten Blicke und sein immer hohlwangigeres Aussehen nicht mehr ertragen und backe zwei Bleche süßer Hefe-Bulotschki mit Marmeladenfüllung und sechs Brote. Schenka strahlt und versichert mir, dass die Bulotschki genauso gut schmecken, wie die seiner Mutter, und dass er das in Mogotscha gekaufte Brot nicht mag, das von mir gebackene aber sehr wohl. Die Bulotschki finden nicht nur bei Schenka Anklang, sondern auch bei Slawa und Igor. Igor isst häufig mit uns, weil er Schenka anleitet und ihm mehrere Tage dabei hilft, die auf Ausflügen mit Slawa gefangenen Fische sowie Hirschfleisch zu räuchern. Nach zwei Tagen muss ich erneut einen Backtag einlegen. Ich will es gut machen und etwas Abwechslung bieten. Deshalb gibt es außer einem Blech Bulotschki auch noch ein Blech Obstkuchen. Die Bulotschki sind schnell alle. Beim Obstkuchen bleibt Schenka aber standhaft und rührt ihn nicht mal probeweise an. Obstkuchen hat seine Mutter nicht auf dem Speiseplan, und darum kann er ihn natürlich nicht essen. Doch das ist sein Problem – ich stelle jeden Tag zum „Tee trinken" welchen auf den Tisch, anstatt wieder neue Bulotschki zu backen.

Inzwischen ist es auch sommerlich heiß geworden, sodass ich täglich fünf Liter Fruchtsaft aus den glücklicherweise noch vorhandenen, eingeweckten Preiselbeeren zubereite, um unseren Durst zu stillen.

Nach den ständigen Marathonläufen zwischen Gemüsegarten, Küchenherd und Reinigungsarbeiten bin ich froh, als unser Gast abreist. Auch wenn die Küche nicht so wie bei Mama war, kann er nun gut versorgt mit geräuchertem Fisch und Wildfleisch nach Hause fahren. Unanständig fröhlich winke ich Schenka und Slawa hinterher, als sie im Boot in Richtung Tupik aufbrechen – endlich allein, endlich muss ich mich nicht mehr darum kümmern, die Männer zu füttern und zu tränken. Mit Slawas Rückkehr rechne ich frühestens in fünf Tagen, denn die Bootsfahrt nach Tupik dauert gewöhnlich zwei Tage, und Slawa muss noch einige Besorgungen machen, bevor er die Rückfahrt antreten kann.

Da es schon reichlich spät im Jahr ist, arbeite ich täglich acht bis zehn Stunden im Garten. Ein Jahr zuvor hatte die Nachbarin Marina hier Gemüse angebaut, sodass er nicht völlig verwuchert ist, aber mein einstmals schöner Vorgarten mit den vielen mehrjährigen Blumen ist ein einziges Unkrautfeld. Da hilft kein Jäten mehr, ihn muss ich im Herbst völlig neu anlegen, nachdem ich tief umgegraben und die Wurzelunkräuter entfernt habe.

Bis wir schließlich nach Tschita aufbrechen, um eine neue Aufenthaltsgenehmigung zu beantragen, ist alles ausgesät oder ausgepflanzt. Unsere Nachbarin Marina wird bei Bedarf gießen, und Igor wird die Hunde füttern.

Trotz großer Hitze hat es mehrfach kräftig geregnet, der Wasserstand in Tungir und Oljokma ist recht hoch. Deshalb können wir mit dem kleinen, schnelleren Metallboot nach Tupik fahren und brauchen für die 320 Kilometer nur einen Tag. Freund Nikolaj holt uns mit dem Jeep ab. Wir übernachten bei ihm in Semnosjornyj und fahren am nächsten Tag zusammen mit seiner Frau, die dort einen Arzttermin hat, im Jeep nach Tschita. Innerhalb von anderthalb Tagen haben wir alle nötigen Dokumente für den Antrag abgegeben und fahren danach sofort nach Mogotscha und Tupik zurück. Nun kann ich länger als ursprünglich angenommen in Russland bleiben.

Am nächsten Tag geht es in Rekordzeit im Boot nach Srednjaja Oljokma, unterstützt von einer kräftigen Strömung. Was ich nicht zu hoffen gewagt hätte – innerhalb von fünf Tagen haben wir über 2200 Kilometer zurückgelegt und alles Wichtige erledigt. Ohne unsere Freunde wäre das nicht möglich gewesen.

Immer, wenn wir in Tschita, Mogotscha oder Tupik sind, müssen wir Hilfe in Anspruch nehmen – Fahrdienste, Übernachtungen, Besorgung von Ersatzteilen und noch einiges mehr. Deshalb bin ich froh, wenn wir es schaffen, uns zu revanchieren, häufig mit Wildfleisch und Fisch, aber auch mit einem offenen Haus.

In den vergangenen Jahren ergaben sich wenige Gelegenheiten, unsere russischen Freunde einzuladen, weil wir von Juni bis September deutsche und österreichische Touristen zu versorgen hatten. Es erfordert viel Mühe, täglich vier abwechslungsreiche Mahlzeiten mit Lebensmitteln aus eigener Produktion auf den Tisch zu stellen. Dies bedeutet sowohl Gartenarbeiten als auch Fischen, Jagen, Beeren sammeln, Gemüse ernten, konservieren, verarbeiten, Brot und Kuchen backen. Dazu kommen stunden- oder tageweise Ausflüge mit den Gästen. Die damit verbundenen Anstrengungen konnte ich immer weniger verkraften, sodass wir das Tourismusgeschäft schon vor der Coronapandemie eingestellt hatten.

Jetzt, nachdem auch die dringendsten Arbeiten erledigt sind, freuen wir uns sehr, Zeit für unsere russischen Freunde zu haben. Nikolaj mit Sohn und einem Verwandten aus Irkutsk kommen im Juli zu uns, vorwiegend um zu angeln. Während Slawa mit dem Boot unterwegs ist, um unsere Gäste in Tupik abzuholen, fange ich schon mal mit Backen und Kochen an. Vier große, kräftige Männer zu ernähren ist unter unseren Bedingungen ein Volltagsjob. Der jetzt noch verbliebene kleine Laden wird selten beliefert und hat ein sehr beschränktes Angebot, was mit den großen Veränderungen im Dorf zusammenhängt, auf die ich noch zu sprechen kommen werde. Da wir bis auf die Grundnahrungsmittel fast alles selbst erzeugen beziehungsweise jagen, fischen oder in der Taiga sammeln, sind unsere Lebensmittel von allerfeinster Bioqualität, was man auch schmeckt.

Wurst kaufen wir lediglich hin und wieder. Bei meiner Ankunft fand ich in der Tiefkühltruhe jede Menge fettes Fleisch vom Schwein aus eigener Aufzucht und Schlachtung. Daraus hatte ich einen Vorrat an Speck hergestellt. Speck wird, in Stücke geschnitten, sehr gern nach der Banja zu Brot, Zwiebeln und Gewürzgurken gegessen, wozu dann bereitwillig einige Gläschen Wodka genommen werden. Auch als Proviant für Jagdausflüge eignet sich Speck sehr gut. Eine Art Wurst stellen wir aus den Bauchlappen von Elchen her. Dafür wird der große Bauchlappen auf dem Tisch ausgebreitet, mit Salz eingerieben, mit Pfefferkörnern, Lorbeerblättern und geschnittenem Knoblauch belegt, dann fest zusammengerollt und mit Bindfaden umwickelt. Die „Wurst" wird dann in Salzwasser gekocht, bis das recht feste Elchfleisch gar ist. Nach dem Abkühlen wird die Rolle in Scheiben geschnitten und, gern mit Senf, zum Brot gegessen.

Nikolaj und seine Frau führen in Semnosjornyj zwei Läden. Deshalb kommen bei ihnen vorzugsweise Lebensmittel aus Industrieproduktion auf den Tisch. Auch der Gast aus Irkutsk ist eher daran als an Hausmannskost gewöhnt. Mir macht es Freude, für die Männer zu kochen, weil ihnen alles großartig schmeckt und sie ordentlich zulangen. Traditionell wird Fleisch bevorzugt, Brot muss bei jeder Mahlzeit dabei sein, auch einige Gemüsearten werden gern gegessen, ebenso Fisch. Obstkuchen in der Art, wie wir ihn in Deutschland lieben, ist in Russland eher unbekannt, aber unseren Gästen mundet er.

Slawa und ich finden keinen Geschmack mehr an industriell hergestellter Nahrung und verzichten weitgehend darauf. Selbst den von mir früher gern gegessenen Fruchtjoghurt verschmähe ich, seitdem wir aus Tupik oder Ust-Njuksha frische, unbehandelte Kuhmilch vom Erzeuger mitbringen, sie sauer werden lassen und daraus Dickmilch, Quark und Molke machen. An heißen Tagen ist ein Molketrunk sehr erfrischend und überdies gesund. In Deutschland kann man Molke, abgefüllt in Flaschen, in Naturkostläden zu erstaunlich hohen Preisen kaufen, obwohl sie ein Abfallprodukt bei der Käse- und Quarkherstellung ist. Ich erinnere mich, dass ich als Kind häufig in den Milchladen geschickt wurde, wo mir für wenige Groschen meine Aluminiumkanne mit Molke gefüllt wurde. Statt Limonade tranken wir Molke oder Leitungswasser, in das ein wenig Essig und etwas Zucker gemischt wurde. Diese einfachen Erfrischungsgetränke waren sicher gesünder als die Getränke, die man jetzt in den Supermärkten verkauft, und die künstliche Aromen und viel Zucker enthalten.

Meine nach heutigen Begriffen sehr ärmliche Kindheit und mein arbeitsreiches Leben habe ich nie bedauert. Ich habe mir nicht gewünscht, mehr zu besitzen, als ich hatte, und ich habe 45 Jahre in Vollzeit gern gearbeitet. Daher gefällt mir das Leben hier im Dorf trotz aller Anstrengungen und Einfachheit. Ich freue mich, täglich etwas Nützliches tun zu können. Wenn ich hier die harte Arbeit offenlege, die wir den ganzen Tag fast nur fürs Essen entrichten, tue ich es nicht, um zu klagen, sondern um unseren Alltag, so wie er nun einmal ist, zu schildern. Ehrlichkeit – besonders sich selbst, aber auch anderen gegenüber –

trägt immer zu Ruhe und Frieden bei, selbst dann, wenn es um unangenehme Wahrheiten geht.

In diesem Jahr erblicke ich im Dorf Vögel, die ich zuvor gar nicht oder nur selten sah. Zum Beispiel „Rotkehl-Drosseln“ *(Turdus ruficollis)*, Waldschnepfen (*Scolopax rusticola*) und viele Rotschwanz-Brutpaare (*Phoenicurus auroreus*). Eine Waldschnepfe ist aus dem Wald in unseren Kartoffelacker umgezogen, wo sie reichlich Regenwürmer und Insekten findet. Wenn wir sie durch unsere Anwesenheit stören, trippelt sie unter der Deckung des Kartoffelkrauts schnell und heimlich durch die Furchen, um unseren Blicken zu entkommen.

Wie ich hörte, gab es im letzten Sommer eine solche Pilzschwemme, dass die Einwohner schließlich keine Pilze mehr sehen und essen wollten. Ich rechne nicht damit, dass es sich dieses Jahr wiederholt, hoffe aber, dass wir in den Genuss einiger Pilzgerichte kommen werden. Als es soweit ist und die Pilze zu sprießen beginnen, streife ich einige Male durch den Wald, muss aber feststellen, dass andere schon vor mir dagewesen waren. Anfangs halte ich das noch für Zufall, bis ich bemerke, dass die fleißige Marina mit ihren drei Kindern jeden Tag morgens und nachmittags den Wald absucht. Und Igor ist sogar schon zwischen sechs und sieben Uhr auf den Beinen. Gegen solche Suchtrupps bin ich chancenlos, und das verstimmt mich – nein, ich bin sogar richtig sauer und futterneidisch. Erbost gebe ich meine Bemühungen auf und mache erst nach längerer Zeit wieder einen Versuch. Die Familie hat sich inzwischen offenbar an Pilzen satt gegessen, denn jetzt offenbart sich der ganze Reichtum. Zwei Sorten von Steinpilzen, die eine mit braunem Hut (Kiefern-Steinpilz), die andere mit hellem Hut (Birken-Steinpilz) haben sich ungestört üppig entwickelt und sind zu riesigen, aber leider bereits überreifen, nicht mehr genießbaren Exemplaren herangewachsen. Immerhin finde ich noch genügend feste, madenlose Pilze für einige Gerichte und zum Konservieren.

Die Luft, die wir atmen, ist gesättigt von den Düften des Waldes und frei von Schadstoffen. Wald, Flüsse, Wiesen, Seen stehen zu unserer freien Verfügung. Es gibt kein Privateigentum an diesen Naturgütern, keine Schilder „Privatgrundstück“. Ich kann immer noch nicht begreifen, mit welchem Recht Monarchen und spätere Regierungen Grund und Seen verkaufen konnten und können. Die Natur gehört allen Menschen gleichermaßen, denn niemand hat sie „produziert“. Insofern dürften Boden und Seen lediglich vom Staat verpachtet werden, solange sie sinnvoll genutzt werden.

In der früheren DDR waren laut Gesetz alle Ostseestrände und die Uferstreifen von Seen in der Mindestbreite von 50 Metern sowie Flussufer für jeden frei zugänglich, doch nach der Wiedervereinigung war damit Schluss. Ein Beispiel dafür, aber nicht das einzige, war die Sperrung eines großen Strandabschnitts der Ostsee für Nicht-Hotelgäste vor der Hotelanlage Grand Hotel in Heiligendamm.

Die Bewohner unseres Dorfes würden sich selbst nicht als „arm“ bezeichnen, würde man sie fragen. Wahrscheinlich würden sie einfach antworten: „Es reicht, aber in der Sowjetzeit haben wir besser gelebt.“ Im Wesentlichen führen sie ein zufriedenes Leben. Aber wie kann das sein ohne „Wohlstand“?

In der kapitalistischen Welt wird der „Wohlstand“ gemessen am jährlichen Bruttoinlandsprodukt pro Kopf (BIP), das heißt am Wert der in einem Land hergestellten und verkauften Waren und Dienstleistungen pro Bürger. Je größer die Einnahmen für Waren und Dienstleistungen sind, desto größer also der Wohlstand. Wer die Gewinne einheimst und welche Umweltschäden dabei entstehen, ist dabei unwesentlich. Wenn beispielsweise Rüstungsfirmen Waffensysteme produzieren und verkaufen, steigt das BIP um die Verkaufserträge, unabhängig davon, wer von den Gewinnen profitiert. Waffenkäufe der Regierung aus Steuergeldern tragen also dazu bei, dass das BIP steigt – unabhängig davon, ob sich der Staat dadurch verschuldet. Wenn viele Menschen erkranken und teuer behandelt werden müssen, steigt das BIP. Positiv auf das BIP wirkt also der Verkauf von Medikamenten, nicht aber Forschungen zu Krankheitsursachen und deren Vermeidung. Wenn Produkte absichtlich mit geringer Haltbarkeit hergestellt, verkauft, verschrottet und wieder hergestellt und verkauft werden, steigt das BIP, und somit der Wohlstand. Verrückt, oder?

In letzter Zeit wird zunehmend darüber nachgedacht, Wohlstand anders zu definieren. Gemessen an den Grundbedürfnissen des Menschen kann das eigentlich nicht so schwer sein: Frieden, saubere Umwelt, gesunde Lebensmittel, Kleidung, Wohnen, medizinische Versorgung, Bildung, Teilhabe am gesellschaftlichen Leben. Solche Bedürfnisse sind im Dorf gedeckt, allerdings mit Einschränkungen, die durch die abgelegene Lage und geringe Einwohnerzahl entstehen:

- Wir wohnen mietfrei in den Blockhäusern, die dem Landkreis gehören.
- Schüler können bis zur Hochschulreife die Schule in Tupik besuchen und dort im Internat leben. Die Eltern müssen dafür lediglich einen Zuschuss für Lebensmittel bezahlen.
- Vom fest installierten, öffentlichen Satellitentelefon des Dorfes können seit einiger Zeit innerhalb Russlands Telefonate gebührenfrei geführt werden.
- Minderbemittelte Einwohner erhielten vom Rayon kostenlos eine Satellitenschüssel für den Fernsehempfang. Der Empfang von etwa 20 öffentlichen TV-Sendern ist in ganz Russland gebührenfrei. (Es gibt auch viele Bezahlsender.)
- Alle Bürger Russlands sind automatisch krankenversichert und haben Anspruch auf kostenlose medizinische Behandlung. Diese Bürgerversicherung wird aus drei Quellen genährt: aus dem Staatshaushalt, regionalen Zuschüssen und aus Zahlungen der Arbeitgeber, die einen relativ geringen Prozentsatz des Bruttolohns einzahlen. Es besteht die Möglichkeit, eine private Zusatzversicherung abzuschließen, die den besseren Service in den zahlreichen Privatkliniken abdeckt,

doch das wird wenig in Anspruch genommen. Stattdessen ist es üblich, eine bessere Behandlung oder Zusatzleistungen in staatlichen Einrichtungen direkt an den behandelnden Arzt zu bezahlen. Patienten müssen ihre vom Arzt verschriebenen Heilmittel und Medikamente selbst begleichen. Die Apothekenpreise sind jedoch sehr viel niedriger als in Deutschland, manchmal sogar fast bis zu zwei Dritteln.

Natürlich benötigen die Dorfbewohner Geld für den weiteren Lebensunterhalt. Erwerbsquellen sind:

1. Renten: Sie sind nicht hoch, aber ein Rentner erhält wesentlich mehr als das, was Slawa und ich zusammen monatlich für den Lebensunterhalt aufwenden.
2. Gehälter: In der Elektrostation, der meteorologischen Station und dem Kindergarten gibt es zurzeit noch etwa 15 Arbeitsplätze, von denen mehrere Teilzeitarbeitsplätze sind. Auch der Dorfvorsteher erhält eine Entlohnung. In Anbetracht der hiesigen Lebensbedingungen ist die Bezahlung nicht schlecht.
3. Arbeiten, wie zum Beispiel der Bau einer einfachen Brücke oder eines Zauns um den Friedhof herum, werden von der Administration in Tupik extra bezahlt.
4. Die Männer verdienen in den Wintermonaten Geld durch den Verkauf der Felle aus der Zobeljagd und dem Verkauf tiefgefrorener Fische sowie von Rentier- und Elchfleisch.

Der Niedergang – eine Dorfchronik

Wegen dieser teils idyllischen Verhältnisse könnte man annehmen, dass niemand das Dorf verlassen möchte, doch die abgeschiedene Lage erschwert die Lebensbedingungen: Schulkinder müssen einen Großteil des Jahres fern ihrer Familie im Internat verbringen, Alte und Kranke leben weit weg von ärztlicher oder pflegerischer Hilfe, es gibt nur wenige Vollzeitarbeitsplätze und, abgesehen von einigen Waren des täglichen Bedarfs, gibt es keine Einkaufsmöglichkeiten.

Slawa hatte mir zwar gleich nach meiner Ankunft aus Deutschland erzählt, dass viele Einwohner weggezogen seien, doch erst nach der Abreise unserer Gäste finde ich Zeit, mich im Dorf näher umzuschauen. Was ich sehe, erschüttert mich. Als ich mich zum ersten Mal in Srednjaja Oljokma aufhielt, hatte ich viele Häuser gesehen, die nach der Perestroika verlassen worden waren. Auch in den folgenden 13 Jahren meiner Anwesenheit hatte sich die Einwohnerzahl verringert, doch dass das Dorf seit 2019, in nur zwei Jahren, mehr als die Hälfte der verbliebenen Bewohner verloren hat, ist deprimierend.

Den größten Aderlass erlitt es nach dem Zusammenbruch der Sowjetunion 1991. Unter der Regierung Jelzins wurden in Russland – vom Westen gefeiert – praktisch über Nacht kapitalistische Wirtschaftsverhältnisse eingeführt und die meisten staatlichen Betriebe verhökert. Der „freie Markt" sollte alles richten. Ohne jedwede staatliche Regulierung entstand in Russland ein Raubtierkapitalismus. Infolgedessen wurde auch die Kolchose in Srednjaja Oljokma aufgelöst – die Silberfuchsfarm mit 1.000 Tieren geschlossen, die drei Rentierherden (1.200 Tiere) und die Rinderherde (50 Tiere) verkauft, ebenso wie alle Gerätschaften wie Traktoren, Sägewerke, Fahrzeuge. Die damit verbundenen Arbeitsplätze fielen weg, sodass die meisten der 270 Einwohner des Dorfes wegzogen, um anderenorts Arbeit zu finden.

Als ich im Jahr 2006 zu Slawa ins Dorf zog, wohnten hier nur noch 81 Leute in 36 Haushalten. In der Zeit von 2006 bis 2019 verringerte sich die Einwohnerzahl um 26 auf 55 Personen in 24 Haushalten. Innerhalb dieser 13 Jahre zogen 25 Menschen weg und 16 starben, aber es wurden auch sechs Kinder geboren und es gab neun Zuzügler.

Von 2019 bis 2021 gab es keine Geburten und keine neuen Bewohner. Einer starb und 29 Menschen verließen das Dorf. Jetzt leben hier nur noch 25 Personen in 14 Haushalten. Vor allem Familien mit Männern im arbeitsfähigen Alter und Familien mit Kindern haben das Dorf verlassen. Es gibt nur noch zwei Kinder im Kindergartenalter und ein Schulkind, das die Schule in Tupik besucht. Unsere Schule wurde schon 2019 geschlossen, doch der Kindergarten bleibt bis auf Weiteres geöffnet.

Der Alkoholmissbrauch hat unheilvolle Folgen – innerhalb der letzten 15 Jahre starben sechs Menschen unter seinem Einfluss: ein junger Mann durch Selbsttötung, ein Mann durch Ertrinken, ein junger Mann durch Totschlag und drei Menschen direkt nach Alkoholmissbrauch. Alters- und krankheitsbedingt schieden drei Menschen im Alter zwischen 70 und 80 sowie fünf Menschen mit über 80 Jahren aus dem Leben. Drei Einwohner starben vor Erreichen des Alters an Krebs.

Demnach waren 35,3 Prozent aller Todesfälle auf Alkoholeinfluss zurückzuführen und 17,6 Prozent auf Krebs (2019 in Deutschland waren es 25 Prozent). Immerhin wurden 47,1 Prozent der Gestorbenen über 70 beziehungsweise über 80 Jahre alt.

Oft werde ich von meinen Lesern nach der weiteren Lebensgeschichte der von mir in den vorherigen Büchern beschriebenen Dorfbewohnern gefragt.

Anfangen will ich mit Slawas Tante und Onkel. Wie schon berichtet, war der Onkel lange krank. Bis zum Beginn der Krankheit war er nie untätig gewesen und litt nun sehr unter seiner Hilflosigkeit, weinte manchmal deswegen und wollte eigentlich nicht mehr leben. Als er starb, war es Winter, und ich weilte in Deutschland. Slawa erzählte es mir am Telefon. Im Winter ist eine Beerdigung schwierig. Der Boden ist bis in die Tiefe gefroren und muss allmählich aufgetaut werden, indem man über der beabsichtigten Grabstelle ein Feuer anlegt, die aufgetaute Bodenschicht weggräbt, wieder ein Feuer anlegt und die nächste Bodenschicht abträgt, bis die nötige Tiefe erreicht ist.

Die Tante machte anfangs noch regelmäßig kurze Spaziergänge im Dorf und besuchte Verwandte und Nachbarn. Ihr war langweilig – sie hatte niemanden mehr zu versorgen, keine Interessen, aber oft Schmerzen in den Beinen und im Rücken.

Slawa ärgerte sich, wenn sie Wodka trank, aber ich sagte zu ihm: „Lass sie doch, sie hat nichts mehr. Vielleicht erträgt sie damit die Langeweile und die Schmerzen leichter."

Inzwischen ist sie 83, kann sehr schlecht gehen und sich nicht mehr selbst versorgen. Ihre Ex-Schwiegertochter Marina hat sie bei sich aufgenommen, kümmert sich um sie und erhält dafür einen Teil der Rente.

In der anderen Haushälfte unseres Doppelhauses wohnte die Dorflehrerin mit ihren beiden Söhnen. Der Älteste war bereits vor einigen Jahren weggezogen, um anderswo zu arbeiten. Sie selbst zog mit dem jüngsten Sohn erst letztes Jahr weg und lebt jetzt in Saretschnoj bei Tupik. Da sie oft trank und darüber ihre Arbeit vernachlässigte, ist niemand traurig darüber. Für uns ist es allerdings ungünstig, dass die andere Haushälfte unbeheizt bleibt, denn die Trennwand zwischen den Doppelhaushälften besteht nicht aus dicken, isolierenden Holzstämmen wie die Außenwände. Dadurch dringt die Kälte aus der unbeheizten Nebenwohnung in unsere Räume.

Die nächste Nachbarin ist Marina. Sie bekam noch ein fünftes Kind. Die beiden älteren Söhne leben beim Vater in Chabarowsk und die große Tochter macht eine Ausbildung in Irkutsk. Marina ist weiterhin abstinent, außerordentlich fleißig und zuverlässig. Sie baut, außer in ihrem eigenen großen Garten, auch in den kürzlich verlassenen Grundstücken Kartoffeln an, die sie nach Ust-Njuksha und Tupik verkauft. Zusätzlich zieht sie, bereits das dritte Mal nun, zwei Schweine auf, von denen eines uns gehört. Um die Schweine im Winter im Stall halten zu können, wird jede Menge Einstreu gebraucht. Dafür muss viel Gras gemäht und getrocknet werden. Vor allem Igor (Marinas Onkel und Slawas Cousin) – in allen Büchern oft erwähnt – ist dabei eine große Hilfe. Er hilft Marina auch bei den Garten- und handwerklichen Arbeiten. Sie revanchiert sich, indem sie ihn ernährt, denn er hat kein Einkommen und ist auf das angewiesen, was man ihm gibt. Von seiner langen Krankheit hat er sich einigermaßen erholt, kann aber trotz Mahnung nicht ganz vom Alkohol lassen. Glücklicherweise kommt er aus Geldmangel nur dann in Versuchung, wenn ihn jemand zum Trinken einlädt.

Wir hoffen, dass Marina im Dorf bleibt, obwohl sie in Mogotscha für die Familie ein Haus mit Gemüsegarten gekauft hat, in dem zurzeit ihre Mutter Polina und ihr Bruder Wowa leben.

Marina konnte sich den Kauf leisten, weil sie das Geld dafür vom Staat bekam. Bei der Geburt eines Kindes hat eine Familie Anspruch auf gleich zwei Geldleistungen: eine einmalige staatliche Zulage (im Jahr 2020 etwa 18.000 Rubel – der Betrag variiert je nach Region) und auf das sogenannte Mutterschaftsgeld: im Jahr 2020 zum Beispiel für die Geburt des ersten Kindes 466.600 Rubel, des zweiten Kindes 616.600 und des dritten Kindes 450.000 Rubel. Dieses Geld wird nicht sofort ausgezahlt, sondern kann später beim Kauf einer Immobilie, zur Begleichung einer Hypothek oder für die Finanzierung der Ausbildung der Kinder abgerufen werden. Damit und mit einigen anderen Vergünstigungen will der Staat Familien mit Kindern unterstützen, um die Geburtenrate zu erhöhen und dem demographischen Wandel entgegenzuwirken.

Igors Bruder Schenka ist mit seiner Frau Natalja nach Tupik gezogen, obwohl Natalja eine vom Staat finanzierte Neubauwohnung in Tschita besitzt. Die Wohnung in Tschita wird von ihr und den Verwandten bei ihren Aufenthalten in Tschita als Unterkunft benutzt. Natalja ist heute 46 Jahre alt, hat von Geburt an einige geistige und körperliche Einschränkungen und gilt als behindert und erwerbsunfähig. Im Alltag merkt man es ihr nicht an, aber sie ist zum Beispiel nicht fähig, rechnen und schreiben zu lernen. Um vom Staat kostenlos eine Wohnung zu bekommen, müssen zwei Kriterien erfüllt sein: geringes Einkommen und Bedürftigkeit. Man muss also in der Region, in der man lebt, als arm eingestuft werden und außerdem bedürftig sein. Als bedürftig gelten Menschen mit Behinderungen, Personen, die in unbewohnbaren Behausungen leben oder auf einer Fläche leben, die unter der festgelegten Mindestquadratmeterzahl liegt, chronisch Schwerkranke, Kriegsveteranen, Großfamilien. Es gibt jedoch einen Haken: Die Wartezeiten sind lang. Wer alle erforderlichen Dokumente zusammengetragen und bei zahllosen Behörden vorgesprochen hat, erhält einen Platz auf der Warteliste. Nun können Jahre vergehen. Nataljas Mutter hatte wohl rechtzeitig alle notwendigen Schritte unternommen. Nicht alle armen und bedürftigen Menschen sind dazu in der Lage oder haben entsprechende Helfer.

Marinas Bruder Wowa ist durch seine Alkoholabhängigkeit ganz abgerutscht, obwohl sich Slawa sehr um ihn bemüht hat. Dreimal hatte er Wowa nach Tschita begleitet, wo ihm, verbunden mit ausführlicher ärztlicher Beratung, in einer Klinik das in Russland übliche Entwöhnungsmittel gegen Alkoholismus injiziert wurde. Wahrscheinlich handelt es sich dabei um den Wirkstoff Disulfiram, der früher auch im Westen in Tablettenform unter dem Handelsnamen Antabus zur Anwendung kam. Das Arzneimittel blockiert das Enzym Aldehyddehydrogenase und verhindert, dass Alkohol in Essigsäure umgewandelt wird. Dadurch sorgen schon kleine Alkoholmengen für heftige Unverträglichkeitreaktionen (Acetaldehydsyndrom) wie Herzrasen, Atemnot, Kopfschmerzen und Übelkeit. In der Regel bessern sich die Symptome nach drei bis sechs Stunden wieder, aber größere Alkoholmengen können im schlimmsten Fall zum Tode führen. Das schreckt einige Abhängige leider nicht davon ab, rückfällig zu werden. Auch Wowa gehört dazu. Zuletzt hatte er einige Monate als Koch bei einem Unternehmen gearbeitet, das an der Mittleren Mokkla, einem Nebenfluss der oberen Oljokma, in der frostfreien Zeit im großen Stil Gold abbaut. Dort hatte er gut verdient, im Winter aber alles Geld vertrunken. Noch schlimmer jedoch war, dass er im betrunkenen Zustand im Freien einschlief, wobei fast alle Zehen erfroren, die dann amputiert werden mussten. Bereits vorher einmal hatte er sich im betrunkenen Zustand beim Holzhacken einen Finger abgehackt, den sein Hund als willkommene Fleischmahlzeit sogleich auffraß. Wegen dieser Behinderungen bezieht er eine kleine Invalidenrente und wohnt mit seiner Mutter Polina in Mogotscha.

Nach Tupik in ein eigenes Haus umgezogen ist der frühere Dorfvorsteher mit seiner Frau. Danach hat die Administration unseres Rayons dieses Amt Slawa übertragen. Tragischerweise verstarb die Frau des Dorfvorstehers vor Kurzem infolge eines Schlaganfalls. Sie war vorher immer sehr aktiv und gesund gewesen.

Eine andere Familie – Mutter, drei junge Söhne und eine geistig behinderte Tochter – hat ihren Wohnsitz ebenfalls nach Tupik verlegt, damit die Söhne Arbeit finden. In unserem Dorf wird es langsam schwierig, gesunde, kräftige Helfer für notwendige Gemeinschaftsarbeiten zu finden, wie zum Beispiel Strommasten erneuern und aufrichten, eventuelle Feuer löschen, Wege und Brücken zu reparieren. Für solche Arbeiten gibt es kaum technische Hilfsmittel; sie müssen mit Muskelkraft erledigt werden.

Traurige Veränderungen gab es in der Familie unseres Nachbarn Anatoli. Seine Frau starb 2020 an Krebs. Die Krankheit muss schnell fortgeschritten sein, denn als ich nach Deutschland abreiste, war davon noch nichts bekannt. Ihre jüngere Schwester ist vor wenigen Jahren ebenfalls an Krebs gestorben, wie auch vor Kurzem deren Mann Sergej. Die erwachsene Tochter des Ehepaares ist mit ihrem kleinen Bruder weggezogen, das Haus der Familie ist nun unbewohnt. Merkwürdigerweise traten die drei Krebsfälle der vergangenen 15 Jahre in dieser einen Familie auf.

Die drei Söhne und die Tochter von Anatoli haben das Dorf nach dem Tod der Mutter ebenfalls verlassen, er ist allein zurückgeblieben.

Da fällt mir eine Episode ein, die sich davor, im Frühjahr 2019, ereignete:

Am frühen Nachmittag klopfte Anatoli an die Küchentür: „Slawa, wir sind fast soweit. Hilf uns, die Maschine aus dem Fluss zu ziehen."

Zwei seiner erwachsenen Söhne waren am Tag zuvor mit dem LKW etwa acht Kilometer stromabwärts auf die andere Flussseite zum Eisfischen gefahren, obwohl das Flusseis Ende April nicht mehr stabil ist. Aber wer sagt, dass es nicht vielleicht noch hält? Was Witja und Sascha zwar nicht wirklich überraschte, aber doch als misslich empfanden, war, dass der LKW auf der Rückfahrt, nur etwa 20 Meter vom Ufer entfernt, durchs Eis brach und schnell bis zum Fenster der Fahrerkabine im Wasser stand. Der kilometerweite Marsch ins Dorf bei niedrigen Temperaturen und in durchnässter Kleidung war auch recht unerfreulich,

Ende April kann die Flussfahrt mit einer Überraschung enden

doch das eigentliche Problem bestand darin, dass der LKW mit Hilfe anderer Autos nicht ans Ufer gezogen werden konnte, weil das Eis ringsum noch meterdick und widerstandsfähig war. Es galt also, das Eishindernis so schnell wie möglich zu entfernen, bevor der – gewöhnlich Anfang Mai einsetzende – Eisgang den Laster demolieren und flussabwärts mitnehmen würde.

Die drei Söhne und der Vater der Familie begannen also, das Eis vor dem Laster in Stücke zu sägen und zu entfernen, bis die Dunkelheit einsetzte und sie die Arbeit bis zum Morgen unterbrechen mussten. Obwohl sie auch am nächsten Tag zu viert weiterarbeiteten, war der Weg zum Ufer noch nicht eisfrei, als Slawa und ich mit unserem Laster eintrafen. Auch andere fanden sich ein, um zu helfen. Leider hatten wir gerade ein Schauspiel verpasst: Einer der Männer war fast nackt im Eiswasser untergetaucht, um Seile an den Abschlepphaken des Havaristen zu befestigen.

Man versuchte einige Male, das Fahrzeug über eine schiefe Ebene aus frisch gefällten Baumstämmen auf das Eis und dann an Land zu ziehen. Damit das Steuer dabei nicht querschlug, setzte sich Sergej, der Bruder der Havaristen, ans Steuer – fröhlich lächelnd bis zu den Hüften im eisigen Wasser sitzend. Nach mehreren Ansätzen, bei denen immer wieder Eis weggeschlagen werden musste, gelang es endlich, den LKW auf das Ufer zu ziehen.

Problem gelöst – fertig. In unserem Dorf gibt es keine Selbstdarsteller – nur Männer, die tun, was das Leben in der Taiga erfordert. Aus ihrem Verständnis heraus ist es unnötig, darüber viele Worte zu verlieren. Ich habe in Russland bisher niemanden kennengelernt, der sich mit seinen tatsächlichen oder eingebildeten Fähigkeiten brüstet oder versucht, sich besser darzustellen, als er ist. Die Menschen langweilen einen nicht mit Schilderungen der Gelegenheiten, bei denen sie anderen überlegen waren, sich hervorgetan, etwas ganz Tolles gemacht haben, das man bewundern soll. Sie sind einfach, natürlich, menschlich und verstellen sich nicht.

Odyssee einer schmerzgeplagten Hüfte

Wir haben jetzt, in der letzten Augusthälfte, etwas mehr Zeit und planen, zwei oder drei Tage im Zelt „Urlaub" auf einer Flussinsel zu machen, aber das Wetter spielt in diesem Sommer nicht mit. Nur kurz unterbrochen von einem Sonnentag, regnet es immer wieder einige Tage. Alles ist nass, Tungir und Oljokma haben hohe Wasserstände, und viele Inseln sind überschwemmt oder zu einem kleinen Eiland geschrumpft. Mücken und Kriebelmücken vermehren sich rasant. Ich bin froh, dass wir keine Touristen mehr aufnehmen, denn Unternehmungen im Freien sind entweder nicht möglich oder machen wenig Spaß.

Ich habe seit zwei Tagen Schmerzen in der Nähe des rechten oberen Beckenrands, die ich auf mein Iliosakralgelenk zurückführe, das mir seit über 15 Jahren mit nur einigen Unterbrechungen Beschwerden verursacht. Mein deutscher Orthopäde stellt dann mit schöner Regelmäßigkeit eine Blockade des Iliosakralgelenks fest und verschreibt manuelle Therapie, die meistens auch hilft. Auch in Deutschland, aber noch mehr nach wenigen Tagen im Dorf mit den damit verbundenen körperlichen Arbeiten, muss ich mit Beschwerden rechnen, die allerdings bisher auszuhalten waren.

Jetzt vermeide ich belastende Arbeiten weitgehend. Trotzdem verstärkt sich der Schmerz, sodass ich mich am dritten Tag mehrmals hinlegen muss. Inzwischen zweifle ich, dass das Iliosakralgelenk die Ursache ist – der Schmerz ist ein anderer und das Schmerzzentrum befindet sich über oder im Ansatz des mittleren Gesäßmuskels, wie ich anhand meines ausführlichen und sehr gut illustrierten Buches für Heilpraktiker „Naturheilpraxis heute" feststelle. Ich bitte Slawa, die Stelle mit Piroxin-Gel einzureiben, dass mir bei Muskel-, Sehnen- oder Gelenkschmerzen bisher immer wesentlich besser als Diclofenac geholfen hat. Bei der Gelegenheit bemerkt er drei Kriebelmückenbisse und einen blauen Fleck, der durch deren Unterblutung entstanden ist. Leider wirkt das Gel dieses Mal nicht. Am Abend und in der Nacht brennt die Körperstelle wie Feuer. Ich versuche, eine Stellung zu finden, in der ich weniger Schmerzen habe, aber egal, welche Körperstellung ich einnehme – die Schmerzen sind kaum erträglich. Slawa bringt von seinem Bruder, der darauf schwört, ein Pulver aus Kräutern, das mit heißem Wasser gemischt einen sehr bitter schmeckenden Tee ergibt und bei Nierenproblemen hundertprozentige Hilfe verspricht. Ich glaube zwar nicht, dass die Niere Ursache der Beschwerden ist, würde inzwischen aber sogar zerstoßene Schlangenköpfe oder Sonstiges schlucken. Der Tee hilft nicht und auch Schmerztabletten haben keinerlei Wirkung. Ich fühle mich vollkommen hilflos und ausgeliefert. Slawa dreht fast durch, weil er sieht, wie ich leide. „Du bist mein Leben", sagt er aufgewühlt zu mir.

Bei uns ist es Mitternacht, in Deutschland Nachmittag. Vom Satellitentelefon aus rufe ich meine Auslandskrankenversicherung in Deutschland an, um zu fragen, wie man mir in dieser Situation helfen kann. Ich schildere der Dame das Problem. Sie lässt sich die Nummer der Versicherungspolice und des Satellitentelefons geben und sagt, man würde mich zurückrufen.

„Ich rufe vom Satellitentelefon aus an, das nur unter freiem Himmel funktioniert. Mir geht es schlecht, ich kann nicht nachts auf dem Hof stehen, bis irgendwann jemand anruft! Können Sie mich nicht verbinden?"

„Nein, momentan sind die Leitungen der Sachbearbeiter belegt. Sie müssen auf einen Anruf warten."

Entnervt schalte ich das Telefon aus und schleppe mich wieder ins Haus. Etwas später fällt mir ein, dass ich die Versicherung nur bis zum ursprünglich beabsichtigen Abreisetermin abgeschlossen habe, und der ist inzwischen um zehn Tage überschritten. Sie nützt mir überhaupt nichts mehr. Auf einen Hubschraubertransport kann ich also nicht hoffen. Es bleibt nichts anderes übrig, als die 320 Kilometer im Boot nach Tupik und weiter im Auto 100 Kilometer nach Mogotscha ins Krankenhaus zu fahren. Wie ich die Fahrt im offenen, kleinen Boot mit diesen Schmerzen überstehen soll, ist mir ein Rätsel. Ich erfahre es am nächsten Tag.

Nachdem Slawa noch eine Reparatur am Bootsmotor vorgenommen und die Fahrt vorbereitet hat, bettet er mich auf den Boden des Bootes. Es ist schon halb zwölf mittags, als wir losfahren können, aber dann rast Slawa in Höchstgeschwindigkeit ohne Pause bis nach Tupik durch. Zum Glück ist der Wasserstand des Tungir sehr hoch, sodass wir trotz starker Gegenströmung bereits nach acht Stunden ankommen und nicht durch seichte Stellen, auf denen das Boot getreidelt werden muss, aufgehalten werden.

Vor der Abfahrt hatte Slawa telefonisch Freunde in Tupik und Mogotscha informiert und um Unterstützung gebeten. Bei der Ankunft erwarten uns mehrere Helfer und Helfershelfer, unter anderem Nikolaj, der uns im Jeep nach Mogotscha bringen wird, und Slawas Neffe, der das Boot samt Motor, Benzinkanistern und Fahrtgepäck auf einem Anhänger zu sich nach Haus bugsieren wird, denn Tupik hat ca. 800 Einwohner, und man kann Motor und Gepäck nicht unbeaufsichtigt am Fluss lassen.

Im Jeep liege ich auf der hinteren Sitzbank. Die Trasse nach Mogotscha ist an vielen Stellen extrem holprig. Zudem hat es viel geregnet und einige der mehr als 15 Brücken auf dem Weg sind weggespült, sodass das Fahrzeug durch die Bachbetten fahren muss. Dies alles verlangsamt die Fahrt.

Gegen 23 Uhr kommen wir an der Poliklinik an, wo wir vom Leiter der medizinischen Einrichtungen des Rayons erwartet werden. Er ist ein Bekannter von Nikolaj. Auch der Arzt der Poliklinik ist anwesend. Nach einer ausgiebigen Befragung werde ich aufgefordert, den Oberkörper frei zu machen und mich aufrecht hinzustellen. Mit kräftigen Händen tastet der Arzt die Wirbelsäule ab. Soweit ich den medizinischen Ausdrücken sprachlich folgen kann, verstehe ich, dass damit etwas nicht stimmt. Dann nimmt eine Schwester eine Blutprobe, und ich gebe Urin ab. Am nächsten Tag sollen die Laborergebnisse vorliegen.

Vorläufig bleibe ich in der Poliklinik, in der es auch einige Krankenzimmer gibt.

Ich erhalte eine wirksame Schmerzmittel-Injektion, die mich wenigstens einige Stunden schlafen lässt.

Am Morgen möchte ich mich unbedingt waschen. Ich fühle mich klebrig und ungepflegt, da bei der kleinsten Bewegung kalter Schweiß austritt. Eine Dusche für Patienten gibt es nicht, sondern nur ein Waschbecken unmittelbar hinter meinem Bett. Als ich mich am Waschbecken ein wenig nach vorn beuge, durchfährt mich eine Schmerzwelle, und ich werde zum ersten Mal in meinem Leben ohnmächtig. Auf dem Boden komme ich wieder zum Bewusstsein und will schnell aufstehen, weil ich im ersten Moment denke, ich sei gestolpert. Eine Mitpatientin hält mich, auf dem Boden sitzend, eine Weile fest. Langsam realisiere ich, dass ich aufs Gesicht, direkt auf die rechte Augenbraue gefallen bin. Die Zimmergenossin hilft mir ins Bett und informiert den Arzt. Als er später kommt, ist mein Auge von einem dunkelroten Bluterguss umgeben. Die Augenbraue ist geschwollen, schmerzt aber nur bei Berührung.

Der Klinikarzt klärt mich über die Laborergebnisse auf. Im Urin sei Blut festgestellt worden und ein weiterer Wert weise auf eine Infektion hin. Er ordnet Antibiotika-Injektionen, Schmerzmittel-Infusionen und eine Ultraschalluntersuchung der Nieren an. Sie wird am nächsten Tag durchgeführt, weist aber keine Nierensteine oder andere krankhafte Veränderungen auf. Daraufhin macht man eine Computertomographie. Die Aufnahme zeigt eine Spinalkanalverengung sowie eine Verschiebung dreier Lendenwirbel, die sich nicht mehr in gerader Linie der Wirbelsäule befinden, sondern um etwa einen Zentimeter versetzt sind.

Die beiden Ärzte sind sich nicht ganz einig, ob die Lendenwirbelsäule oder die Niere die starken Schmerzen verursacht. Für eine genauere Diagnose seien weitere Untersuchungen notwendig. Soweit ich es verstehe, gibt es ein MRT-Gerät, aber keinen Spezialisten, der damit umgehen kann. Es sei schwierig, Ärzte zu finden, die in einem Provinzkrankenhaus bei schlechter Bezahlung arbeiten wollen. Vorläufig erhalte ich weiterhin Antibiotika und Schmerzmittel.

Langsam nehme ich meine Umgebung besser wahr. Zimmer und Flur sind in freundlichen Farben gestrichen und werden täglich gereinigt. Mit mir im Zimmer liegen drei Patientinnen, die recht vertraut miteinander umgehen und mich freundlich aufnehmen. Wegen der Corona-Pandemie sind keine Besucher erlaubt. Die finanziellen Mittel des Provinzkrankenhauses scheinen sehr beschränkt zu sein. Ich habe zwar nicht den Eindruck, dass an der notwendigen Behandlung gespart wird, aber an allem anderen schon. Es gibt kein Toilettenpapier, man muss es selbst mitbringen. Zum Frühstück bringt uns die freundliche, recht beleibte Köchin süßen Schlabberbrei aus Haferflocken, Grieß oder Stärkemehl, dazu etwas trockenes Brot. Mittags eine dünne Reissuppe mit Spuren von Geflügelfleischfasern und als Hauptgericht in Salzwasser gekochten Buchweizen. Abends wieder „Kascha", zum Beispiel in Brühe gekochter Reis, und trockenes Brot. Darüber hinaus nichts, auch keinerlei Gemüse. Mir ist es egal, denn ich habe weder Appetit noch Hunger und will sowieso nichts essen.

Meine Zimmergenossinnen zeigen keinerlei Unzufriedenheit und versichern den Verwandten, die ihnen ständig anbieten, Verpflegung vorbeizubringen, dass sie alles haben und nichts brauchen. Sie speisen zu Hause mit Sicherheit wesentlich besser, da das Essen in Sibirien eine herausragende Rolle spielt.

Die Poliklinik scheint nur einen einzigen Arzt zu haben, der jeden Tag Dienst tut, um sowohl die „Laufkundschaft" als auch die in der Poliklinik liegenden Patienten zu versorgen. Er kommt obendrein nachts bei Bedarf, denn er wohnt gleich nebenan in einem der Klinikgebäude. Außerdem sehe ich ab und zu einen jungen Mann im weißen Kittel, vielleicht einen Assistenten, der die Krankenzimmer aufsucht und einige eher belanglose Fragen stellt. Nahe der Poliklinik befindet sich ein Krankenhaus, in dem die schwierigeren oder längerfristig zu behandelnden Fälle versorgt werden. Dort arbeiten Ärzte mit Spezialisierung auf verschiedene Fachgebiete.

Am Ende des dritten Tages sind die Schmerzen nicht mehr so stark, sondern lassen sich ohne Schmerzmittel ertragen. Eine erneute Analyse zeigt im Urin kein Blut mehr und der andere Wert liegt im Normalbereich. Slawa ist trotzdem besorgt und gebärdet sich, als hinge mein Leben nur noch an einem seidenen Fädchen. Er macht alle um sich herum verrückt und will mich unbedingt nach Tschita ins Krankenhaus bringen lassen, weil es besser ausgestattet sein und auch höher qualifizierte Ärzte haben soll. Freund Nikolaj steht mit seinem Jeep schon in den Startlöchern, um uns umgehend die sechshundert Kilometer nach Tschita zu fahren. Ich bin aber nicht überzeugt, dass man mir dort tatsächlich helfen wird und entscheide mich, möglichst schnell nach Deutschland zu fliegen. Da keiner genau weiß, wodurch die Schmerzen entstanden sind, hoffe ich einfach, dass sie weiter nachlassen und ich die Reise irgendwie durchstehe. Der Klinikarzt legt mir dringend ans Herz, in Deutschland einen Urologen sowie einen Orthopäden aufzusuchen.

Als ich frage, was ich für Aufenthalt und Behandlung zu zahlen habe, bekomme ich zur Antwort, dass für Menschen ohne Krankenversicherung die Behandlung drei Tage lang kostenlos sei. Ich bin sprachlos, aber unendlich dankbar für diese unglaubliche Großzügigkeit und die Mühe, die man sich mit mir gegeben hat. Bei der Verabschiedung spreche ich dem Arzt meine große Dankbarkeit aus und überreiche ihm im Umschlag eine Spende für die Klinik. Ich möchte gern mehr geben, aber im Moment kenne ich die Kosten nicht, die in Russland noch auf mich zukommen können.

Slawa und ich wohnen zwei weitere Tage bei unserem Freund Dimka, wo uns Zeit bleibt für den Abschied und ich mich weiter erholen kann. Mein umfangreicher Bluterguss rund ums Auge sichert mir überall große Aufmerksamkeit. Der arme Slawa kommt natürlich sofort in den Verdacht, ihn verursacht zu haben. Ein Glück, dass mein interessantes Auge unter Zeugen im Krankenhaus entstanden ist und er somit ein bombensicheres Alibi hat. In der Folge wechselt die Farbe von Dunkelrot zu Blaugrün bis zu Blaugelb und breitet sich bis zur Stirn, dem Wangenknochen und der Nase aus. Kleidsamer wird es dadurch nicht.

Für die Fahrt nach Irkutsk habe ich wieder einen Platz im Zweibettenabteil gebucht. Es ist gut, dass ich die ganze Zeit liegen kann. Trotzdem muss ich in der Nacht eine starke Schmerztablette nehmen, um schlafen zu können.

Einen Tag nach meiner Ankunft in Irkutsk fährt mich Schenja zum Flughafen, damit ich mein Flugbillett für Ende September auf einen früheren Zeitpunkt umbuchen kann. Zu meiner Erleichterung klappt es, und ich kann in drei Tagen fliegen. Ich lasse einen PCR-Test machen und erhalte das Resultat in russischer und englischer Sprache am nächsten Tag. Es kostet mich umgerechnet 23 Euro, hätte ich auf die Übersetzung verzichtet, wären es nur zehn Euro gewesen. (In Hamburg habe ich 67 Euro bezahlt.) Das Ergebnis ist „negativ", also steht dem Flug nichts im Wege. Da ich immer noch Schmerzen habe, ganz besonders im Sitzen, graut es mir vor dem achtstündigen Flug, aber egal, ich will jetzt unbedingt schnell nach Deutschland.

Als ich am Morgen auf dem Irkutsker Flughafen eintreffe, suche ich auf der Tafel vergebens nach meinem Flug, bis ich ihn mit Starttermin 8:45 Uhr entdekke. Das bedeutet, dass ich den Anschlussflug nach Hamburg auf keinen Fall erreichen kann. Ich gehe also zum Schalter von Aeroflot, um den Anschlussflug umzubuchen. Dort eröffnet man mir, dass es keinen späteren Flug nach Hamburg gibt. Die nächste Möglichkeit sei aber in zwei Tagen. Ich buche also wieder um, muss aber auch gleich einen neuen PCR-Test machen lassen, denn der vorherige würde in zwei Tagen älter als 72 Stunden sein.

Natascha ist verblüfft, als ich plötzlich wieder vor ihrer Tür stehe. Mir geht es inzwischen auch ohne Behandlung besser, sodass ich in den folgenden Tagen ab und zu spazieren gehen oder Natascha zum Einkauf begleiten kann. Am 1. September sagt sie zu mir: „Heute ist ein Feiertag."

Ich denke nach, aber mir fällt keiner ein, und ich frage: „Ach ja? Was denn für einer?"

„Es ist Schulanfang."

Es ist kein staatlicher Feiertag mit Arbeitsbefreiung, aber die Schüler tragen festliche Kleidung unterschiedlicher Art, mindestens aber eine weiße Bluse oder ein weißes Hemd. Kleine Mädchen haben große weiße Schleifen im Haar, kleine Jungen tragen dunkle Anzüge. Viele haben Blumensträuße dabei, die sie ihren Lehrern überreichen werden. Die Teenager sind moderner, aber ebenso gepflegt angezogen. Das alles drückt Respekt vor der Schule und den Lehrern aus.

Obwohl ich Natascha seit vielen Jahren kenne und sich daraus eine Freundschaft entwickelt hat, gebe ich ihr immer Geld für meine Übernachtungen. Sie hat bis zum regulären Rentenalter von 55 Jahren als Laborantin gearbeitet und bekommt, wie sie sagt, keine hohe Rente. Teure Reisen, teure Behandlungen und Ähnliches kann sie sich nicht leisten. Der Staat gewährt den Rentnern aber einige Erleichterungen. Sie haben zum Beispiel Anspruch auf kostenlose Nutzung öffentlicher Verkehrsmittel wie Busse, Metro und Straßenbahnen – ebenso auch Kinder unter sieben Jahren und Schulkinder, Behinderte und Studenten.

Natascha wohnt in einer Eigentumswohnung mit drei Zimmern, einer winzigen Küche, Veranda, Bad und Fernheizung. Für alle Nebenkosten einschließlich Heizung und Warmwasser bezahlt sie um die 90 Euro. Mit der politischen Wende 1990 wurde auf die Herausbildung eines privaten Wohnungsmarkts gesetzt. Das zentrale Instrument dabei war die Übertragung der bisher staatlichen Wohnungen in Einzeleigentum an die bisherigen Bewohner. Alle Bestandsmieter erhielten die Option für eine kostenfreie Übertragung ihrer Wohnung. Diese Form der Mikroprivatisierung wurde bei fast 25 Millionen Wohnungen vollzogen. Dadurch bekam Natascha ihre bisherige Mietwohnung als Eigentumswohnung überschrieben.

Zwei Tage später auf dem fünfeinhalbstündigen Flug nach Moskau habe ich Glück, denn das Flugzeug ist nicht voll besetzt. Die beiden Plätze neben meinem sind frei, sodass ich die ganze Zeit liegen kann. Den mehrstündigen Aufenthalt in Moskau und den zweieinhalbstündigen Flug nach Hamburg überstehe ich ganz gut, atme aber auf, als ich endlich in Hamburg angekommen bin. Nun werde ich bald eine genaue Diagnose erfahren und entsprechend behandelt werden, glaube ich – noch.

In Hamburg versuche ich sofort, einen Termin beim Arzt zu bekommen. Leider ist mein langjähriger Orthopäde gerade in den Urlaub gefahren und kommt erst in vier Wochen zurück. Sein Kollege ist krank, aber es gibt jetzt einen neuen, dritten Kollegen in der Praxisgemeinschaft, den ich zeitnah aufsuchen kann. Er ist jung und stammt wahrscheinlich aus einem anderen EU-Land. Er spricht zwar gut Deutsch, versteht aber nicht sofort alle Zusammenhänge. Dafür habe ich volles Verständnis, denn mir geht es in Russland auch oft so. Ich erzähle kurz die Vorgeschichte und deute dann, voll angezogen, auf den schmerzenden Bereich. Ohne sich meinen Körper auch nur anzusehen oder gar zu berühren spricht er die Vermutung aus, es handle sich um Muskelschmerzen im Gesäßmuskel.

„In Russland hat man bei einer Computertomografie einen Wirbelsäulenschaden festgestellt und die Ursache des Schmerzes dort vermutet. Wollen Sie das nicht noch mal abklären?“, frage ich erstaunt.

„Nein, das ist nicht nötig, ich glaube es Ihnen doch“, antwortet der Arzt.

„Aber müssen Sie sich nicht selbst ein Bild vom Zustand meiner Wirbelsäule machen? Ich möchte auch wissen, wie schlimm das ist und wie ich mich zukünftig verhalten muss!“

Widerwillig stellt er mir eine Überweisung für eine MRT aus. Glücklicherweise kann ich diese schon zwei Tage später machen lassen, aber für die Auswertung warte ich lieber ab, bis der mir seit Jahren vertraute Orthopäde aus dem Urlaub zurückgekehrt ist. Da meine Schmerzen auch ohne Behandlung nachgelassen haben und vorwiegend nur bei bestimmten Körperhaltungen auftreten, halte ich das für kein Problem – ein Irrtum, wie sich bald herausstellen sollte.

Obwohl ich vorsichtig bin, keine schweren Tätigkeiten ausübe und keinen Sport mache, entwickelt sich vier Wochen nach der Schmerzattacke in Russland innerhalb weniger Stunden eine weitere ebenso starke, sodass ich nachts mit dem Taxi in die Zentrale Notaufnahme der Asklepios-Klinik fahre und auf Hilfe, zumindest aber auf eine genaue Diagnose hoffe. Bei der Ultraschalluntersuchung konzentriert sich der Arzt auf die Niere und bemerkt keine Auffälligkeiten. Nach Begutachtung der Harnwerte erhalte ich die Diagnose Nierenbeckenentzündung. Ich solle am nächsten Tag den Hausarzt aufsuchen und mir ein Rezept für Antibiotika- und Schmerztabletten verschreiben lassen. Auf meine Bitte hin bekomme ich eine Schmerzmittelinjektion, bevor man mich nach Hause schickt. Das Mittel hilft nicht, die Schmerzen halten unvermindert an. Nach weiteren zwei Stunden rufe ich den ärztlichen Notdienst an und erfahre: Ein Arzt könne erst in vier bis fünf Stunden kommen. Eine Schmerzmittelspritze bräuchte ich? Nein, deswegen würden sie sowieso nicht kommen. Aber wenn ich wolle, könne mich ein Arzt anrufen. Ja, wenigstens das, antworte ich. Schließlich kommt doch ein Arzt, gibt mir eine Spritze und stellt mir das Rezept für die Antibiotika- und Schmerztabletten aus, die von der Asklepios-Klinik empfohlen wurden. So kann ich am Morgen in der nahe gelegenen Apotheke sofort die Arzneimittel holen, statt vorher noch zum Hausarzt fahren zu müssen.

Die Schmerztabletten haben keine Wirkung, aber ich bin froh, dass es eine Diagnose gibt und ich hoffen kann, dass die Beschwerden bei fortlaufender Einnahme der Antibiotika allmählich geringer werden. Unter großen Schmerzen halte ich einen Tag und die Nacht durch. Am Morgen aber fahre ich mit dem Taxi zum Hausarzt, um ihn um stärkere Schmerzmittel zu bitten. Nach einem Blick auf die Harnwerte im Notfallbericht des Krankenhauses und auf die Schmerzgegend sagt er: „Sie haben keine Nierenbeckenentzündung. Es gibt einen Harnwert, der dem widerspricht, und außerdem ist die Niere weit entfernt von der Stelle, an der Sie Schmerzen haben. Die Antibiotika brauchen Sie nicht zu nehmen. Die MRT legt nahe, dass der Schmerz von der Lendenwirbelsäule in die Seite ausstrahlt. Das muss der Orthopäde behandeln, wahrscheinlich durch eine Spritze in den Nerv. Vorläufig gebe ich Ihnen ein Rezept für starke, morphinähnliche Schmerztabletten."

Es ist Freitagmittag. Ein Besuch beim Orthopäden ohne Termin ist, wenn überhaupt, frühestens am Montag möglich. So hoffe ich, dass mir die starken Schmerztabletten über das Wochenende hinweghelfen. Das tun sie aber nicht. Nach der Einnahme bin ich zwar immer etwas weggetreten und kann wenigstens zwei, drei Stunden schlafen, bevor das Elend von Neuem losgeht. So rufe ich Samstagnacht wieder einen Notarzt an, der mich jedoch abblitzen lässt, denn er erkennt ganz richtig, dass ich nicht im Sterben liege. Als ich ihm sage, dass man sich im Provinzkrankenhaus in Russland besser um mich gekümmert habe als jetzt in Deutschland, meint er patzig, dann solle ich doch wieder nach Russland fahren.

Einen Termin in einer Orthopädiepraxis bekomme ich erst in zehn Tagen. In der Zwischenzeit gehen die Schmerzen – wie nach der ersten Attacke in Russland – ohne Behandlung allmählich zurück.

Durch Abtasten stelle ich fest, dass genau dort, wo der Schmerz am intensivsten ist, im Muskelansatz unter dem Beckenrand ein abgegrenzter, fester Knoten ist und das umgebende Gewebe sich taub anfühlt. Dort wurde ich in Russland kurz vor dem Auftreten der Schmerzattacke von Kriebelmücken gebissen. Kriebelmücken können mit ihrem Speichel Bakterien übertragen. Manchmal kommt es vor, dass dann an der Bissstelle eine dicke Beule entsteht, die heiß ist und nach mehreren Tagen folgenlos wieder verschwindet. Bei Slawa und anderen Dorfbewohnern hatte ich das schon beobachtet. Darauf weise ich den Orthopäden bei meinem Besuch hin, kann ihn aber nicht dazu bewegen, die Stelle selbst zu untersuchen. Er vermeidet überhaupt jegliche Berührung meines Körpers, eine klinische Untersuchung findet nicht statt. Die Schmerzen seien von der Lendenwirbelsäule ausgegangen und in Nerven der Beckenmuskulatur ausgestrahlt. Er verschreibt mir Krankengymnastik, die die Verspannung der Beckenmuskulatur lockern soll. Mein behandelnder Orthopäde ist nach der Rückkehr aus dem Urlaub der gleichen Ansicht. Die Physiotherapie tut mir gut, aber die Verspannung war ja nicht die Ursache der Schmerzen. Ich kann nur vorsichtig sein und hoffen, dass sie nicht wieder auftreten. In Hamburg gehe ich nun regelmäßig in ein Kieser-Studio zum Training, das nicht nur die, aber auch die Rücken- und Hüftmuskulatur stabilisiert.

Ich bin seit zwei Monaten schmerzfrei, und als ich meinen Orthopäden frage, ob er, wäre er an meiner Stelle, es riskieren würde, wieder nach Sibirien zu fahren, bejaht er es. Allerdings meint er, ich solle schwere Arbeiten vermeiden, und es gäbe auch keine Garantie, dass die Probleme nicht wieder auftreten würden.

Mir war zwar schon immer klar, dass ich irgendwann nicht mehr an der Seite Slawas in der Taiga leben kann, aber ich will es tun, solange es möglich ist. So entschließe ich mich, wieder nach Sibirien zu reisen. Vielleicht ist dies das letzte Mal?

Ich buche einen Flug nach Irkutsk für den 22. Februar 2022. Für alle Fälle nehme ich die starken Schmerztabletten mit, mit denen ich einige Tage überstehen kann, falls meine Lendenwirbelsäule Probleme macht, und ich lasse mir die dritte Corona-Schutzimpfung geben, bevor ich die Reise antrete. In Irkutsk übernachte ich wieder bei meiner Freundin Natascha und fahre am nächsten Tag mit der Transsib nach Mogotscha, wo Slawa mich abholt und auf dem Winterweg nach Srednjaja Oljokma bringt.

„Plötzlich" Krieg in Europa

Schon Monate vor meinem Abflug beginnt sich die politische Lage zwischen Russland, der Ukraine und dem Westen immer mehr zuzuspitzen. Anlass ist, dass USA und Ukraine die Aufnahme der Ukraine in die NATO zunehmend forcieren, obwohl Russland sich seit Jahren dagegen ausspricht, indem es die Aufnahme der Ukraine in die NATO als Bedrohung seiner Sicherheitsinteressen bezeichnet.

Schon 1997 hatte der hochrenommierte US-amerikanische Historiker und auf Russland spezialisierte US-Diplomat George F. Kennan in der *New York Times* ausdrücklich davor gewarnt, in Europa die NATO nach Osten zu erweitern. Er bezeichnete eine NATO-Osterweiterung für den *„verhängnisvollsten Fehler der amerikanischen Politik seit dem Kalten Krieg"*. Doch US-Präsident Bill Clinton gab für die Osterweiterung grünes Licht. Im Jahre 1999 wurden Polen, Tschechien und Ungarn in die NATO aufgenommen. Bulgarien, Estland, Lettland, Litauen, Rumänien, die Slowakei und Slowenien folgten im Jahre 2004.

Putin warnte auf der Münchner Sicherheitskonferenz 2007, dass er eine weitere Ausdehnung des Einflusses der USA, der EU oder der NATO in Richtung Russland nicht hinnehmen werde. Trotzdem setzte der Westen seine Politik der Erweiterung der NATO nach Osten bis an die Grenzen Russlands fort. Auf dem NATO-Gipfel 2008 wurde auch der Ukraine und Georgien der Beitritt in Aussicht gestellt. Putin äußerte danach in einem Gespräch mit US-Präsident George W. Bush, dass die Ukraine, sollte ihr NATO-Eintritt bevorstehen, aufhören werde zu bestehen.

Selbst Zbigniew Brzezinski – obwohl Verfechter der globalen Vorherrschaft der USA und Autor des Buches „Die einzige Weltmacht: Amerikas Strategie der Vorherrschaft", geopolitischer Chefberater fünf amerikanischer Präsidenten einschließlich Barack Obamas – äußerte in einem am 29.06.2015 veröffentlichten Interview mit Die Welt: *„Man muss anerkennen, dass sich einerseits die Ukraine hinsichtlich ihrer Zukunft und ihrer Erwartungen sehr stark nach Westen orientiert. Russland möchte andererseits so viel Kontrolle wie möglich aufrechterhalten. Vor diesem Hintergrund würde meiner Ansicht nach die beste Kompromissformel darauf hinauslaufen, dass die Ukraine sich am Status Finnlands orientiert. Der Ukraine würde es gestattet, sich eng Europa anzuschließen, und zugleich bekäme Russland die Zusicherung, dass die Ukraine nicht Mitglied der NATO wird. Sie hätte, so wie Finnland, einen speziellen Sicherheitsstatus."*

Das wäre eine friedliche Lösung für beide Seiten, aber die wollte der Westen nicht, sondern steuerte in die entgegengesetzte Richtung. Alljährlich seit 2006 führen die NATO-Staaten in und mit der Ukraine die Rapid-Trident-Manöver durch (das heute bisher letzte in der Zeit vom 20. September bis 1. Oktober 2021). Das Bundeswehr-Journal schreibt 2019: *„Bei ‚Rapid Trident' – auf Deutsch ‚Schneller Dreizack' – handelt es sich um eine Übungsserie im Geiste* *der NATO-Initiative ‚Partnerschaft für den Frieden', die die Ukraine seit 2006 alljährlich in enger Kooperation mit den USA und unter Einbindung weiterer Länder durchführt. Damit soll die voranschreitende Modernisierung der Streitkräfte der Ukraine und deren Anpassung an NATO-Standards unterstützt werden."*

Ein Artikel des Online-Portals Länder-Analysen 49/08 verdeutlichte die Haltung der ukrainischen Bevölkerung. Demnach waren im Jahr 2008 rund 60 Prozent gegen den Beitritt und 10 Prozent unentschlossen, trotz einer von 2004 bis 2007 durchgeführten Kampagne namens „Programm zur Sensibilisierung der Öffentlichkeit für die euroatlantische Integration". Timoschenko und Janukowitsch setzten sich vergeblich für ein nationales Referendum zum NATO-Beitritt ein. Anfang 2008 kam es zu einer parlamentarischen Krise. Gegner eines NATO-Beitritts der Ukraine (Partei der Regionen und Kommunisten) besetzten das Parlamentspräsidium im Sitzungssaal und verhinderten mehrere Tage lang die Arbeit des Parlaments.[1]

Das Ziel einer NATO-Mitgliedschaft wird weiterverfolgt und im Februar 2019 durch einen Zusatzartikel in der ukrainischen Verfassung verankert. Damit wird das Vorhaben zementiert – der Verzicht darauf kann nur durch eine Verfassungsänderung beschlossen werden.

Am 24. März 2021 erlässt Präsident Wolodymyr Selenskyj das Dekret Nr. 117/2021 „Zur Strategie der Endbesetzung und Wiedereingliederung des vorübergehend besetzten Gebiets der Autonomen Republik Krim und der Stadt Sewastopol". Es enthält die Vorbereitung von Maßnahmen, um „die vorübergehende Besetzung" der Krim zu beenden. Laut der staatlichen ukrainischen Nachrichten-Agentur Ukrinform erhielt die Regierung den Auftrag, einen entsprechenden „Aktionsplan" zu entwickeln.[2]

Wallstreet-Online vom 06. April 2021 setzt einen Link zum Original des Dekrets, bietet eine deutsche Übersetzung an und kommentiert: *„Medial und politisch wird bei uns im Westen ein Bild russischer Aggression verbreitet. Wer sich in der Tiefe mit dem Thema auseinandersetzt, stößt auf das ukrainische Dekret 117/2021. Dieses Dekret vom 24. März kommt einer Kriegserklärung gegenüber Russland mindestens nahe."*[3]

Am 30. August 2021 wird ein neues amerikanisch-ukrainisches Sicherheitsabkommen mit umfangreichen Militärhilfen geschlossen und im Oktober erklärt der amerikanische Verteidigungsminister erneut die amerikanische Unterstützung für eine NATO-Mitgliedschaft der Ukraine.

Am 10. November 2021 unterschreiben die Außenminister beider Staaten feierlich eine „Charta für Strategische Partnerschaft", in der sie unter anderem den Beitritt der Ukraine zur NATO fordern, die „anhaltende russische Aggression" verurteilen und ein „unerschütterliches Engagement" für die Wiedereingliederung der Krim in die Ukraine bekräftigen.

Eine solche „Eingliederung" wäre nur durch einen kriegerischen Akt möglich.

Es ist ganz offensichtlich, dass eine erstarkte NATO-Ukraine beginnen würde, die immer noch als eigenes Staatsgebiet betrachtete Krim zurückzuerobern und sich damit im Recht sehen würde. Ein Krieg zwischen der Ukraine und Russland war damit eindeutig vorprogrammiert. Die Frage war lediglich: Ein Krieg der Ukraine als NATO-Staat, also die NATO gegen Russland oder ein Krieg Russlands gegen die noch nicht in die NATO aufgenommene Ukraine. Diesem NATO-Krieg gegen Russland, bei dem Russland der Verlierer sein würde, wollte Putin zuvorkommen.

Im November 2021 beginnt Russland, auf eigenem Territorium große Truppenverbände entlang der Grenze zur Ukraine zusammenzuziehen und begründet es mit der Durchführung eines groß angelegten Militärmanövers. Die Ukraine und der Westen bezeichnen das als Aggression, während die eigenen NATO-Übungen in der Ukraine angeblich dem Frieden dienen.

Am 17. Dezember 2021 legt Moskau einen Entwurf für ein Sicherheitsabkommen mit den USA und der NATO zur Verhandlung vor. Damit will Putin die Fortsetzung der NATO-Erweiterung nach Osten stoppen und zugleich verhindern, dass NATO-Truppen an den Grenzen Russlands stationiert oder in europäischen Staaten weitreichende Raketen aufgestellt werden, die sein Land bedrohen könnten. Ebenso fordert der Kreml, dass die NATO ihre Gipfelerklärung von 2008 zurücknimmt, in der sie der Ukraine und Georgien den Beitritt zur Allianz in Aussicht gestellt hat. Sie solle vielmehr rechtsverbindlich erklären, dass sie auf jede künftige Erweiterung – besonders im postsowjetischen Raum – verzichtet und Truppen zurückzieht, die nach dem Mai 1997 in Osteuropa stationiert wurden. Dabei beruft sich Moskau auf die NATO-Russland-Grundakte von 1997, der zufolge die NATO keine Kampftruppen in den neuen östlichen Mitgliedsstaaten stationieren wolle. (Wortlaut in der Akte: *„Die NATO wiederholt, daß das Bündnis in dem gegenwärtigen und vorhersehbaren Sicherheitsumfeld seine kollektive Verteidigung und andere Aufgaben eher dadurch wahrnimmt, dass es die erforderliche Interoperabilität, Integration und Fähigkeit zur Verstärkung gewährleistet, als dass es zusätzlich substantielle Kampftruppen dauerhaft stationiert.“*)

Ein Verhandlungsentwurf bedeutet immer, dass ausgehend von den Maximalforderungen verhandelt werden und Kompromisse gefunden werden können. Russland erklärt sich bereit zu sofortigen Verhandlungen und schlägt Genf als Verhandlungsort vor. Aber es kommt zu keiner Verhandlung, denn Washington weist in einer schriftlichen Antwort am 26. Januar 2022 die russischen Forderungen als "inakzeptabel oder unrealistisch" zurück und weigert sich, eine Aufnahme der Ukraine in die NATO auszuschließen.

Das kompromisslose Bestreben der USA, die militärische Präsenz der NATO immer weiter auszudehnen, wird kritiklos und fleißig unterstützt von der Mehrzahl westlicher Medien und Politiker. Letztere reisen nun emsig nach Moskau, um angeblich zur Deeskalation beizutragen. Der Öffentlichkeit wird echtes

Bemühen vorgetäuscht, wo solches nicht vorhanden ist, denn der Westen bewegt sich keinen Schritt auf Moskau zu, sondern fordert und droht. Er fordert den Abzug der russischen Truppen (auf russischem Territorium!) und droht im Falle einer Invasion in die Ukraine mit noch strengeren Sanktionen. Das nennen sie erstaunlicherweise „diplomatische Verhandlungen“. Mit Ausnahme Frankreichs unter der Makron-Regierung haben die europäischen Staaten nicht begriffen, dass es sich primär um einen innereuropäischen Konflikt handelt, der nur gelöst werden kann, wenn Europas eigene Sicherheits- und Wirtschaftsinteressen vor die Machtambitionen der USA gestellt werden.

Auf der Pressekonferenz am 14. Februar 2022 in Kiew antwortete Bundeskanzler Scholz auf die Frage eines Journalisten bezüglich der Haltung Deutschlands zum NATO-Beitritt der Ukraine: *„Das Prinzip der freien Bündniswahl steht nicht zur Disposition.“* Es war die Antwort auf eine Frage, die nicht gestellt wurde. Er vermied zu erwähnen, dass die NATO nicht gezwungen ist, dem Wunsch eines Landes zu entsprechen, und ob Deutschland für oder gegen den NATO-Beitritt ist. Stattdessen sagte er: *„Die Frage von Mitgliedschaften in Bündnissen steht ja praktisch gar nicht an. Deshalb ist es schon etwas eigenwillig zu beobachten, dass die russische Regierung etwas, das praktisch nicht auf der Tagesordnung steht, zum Gegenstand großer politischer Problematiken macht.“*[4]

In einem Pressestatement zu seinem Moskau-Besuch am 15. Februar 2022 gab Bundeskanzler Scholz folgende Erklärung ab: *„Es gibt einen Fakt, und dieser Fakt ist, dass alle Beteiligten wissen, dass eine Mitgliedschaft der Ukraine in der NATO nicht auf der Tagesordnung steht. […] Deshalb ist es eine Frage der Führungsfähigkeit aller Beteiligten, in Russland, in der Ukraine, in der NATO, dafür zu sorgen, dass wir keine absurde Situation erleben, in der es dann um etwas ginge, was gar nicht Gegenstand des Weltgeschehens der nächsten Zeit wäre.“*[5] Angesichts der oben beschriebenen Vorgänge macht die Scheinheiligkeit dieser Aussagen sprachlos.

Man denke auch an die Verhandlungen mit der Sowjetunion zur Wiedervereinigung Deutschlands. Der damalige Außenminister Genscher erklärte ausdrücklich (anzusehen auf YouTube): *„Wir waren uns einig, dass nicht die Absicht besteht, das NATO-Verteidigungsgebiet auszudehnen nach Osten. Das gilt übrigens nicht nur für die DDR, sondern das gilt ganz generell.“*[6]

In der Ausgabe 48/2009 schreibt Der Spiegel: *Der SPIEGEL hat mit zahlreichen Beteiligten gesprochen und vor allem britische und deutsche Dokumente gesichtet. Danach kann es keinen Zweifel geben, dass der Westen alles getan hat, den Sowjets den Eindruck zu vermitteln, eine NATO-Mitgliedschaft von Ländern wie Polen, Ungarn oder der CSSR sei ausgeschlossen. So sprach Genscher am 10. Februar 1990 zwischen 16 und 18.30 Uhr mit Schewardnadse, und der bis vor kurzem geheim gehaltene deutsche Vermerk hält fest:*

„BM (Bundesminister): ‚Uns sei bewusst, dass die Zugehörigkeit eines vereinten Deutschlands zur NATO komplizierte Fragen aufwerfe. Für uns stehe aber fest: Die NATO werde sich nicht nach Osten ausdehnen.'

Und da es in dem Gespräch vor allem um die DDR ging, fügte Genscher ausdrücklich hinzu: ‚Was im Übrigen die Nichtausdehnung der NATO anbetreffe, so gelte dieses ganz generell'.

Schewardnadse antwortete, er ‚glaube allen Worten des BM'.“[7]

Da für die Aufnahme von Mitgliedern in die NATO Einstimmigkeit erforderlich ist, hätte die Bundesregierung mit einem Nein die NATO-Erweiterungen verhindern können, was sie aber nicht getan hat. Das stand wohl auch gerade „nicht auf der Tagesordnung“.

Ganz anders gestaltet sich das Gebaren gegenüber der Ukraine. Westliche Außenminister geben sich dort die Klinke in die Hand, um zu versichern, dass sie fest an ihrer Seite stehen. Ukrainische Politiker werden hofiert und in einer verhängnisvollen Sicherheit gewiegt. Vor allem die USA liefern massenhaft Waffen, sehr viel Geld wird zur Verfügung gestellt und die Feindschaft gegenüber Russland angeheizt. Allein aus Deutschland sind seit Beginn des Ukrainekonflikts 2014 bereits fast zwei Milliarden Euro in das Land geflossen (Stand Januar 2022). Bei seinem Besuch im Februar 2022 verspricht Kanzler Scholz dem ukrainischen Präsidenten Selenskyj die beschleunigte Auszahlung von 150 Millionen Euro aus einem bereits gewährten Kredit sowie einen neuen Kredit über 150 Millionen Euro, wohl wissend, dass das militärisch aufrüstende, korrupte Land (2022 laut Korruptionsindex von Transparency International Platz 122 von 180) die „Kredite“ nicht zurückzahlen können wird. Zusätzlich schaufelt die EU Gelder in die Ukraine. (Und all dies ist nur der Beginn, denn im August 2023 spricht Finanzminister Lindner bereits von 22 Milliarden Euro, die allein aus Deutschland in das Land geflossen seien, davon 12 Milliarden für Rüstungsgüter.)

Anfangs stellt die russische Militärpräsenz an der ukrainischen Grenze lediglich eine Drohgebärde dar, um die NATO zu Verhandlungen zu zwingen. Da die NATO, allen voran die USA, jedoch zu keinerlei Entgegenkommen bereit ist, nehmen die Spannungen weiter zu. US-Geheimdienste prophezeien einen bevorstehenden Angriff Russlands auf die Ukraine. Medien und Politiker warnen lautstark vor der Kriegsgefahr und fordern ihre Bürger auf, die Ukraine zu verlassen. Entweder glauben sie selbst nicht an ihre düstere Vorhersage, sondern rechnen damit, dass Russland auf Grund der angekündigten Sanktionen und des schlechten Images klein beigeben und sich wie bisher mit den NATO-Erweiterungen abfinden würde, oder man provoziert bewusst einen russischen Angriff, wofür ebenfalls Einiges spricht (siehe Anhang „Ukrainekrieg – Ursachen und Hintergründe“). So oder so würde Russland verlieren, indem es entweder den hegemonialen Ansprüchen der Supermacht USA weicht oder als erwiesener

Aggressor der Ächtung anheimfällt und mit weiteren Sanktionen belegt würde. Dazu kommt, dass Russland im Falle eines Krieges auch durch die enormen Rüstungsausgaben wirtschaftlich geschwächt würde. Da Russlands Rüstungsfirmen in Staatshand sind, gibt es keine Gewinner, lediglich hohe Ausgaben. Wenn westliche Staaten aufrüsten, gibt es auf der einen Seite Verlierer – den Staat und seine Bevölkerung, denn die Rüstungsausgaben müssen auf Kosten von Sozialmaßnahmen und sinnvollen, notwendigen Investitionen finanziert werden. Auf der Seite des militärisch-industriellen Komplexes und deren Aktionären jedoch gibt es nur Gewinner, denn Kriege garantieren volle Auftragsbücher und Höchstgewinne – selbst wenn der Krieg verloren geht. Je größer der Einfluss dieses Komplexes auf Politiker und Medien der Staaten ist, desto bereitwilliger wird aufgerüstet unter Hinweis auf „Feinde der Demokratie", vermeintliche „Aggressoren", die „Achse des Bösen" und dergleichen mehr.

Michael von der Schulenburg (siehe Anhang „Öffentliche Personen") schreibt in einem auf seiner Website am 31. Januar 2022 veröffentlichten Artikel „Der Ukraine-Konflikt": *„Wenn Russland in die Ukraine einmarschieren würde, dann aus Schwäche, nicht aus Stärke. Es wäre ein Akt der Verzweiflung, weil Russland zu dem Schluss gekommen ist, dass eine NATO-Ukraine eine existenzielle Bedrohung seiner Sicherheitsinteressen darstellt, die der Westen nicht zu respektieren bereit ist. Russland befürchtet, dass dann bald amerikanische Truppen entlang der russischen Grenze stationiert werden, ausgestattet mit hochmodernen Raketen, die auch Atomsprengköpfe tragen könnten und Moskau in weniger als fünf Minuten erreichen. Russland würde erpressbar werden. Russland muss auch befürchten, dass die NATO mit dem NATO-Beitritt der Ukraine behaupten wird, dass die Krim unter ihren Schutz fällt. Dies würde Russland in einem seiner sensibelsten Bereiche, seinem Zugang zum Schwarzen Meer, bedrohen. Somit wäre mit der Nato-Mitgliedschaft der Ukraine der nächste Konflikt bereits vorprogrammiert."*

Trotz allem bin ich überrascht, als russische Bodentruppen am 24. Februar 2022 tatsächlich in den Donbass eindringen. Nachdem der „russische Bär" ständig herausgefordert und unterschätzt wurde, lässt er jetzt seine Pranken sprechen. Putin hat sich nach vielen Jahren geduldiger, aber ergebnisloser Angebote zur friedlichen Zusammenarbeit entschlossen, die Interessen der russischen Bevölkerung auf der Krim, im Donbass und in Russland nun mit kriegerischen Mitteln zu verteidigen. Es lohnt sich, Putins diesbezügliche Ansprache an die russischen Bürger vom 24. Februar 2022 zu lesen. Sie wurde in deutscher Übersetzung von der Zeitschrift *Osteuropa* veröffentlicht.[8]

Nicht nur Russland wird unter dem Krieg und den westlichen Sanktionen leiden, sondern in erster Linie die Ukraine, aber auch alle Staaten, die in größerem Umfang Handel mit Russland treiben. Die USA als Treiber der Krise werden die wenigsten Nachteile ertragen müssen, sondern können dann sogar ihr teures, umweltschädliches Frackinggas nach Deutschland verkaufen. Die Partei Die Grünen wird nun bereitwillig diese und andere Kröten schlucken, die sie selbst mit herbeigeredet und zu verantworten hat.

Unbestritten ist, dass der Einfall Russlands in die Ukraine ein Bruch des Völkerrechts ist und sehr viel Leid und Zerstörung zur Folge hat – und das für wahrscheinlich lange Zeit, denn Moskau bekräftigte seine Bedingungen für eine Beendigung des Krieges: Die Regierung in Kiew müsse die Volksrepubliken Luhansk und Donezk sowie Russlands Souveränität über die Schwarzmeer-Halbinsel Krim anerkennen (Näheres dazu im Anhang „Ukrainekrieg – Ursachen und Hintergründe"). Zudem müsse die Ukraine entmilitarisiert und in einen neutralen Status überführt werden.

Selbst wenn die ukrainische Regierung um des Friedens willen diese Bedingungen erfüllen wollte, hat sie sich in vielfacher Hinsicht viel zu sehr vom Westen und den USA abhängig gemacht, um darüber selbstständig entscheiden zu können. Das Schicksal der Ukraine ist es, in einem Stellvertreterkrieg zerrieben zu werden, bei dem es den USA (nicht zum ersten Mal in der Historie) vor allem um die Schwächung Russlands geht. Statt zu verhandeln, stellt der Westen noch mehr Waffen, Gelder und sogar Söldner zur Weiterführung des Krieges zur Verfügung. EU-Kommissionspräsidentin Ursula von der Leyen kündigt am 01. März 2022 in einer Sondersitzung des EU-Parlaments 500 Millionen Euro an humanitärer Hilfe an. Die Summe soll die bereits angekündigten 500 Millionen Euro für Waffenlieferungen an die Ukraine ergänzen. Humanitäre Hilfe hätte darin bestanden, den Krieg vermeiden zu helfen!

Russland wird, einmal angefangen, seinen Stellvertreterkrieg gegen die USA auf dem Gebiet der Ukraine bis zum bitteren Ende fortführen. In der Bevölkerung erfährt die russische Regierung zum gegenwärtigen Zeitpunkt für ihre Haltung breite Zustimmung. Krieg ist schlecht, niemand will ihn, aber die Regierung habe keine andere Wahl gehabt, sagen alle, mit denen ich spreche. Sie äußern großes Mitgefühl mit dem Leiden des ukrainischen Volkes sowie mit den Kriegstoten und Verletzten auf russischer Seite. Welches Volk weiß besser, was Krieg bedeutet, als die Russen, die im von Deutschland verursachten Zweiten Weltkrieg 27 Millionen Kriegstote, unendliches Leid und Entbehrungen ertragen mussten? Schon allein deshalb wäre Deutschland verpflichtet, die Sicherheitsinteressen Russlands ernst zu nehmen und sich um ein gutes Verhältnis zu Russland zu bemühen. Stattdessen haben die deutschen Regierungen sowie die Medien sich zunehmend für die Interessen der Machteliten der USA (nicht etwa des amerikanischen Volkes oder Europas) eingesetzt und missbrauchen lassen. Jeder, der solchem Vorgehen widerspricht, wird öffentlich diffamiert. Die SPD zum Beispiel droht Ex-Bundeskanzler Gerhard Schröder mit Parteiausschluss. Nur zur Erinnerung: Seiner Regierung haben wir es zu verdanken, dass sich Deutschland nicht am Irakkrieg beteiligt hat, der – unbestritten – auf der Grundlage von Lügen Washingtons 2003 völkerrechtswidrig von den USA begonnen und mit einer „Koalition der Willigen“ aus 43 Staaten geführt wurde, der hunderttausende Iraker tötete und den Irak ins Chaos führte. Es gab weder eine mediale Empörung noch Sanktionen gegen die Krieg führenden Staaten.

Willi Brandt und Egon Bahr würden in der heutigen Zeit wegen ihrer Ostpolitik wenn nicht gesteinigt, so doch mit einem medialen Shitstorm überzogen und zum Rücktritt aufgefordert. Im jetzigen Klima wagt es kaum jemand, der im öffentlichen Leben steht beziehungsweise von einer Partei oder Arbeitgebern abhängig ist, eine dem Mainstream entgegengesetzte Meinung zu vertreten. Der russische Chefdirigent Waleri Gergijew zum Beispiel wurde am 1. März 2022 nach siebenjähriger Tätigkeit aus der Münchner Philharmonie hinausgeworfen, weil er sich „trotz mehrfacher Aufforderung, sich eindeutig und unmissverständlich von dem brutalen Angriffskrieg zu distanzieren, den Putin gegen die Ukraine und nun insbesondere auch gegen unsere Partnerstadt Kiew führt“, nicht geäußert hat. Es genügt also nicht, politisch neutral zu bleiben, sondern man muss tun und sagen, was der Arbeitgeber hören will.

Ist das die sogenannte Meinungsfreiheit, derer wir uns so sehr rühmen: Zwar man kann alles sagen, ohne dafür ins Gefängnis zu müssen, wird aber öffentlich an den Pranger gestellt und verliert seine Stellung oder Arbeitsaufträge?

Immerhin gibt es Personen, die durch ihre wirtschaftliche Unabhängigkeit und persönliche Integrität den Mut haben, unerwünschte Wahrheiten auszusprechen. Sandra Maischberger wirkte etwas erschrocken, als Prof. Dr. Christian Hacke (siehe Anhang Öffentliche Personen) in ihrer Sendung am 28. Juni 2022 unverblümt erklärte, dass die USA gar kein Interesse hätten, die Ukrainekrise zu lösen, da sie der Fechtboden sei, auf dem die amerikanische Interessenssphäre ausgeweitet würde, um Putins Russland zurückzudrängen und in die Knie zu zwingen bis hin zum Regime-Change. Er betonte die Vorgeschichte des Krieges, das Fehlen eines klar definierten Ziels des Westens sowie die Gefahr eines gesamteuropäischen Krieges.[9] Professorin Daniela Schwarzer widersprach ihm in allen Punkten, was kein Wunder ist, sieht man ihre Vita an (siehe Anhang Öffentliche Personen).

Nachdem Russen, Ukrainer und andere Nationalitäten in der Ukraine jahrzehntelang friedlich zusammengelebt hatten, ist unter westlichem Einfluss spätestens seit dem Putsch 2014 ein Graben zwischen Ukrainern und Russen entstanden, der sich immer mehr vertiefte und schließlich in einen langjährigen Bürgerkrieg und zum Krieg Russlands gegen die Ukraine führte. Irgendwann wird der Krieg beendet werden, doch die Ukraine wird ein anderes Land sein – zerstört und voller Hass gegen Russland und die Russen.

Die Kluft zwischen Russland und anderen Staaten wurde vom politischen Establishment des Westens geschaffen, nicht von dessen Bürgern. Das zeigt auch eine am 13. Februar 2019 veröffentlichte Studie der Friedrich-Ebert-Stiftung: Sogar noch im Jahre 2019 stimmten 75 Prozent der befragten Deutschen, 44 Prozent der Franzosen,

31 Prozent der Polen, 59 Prozent der Letten, 91 Prozent der Serben und 24 Prozent der Ukrainer gegen eine Ausweitung der Sanktionen gegen Russland.[10]

Den Kriegsverlauf werde ich nicht kommentieren, denn die sowohl von Russland als auch von der Ukraine und dem Westen platzierten Informationen darüber werden zu oft nicht den Tatsachen entsprechen. Natürlich ist das kein neues Phänomen, sondern wird praktiziert, seitdem es Kriege gibt. Schon 1928 untersuchte und beschrieb Arthur Ponsonby, ein britischer Staatsbeamter, Politiker, Schriftsteller und Pazifist, in seinem Buch „Falsehood in Wartime“ die Methoden der Kriegspropaganda der Beteiligten im Ersten Weltkrieg. Es enthält den berühmten Hinweis: „When war is declared, truth is the first casualty“. In ihrem 2014 aufgelegten Buch „Die Prinzipen der Kriegspropaganda“ bezieht sich die belgische Historikerin Anne Morelli darauf und systematisiert die Kriegspropaganda wie folgt:

1. Wir wollen den Krieg nicht.
2. Das gegnerische Lager trägt die alleinige Verantwortung für den Krieg.
3. Der Führer des Gegners hat dämonische Züge („der Bösewicht vom Dienst“).
4. Wir kämpfen für eine gute Sache.
5. Der Gegner kämpft mit verbotenen Waffen.
6. Der Gegner begeht mit Absicht Grausamkeiten, bei uns handelt es sich um Irrtümer aus Versehen.
7. Unsere Verluste sind gering, die des Gegners enorm.
8. Angesehene Persönlichkeiten, Wissenschaftler, Künstler und Intellektuelle unterstützen unsere Sache.
9. Unsere Mission ist heilig.
10. Wer unsere Berichterstattung in Zweifel zieht, steht auf der Seite des Gegners und ist ein Verräter.

Genau das erleben wir von nun an täglich.

Christliche Besucher

Ich neige nicht dazu, den Kopf in den Sand zu stecken, um keine unangenehmen Nachrichten vernehmen zu müssen. Trotzdem bin ich froh, wieder in der Taiga zu sein, räumlich weit entfernt von schwer zu ertragender Heuchelei unter dem Deckmantel moralischer Oberhoheit. Ich atme freier, wenn ich die verschneite Dorfstraße entlanggehe, den einfachen Menschen begegne, unsere Hunde füttere oder einfach nur da bin.

Wir sind erst zwei Wochen wieder in Srednjaja Oljokma, als sich Besuch ankündigt. Vor längerer Zeit hat Slawa die Bekanntschaft eines Christen gemacht, der jedes Jahr im Auftrag seiner in Tschita ansässigen protestantischen Kirche in die Dörfer des Bezirks Zabajkalskij Kraj fährt und Lebensmittel an bedürftige Dorfbewohner verteilt. Unser Dorf will er zusammen mit drei Helfern besuchen. Slawa nennt ihn mir gegenüber immer „mein Freund, der Pope", denn sein Vorname Wladimir, auch Wolodja genannt, kommt in unserer Bekanntschaft sehr häufig vor und führt im Gespräch leicht zu Verwechslungen. Vorsichtshalber backe und koche ich seit drei Tagen auf Vorrat, obwohl Slawa meint, die Besucher brächten ihre Lebensmittel selbst mit. Aber welche sibirische Hausfrau würde wohl so ungastlich sein, Besuchern nichts anzubieten? Schlafen können sie in unserem großen Zimmer auf Diwan, Gästebett und einer auf dem Boden ausgelegten Doppelmatratze. Auch die Banja ist vorbereitet, denn die Gruppe ist bereits seit Tagen im Rayon unterwegs mit wahrscheinlich schlechten Wasch- und Schlafmöglichkeiten.

Es ist schon acht Uhr abends, und wir machen uns langsam Sorgen, dass auf dem schwierigen Winterweg etwas passiert sein könnte. Da sie mit zwei starken, geländegängigen Jeeps unterwegs sind, haben wir trotz der schlechten Wegbedingungen mit wesentlich früherem Eintreffen gerechnet. Slawa ist gerade zum Dorftelefon gegangen, als es klopft und Wolodja eintritt. Nach einer kurzen Begrüßung sagt er mit fragendem Unterton: „Wir sind zu sechst?"

„Das ist in Ordnung. Kommen Sie doch bitte alle herein!", lade ich freundlich ein. Ich bin erleichtert, dass sie heil angekommen sind und mein Vorrat an Broten, Brötchen, Piroggen mit Hackfleisch-Kraut-Füllung, Pizza, Streuselkuchen und Elcheintopf wohl reichen wird, um alle mit Essen zu versorgen. Kurz darauf hängt die Garderobe voller Mäntel, und auch Slawa trifft ein. Der große Tisch ist schon seit Mittag einladend gedeckt, schnell stelle ich noch zwei Gedecke und Stühle dazu.

Wolodja, groß, schlank, Anfang 40, ist Leiter der Gruppe. Nikolai, schon älter, war seiner Aussage nach früher Alkoholiker und hatte damals einen Blutsturz aufgrund des Alkoholmissbrauchs, hat aber sein Leben komplett geändert, als er Gott begegnete, wie er sagt. Er trinkt und raucht nicht, bearbeitet mit seiner Familie eine kleine Farm mit 130 Kühen. Er bringt Kartoffeln,

Speck und viel zartes Schweinefleisch mit, das ich am folgenden Tag zum Mittagessen brate. Sascha ist der Jüngste der Gruppe, er ist Taxifahrer. Dima verdient sein Geld als Dachdecker. Er hat seine Gitarre mitgebracht. Ich fürchte, sie wollen solche Kirchenlieder singen, wie ich sie aus Deutschland kenne. Darauf habe ich nicht die geringste Lust und kündige vorsichtshalber schon einmal an, dass ich nicht gerne Kirchenlieder höre. Aber dann singen sie doch Lieder von Gott, und die finde ich ausgesprochen schön. Melodie und Rhythmus sind mitreißend, und der Inhalt ist frisch und auch für Nichtchristen wie mich sehr inspirierend. Ich glaube, es würde sich lohnen, viele der Lieder ins Deutsche zu übersetzen, mit Noten zu versehen und deutschen Christen zur Verfügung zu stellen.

Hier ein Liedtext von Vera Kuschnika, den Lilja auf meine Bitte hin aufgeschrieben und den Marianna Nagel ins Deutsche übersetzt hat:

Wir bitten um vieles bei Gott,
aber wesentlich ist, nur um eins zu bitten –
um Liebe, die alles erträgt
und die sich über das Glück des Fremden freut.
Wenn du jemanden liebst, vergibst du leicht.
Wenn du jemanden liebst, denkst du nichts Böses.
Du reagierst nicht auf Beleidigungen
mit einem bösen Blick und ätzenden Worten.
Auch deine Barmherzigkeit kennt dann keine Grenzen.
Dein Herz ist immer zum Opfer bereit.
Du merkst keine Fehler der Nächsten
und verleumdest andere Leute nicht.
Wenn du liebst, macht es nichts,
dass nicht alle dich verstehen.
Die Liebe, die einmal angezündet wurde,
strahlt als unauslöschliches Licht.
Seine Flamme leuchtet hell,
und du brauchst über sie nicht zu sprechen,
jeder merkt sie sowieso.
Dort, wo das Licht ist, sind Liebe und Freundschaft vorhanden.
Falls ich keine Manifestation der Liebe
in meinem Leben merke,
bedeutet es, dass ich sie nicht besitze,
sondern sie nur vom Hörensagen kenne.
Es ist vergeblich, um vieles bei Gott zu bitten,
denn wir brauchen nur eins –
bitten Sie bei Gott um Liebe,
und Gott wird Ihnen in der Not helfen.

Lena erzählt mir mit fühlbar innerer Bewegung, dass sie vor drei Jahren eine große, niederdrückende Last spürte und nicht wusste, wie sie damit umgehen sollte. Sie ging in die Kirche, ohne damals schon eine wirkliche Beziehung zu Gott zu haben. Doch dann begriff sie die Liebe Gottes und fühlte sich erlöst und glücklich.

Ich frage sie, worum es ihr gehe – dass Gott sie liebe oder auch darum, diese Liebe an andere weiterzugeben. Sie meinte, ihr sei genauso wichtig, die Liebe Gottes auf andere Menschen auszuweiten.

Da der Glaube unsere Besucher auf einen guten Weg geführt und ihr Leben sinnvoll und glücklich gemacht hat, können sie nicht verstehen, dass ich nicht gläubig bin, obwohl ich in einer christlichen Familie aufwuchs, getauft und konfirmiert bin und die christliche Lehre kenne. Wolodja will mir erläutern, warum der Glaube an Gott richtig und wichtig sei. Ich erkläre ihm freundlich, dass ich seine Ansicht achte, es aber für besser hielte, wenn er nicht versuchen würde, mich zum Christentum zu bekehren, so wie ich nicht versuchen würde, ihn zum Buddhismus zu bekehren. Die Befolgung der Lehre des Buddha wirke sich auf mein Leben ähnlich beglückend aus. Lilja fragt mich bestürzt, was denn mit mir nach dem Tode geschehe. Sie sei froh bei dem Gedanken an die Auferstehung und dass sie ihre geliebten Verwandten wiedersehen werde. Ich verzichte darauf, meinen ketzerischen Gedanken zu dem Gedränge zu äußern, dass entstehen würde, wenn ein Teil der ganzen Menschheit plötzlich auferstehen würde. Und schon als Kind habe ich es als äußerst ungerecht empfunden, dass nur die auferstehen dürfen, die an den christlichen Gott glauben und nicht alle guten Menschen, egal welchen Glaubens oder Unglaubens. Ich stellte es mir auch sehr langweilig vor, nach dem Tode bis zur Auferstehung andauernd an der Seite Gottes herumsitzen zu müssen, was mir meine Großmutter in Aussicht stellte, wenn ich gottgläubig sei und mich an die Gebote halten würde. Das ist natürlich ein sehr irdisches Denken, das meiner Ansicht nach aber ebenso der Idee der Auferstehung innewohnt. Die Vorstellung, dass es ein allmächtiges Wesen gibt, welches über mein Wohl und Wehe wacht, mich liebt und durch die Auferstehung den unwiderruflichen Tod der eigenen und der geliebten Personen verhindert, ist im irdischen Wunsch für eigenes Wohlergehen und Bestehen begründet.

Ich behalte meine Gedanken für mich, denn Diskussionen über Glaubensfragen führen zu nichts. Stattdessen freue ich mich, mit so freundlichen, liebevollen Menschen zusammen sein zu können, die respektvoll miteinander umgehen und viel Zeit, Mühe und Liebe ihren Mitmenschen widmen.

Lilja hat großes Talent, Gedichte vorzutragen – mit schöner Stimme, natürlich, aber ausdrucksstark und sehr angenehm anzuhören.

Ich bitte sie, eins der Gedichte aufzuschreiben, eins über unsere Heimat, den Sabajkalskij Kraj. Der Autor ist uns nicht bekannt, übersetzt wurde das Gedicht von Marianna Nagel.

Sabajkalien - das ist hinter dem Baikal,
wo kalt der Wind weht,
wo der großen Geheimnisse noch viele
und viele unbetretene Wege.
Solche Schönheit ist dort, atemberaubend,
sogar die erfahrenen alten Sabaikaler
staunen mit offenem Mund.
O mein Gott! Solche Schönheit…
seufzen alte Sabaikaler
und werden von dieser Schönheit gefangen.
Wie ist dieses Heimatland schön.
Wo du geboren bist, wirst du auch gebraucht
und bist mit allen Nerven eingewurzelt.
Ich bin als Sabaikaler geboren,
und ich kann stolz darauf sein.

Am nächsten Tag besuchen unsere Gäste alle Dorfbewohner, um ihnen Lebensmittel wie Reis, Speiseöl und andere Nahrungsmittel zu schenken und über Gott und ihre Glaubenserfahrungen zu sprechen. Im Dorf ist niemand gläubig, und ob einer davon dadurch Gott näherkommt, ist die Frage. Ich würde es jedem wünschen, so beseelt und glücklich zu werden wie unsere Besucher. Man nimmt die Gaben gern an und hört freundlich zu. Das soll, wie man mir sagt, nicht überall so sein.

Slawa und ich bitten Wolodja und seine Gefährten, bei uns noch etwas auszuruhen und sich erst am nächsten Tag auf den Rückweg zu begeben.

Wenige Tage nach ihrer Abreise fährt Slawa mit dem LKW nach Mogotscha, um mehrere Tonnen Benzin zu kaufen und einige sperrige Teile für die geplante Solaranlage ins Dorf zu transportieren. Zuvor hatten er, Igor und Wowka fast zwei Wochen lang Holz geschlagen und es mit dem LKW ins Dorf gebracht. Den größten Teil braucht Marina, denn sie bewohnt mit ihren Kindern ein großes Haus, das mit zwei Öfen beheizt werden muss. Außerdem müssen Schweine- und Hühnerstall sowie die Banja geheizt werden. Slawas Schwester Viktoria, Igor und Wowka müssen ebenfalls mit Brennholz versorgt werden und natürlich wir selbst. Vor den Häusern liegen nun große Mengen zersägte Baumstämme, die mit der Axt in Holzscheite zerschlagen und dann längs der Zäune aufgestapelt werden müssen. Obwohl auch in Sibirien der Klimawandel spürbar ist, weiß man nie, wie der Winter ausfällt. Der sich jetzt verabschiedende Winter zum Beispiel war mit vielen Tagen unter minus 40 Grad Celsius sehr kalt.

Als ich am Morgen vor das Haus trete, bemerke ich mit Erstaunen, dass die junge, eher kleine und magere Alessa die Axt schwingt.

Auf meine Frage erklärt sie, sie mache es im Auftrage Slawas gegen Bezahlung. Das zu beobachten widerstrebt mir sehr, denn meiner Meinung nach wäre es eher eine Arbeit für meinen großen, kräftigen Mann. Aber Alessa hackt munter drauflos und bekommt auch die dicksten Baumstämme klein.

Alessa beim Holzhacken

Die Moderne hält Einzug

Wenn das die Partei Die Grünen sehen würde – grün würden sie vor Neid! Unser Dorf am Ende der Welt wird demnächst mit Solarenergie versorgt. Und nicht nur unseres, sondern auch Gulja mit seinen kaum zehn Einwohnern sowie Moklakan an der Mittleren Mokla.

Abgesehen davon, dass dafür beachtliche Investitionen erforderlich sind, hätte ich mir nicht vorstellen können, dass die großen, sperrigen Einrichtungen auf dem schwierigen Winterweg hierher bugsiert werden könnten. Und doch – eines Tages rücken acht Arbeiter der Baufirma mit Traktor, transportablem Kran und LKWs mit Bauteilen an. Alles notwendige Gerät und benötigte Lebensmittel bringen sie mit, nur die Unterkunft für die vielen Leute fehlt. Igor hatte das Haus der Tante übernommen, als diese aus Altersgründen bei Marina eingezogen war, und ist bereit, das Haus für die Solaranlagenbauer zur Verfügung zu stellen und solange woanders unterzukommen. Die Tante selbst war im Januar bei Marina ganz friedlich im Bett gestorben, nachdem sie abends noch ein wenig Wodka gepichelt hatte.

Die Suche nach einer für die Anlage geeigneten Stelle – zentral gelegen, nicht sumpfig und groß genug – gestaltet sich zunächst schwierig, doch schließlich wird ein Platz mit Hilfe des starken Baggers und des auf einem LKW befindlichen Kranes eingeebnet. Bäume werden gefällt, Erhöhungen mit dem Bagger weggerissen, Senken aufgefüllt und der Boden mit Steinen und Kies befestigt, die am Flussufer aus dem gefrorenen Grund herausgeschürft wurden. Anschließend werden die einzelnen Solarteile zu zwei großen Flächen verbunden sowie zwei Container aufgestellt. In dem einen Container befindet sich ein Ersatzteillager, in dem anderen eine große Schalttafel, an der sich umfangreiche Informationen über die verschiedenen Systeme ablesen lassen, und ein starker Dieselgenerator, der automatisch dann anspringt, wenn die Solarenergie nicht mehr ausreicht. Meine Befürchtung, dass der Strom für den Betrieb der Tiefkühltruhen und Kühlschränke im Dorf nicht reichen würde und der Inhalt unserer eigenen Truhen, die voll sind mit Fleisch, Fisch, Gemüse und Beeren, verdirbt, scheint also unbegründet – wenn das Ganze dann auch wirklich funktioniert.

Ein winziges Häuschen enthält alles Notwendige für den Aufenthalt des Diensthabenden. Der ganze Platz ist mit einem Schutzzaun umgeben, in den zwei hohe, verschließbare Tore eingelassen sind.

Mir ist es ein Rätsel, wie es gelingen konnte, die großen Anlagen und empfindlichen Solarpaneele ohne Schäden hierher zu transportieren. Ich frage einen der Arbeiter, wie sie das geschafft haben. „Wir brauchten mehrere Tage, weil wir Bäume beseitigen und auch Senken in der Trasse auffüllen mussten. Es war sehr schwierig herzukommen“, antwortet er, lächelt aber dabei.

Nach etwa zehntägiger Arbeit begibt sich die erste Mannschaft auf den Rückweg. Sie fahren abends ab, weil nachts die Trasse gefroren und besser befahrbar ist.

In den nächsten Tagen soll eine andere Mannschaft die noch fehlenden großen Tanks für das Dieselöl liefern und aufstellen. Wir hören aus Tupik, dass sich die Abfahrt verschiebe, weil die Mannschaft erst noch große Metallschlitten für den Transport der Dieseltanks bauen müsse. Auch danach zögert sich die Ankunft lange hin, und wir befürchten, dass die Teile in diesem Jahr gar nicht mehr geliefert werden können, denn der Winterweg ist mit jedem Tag durch Wasser und tauenden Untergrund schwieriger zu befahren. Allerdings sind die Nächte mit minus 15 bis minus 10 Grad Celsius immer noch kalt, auch wenn die Temperatur tagsüber in der Sonne häufig schon über dem Gefrierpunkt liegt. Eines Vormittags schließlich, es ist schon Mitte April, treffen ein Hebekran, zwei LKWs und ein Personenfahrzeug mit vier Leuten ein. Normalerweise fährt man von Tupik aus je nach Weglage acht bis zwölf Stunden, aber das Team war vier Tage unterwegs, weil ein Fahrzeug umgekippt war und verschiedene Hindernisse zu beseitigen waren. Wir bieten ihnen an, bei uns Tee zu trinken und zu essen, bevor sie mit der Arbeit beginnen. Doch sie lehnen ab, weil sie möglichst schnell fertig werden und zurückfahren wollen, bevor die Rückfahrt noch schwieriger oder vielleicht unmöglich wird. Es dauert dann aber noch bis zum Abend, bevor sie mit der Arbeit fertig sind und die Rückfahrt antreten können.

Allerdings kann die Anlage erst im nächsten Winter betrieben werden, denn die Verbindung der Dieseltanks zum Generator existiert bisher nicht und die Tanks sind noch leer. Das Dieselöl kann nur auf dem Winterweg mit Tankwagen hierher transportiert werden.

Vorfrühlingstage

Ich bin allein zu Hause, denn Slawa ist in sein Jagdgebiet gefahren, um dort einige Reparaturen an den Jagdhütten vorzunehmen. Er hat unseren Hund Sewer mitgenommen.

In der Nacht schneit es. Als ich im Hof Schnee fege, kommt Scharik, der Hund von Slawas Bruder Grigori, an die offene Hoftür. Obwohl Grigori am entgegen gesetzten Dorfende wohnt, hatte ich Scharik schon gestern in unserer Nähe gesehen. Er hat blondes, jetzt im Winter besonders dickes Fell und ist schon älter, groß und sehr kräftig. Er scheut keine Auseinandersetzung, denn er gewinnt sie meistens. Scharik ist der Intimfeind von unserem Bula, der etwas kleiner, schlanker und älter ist und von der letzten Auseinandersetzung ein zerfetztes Ohr zurückbehalten hat. Als Bula von Weitem Scharik durch die offene Tür in unseren Hof gehen sieht, stürmt er sofort herbei, denn das geht ja nun gar nicht. Beide knurren, das Fell sträubt sich, und schon beginnt der Kampf. Ich kann es nicht verhindern. Scharik hat bald die Oberhand und verbeißt sich in Bulas Schnauze, der unten liegt und sich nicht befreien kann. Verzweifelt seinen Namen rufend, schlage ich mit einem Besenstiel auf Scharik ein, kann ihn aber nicht zum Loslassen bewegen. Ich fürchte fast, er bringt Bula um, und laufe um Hilfe zu Igor. Als wir zurückkommen, steht Bula stark blutend auf unserer Treppe. Scharik ist am Hoftor, die Vorderseite voller Blut, und macht sich davon, als Igor mit drohenden Worten auf ihn zugeht. Igor meint, dass ich Scharik mit einem Eisenrohr hätte schlagen müssen, damit er von Bula abließe. Er hat wohl recht, aber ich glaube nicht, dass ich es – auf die Gefahr hin, ihm die Knochen zu zerschlagen – könnte. Bula hat eine tiefe Wunde in der Schnauze, und Igor nimmt ihn mit in seinen Hof und legte ihn dort an die Leine, damit die beiden nicht noch einmal aneinandergeraten. Am nächsten Tag gehe ich hin, um nach Bula zu sehen und stelle erleichtert fest, dass er ganz munter ist.

Jetzt sage ich mir, dass die Auseinandersetzung meine Schuld war. Ich hätte Scharik bei seiner Ankunft sofort aus dem Hof weisen und davonjagen müssen! Nichtsahnend, dass Bula in der Nähe war, habe ich stattdessen Scharik gestreichelt und mit ihm geredet. Wir kennen uns schon lange, wir mögen uns, und er hört in der Regel auf mich.

Voriges Jahr, als die Hündin Pipa läufig war, hatte er sich vor dem Zwinger herumgetrieben, in dem wir Pipa zusammen mit Bula eingesperrt hatten, damit die Hunde nicht um sie kämpften. Die Hunde vor dem Zwinger waren sich trotzdem spinnefeind, und ich befürchtete, dass sich unser Sewer mit Scharik anlegen würde. Ich konnte Scharik nach Hause zu Grigori locken, indem ich ihn immer wieder zu mir rief, ihn streichelte und dann weiterging. Ich bat Grigori, Scharik an die Leine zu legen. Doch als Grigori ihn mit barscher Stimme rief, machte Scharik umgehend kehrt und verschwand. Als ich nach Hause kam, war der große

Blonde auch schon wieder da. Um einen Kampf zu verhindern, sperrte ich Sewer in die Voliere in unserem jetzt unbenutzten Hühnerhaus, was ihm gar nicht gefiel. Er tobte so lange gegen die Tür der Voliere, bis der Rahmen splitterte. Schließlich hatte ich die Leine gefunden und ihn im Hof angeleint. Dort war er sicher, weil Scharik den Hof nur betritt, wenn die Tür offen ist. Etwas später kam Grigori mit einem leineähnlichen Ding an, das Schariks Bemühungen wohl nicht lange standhalten würde, und nahm ihn zu meiner Erleichterung mit.

Einige Tage später mache ich einen Spaziergang stromabwärts am Flussufer entlang. Die Sonne scheint warm, es ist wohl schon um die null Grad Celsius. Entlang des Ufers wächst Birkenwald, der besonders im Frühling mit seinen weiß leuchtenden Stämmen und den frischen, hellgrünen Blättern wunderschön aussieht. Da sehe ich plötzlich, dass dort Holz geschlagen wurde, obwohl Slawa mir früher einmal gesagt hatte, direkt am Ufer dürfe grundsätzlich kein Holzeinschlag stattfinden. Überall abgesägte Baumstümpfe, Reisighaufen und dünnere Äste, die als wertlos zurückgelassen wurden – eine Verwüstung. (In Österreich sah ich solche und dünnere Äste vor den Häusern sorgfältig auf Brennholzstapeln aufgeschichtet.) Es schmerzt mich, die große Wunde im Birkenwäldchen und das viele verschwendete Holz herumliegen zu sehen. Doch das ist nicht die einzige Stelle, deren Anblick mir wehtut. Im Inneren einer großen, wunderschönen Insel in der Oljokma, auf der wir früher oft mit Touristen zelteten, haben Slawa und seine Verwandten eine Fläche abgeholzt. Auch das Wasser der Oljokma ist nicht mehr so klar, seitdem an der Mittleren Mokla Gold geschürft wird. Alles wird verdorben, denke ich und bin froh, dass wir keine Touristen mehr aufnehmen.

Am nächsten Tag höre ich Sägegeräusche aus Richtung Flussufer, und kurz darauf bringt Igor unsere Säge zurück. Auf meine Frage, ob er für sich Holz gemacht habe, erklärt er mir, dass er und einige Männer im Auftrag der Administration in einem Bogen rund ums Dorf zum Schutz vor Waldfeuern eine Schneise geschlagen haben. Sie ende am Flussufer. Ich gebe mich mit der Auskunft zufrieden, denn der Schutz des Dorfes ist wichtig. Die Stammstücke werden wahrscheinlich zum Kindergarten, Klubhaus und Telefon gebracht, aber was wird aus dem Kleinholz? Ich hoffe, dass man es wegschafft, damit ein Feuer keine Nahrung hat. Am liebsten würde ich mit meinem großen Rucksack und der Handsäge losziehen und Holz sammeln, was mit Sicherheit auf Unverständnis bei den Dorfbewohnern und vor allem bei Slawa stieße. Zumindest aber könnte ich Birkenrinde abschneiden von den Birken, die demnächst der Schneise zum Opfer fallen werden. Also gehe ich am folgenden Tag, versehen mit einem scharfen Messer und einem Sack, wieder dorthin.

Als ich mich suchend umsehe, kann ich keine Stelle erkennen, an der die Schneise einen Bogen macht und wohin sie führen würde. Der Kahlschlag führt gerade am Ufer entlang, mindestens 60 Meter oder mehr. Ich treffe dort Wowka an, den um die 40 Jahre alten Neffen Slawas, mit dem ich mich eine kleine Weile unterhalte.

Wowka sammelt gesägte Baumstücke auf Haufen und trägt herumliegendes Reisig zusammen. Ich frage ihn, wohin die Schneise führen soll, aber das weiß er nicht, er verweist auf Igor. Komisch, dass die Leute nur machen, was ihnen gesagt wird und darüber hinaus auch nichts wissen wollen, denke ich. Kein Wunder, dass Slawa sich über meine ganzen Fragen, die „mich nichts angehen", aufregt. Plötzlich erscheint Scharik und begrüßt mich. Er scheint überall herumzustrolchen.

Wowka wohnt seit einiger Zeit im Dorf und ist mit Natascha zusammen. Beide arbeiten in der meteorologischen Station. Obwohl Natascha schon viel länger als er dort arbeitet, wurde er als Neuling gleich als Leiter eingesetzt. Warum eigentlich? Am Fachwissen kann es nicht liegen. Wahrscheinlich traut man einem Mann mehr Durchsetzungskraft zu, denn in der Station arbeiten noch andere, zum Beispiel der ziemlich nichtsnutzige Sohn von Ljuba. Wie ich hörte, hat Wowka angedroht, ihn hinauszuwerfen, wenn er noch einmal betrunken zur Arbeit erschiene. Die vielen Messgeräte der Station werden in einer 24-Stunden-Schicht alle zwei Stunden abgelesen und mit einer speziell dafür eingerichteten Internetverbindung an die meteorologische Hauptbasis des Tungiro-Oljokminskij Rayon weitergegeben. Auf dem Internetportal www.rp5.ru kann man Wetterprognosen und -statistiken für fast jeden Ort Russlands einsehen, auch von Srednjaja Oljokma, Gulja, Moklakan und Tupik.

Weil der Schnee schon feucht ist und meine Filzstiefel nass geworden sind, hole ich zu Hause die Gummistiefel, die innen mit Filzstiefeln ausgestattet sind, aus dem Vorraum. In einem finde ich eine ganze Menge Reis, die eine Maus wohl als Vorrat beiseitegeschafft hat. Ich koche den Reis als Hundefutter und gebe altes Brot und in Stücke geschnittene Elchleber dazu, die schon länger eingefroren ist und jetzt wohl nicht mehr schmecken wird. Igor kann das morgen unters Hundefutter mischen, da er in Slawas Abwesenheit unsere und Marinas Hunde füttert.

Als Slawa aus der Taiga zurückkommt, erzähle ich ihm vom Holzeinschlag am Flussufer und frage, warum man denn nicht rund ums Dorf eine größere Fläche frei macht, sondern mitten in den Wald eine Schneise schlägt. Er wundert sich – von der angeblichen Schneise am Ufer weiß er nichts. Später erzählt mir Slawa, dass Igor und Wowka das Holz für sich selbst geschlagen haben und von einer Schneise dort keine Rede ist. Auf seine Frage, warum Igor mich belogen habe, habe dieser nur gegrinst. Ob es denn jetzt im Gegensatz zu früher erlaubt sei, an den Ufern Holz zu schlagen, möchte ich erfahren. Slawa antwortet, das wisse er nicht, und es sei auch nicht seine Aufgabe, sich darum zu kümmern. Ich schweige, denke aber, dass er als Dorfvorsteher darauf achten müsste.

Mit Igor werde ich nur noch das Notwendigste reden, weil ich davon ausgehen muss, dass seine Worte Lügen sind.

Um Nachrichten zu sehen, schalte ich den Fernseher ein und bleibe gleich bei einer Sendung hängen. Unter dem Titel „Pokal Eiskunstlauf des Ersten Kanals" läuft die russische Gegenveranstaltung zur WM 2022, denn russische Sportler wurden wegen des Ukrainekriegs von der Weltmeisterschaft ausgeschlossen. Ich erfreue mich an den Darbietungen der besten russischen Eiskunstläufer und Nachwuchsläufer. Die fünfzehnjährige Kamila Walijewa läuft fehlerlos die Kür mit der Musik Bolero, die sie bei der Olympiade 2022 verpatzt hatte, weil sie durch die Doping-Vorwürfe verstört die Nerven verlor. Sie ist an den Geschehnissen bei der Olympiade nicht zerbrochen, sondern wie Phönix aus der Asche auferstanden und wird vom Publikum begeistert gefeiert. Was mich bei der Sendung aber besonders berührt, ist die Stimmung des Publikums und der Läufer. Das Stadion ist voll besetzt und, getragen von einem wohlmeinenden, begeisterten Publikum, zeigen die Läufer in ihren Vorträgen eine freudige Energie, Schönheit, Harmonie und Perfektion. Die schwierigsten Sprünge fügen sich mit Leichtigkeit und Eleganz in ihr Programm ein. Das Publikum unterstützt und feuert auch die Nachwuchsathleten an. Eine Sportlerin stürzt mehrmals, doch die Menge macht ihr Mut zum Weitermachen.

Ansonsten ist das Fernsehen voll vom Kriegsgeschehen in der Ukraine. Heute berichten russische Reporter aus der Volksrepublik Lugansk, in deren Wohngebiete immer noch ukrainische Raketen einschlagen. Auf den freien Plätzen zwischen den Wohnblöcken sind Gräber angelegt mit einfachen Holzkreuzen und einigen Kunstblumen. Dort sehe ich einen deutschen Berichterstatter – zu meinem großen Erstaunen, denn westliche Pressevertreter habe ich in den russisch besetzten Gebieten bisher nicht bemerkt. Beziehen die westlichen Medien ihr Wissen, an dem sie uns teilhaben lassen, ausschließlich aus ukrainischen Quellen und deren Propaganda? Der deutsche Berichterstatter ist Thomas Röper, auf dessen Namen und Website ich vorher einmal bei meinen Recherchen gestoßen bin (siehe Anmerkungen Öffentliche Personen). In Deutschland wird er angefeindet, und ich wusste damals nicht, was ich von ihm halten sollte. Aber nun sah ich, dass er sich vor Ort informiert und nehme an, dass man seine Informationen ernst nehmen kann. Auch die deutsche Studentin und Bloggerin Alina Lipp gab im Donezker Gebiet einen Kommentar zum Geschehen. Inzwischen wohnt sie dort und berichtet auf Telegram und YouTube von ihren persönlichen Erlebnissen, weshalb in Deutschland ein Gerichtsverfahren gegen sie eröffnet wurde (siehe Anmerkungen Öffentliche Personen).

Die Aprilsonne lockt mich wieder ins Freie. Ich gehe auf einem Weg durch den Wald über die große Wiese zum Flussufer. Dabei erinnere ich mich an unsere Besucherin Claude, denn das war ihre Lieblingswanderung. Ich wünschte, sie ginge jetzt an meiner Seite. In Gedanken sehe ich die kleine, zierliche Person mit ihrem langen Stock den Weg entlangwandern. Wie hatte sie sich immer über jede Blume, jeden Schmetterling und Vogel gefreut und eifrig fotografiert. Nun ist sie schon drei Jahre tot, und ich vermisse sie sehr. Ihre Tochter, die den Haushalt auflöste und die vielen Fotos fand, sagte mir, sie habe ihre Mutter noch nie so glücklich gesehen wie auf den Fotos bei uns in Sibirien.

Auch ich liebe diese Landschaften, doch irgendwann muss man von allem Liebgewordenen Abschied nehmen, nicht erst mit dem Tod, sondern schon vorher, denn alles ändert sich laufend. Das Üble am Altwerden ist, dass man auf seinem Weg viele Menschen verliert, mit denen man innerlich verbunden war. Zurück bleiben Wunden, von denen manche nie ganz verheilen und immer wieder aufbrechen, manche aber mit der Zeit vernarben. Niemand kennt sein Schicksal, der Tod ist das einzig Gewisse im Leben. Trotzdem ist es für mich gefühlsmäßig immer wieder unbegreiflich, dass der Mensch, den ich gut kenne, liebe, schätze, plötzlich nicht mehr existiert, einfach weg ist.

Alles ändert sich

Ich kann lange nicht einschlafen, liege bis nach vier Uhr wach und denke über meine Situation nach. Seit Beginn des Zusammenlebens mit Slawa besteht ein Problem beim gegenseitigen inneren Verstehen. Fragen und Bemerkungen, in denen er eine kritische Haltung zu erkennen glaubt, und mein Verlangen nach Absprachen oder Mitbestimmung – das sind rote Tücher für ihn. Bei russischen Ehefrauen in meiner Umgebung habe ich beobachtet, dass sie ihre Männer selten nach Plänen oder dem Warum fragen. Wie ihre Männer handeln oder was sie sagen, das ist für sie ein Tabu. Sie denken nicht darüber nach, geschweige denn, sie stellen es in Frage. Vielleicht ist diese Art von Beziehung in Russland, vor allem in den Dörfern, so selbstverständlich, dass Slawa davon ausgeht, es müsse bei uns auch so sein.

In einer deutschen Fernsehdokumentation wurde ein frisch vermähltes, städtisches, junges russisches Ehepaar interviewt. Der Ehemann war überzeugt, dass das Gehirn der Männer besser sei und Männer darum klüger seien als Frauen. Seine Gattin bestätigte, dass der Mann immer alles besser wüsste als die Frau, und deshalb alles nach seinem Willen gehen sollte. Dabei sind fast alle russischen Frauen berufstätig, und zusätzlich schmeißen sie Haushalt und Kindererziehung, ohne über die Belastung zu jammern.

Natürlich gibt es in Russland auch andere Arten der Beziehung, eher in den Städten, aber auch hier. Eine Nachbarin erzählte mir, dass sie und ihr Mann zunehmend stritten. Sie wolle in Tschita in der dort gekauften Neubauwohnung leben, Neues lernen und arbeiten und nicht im Dorf versauern, während ihr Mann das Leben im Dorf vorziehe und hierbleiben möchte. Er fragt: „Was soll ich denn in Tschita den ganzen Tag machen?“ Sie sind beide intelligent, aufgeweckt und noch relativ jung, erhalten aber schon eine Altersrente, die in klimatisch anspruchsvollem Klima wie in Sibirien für Frauen bereits mit 50 Jahren, für Männer mit 55 Jahren gezahlt wird. (Das reguläre Regeleintrittsalter betrug bis Ende 2018 55 Jahre bei Frauen und 60 Jahre bei Männern. 2019 begann eine Rentenreform, die bis 2028 schrittweise die Anhebung des Rentenalters für Frauen auf 60 (bzw. 55) und für Männer auf 65 (bzw. 60) Jahre vorsieht und die Putins Partei trotz ausführlicher Erklärung der Notwendigkeit viele Wählerstimmen kostete). Sie sagte mir, sie fühle sich freier und aktiver ohne die Anwesenheit ihres Mannes und werde künftig einen Großteil des Jahres in Tschita leben und ihren Interessen nachgehen.

Slawa und ich sind äußerst unterschiedlich im Denken und Verhalten, und das führt oft zu Unverständnis und Streitigkeiten. Meine traurige Erfahrung ist, dass ein Gespräch, bei dem man die eigenen Gedanken und Probleme erklärt, dem anderen verständnisvoll zuhört und versucht, eine gemeinsame Lösung beziehungsweise einen Kompromiss zu finden, mit Slawa nicht möglich ist. Häufig würde es einfach schon reichen zu verstehen, warum der andere so und nicht anders denkt und handelt.

Vor einigen Wochen war ich nach einem größeren Konflikt in unser unbenutztes Gästehaus gezogen. Mein Verstand empfahl die Trennung, aber im Herzen war ich tieftraurig. Slawa kam mehrmals, um mich zurückzuholen, was ich ruhig ablehnte. Dann jedoch weinte er und sagte, es ginge ihm ohne mich sehr schlecht. Er tat mir leid, und mir selbst ging es nicht viel besser. Vielleicht schafften wir es doch noch, eine harmonischere Beziehung zu führen? Wie schon in der Vergangenheit hofften wir, uns mit den, gefühlt unangenehmen, Eigenschaften des anderen arrangieren zu können. Mir fiel es schwer, weil Slawa ein sehr emotionaler, aufbrausender Mensch ist. Arbeit ist für ihn eher eine Belastung als die wunderbare Möglichkeit, Nützliches und Schönes zu schaffen. Und auch Slawa würde mit Sicherheit Eigenschaften nennen können, die ihn an mir stören. Ich habe keinen Grund, zornig zu sein deswegen, weil er ist, wie er ist. Das habe ich von Anfang an gesehen, und niemand hat mich gezwungen, mich darauf einzulassen.

Ich glaubte bisher, unser oft gespanntes Verhältnis läge zum großen Teil an meiner mangelnden Toleranz. Manches Mal lehnte ich innerlich sein Verhalten ab, machte eine kritische Bemerkung oder er sah mir am Gesicht an, dass ich mit etwas nicht einverstanden war. Ruhig reden konnten wir darüber ja leider nicht. Deshalb hatte ich mich in letzter Zeit einfach damit abgefunden, dass er grundsätzlich anders ist, und akzeptierte es wortlos. Aber nun merke ich – ganz unabhängig von meinem Verhalten –, dass er mich nicht mehr liebt. Es gibt keine Umarmungen, keine liebevollen Worte, keine Ausflüge in die Taiga, keine übereinstimmenden Interessen, überhaupt nichts Gemeinsames mehr. Egal, was ich tue oder nicht tue, seine Liebe wird nicht zurückkommen. Manchmal habe ich den Eindruck, als befände sich eine Glaswand zwischen uns, unsichtbar, aber fest und trennend. Slawa bemerkt offenbar nichts davon oder es stört ihn nicht. Für ihn ist es nützlich, wenn er eine Hausfrau hat, die kocht, backt, die Wäsche wäscht, sich um den Garten kümmert, für ein angenehmes Heim sorgt und keine seiner Äußerungen und Handlungen in Frage stellt. Deshalb und weil er sich allein einsam fühlt, liegt ihm noch an meiner Anwesenheit. Vielleicht ist es in vielen Ehen so (auch in Deutschland), dass Umarmungen, zärtliche Berührungen, Küsse nicht mehr stattfinden. Im Idealfall ermöglichen Achtung voreinander, gemeinsame Interessen, Freundlichkeit und Vorteile, die die Ehe bietet, trotzdem ein harmonisches, ausgefülltes Zusammenleben.

Die Liebe war der Grund, hier zu leben, und diesen Grund gibt es nicht mehr, wahrscheinlich schon viel länger, als mir bisher klar war. Ich habe es nicht wirklich wahrgenommen, sondern es auf einzelne Ereignisse geschoben. Dass unser gemeinsames Leben enden würde, am wahrscheinlichsten durch den großen Altersunterschied von 24 Jahren, wusste ich von Anfang an. Nun bin ich alt und nicht mehr attraktiv. Er ist mit den Jahren auch nicht schöner geworden, doch das Äußere ist für mich nicht mehr wichtig; ich wollte seine Wärme, seine Zärtlichkeit, seine Liebe.

Ich hatte mir immer eingebildet, dass ich auf eine Trennung vorbereitet sei, dass sie mir zwar wehtun, aber doch nicht allzu schwerfallen würde. Darin hatte ich mich getäuscht – der Verlust der Liebe schmerzt mich sehr. Es quält mich, nebeneinander, aber nicht miteinander zu leben. Ich kann aber momentan nicht abreisen, weil der Luftverkehr nach Deutschland aufgrund der Sanktionen wegen des Ukrainekrieges eingestellt ist. Vielleicht ist das gut für mich. Es gibt mir Zeit zum innerlichen Abschied von Sibirien und vom gemeinsamen Leben mit Slawa.

Ich entscheide mich, in unser Gästehaus zu ziehen und erkläre Slawa die Gründe. Gleichzeitig sage ich ihm, dass ich ihm nicht grolle und wir uns nicht streiten müssen. Ich würde in unserem gemeinsamen Haus essen, Waschmaschine und Banja benutzen und mich um den Garten kümmern. Wenn er wolle, würde ich nicht nur für mich, sondern auch für ihn kochen. Slawa geht auf meine Erklärung nicht ein und widerspricht ihr nicht. Dadurch bestätigt er meine Wahrnehmung. Allerdings nimmt er mir die Trennung sehr übel und spricht in der nächsten Zeit nur das Allernötigste mit mir.

Nun ist es Ende April geworden, und es schneit heftig. Ich sitze in unserem kleinen, gemütlichen Gästehaus. Im Ofen bullern dicke Holzscheite und verbreiten gemütliche Wärme. Vor mir stehen mein Laptop und eine Tasse Kaffee, und von meinem Platz aus sehe ich durch das Fenster ein kleines, verlassenes Blockhaus mit hohler Fensteröffnung und das gefrorene, mit Schnee bedeckte weiße Band des Flusses. Der Schneefall verhüllt die Hügelkette, die sich am gegenüberliegenden Flussufer erhebt.

Claude hat das Haus immer „mein Häusle“ genannt und sich hier sehr wohlgefühlt. Ich hätte damals nicht gedacht, dass es einmal meine eigene Zuflucht werden würde. Mit bunten Läufern, Tischdecken und einigen persönlichen Dingen habe ich es mir angenehm gemacht, aber unversehens überfällt mich der Schmerz. Ich weiß plötzlich nicht, was ich hier ohne Slawa noch soll. Alles im Dorf kommt mir ohne ihn so leer vor, und auch die Landschaft, an der ich mich früher immer erfreute, kann die Leere nicht ausfüllen. Aber ich muss mir eingestehen, dass es in Wirklichkeit die Zerstörung meines Traums von Liebe ist, die mich traurig stimmt, denn die lieblos gewordene Realität unserer Beziehung werde ich nicht vermissen.

Instinktiv möchte ich dem Schmerz entgehen, mich ablenken in der Natur, ein Buch lesen, mich im Bett verkriechen und schlafen – aber all das wird nicht funktionieren. Glücklicherweise habe ich die Lehrreden des Buddha auf meinem Rechner. Sie sind über 2500 Jahre alt und trotzdem hochaktuell. Der Buddha weist auf die Tatsache hin, dass in unserem Dasein Leiden ist, denn „Geburt, Alter, Krankheit, Sterben ist Dhuka. Kummer, Jammer, Schmerz, Trübsinn und Verzweiflung sind Dhuka. Vereint sein mit Unliebem ist Dhuka, getrennt sein von Liebem ist Dhuka. Was man verlangt, nicht erlangt, ist Dhuka.“ (Man kann den Pali-Begriff Dhuka als Leiden, Leidunterworfensein, Unvollkommenheit verstehen.) Nun ja, kann man denken, das wissen wir doch schon. Vieles haben wir selbst erfahren oder bei anderen gesehen. Doch der Buddha erklärt auch den Ursprung vom Leiden und den Weg aus dem Leiden heraus. Körperliches Leiden können wir in diesem Leben nur bedingt – etwa durch gesunde Lebensführung – reduzieren, anders als Leiden, das wir durch unsere Geisteshaltung selbst erschaffen und verlängern. Unsere Geisteshaltung zu erkennen (ist sie heilsam oder unheilsam für uns selbst und andere?) und sie gegebenenfalls zu ändern – das erfordert große Achtsamkeit und Arbeit an sich selbst.

Lesen, Reflektieren und Meditieren wird mir helfen, auch in dieser Krise eine heilsame innere Haltung zu entwickeln.

Meine Bleibe im Gästehaus

Ende April – Blick aus dem Gästehaus

Kalte Überraschung

Auch dieses Jahr hoffen wir im Mai vergeblich auf Sonne und Wärme. Meistens ist es kalt und windig bei bedecktem Himmel, ohne dass es regnet. Am 9. Mai schneit es die ganze Nacht bis zum nächsten Mittag und beschert uns eine 15 bis 20 Zentimeter dicke Schneedecke. Das Flusseis bricht ungewöhnlich spät, erst Mitte Mai, auf, und einige Tage später fällt wieder Schnee. Doch allmählich taut es, die Sonne wagt sich hervor und scheint warm und vielversprechend.

Unter klarem, blauem Himmel und strahlendem Sonnenschein arbeite ich im T-Shirt im Garten und freue mich auf den beginnenden Frühling. Ein Anzeichen dafür sind auch die vielfach wiederholten, melodiösen Rufe des Kuckucks. Über der ganzen Landschaft liegt ein hellgrüner Schimmer, denn frisches Gras ist nachgewachsen und die Lärchen und Birken tragen ihr erstes Laub. Doch schon am nächsten Tag bedeckt sich der Himmel, es wird wieder kalt und windig und beginnt dann zu regnen. Während der Nacht geht der Regen in Schnee über, und als ich am 28. Mai morgens den ersten Blick aus dem Fenster werfe, überrascht mich der Anblick einer dicht verschneiten Umgebung.

Im Laufe des Tages taut der Schnee weg, aber das ist kein großer Trost, denn dafür setzt zweitägiger Dauerregen ein. Das Wasser im Fluss steigt stündlich weiter an, und die Erde ist so durchweicht, dass keine Gartenarbeiten möglich sind. In einer der kurzen Regenpausen gehe ich zum Fluss und sehe zu meiner Freude fünf Gänse, die sich dort, wo auch unsere Boote liegen, am frischen Gras laben. Das Ufer an dieser Stelle wird regelmäßig gemäht und freigehalten von Gehölz, sodass die Gänse eine gute, grasreiche Futterstelle vorfinden, von der sie sich vermutlich nicht so schnell trennen wollen. Sie sind nicht scheu. Als ich mich ihnen nähere, gehen sie lediglich langsam ins Wasser, bleiben aber in der Nähe und fliegen nicht davon. In aller Ruhe kann ich sie beobachten und fotografieren, doch lange wird das Idyll nicht währen, wenn die Jäger sie entdecken. „Macht euch bloß davon, wenn euch euer Leben lieb ist“, rate ich ihnen. Ich gehe zu Slawa und frage: „Wenn ich dir sage, wo Gänse weiden, wirst du sie dann erschießen?“

„Meinst du die fünf, die sich unten am Ufer aufhalten? Die habe ich schon gesehen, das sind wohl zahme Gänse, die wohnen jetzt dort. Allerdings kenne ich diese Art nicht, ich habe sie noch nie gesehen. Nein, wir werden sie nicht schießen.“

Ich nehme an, dass er alle Jäger darüber informiert hat und kehre beruhigt in mein Haus zurück. In meinem Vogel-Bestimmungsbuch entdecke ich, dass diese Art in Russland als „Berg-Gans“ bezeichnet wird, der lateinische Name lautet *Anser indicus*. Kaum drei Stunden später höre ich Schüsse vom Ufer heraufschallen. Ich werfe mir schnell eine Jacke über, steige in die Gummistiefel und eile zum Fluss. In der Nähe unseres Bootshauses sehe ich zwei der Gänse leblos in der Strömung abwärts treiben und höre, wie unterhalb meines Standorts ein Bootsmotor gestartet wird. Die Mörder wollen nun wohl ihre Beute einsammeln. Die drei

Berggänse laben sich an jungen Weidentrieben

übrigen Gänse haben nichts verstanden. Sie sind zwar aufgeflogen, kehren aber zurück und lassen sich im Wasser nieder. Auch Slawa ist zum Ufer gekommen. Entsetzt frage ich: „Wer hat da geschossen?“

„Anatolis Sohn Sascha“, höre ich.

„Hattest du denn nicht alle Jäger informiert, dass sie die Gänse nicht anrühren sollen?“

Seine Antwort enttäuscht mich: „Ich habe es ihm jetzt gesagt.“ Das heißt, er hatte außer seinen Helfer Wowa niemanden informiert, und die anderen Jäger werden auch die drei übrigen Gänse erlegen, sobald sie sie sehen – einfach, weil sie es können.

Auch die drei Söhne von Larissa sind aus Tupik gekommen und machen Jagd auf alles, was sich bewegt. Ich verstehe es, wenn man jagt, um zu essen, aber die hiesigen Jäger (und auch andere, eingeschlossen die deutschen Hobbyjäger, die dafür noch teuer bezahlen) tun es nicht nur deswegen, sondern aus Freude an der Jagd, am Töten. Wie man daraus Befriedigung schöpfen kann, wird mir immer ein Rätsel bleiben. Vor einigen Wochen, der Fluss war noch gefroren, erlegten sie eine Bärin mit zwei Jungtieren. Sie waren mit dem Auto auf dem Flusseis 17 Kilometer die Oljokma stromauf gefahren, um zu fischen, wo sie auf die Tiere trafen. Slawas Bruder Grigori war mit dabei. Ich fragte ihn, warum sie die Tiere erschossen hätten, und er antwortete: „Sie sind doch eine Gefahr für die Menschen. Oder willst du beim Beeren- oder Pilzesammeln vom Bären angegriffen werden?“ Immerhin brachten sie das Fleisch der Jungtiere ins Dorf und verfütterten es gekocht an die Hunde. Ältere Bären haben meistens Trichinen, sodass das Fleisch gar nicht oder nur sehr gut durchgekocht verfüttert wird. Die Jäger betrachten Bären auch als Nahrungskonkurrenten, obwohl sie sich manchen Untersuchungen zufolge zu etwa 90 Prozent von Pflanzenkost ernähren. Als Allesfresser haben sie ein modifiziertes Raubtiergebiss mit flacheren Backenzähnen und einen längeren Verdauungstrakt als reine Fleischfresser, können aber nährstoffarme Pflanzenkost schlechter nutzen als zum Beispiel Wiederkäuer. Sie bevorzugen neben Fleisch eine energiereiche Pflanzenkost. Vielleicht ist das der Grund, weshalb sie so gern in die Jagdhütten einbrechen, dort gelagerte Wintervorräte wie Mehl, Zucker, Fett, Graupen, Nudeln restlos vertilgen und problemlos Konservendosen aufbeißen, um an den Inhalt zu kommen. Zum Ärger der Jäger verwüsten sie die Jagdhütten selbst dann, wenn keine Lebensmittel vorhanden sind, indem sie mutwillig Fenster, Dach und Einrichtung zerstören.

Erst zwei Tage später gehe ich wieder zur gleichen Stelle am Fluss, um nach den Gänsen zu sehen. Wie befürchtet, entdecke ich sie nicht mehr. Später höre ich zu meiner Erleichterung, dass sie verschont und mehrmals an verschiedenen Stellen des Flusses gesehen wurden.

Das Wetter hat sich gebessert. Sonne und Regenschauer wechseln sich ab, und es ist warm. Die Blütenknospen der Traubenkirschen sind kurz vor dem Aufblühen. Ich schneide drei Zweige ab und stelle sie in einer grünen Weinflasche ins Wasser neben meinen Laptop in der Hoffnung, mich an ihrem Anblick und Duft auch im Haus erfreuen zu können. Aber sie lassen bald traurig Blätter und Knospen hängen, ein Sinnbild meiner eigenen Gemütsstimmung. Eine Weile sitze ich im Sonnenschein auf der Holztreppe vor meinem Haus und beobachte Vögel. Auf der Stromleitung sitzt, unermüdlich singend, ein Sibirisches Rubinkehlchen (Luscinia calliope). Wenn es damit ein Weibchen anlocken will, hat sich der Erfolg noch nicht eingestellt.

Vielleicht kann ich auf dem mit Bäumen bewachsenen Steilufer noch andere Vögel erspähen. Dort gibt es einen schmalen Pfad, der dicht gesäumt ist von Bagulniksträuchern und von dem aus man einen wunderbaren Blick auf die Oljokma und die Bergkulisse hat. Der Bagulnik steht in voller Blüte und verbreitet einen unaufdringlichen, edlen, feinen Blütenduft. Ich gehe durch das Meer der pinkfarbenen Blüten, blicke weit auf die vielfältigen Formen der Hügelketten, die jetzt ein sattes Grün zeigen, mehrere Meter unter mir strömen die Wasser der Oljokma unaufhaltsam der Lena zu. Früher hat mich dieser Anblick froh gestimmt, aber jetzt macht er mich traurig. Loslassen ist keine leichte Sache. Dabei kehre ich nach Deutschland in ein angenehmes Leben zurück. Wie schwer muss es Claude gefallen sein, die doch genau wusste, dass ihre Krebserkrankung eine Wiederkehr in ihr geliebtes Sibirien unmöglich machen würde, dass es keine Pläne, keine Hoffnung auf eine angenehme Zukunft mehr gab. In unser Gästebuch schrieb sie im Sommer 2017: „Zum vierten Mal bin ich in Srednjaja Oljokma. Leider werde ich nicht mehr kommen können, es ist ein Abschied für immer. Ich wollte noch ein letztes Mal alles erleben und in mir aufnehmen. Sibirien, du hast mir viel gegeben."

Nun blühen auch die in strauchartiger Form zu meterhohen Bäumen wachsenden Traubenkirschen. Die weißen Blütentrauben hängen so dicht, dass man dazwischen kaum das grüne Laub erkennt. Dora Michailowna, meine frühere alte Nachbarin, hatte mir erzählt, dass zu Sowjetzeiten in einer Aktion „Unser Dorf soll schöner werden" vor jedem Haus ein solcher Baum angepflanzt wurde. Von den Vögeln verbreitet, haben sich jetzt überall weitere Traubenkirschen angesiedelt, vor allem in den nicht mehr genutzten Gemüsegärten unbewohnter Häuser. Auch vor meinem Fenster wiegen sich die blühenden Zweige im leichten Wind und verbreiten ihren unverwechselbaren, süßen Duft. Die Fenster des Wohn- und Schlafzimmers zeigen nach Süden, und es ist sehr angenehm, dass das Laub des Baumes das Sonnenlicht filtert und im heißen sibirischen Sommer Schatten spendet. Nach drei Tagen legen die Traubenkirschen ihr weißes Kleid ab. Windböen wirbeln die winzigen Blütenblättchen wie Schneegestöber durch die Lüfte.

Bagulnikbüsche säumen den Weg, Sewer begleitet mich

An den Löwenzahnblüten kann ich mich länger erfreuen. Fast teppichartig hat sich Löwenzahn auf der Wiese des Gästehauses ausgebreitet. Jeden Morgen öffnen sich die knallgelben Blüten und leuchten wie kleine Sonnen, um sich am Abend wieder zu schließen.

Obwohl ich bisher mit dem Alleinsein nie Probleme hatte, fühle ich mich jetzt sehr einsam und sehne mich nach freundlicher Gesellschaft. Slawa kann meine Entscheidung noch immer nicht akzeptieren und spricht kaum mit mir. Leider habe ich zu keinem der verbliebenen Einwohner eine tiefere persönliche Beziehung, die über unverbindliche Nettigkeiten hinausgeht.

Mein Nachbar Valerka feiert bereits seit vorgestern seinen heutigen 75. Geburtstag. Damit keiner darben muss, hat er im Laden 25 Flaschen Wodka gekauft. Jeder der 25 Dorfbewohner, Kinder eingeschlossen, könnte also zur Feier des Tages eine Flasche Wodka kippen. Er und seine Frau sitzen wodkaselig vor dem Haus auf der Treppe, als ich zum Gratulieren hinübergehe. An Freundlichkeit fehlt es nicht – Ljuba umarmt und küsst mich, ihr Mann küsst mir galant die Hand, sogar mehrmals, und sie laden mich ein, sich zu ihnen zu setzen.

„Entschuldigt bitte, aber ich möchte nicht. Ihr habt getrunken, und ihr wisst ja, dass ich es nicht liebe, mit Betrunkenen zusammen zu sein. Seid mir nicht böse.“ Sie lassen mich ungern, aber mit Wohlwollen ziehen.

Auch vor dem Gästehaus blüht eine Traubenkirsche

Ein Sommer ohne Wiederkehr

Langsam gewöhnen wir uns daran, kein Paar mehr zu sein. Wir sprechen über Alltägliches miteinander, aber nicht über Gefühle, unsere Befindlichkeiten oder die Gründe der Trennung. Das sind Themen, die Slawa strikt vermeidet, und ich sehe keinen Sinn darin, ihm solche Gespräche aufzudrängen. Es würde nichts mehr ändern. Aus Vernunftgründen, aber auch, weil mir die Arbeit Spaß macht, arbeite ich im Garten und in unserem gemeinsamen Haus, kümmere mich um den Haushalt und koche für uns. Dabei erkenne ich, dass wir schon lange Zeit vorher genauso und nicht anders zusammengelebt haben. Geändert hat sich nur das klare Wissen um den Zustand unserer Ehe. Für Slawa wäre das kein Grund für eine Trennung, aber langsam akzeptiert er meine Entscheidung, und mein eigener Schmerz über die verlorene Liebe verblasst allmählich.

Zu meiner großen Erleichterung treten die Rückenschmerzen, die mich im vergangenen Jahr zur vorfristigen Rückkehr nach Deutschland gezwungen hatten, nicht auf, obwohl ich den großen Gemüsegarten fast allein pflege, ausgenommen der Kartoffelacker. Umgraben, säen, pflanzen, jäten, Gießkannen schleppen – mein Rücken sagt nichts dazu. Ich bepflanze alle Beete, denn täte ich es nicht, würde sich dort Unkraut ansiedeln und wäre kaum mehr auszurotten. Ich frage mich, wer das ganze Gemüse wohl essen wird, da wir keine Feriengäste mehr haben.

Mein Hobby sind Kürbisse. Es gibt sie in so vielfältiger Form und Farbe, dass man sie nur bewundern kann. Ich beschränke mich auf vier Sorten und nehme die Arbeit auf mich, vier große Frühbeete mit Heu, Mist, Kompost und Erde vorzubereiten. Das ist völliger Unsinn und ganz und gar überflüssig, denn außer uns isst keiner im Dorf Kürbis und die beiden Schweine werden noch vor dem Spätherbst geschlachtet. Bis auf die Tatsache, dass sie schön anzusehen sind, bringen die Kürbisse keinerlei Nutzen. Vielleicht ersetzen sie für mich ein bisschen den Blumengarten vor dem Haus, der von Unkraut, vor allem von Quecken, durchwuchert ist. Die umfangreichen Horste knallgelber Lilien und blauer Akeleien konnten sich nicht durchsetzen; ich sehe nur noch wenige ihrer Blüten. Die feuerroten großen Lilien, die an Flussufern und Inseln auch wild wachsen, haben überdauert, und der Rittersporn hat sich weiter ausgebreitet. Seine hellblauen Blütenkerzen überragen das Unkraut um anderthalb Meter.

Zwei Wochen lang können wir herrliches Sommerwetter genießen. Noch gibt es kaum Mücken, und die Zeit für Bremsen und Kriebelmücken ist ohnehin noch nicht gekommen. Über die ersten Regengüsse freue ich mich. Sie ersparen mir das abendliche Gießen und tun den Saaten gut. Die Luft ist frisch und feucht, die Landschaft ergrünt, es duftet nach Wald, Gras und Kräutern. Doch dann regnet es häufiger, nicht nur bei uns, sondern auch in der weiten Umgebung. Überall strömt Wasser in Bäche, Flüsschen und Nebenflüsse von Tungir und Oljokma. Man kann zusehen, wie deren Wasserspiegel ansteigt. Slawa rechnet damit, dass der Bootsschuppen, wie schon früher manchmal, in Kürze im Wasser stehen wird und legt die dort gelagerten Gegenstände ins oberste Fach. Am nächsten Tag ist das Wasser am Schuppen beinahe mannshoch. Buchstäblich in letzter Minute lässt Slawa sich mit einem Boot hinbringen, entfernt die Dachabdeckung, steigt von oben ein und holt die Gegenstände heraus. Um den Schuppen zieht er ein starkes Seil und sichert es an Bäumen. Der Regen geht in einen zweitägigen Dauerregen über, der schließlich zu einem bisher noch nicht dagewesenen Hochwasser führt. Unser Dorf liegt hoch über dem Fluss, sodass Häuser und Gärten nicht betroffen sind. Später sehen wir, dass die Strömung den Schuppen umgeworfen hat. Die Sicherung hat verhindert, dass er davonschwamm. Alle Jagdhütten in Flussnähe sind überflutet.

Während im ganzen Sabaikalskij Kraj und anderen Gegenden Sibiriens Überschwemmungen auftreten und Straßenverbindungen unterbrochen sind, brennen in Jakutien bei großer Hitze und Trockenheit die Wälder.

Slawa hat sich entschlossen, zwei Welpen zu übernehmen, die Nachbars Hündin Pipa geworfen hat. Er will rechtzeitig für Nachwuchs sorgen, denn die jüngeren Hunde lernen die Jagd von den älteren. Unser Bula ist um die elf Jahre alt, Sewer etwa fünf Jahre jünger, doch man muss immer auch mit tödlichen Unfällen in der Taiga rechnen. Ein Welpe erhält den Namen Baikal, den anderen nennen wir vorläufig Frecher, weil er sehr vorwitzig ist. Hier erhalten die Hunde fast nie Menschennamen, sondern werden oft nach Flüssen oder Landschaften genannt, nach Eigenschaften oder sie bekommen Fantasienamen. Sewer bedeutet zum Beispiel „Norden“.

Pipa sucht ihre Jungen nur ein- oder zweimal am Tage kurz auf, um sie zu säugen. Sie hat zunehmend weniger Milch und sichtbar auch keine Muttergefühle. Umso mehr schließen sich die Welpen uns an. Slawa hat sie im Hof untergebracht, wo sie genügend Auslauf und eine sehr große Hundehütte haben, die aber dadurch den erwachsenen Hunden Bula und Sewer nicht mehr zur Verfügung steht, denn die haben keine Lust auf die quirligen, lästigen Welpen und meiden den Hof weitgehend. Sewer schläft in der Hütte im Hundezwinger, und Bula ist, wie ich empfinde, heimatlos geworden. Slawa macht sich darüber keine Gedanken und meint, Bula suche sich schon ein trockenes Plätzchen, davon gebe es doch genug. Ich halte das nicht für eine gute Lösung.

Der Nachbarshund Bublik ist der große Bruder der Welpen, Pipa ist auch seine Mutter. Er ist erst sieben Monate alt, fast ausgewachsen, recht groß und noch sehr verspielt. Er legt sich auf den Rücken, während die Welpen auf ihm herumturnen. Mir wird angst und bange, wenn ich sein weißes, großes Wolfsgebiss sehe, mit dem er sie spielerisch beißt. Ich fürchte, er könne im Spiel einmal zu kräftig zubeißen. Sewer hat keine Lust auf Spiele mit den Welpen; er gibt ein leises Knurren, gefolgt von einem kurzen „Wuff“ von sich, und sie lassen von ihm ab. Es bedeutet wohl in der Hundesprache „Haut ab, oder es passiert was.“ Der alte Bula ist schon gar nicht in Spiellaune. Man sieht ihm sein Unbehagen an, wenn sich die Welpen an ihn heranmachen. Er wendet sich ab und geht steifbeinig davon, auf die Straße. Dorthin können sie ihm nicht folgen, denn den Hundedurchlass können sie noch nicht erreichen, weil er relativ hoch angebracht ist.

Ich bin im Haus, als im Hof plötzlich lautes Wehgeschrei ertönt. Baikal hat sich zwischen zwei Wassertonnen verkrochen und schreit ununterbrochen vor Schmerzen, während Blut aus seinem Maul läuft und ein Augenlid geschlossen ist. Bula hat ihn gebissen und verlässt gerade den Hof.

Drei Tage lang fürchten wir um das Leben Baikals. Wir haben ihn ins Haus genommen. Dort hat er sich neben die Decke auf den kühlen Holzfussboden gelegt und jammert vor sich hin. Wir können die Verletzung nicht genau lokalisieren; Slawa meint nur, Bula habe ihn in den Kopf gebissen. Eine Gesichtshälfte und das Auge, von dem wir nicht wissen, ob es zerstört ist, schwillt zu. Baikal müsste wohl Antibiotika bekommen, aber ich weiß nicht, welche Tabletten, die wir für den menschlichen Gebrauch haben, angebracht wären und um wie viel ich sie für ihn reduzieren müsste. Deshalb lasse ich es lieber. Baikal erholt sich etwas, trinkt am zweiten Tag Wasser und frisst am dritten Tag wieder. Die Schwellung geht nur sehr langsam zurück, und die Gesichtshälfte bleibt lange schmerzempfindlich. Das Auge ist zu unserer Erleichterung unverletzt, aber es gibt offenbar eine anhaltende Infektion, die einen eitrig aussehenden Ausfluss verursacht. Das scheint Baikal nicht zu stören, denn er wird immer unternehmungslustiger und balgt sich ständig mit seinem Bruder. Sie wachsen schnell, und inzwischen genügt ihnen der Hof nicht mehr. Man muss sehr aufpassen, dass sie nicht auf die Straße entwischen, wenn man das Tor öffnet.

Ich säubere in der Sommerküche im Hof Gemüse, als ich plötzlich sehe, wie beide durch den Hundedurchlass auf die Straße klettern. Sie sind schneller als ich draußen und rennen zielstrebig auf Bula zu, um ein bisschen an ihm hochzuspringen, in die Beine und den Schwanz zu beißen und das Fell zu zausen, kurz, um ein wenig Vergnügen zu haben. Für einen alten, großen, erfahrenen Jagdhund schickt es sich nicht, vor den Knirpsen davonzulaufen, er weiß aber offenbar auch nicht, wie er sich vor ihren Zudringlichkeiten schützen kann, also beißt er wieder zu – schmerzhaft, denn der Freche rennt kreischend weg, ist aber zum Glück nicht verletzt.

Slawa bereitet seine Fahrt nach Tschita vor. Er braucht eine Zahnsanierung und will seinen Rücken kurieren lassen. Durch die oft körperlich schwere Arbeit ist seine Wirbelsäule geschädigt und verursacht ihm häufig Schmerzen. Bekannte haben ihm einen Mann empfohlen, der solche Behandlungen sehr erfolgreich durchführen soll. Ob er einen Heilberuf beziehungsweise welchen er erlernt hat,

hat Slawa nicht erfragt. Im Frühjahr hatte mir Slawa von seiner ersten Behandlung bei ihm erzählt, die mich mehr an den Knochenbrecher Tamme Hanken erinnerte als an einen Physiotherapeuten. Aber wer heilt, hat Recht.

Wie viele dörfliche Einwohner hat Slawas wenige Jahre älterer Bruder Wowka fast keinen Zahn mehr im Mund. Er wohnt in Ust-Njuksha und braucht ein Gebiss. Angeblich gibt es weder im nächsten Ort Juktali noch in der 400 Kilometer entfernten, an der BAM liegenden Kleinstadt Tynda mit 36.000 Einwohnern eine Zahnarztpraxis, in der man ein Gebiss guter Qualität machen lassen kann. Deshalb will Slawa seinen Bruder zum Zahnarzt in Tschita mitnehmen. Mit dem Zug würde Wowka für die Strecke von Juktali über Mogotscha nach Tschita maximal 24 Stunden brauchen. Darum verstehe ich nicht, weshalb Slawa ihn mit dem Boot aus Ust-Njuksha nach Srednjaja Oljokma holen, mit ihm nach Tupik fahren und von dort mit einem Auto nach Mogotscha kutschieren will, um dann den Zug nach Tschita zu nehmen, statt sich mit ihm in Mogotscha oder Tschita zu treffen. Wowka will zwar das Benzin für die Bootsfahrt bezahlen, aber Hin- und Rückfahrt nach Ust-Njuksha kosten Slawa mindestens zwei anstrengende Tage, wenn er mit dem 40 PS starken Zweitaktmotor fährt. Er hat inzwischen einen 20 PS-Viertaktmotor gekauft, mit dem man zwar langsamer vorankommt, dessen Benzin- und Motorölverbrauch aber wesentlich niedriger ist. Besonders auf langen Strecken lohnt es sich, den Viertaktmotor zu benutzen. Wie ich aber schon vorher bemerkte, zieht Slawa den Zweitakter vor, um schneller ans Ziel zu kommen, obwohl er jeden Grund hätte, sparsam zu sein. Für Wowka hätte die Aktion keine Vorteile, weil das Benzin für die Fahrten teurer ist als eine Zugfahrkarte und er bis Tschita mindestens zwei Tage länger unterwegs ist als mit dem Zug. Ich frage also: „Warum trefft ihr euch nicht in Mogotscha oder Tschita? Es ist ja viel aufwendiger, wenn du Wowka in Ust-Njuksha abholst."

„Er ist doch mein Bruder. Warum willst du nicht, dass ich ihm helfe?"

Eine Antwort auf eine Frage, die ich nicht gestellt habe, ist typisch für die Art, wie unsere Kommunikation oft abläuft. Früher hätte ich mit ihm darüber diskutiert, doch jetzt kann ich mir das ersparen, denn meine Einwände nerven ihn nur, statt ihn dazu zu bringen, es sich zu überlegen.

Wowka arbeitet in der Nähe von Juktali als Fahrer bei einem Steinkohle-Tagebau immer einen Monat lang zwölf Stunden täglich (einschließlich der Essenspausen) und hat dann einen Monat frei. Mit 70.000 Rubel monatlich, freier Unterkunft und guter, freier Vollverpflegung in der Betriebskantine verdient er sehr gut. In der arbeitsfreien Zeit bewohnen er und seine ewenkische Frau Sweta ein eigenes dörfliches Haus in Ust-Njuksha.

Als Slawa mit Wowka aus Ust-Njuksha zurückkommt, muss er vor der Abfahrt und dem geplanten längeren Aufenthalt in Tschita noch einige wichtige Arbeiten erledigen, wie zum Beispiel Kartoffeln auslegen, unsere und Marinas Wasservorräte auffüllen, Gras mähen und Ähnliches mehr. Wowka kommt nicht auf die Idee, ihm seine Hilfe anzubieten, sondern hält sich meistens bei anderen Dorfbewohnern auf. Ich frage mich, ob er dort gesprächiger ist, denn bei uns spricht er nur, wenn ich oder Slawa ihn etwas fragen. Unterhaltungen zwischen den Brüdern gibt es nicht, auf ein herzliches Verhältnis weist nichts hin. Meine Frage, ob er schlechte Laune hat oder ihm etwas nicht gefällt, verneint er. Ich gebe mir Mühe mit der Essenszubereitung, aber er erscheint irgendwann, wenn das Essen schon kalt ist. Eines Abends kommt er gar nicht, sondern schläft irgendwo anders, wo er vermutlich getrunken hat. Solchen Besuch habe ich mir schon lange nicht gewünscht. Ich bin froh, als beide endlich abfahren.

Ein gewöhnlicher Tag

Normalerweise stehe ich gegen halb acht Uhr auf. Heute ist es etwas später geworden, darum verzichte ich auf den Morgenkaffee, sondern bereite gleich das Futter für die Welpen zu, die wahrscheinlich schon ungeduldig nach ihrem Frühstück schreien. Wir haben sie umgesiedelt in die große Voliere auf der gegenüberliegenden Straßenseite, weil sie im Hof inzwischen zur Plage geworden waren. Ständig stahlen sie die an der Treppe abgestellten Stiefel, Hausschuhe, Sandalen und alles, was sie sonst noch erwischen konnten, brachten sie an andere Plätze, gern auch in die Hundehütte, spielten damit und kauten darauf herum. Trat man in den Hof, wuselten sie zwischen den Beinen umher und zwickten uns mit ihren kleinen spitzen Zähnen in alle erreichbaren Stellen. Auch miteinander balgten sie vorwiegend herum. Am Streicheln und Kraulen hatten sie kein Interesse, stattdessen kämpften sie mit unseren Händen. Mit Begeisterung buddelten sie Löcher, dass die Erde umherflog. Bei der Gelegenheit legten sie einen Hintereingang zur Hundehütte im Hof an, was allerdings den Nachteil hatte, dass die von außen angelegte Grube bei Regen volllief. Slawa hatte die Holzzäune im Hof, die ihn zur Straße und zum Garten hin abgrenzten, mit Maschendraht verkleidet, damit sie sich nicht durch größere Zaunlücken quetschen konnten, aber vermutlich hätten sie sich bald unten durchgegraben. Weil sie auch mit den erwachsenen Hunden spielen wollten, bestand die Gefahr, wieder gebissen zu werden.

Bei den Jungen unserer früheren Hündin Katja waren solche Maßnahmen nicht notwendig. Sie wuchsen völlig frei zusammen mit ihrer Mutter und den anderen Hunden auf, denn Katja kümmerte sich gut um sie und passte auf, dass ihnen nichts geschah. Aber Pipa ist eine schlechte Mutter. Die Welpen waren ihr von Anfang an lästig, und wenn sie sie nicht gerade säugte, verschwand sie und überließ sie sich selbst. Ihr Sohn Bublik, der jetzt etwa acht Monate alt ist, wurde im Winter geboren. Es war ein Wunder, dass er nicht erfror, denn sie ließ ihn bei minus 40 Grad Celsius oft längere Zeit allein. Einmal biss sie ihn sogar blutig. Wahrscheinlich ist sie aber ein guter Jagdhund. Sie ist klein, flink und unerschrocken. Sewer, Bula und Bublik machen einen Bogen um Marinas Katze, obwohl sie Katzen hassen und anfangs versucht haben, ihr den Garaus zu machen. Inzwischen haben sie es aufgegeben, denn statt zu flüchten, macht sie einen Buckel und faucht furchterregend. Pipa schreckt das nicht. Neulich hatte sie die Katze schon im Genick gepackt und geschüttelt, ihr Ende schien besiegelt. Sie überlebte nur, weil Marina herbeieilte und sie befreite. Zu den Menschen ist Pipa übermäßig freundlich. Sie wedelt nicht nur mit dem Schwanz, sondern mit dem ganzen Körper.

Als wir die Welpen in den Zwinger brachten, sperrten wir auch Pipa mit ihnen ein, damit sie anfangs nicht allein waren und sich an die neue Situation gewöhnen konnten. Es dauerte aber kaum zehn Minuten, als sie auch schon heraus- und auf das Dach der angrenzenden Garage geklettert war, wie Slawa mir empört berichtete. Als ich am nächsten Morgen die Welpen fütterte, sah ich, dass sie immer noch auf dem Dach war und sich nicht traute, herunterzuspringen. Sie bellte nicht und hatte sich auch vorher nicht bemerkbar gemacht. Ich stellte die Klappleiter auf, sah aber, dass ich sie nicht würde herunterheben können, und holte Slawa. Als sie ihn erblickte, verkroch sie sich sofort unter dem Dach. Ich bat ihn, sich etwas zu entfernen, und sprach mit ihr. Schließlich kam sie wieder heran, und Slawa konnte sie nach einigem gutem Zureden herunterheben. Nun nahm ich an, dass ihr die Nacht auf dem Dach eine Lehre war und sie im Zwinger bei den Welpen bleiben würde. Die Lehre war, dass sie herausfand, wie sie ohne Hilfe vom Dach auf die Straße kommt, denn nachdem ich sie das nächste Mal zu den Welpen in den Zwinger gebracht hatte, lief sie nach kaum einer Viertelstunde wieder fröhlich draußen herum.

Als ich mit der Futterschüssel in der Hand auf die Straße trete, wer kommt mir da freudig entgegen gelaufen? Baikal und der Freche. Wie ist das möglich? Habe ich gestern Abend die Zwingertür nicht richtig geschlossen? Nein, sie ist zu.

Ich locke die Ausbrecher zurück in den Zwinger, wo sie sich auf ihr Futter stürzen und es innerhalb einer Minute hinunterschlingen. Die Lücke, durch die sie entkommen sind, kann ich nicht entdecken. Glücklicherweise waren Sewer und Bula während der Nacht im Hof angeleint, Hoftür und Hundetürchen geschlossen, sodass die Welpen sie nicht bedrängen und sich in Gefahr bringen konnten. Vorsichtshalber lasse ich die Großen noch nicht frei, sondern behalte den Zwinger im Auge. Zuerst schlüpft der Freche heraus, dicht gefolgt von Baikal. Sie stürmen auf mich zu – hurra, endlich können sie mir wieder auf die Pelle rücken! Im Gehege finde ich nun die Lücke, durch die sie ihre kleinen Körper schieben konnten. Sewer, der ebenso ungern eingesperrt ist, hatte Vorarbeit geleistet und den Zaun an verschiedenen Stellen untergraben. Nachdem Slawa dann alles mit Brettern und Holzstämmen verbarrikadiert hatte, kletterte er über den Maschendrahtzaun, sodass Slawa den Zaun auf fast drei Meter erhöhen musste.

Während die Kleinen draußen herumtollen und die nähere Umgebung erkunden, kann ich das Gehege säubern, ohne dass sie an meinen Stiefeln kauen, mit der Schaufel Fangen spielen oder das beschmutzte Heu wieder aus der Schubkarre zerren. Außerdem werde ich zum Spaßverderber und mache den Durchschlupf unpassierbar. Hinterlistig locke ich sie, mit der Futterschüssel klappernd, wieder in den Zwinger. Anschließend lasse ich Bula frei und binde Sewer mit einer langen Leine am LKW an, der auf der Wiese neben der Straße steht.

Jagdhund Bula will zu Hause seine Ruhe haben

Unsere Terroristen

Eigentlich wollen wir die Hunde nicht einsperren, aber es gibt Situationen, in denen wir es zu ihrer Sicherheit tun, zum Beispiel dann, wenn eine Hündin läufig ist oder wenn Slawa nicht im Dorf ist.

Sewer hat die Angewohnheit, überall im Dorf herumzustreunen und dabei die Territorien anderer Hunde zu verletzen. Das bringt ihn regelmäßig in Schwierigkeiten und Kämpfe. Bula bleibt zwar in der Nähe, aber sobald Scharik auftaucht, kann es auch für ihn gefährlich werden.

Um Hundefutter zu kochen, versuche ich, das Feuer im Ofen der Sommerküche in Gang zu bringen. Es gelingt mir mit Mühe, denn das Holz ist feucht. Seit über zwei Wochen leben wir in einem Tiefdruckgebiet und fühlen uns wie im Dschungel während der Regenzeit – die Luft ist tropisch warm und feucht, und es regnet sehr häufig. Selbst nachts kühlt es kaum ab, und wenn einmal die Sonne durch den Wasserdunst scheint, muss ich schleunigst alle Gewächshaustüren aufreißen, damit die Gurken- und Paprikapflanzen nicht vor Hitze eingehen. Die Erde ist inzwischen viel zu nass, selbst die Salatpflanzen fangen an zu faulen. Die Tomaten blühen, setzen aber kaum Früchte an, weil die Selbstbestäubung in der feuchten, stillen Luft nicht funktioniert. Nur der Neuseeländer Salat und die Gurken wuchern üppig, und die Zucchini wachsen so schnell, dass man zusehen kann und ich mit dem Essen nicht nachkomme. Einen Vorteil aber hat das nasse Wetter – es gibt zwar jede Menge Mücken, aber keine Bremsen und keine Kriebelmücken. Während Mücken pralle Sonne meiden, lieben Bremsen heißes, trockenes Wetter, und je heißer es ist, desto wilder und gieriger werden sie. Wir kennen hier drei Arten – große schwarze, sehr große gelb-schwarze und kleinere gelb-schwarze. Kriebelmücken bevorzugen stilles, feuchtes Wetter und belästigen uns in der Regel morgens und abends sowie an bedeckten, warmen Tagen, aber die ständigen Regengüsse sind selbst ihnen zu viel. Ich hoffe, dass der Regen dem Nachwuchs von Bremsen und Kriebelmücken geschadet hat, sodass wir auch später weitgehend verschont bleiben.

Das Hundefutter, Gerstenbrei mit Kartoffeln und Elchfett, ist gerade fertiggekocht, als sich eine Seite des Himmels bedrohlich schwarz färbt, während auf der anderen Seite noch die Sonne scheint. Es beunruhigt mich nicht, denn häufig ziehen Gewitter sang- und klanglos an uns vorüber. Dieses Mal jedoch nicht. Es beginnt zu blitzen und zu donnern, ein starker Sturm beutelt Bäume und Sträucher, sintflutartiger Regen drischt herab und will lange nicht enden. Endlich hört das Unwetter auf, und ich wage mich nach draußen. Größere Schäden sind nicht entstanden, aber die Buschtomaten und das blühende Kartoffelkraut liegen flach am Boden. Das Wasser aus dem unbewohnten, ein wenig höher liegenden Nachbargrundstück fließt als stetiger Bach in unser Kartoffelfeld und versickert nicht, weil die Erde es nicht mehr aufnehmen kann, denn schon am Tag zuvor hatte ein Wolkenbruch alles unter Wasser gesetzt. Ein umsichtiger, fleißiger Hausmann hätte im unbewohnten Nebengrundstück einen anderen Abfluss gegraben, da das Problem nicht neu ist.

Im Erdkeller unter der Küche hatte ich schon vor einigen Tage die Vorräte in obere Regalfächer gestellt, aber jetzt stelle ich fest, dass das Wasser höher gestiegen ist als jemals zuvor, und ein Ende ist nicht in Sicht. Nackt steige ich in die kalte, schmutzige Brühe und hole die Lebensmittel heraus. Es sind nicht allzu viele, denn Slawa hatte vor seiner Abreise die Kartoffeln geborgen, und ich hatte in den vergangenen drei Sommern nichts eingeweckt, da ich entweder nicht da oder krank gewesen war.

Bevor ich mein eigenes Abendessen zubereite, füttere ich die Hunde. Die erwachsenen Tiere werden im Sommer nur abends gefüttert. Wenn Slawa Wild erlegt hat, erhalten sie rohes Abfallfleisch, Knochen und Innereien wie Pansen und Lunge beziehungsweise Fisch, wenn der Fang gut war. Aber manchmal müssen sie längere Zeit darauf verzichten. Sewer frisst gern ganze gekochte Kartoffeln. Unsere verstorbene Hündin Katja hatte eine Vorliebe für rohe Möhren. Sie hielt sie aufrecht in den Vorderpfoten, biss Stücke ab und kaute sie genüsslich. Trotz der zeitweise vegetarischen Kost ist das Fell der Hunde dicht und glänzend. Bula hat außer den längeren Deckhaaren eine dicke Unterwolle. Im Spätherbst bekommen sie ein noch dichteres Winterfell, das sich im Frühjahr in Batzen ablöst, ohne dass sie gekämmt oder gebürstet werden.

Die Welpen erhalten noch drei Mahlzeiten. Morgens und abends Gerstenbrei mit Kartoffeln, angereichert mit Fleisch oder rohen Eiern. Mittags gebe ich ihnen jeweils einen Fleischknochen, mit dem sie sich dann längere Zeit beschäftigen.

Ich habe keine Lust, für mich allein zu kochen, schon gar nicht Fleisch. Darum bin ich froh, dass es im Garten das erste Gemüse gibt und erfinde einige neue Gerichte. Heute brate ich die am Abend zuvor gekochten roten Bohnen in Öl mit etwas Speck, Zwiebeln und Knoblauch an. Dann gebe ich geschnittene Zucchini und Blätter vom Neuseeländer Spinat hinzu, dünste das Gemüse und runde das Gericht, da es noch keine reifen Tomaten gibt, mit eingekochtem Tomatenpüree ab. Mittags hatte ich mir aus Römersalat, Lollo Rossa und Bionda einen Salat mit Marinade sowie ein Omelett mit gedünsteten Blättern des Neuseeländer Salats zubereitet.

Als wäre nichts geschehen

Endlich ändert sich das Wetter. Es regnet nicht, und die Sonne scheint heiß von einem nur manchmal mit wenigen Haufenwolken bedeckten Himmel. Die Erde bleibt noch lange nass, sodass ich im Garten nicht gießen muss, und die Luft ist trotz der Hitze so feucht, dass man sich eine Feuchtigkeitscreme sparen kann. Alles Gemüse wächst und gedeiht, das Unkraut leider auch. Die Kürbisranken erobern ihre Umgebung, noch grüne Tomaten lugen aus ihrem Laub hervor, und plötzlich bin ich im Gewächshaus mit einer Gurkenschwemme konfrontiert. Anfangs sehen die Pflänzchen so klein und mickrig aus, dass ich denke „besser mehr, als dass es nicht reicht“ – wie meine frühere alte Nachbarin Dora Michailowna immer sagte. Deshalb habe ich neben den Freilandgurken im Frühbeet auch noch welche ins Gewächshaus und die übrigen Setzlinge in die ehemalige Hühnervoliere gepflanzt, weil ich es nicht übers Herz brachte, sie wegzuwerfen. Üblicherweise baut man hier nur die kleinen Einlegegurken an, aber dieses Jahr hatte ich aus Deutschland ein Samentütchen Salatgurken mitgebracht und drei Pflanzen davon ins Gewächshaus gesetzt. Während die Freilandgurken wachsen, wie sie wollen, habe ich die Gewächshaus-Gurken an aufgehängten Fischnetzen aufgeleitet und alle überflüssigen Seitentriebe ausgekniffen.

Statt Insektizide benutzen wir feinmaschige Schutznetze

Täglich wecke ich mehrere große Gläser Gurken ein. Ich ernte sie abends, säubere sie, steche mit einer Rouladennadel kleine Löcher hinein und streue Salz darüber. Am nächsten Morgen lege ich auf den Boden sterilisierter Gläser Senf- und Pfefferkörner, Dillkronen, Meerrettichblätter und Blätter der Schwarzen Johannisbeere, schichte die Gurken darüber, übergieße alles mit kochendem Essig-Zucker-Wasser und verschließe die Gläser. Anschließend pasteurisiere ich sie im Einkochautomaten noch 10 bis 15 Minuten bei 75 Grad Celsius.

Nach 14-tägiger Abwesenheit kehrt Slawa aus Tschita zurück. Sein kleines Metallboot ist voller Passagiere; die Fahrt muss in der Enge für alle ziemlich unbequem gewesen sein. Er bringt seinen Ex-Schwager Wasja sowie drei Kinder von Marina mit, dazu das Gepäck und seine eigenen Einkäufe. Marinas Tochter Anja lebt während der Schulzeit im Internat in Tupik. Zwar haben die Schulferien haben schon vor zwei Monaten begonnen, doch niemand hatte sie nach Srednjaja Oljokma befördern können, und so hatte sie die ersten Ferienmonate bei ihrer Großmutter Polina in Mogotscha verbracht. Anjas Bruder Sascha, der sonst bei seinem Vater in Chabarowsk lebt, und die große Schwester Christina, die eine Ausbildung in Irkutsk macht und währenddessen bei einer Verwandten wohnt, waren auch an Bord. Marina kocht nun täglich für insgesamt acht Personen – für die drei Ankömmlinge, ihren sechsjährigen Sohn Jarik, ihre alte Tante Tamara, die bei ihr lebt, ihren Bruder Wowa, für Igor und für sich selbst. Jeden Morgen noch vor sechs Uhr setzt sie Brotteig an und beginnt Brote zu backen, sobald der Strom um sieben Uhr angestellt wird. Man isst hier fast zu jeder Mahlzeit Brot, selbst zum Mittagessen, wenn es zum Beispiel Kartoffeln oder Reis und Fleisch gibt. Ich stelle es mir höllisch vor, neben all der anderen Arbeit täglich für so viele Personen drei Mahlzeiten zubereiten zu müssen, und ich frage mich, was sie wohl jeden Tag auf den Tisch stellt. Abgesehen davon, dass der kleine Laden seit Wochen geschlossen ist, wäre es viel zu teuer, Brotbelag und Fertiges zu kaufen. Zusätzlich hält sie 20 junge Hühner, die noch nicht legen, und ein Schwein (das zweite wurde kürzlich geschlachtet), hat einen Job im Kindergarten und bewirtschaftet zwei große Gärten. Selbst wenn alle bei der Arbeit helfen, ist ein so riesiges Programm kaum zu bewältigen.

Während Slawas Abwesenheit hat sich viel Arbeit angehäuft. Vor allem muss Gras gemäht werden. Es ist überall in die Höhe geschossen, sodass fast kein Durchkommen ist. Bei meiner Ankunft vor sechzehn Jahren gab es noch Kühe und Pferde, die das Gras im Dorf und an den Ufern kurz hielten, aber jetzt wächst es ungehindert, wenn es nicht von den paar Leuten, die im Dorf verblieben sind, regelmäßig gemäht wird. Wir, wie auch die meisten anderen, haben eine Motorsense, die die Arbeit wesentlich erleichtert.

Trockenes Gras stellt eine erhebliche Feuergefahr dar, aber es ist für die wenigen Einwohner unmöglich, alle unbewirtschafteten Gärten und die Freiflächen innerhalb des Dorfes zu mähen und das Heu beiseitezuschaffen.

Es ist ganz erstaunlich – das Leben geht weiter, als hätte sich nichts Wesentliches geändert. Mein Schmerz ist vergangen, und ich fühle kein Bedauern über das Ende unserer Ehe. Zunehmend erleichtert mich der Gedanke, all diese Mühen und Eheprobleme hinter mich lassen zu können. Slawa scheint es ähnlich zu gehen. Ich bin beruhigt, dass ich ihm mit meinem Weggang keinen Schmerz zufügen werde. Allerdings wird sich sein häusliches Leben zum Nachteil ändern, denn ohne Hausfrau ist es in unserem Dorf schwierig, einen einigermaßen geordneten, sauberen Haushalt zu führen. Ich kann Slawa nur wünschen, bald eine neue Lebensgefährtin zu finden und durch unsere Ehe etwas hinzugelernt zu haben.

Nach wenigen Tagen emsiger Tätigkeit bewahrheitet sich wieder einmal der russische Spruch *„Solange der gebratene Hahn nicht in den Po hackt, wird der Mensch nicht tätig"*. Slawa liegt bei schönstem Sommerwetter wie angeklebt vor dem Fernseher, obwohl es Arbeit in Hülle und Fülle gibt. Wohin ich auch blicke, sehe ich Notwendigkeiten, aufzuräumen, zu reparieren, zu bauen. Früher habe ich manchmal die Rolle des Hahns übernommen, aber nun kann es mir egal sein, denn ich werde die Folgen dieses Verhaltens nicht mehr mittragen müssen. Dass vieles – wie auch jetzt schon teilweise – vernachlässigt und vielleicht verderben wird, finde ich zwar bedauerlich, aber ich kann nun wegsehen. Ich sage nichts mehr dazu, sondern gehe in meine jetzige Bleibe, wenn ich den Anblick nicht mehr ertrage. Trotzdem halte ich mich meistens mehrere Stunden im Garten und unserem gemeinsamen Haus auf, um die Ernte zu verwerten und zu kochen. So gut wie hier werde ich nie wieder essen: unbelastetes Wild aus der Taiga, Fisch aus Flüssen und Seen und reinstes Biogemüse in großer Mannigfaltigkeit frisch aus dem Garten. Die Sämereien, die man in Russland kaufen kann, sind von sehr guter Qualität und innerhalb jeder Gemüseart von unglaublicher Vielfalt. Das daraus gezogene Gemüse ist äußerst schmackhaft. Nicht so viel Glück habe ich, nicht zum ersten Mal übrigens, mit einigen Samen, die ich aus Deutschland mitgebracht habe. Von den fünf Moschuskürbis-Kernen zum Preis von fast zwei Euro ging nicht einer auf, die ausgesäten Möhren musste man mit der Lupe suchen und die Salatgurken, witzigerweise „Delikateß" genannt, waren geschmacklos bis bitter, sodass ich die drei inzwischen übermannshohen Pflanzen herausriss und einschließlich der Gurken auf den Kompost warf. Auch mit russischen Samen kann man Pech haben – was mir in all den Jahren allerdings nur einmal passiert ist – und aufpassen muss man beim Einkauf von Lebensmitteln, die möglicherweise von betrügerischen Unternehmen erzeugt wurden. Erst vor kurzem wurde im Fernsehen ein Betrieb vorgeführt, der aus verschiedenen Zutaten angeblich „Butter" herstellte. Ich musste sofort an die zwei Kilogramm unverpackte „Butter" denken, die Slawa bei seinem letzten Aufenthalt in der Zivilisation für uns gekauft hatte.

Sie schmeckt überhaupt nicht nach Butter. Gnädigerweise schmeckt sie nach gar nichts, also auch nicht schlecht. Zur Not könnte sie als Margarine durchgehen. Wir kaufen normalerweise gern solche „Farmer-"Produkte, weil sie in der Regel unverfälscht sind und gut schmecken.

Es rächt sich jetzt, dass ich im Frühjahr so viel ausgesät und angepflanzt habe. Wir kommen mit dem Essen nicht nach, aber ich muss alles ernten und verwerten, damit nichts verdirbt. Dill, Petersilie und den Lauch der Winterheckzwiebeln lasse ich in der Sonne dörren. Später werde ich es mit getrockneten Möhrenschnitzeln und Rote-Bete-Blättern mischen. Im Winter kann man damit Fleischbrühen und Suppen würzen. Mark- und Zuckererbsen wandern in die Tiefkühltruhe. Zucchinischeiben brate ich in etwas Öl oder bereite Zucchinipuffer zu. Gurken, Rote Bete und Salat gibt es als Beilage zu Mittagessen und Abendbrot. Aus Pfefferminze, Rhabarbersaft und Zucker bereite ich einen Tee, der kalt zu einem erfrischenden Getränk wird. Slawa knabbert den ganzen Tag Gurken, aber wir schaffen es nicht, alles zu essen oder zu konservieren. Darum bin ich froh über Marinas Bedarf; ich gebe ihr häufig einen oder zwei Eimer Gurken und hin und wieder große, keulenförmige Zucchinis. Auch deren Fleisch schmeckt zart und saftig; man muss allerdings den mittleren Teil mit den Samen entfernen. Er wird entweder mit dem Hundefutter gekocht oder an die Schweine und Hühner verfüttert.

Gegen Gurkenschwemme hilft nur Verschenken

Eines meiner Lieblingsgemüse sind Zucchini

unpassierbar, sodass manche Gegenden gar nicht mehr erreichbar sind.

Unabhängig vom Wetter sind die meisten Pfade durch Wald und Wiesen, auf denen ich früher allein oder mit den Gästen wanderte, um immer wieder Neues zu entdecken, inzwischen zugewuchert oder durch umgestürzte Bäume versperrt, weil sie nicht mehr begangen werden. Mutter Natur hat ihr Reich zurückerobert und verweigert uns den Zugang.

Mit der Natur ist das so eine Sache. Wir behaupten, sie zu lieben, aber wenn sie sich nicht an unsere Wünsche und Regeln hält, hat es sich schnell ausgeliebt. Wir in Deutschland halten uns für umweltbewusst und Natur liebend. Dabei zäunen wir die Natur ein, vernichten und schädigen sie, wenn es der Gewinnmaximierung oder unserer Bequemlichkeit und unseren Ansprüchen dient.

Eigentlich sollten die Pilze bei diesem warmen, feuchten Wetter nur so aus dem Boden schießen. Ausgerüstet mit der zwei Nummern zu großen Taigajacke, einem Eimerchen und einem Klappmesser begebe ich mich auf den Weg in den Wald, der quasi vor unserer Haustür beginnt. Als erster essbarer Pilz erscheint meistens der graue Lärchenröhrling (*Suillus aeruginascens*) auf dem Sandboden nahe der früheren Silberfuchsfarm. Doch weder er noch der unter den gleichen Bedingungen wachsende Kuhröhrling (*Suillus bovinus*) lassen sich blicken. Letzterer ist zwar essbar, wird aber nicht gesammelt. Selbst die üblicherweise in großer Zahl wachsenden Asiatischen Schuppenröhrlinge (*Boletinus asiaticus*) mit den roten, samtigen Hüten haben sich noch nicht aus dem Waldboden hervorgewagt. Wir essen sie zwar nicht, aber ich freue mich immer über den schönen Anblick. Gewöhnlich gibt es um diese Zeit, Anfang August, sogar schon Steinpilze.

Ein wenig enttäuscht verlasse ich den Wald und mache einen Spaziergang durch das Dorf. Wehmut überkommt mich. Häuser, die mit Leben erfüllt waren, sind leer und tot. Gärten, in denen früher sorgsam gepflegtes Gemüse und bunte Blumen wuchsen, sind von Gras und Unkraut überwuchert. Die Schule ist geschlossen, der Kindergarten wird dieses Jahr schließen, weil eines von den zwei Kindern sechs Jahre alt wird. Ich begegne niemandem auf der Straße, nur ein Kiebitz hüpft vor mir über den Weg.

Es handelte sich wohl um eine neue gesetzliche Vorschrift, mutet jedoch wie ein Schildbürgerstreich an, dass unser Dorf voriges Jahr Straßennamen und -schilder sowie Hausnummern bekommen hat. Wir wohnen auf der Uferstraße, deren oberer Teil Obere Uferstraße heißt. Die Parallelstraße nennt sich Kieferstraße. Falls man also im Dorf unterwegs ist und vergessen hat, wo das eigene Haus ist, kann man sich fragen „Wo wohne ich eigentlich?“ und sich erinnern „Ach ja, Uferstraße Nr. 3.“ Da wir keine Post ins Dorf geliefert bekommen, kann sich auch kein Postbote über die Beschilderung freuen.

Zusätzlich wurden Straßenbeleuchtungen angebracht – sehr nützlich, wenn wir in den Nachtclub, ins Restaurant oder Kino gehen. Tatsächlich gehen wir aber abends (mit der Kopflampe) nur zum Plumpsklo im Garten oder vielleicht einmal zum Nachbarn.

Unser Dorf feiert Geburtstag

Heute feiern wir den 90. Geburtstag von Srednjaja Oljokma. Das Dorf wurde im Jahre 1932 gegründet. Es war sehr klein, wuchs langsam heran. Als es neun Jahre alt war, am 22. Juni 1941, überfiel Deutschland die Sowjetunion. Der Zweite Weltkrieg beziehungsweise der Große Vaterländische Krieg, wie er in Russland genannt wird, brachte auch für dieses abgelegene Dörfchen eine schwere Zeit und, wie in der ganzen Sowjetunion, hohe menschliche Verluste. Von den 21 Männern aus Srednjaja Oljokma, die in den Krieg gezogen waren, kehrten nur zehn – teils schwer verletzt und krank – zurück. Draußen vor dem Klubhaus gibt es ein kleines Denkmal für die Kriegsteilnehmer, das immer sorgfältig gepflegt wird. Nach Ende des Krieges entwickelte sich das Dorf und blühte auf. Zu seinen besten Erwachsenenjahren hatte es viele Arbeitsplätze, neu erbaute Blockhäuser und 270 Einwohner, darunter 70 Kinder. Doch im Alter von 59 Jahren wirkte sich der politische Wechsel in Folge der Perestroika wie eine schwere Krankheit aus und entzog ihm alle Lebenskraft. Seitdem kränkelt es vor sich hin, die Zähne fallen ihm aus, und es wird immer schwächer.

Doch daran wollen wir heute nicht denken. Natalja Rumkina, die im Kindergarten und in der Bibliothek arbeitet, hat die Feier im Klubhaus, unterstützt von wenigen anderen, mit viel Elan, Ideen und Arbeit vorbereitet. An der Wand sehe ich eine große, von Natalja gestaltete Tafel, an der alte Fotos von Dorfbewohnern angebracht sind. Einige erkenne ich, obwohl sie darauf sehr viel jünger sind. Auf einem Foto zeigt mir Slawa seine ewenkische Großmutter, von der er mir früher schon viel erzählt hatte. An der Stirnseite des großen Raumes ist ein Bühnenvorhang angebracht, davor stehen einige kleine Kiefern, die einen Wald darstellen sollen.

Slawas Oma (links)

Nach und nach treffen die Dorfbewohner ein. Die meisten bringen vorbereitete Speisen mit, die vorerst in die Küche gestellt werden. Roman, ein Ewenke, hat zu Hause auf dem Herd in der Pfanne „Jägerbrote“ gebacken – etwa drei Zentimeter dicke, runde Teigfladen aus Mehl, Wasser, etwas Salz und Sodapulver. Schließlich sitzen alle auf den Stühlen im Zuschauerteil des Raumes und lauschen Nataljas Worten. Sie ist eine hübsche Frau mit ewenkischen Wurzeln. Sie hat ein sehr feminines Sommerkleid angezogen und Make-up aufgetragen. „Verehrte Dorfbewohner und Freunde“ begrüßt sie uns auf Russisch, Ewenkisch und sogar auf Deutsch, gratuliert zum Geburtstag unseres Heimatdorfes und wünscht allen einen schönen Nachmittag. In ihrer Ansprache geht sie auf die Gründung des Dorfes ein und erinnert an viele seiner ehemaligen Bewohner und an deren Verdienste, die von allen beklatscht werden. Sie würdigt auch die Anwesenden, die ebenso mit Beifall bedacht werden. Danach beginnt das „Spektakel“, wie sie die Aufführung des russischen Volksmärchens „Gänse-Schwäne“ bezeichnet.

Im Märchen tragen die Eltern der Tochter Maschenka auf, gut auf das Brüderchen Wanetschka zu achten, während sie außer Haus sind. Doch Maschenka will mit anderen Kindern spielen, setzt Wanetschka auf die Wiese und lässt ihn allein. Wilde Schwäne entführen ihn. Maschenka sieht gerade noch, wie sie mit ihm davonfliegen. Tränenüberströmt nimmt sie die Suche auf. Sie kommt an einen Backofen: „Ofen, Ofen, sag mir schnell, wohin sind die Schwäne geflogen?“ Der Ofen antwortet: „Koste erst mal von meinen Roggenpiroggen, dann will ich es dir sagen.“ „Ich ess' doch deine Roggenpiroggen nicht, bei meinem Väterchen werden solche aus Weizenmehl kaum gegessen.“

Sie läuft weiter und sieht einen Apfelbaum. „Apfelbaum, Apfelbaum, sag mir schnell, wohin sind die Schwäne geflogen?“ Er antwortet: „Iß von meinen Holzäpfeln, dann sage ich es dir.“ „Bei meinem Väterchen werden richtige Äpfel kaum gegessen.“

Maschenka läuft weiter und kommt an einen Milchfluß mit Ufern aus Grütze. „Milchfluss, wohin sind die Schwäne geflogen?“ „Iß erst von meiner Grütze mit Milch, dann will ich es dir sagen.“ „Bei meinem Väterchen wird Sahne kaum gegessen.“

Schon lange ist sie unterwegs, als sie plötzlich ein Häuschen sieht, das auf einem Hühnerbein steht und sich unentwegt dreht. In dem Häuslein spinnt eine alte Frau, nämlich die Hexe Baba-Jaga, Flachs, und auf der Bank sitzt das Brüderchen und spielt mit silbernen Äpfeln.

Das Mädchen tritt ein: „Guten Tag, Großmutter.“ „Guten Tag, Jungfer. Was führt dich zu mir?“

„Über Moos und Sumpf bin ich gegangen, nass am Leibe mir die Kleider hängen. Bin gekommen, um mich zu wärmen.“

„So setz dich einstweilen und spinn mir den Flachs.“ Die Baba-Jaga gibt ihr das Spinnrad und geht hinaus.

Maschenka spinnt, da springt plötzlich ein Mäuschen unter dem Ofen hervor: „Jungfer, Jungfer, gib mir Brei, so sag' ich dir etwas!"

Das Mädchen gibt ihm etwas Brei, und das Mäuschen sagte: „Die Baba-Jaga ist gegangen, ein Bad zu richten. Sie wird dich baden, wird dich waschen, wird dich in den Ofen setzen, wird dich braten, wird dich essen, sich auf deinen Knöchlein wälzen."

Maschenka beginnt zu weinen, doch das Mäuschen spricht: „Zaudere nicht, nimm dein Brüderlein und lauf."

Als die Hexe Baba-Jaga zurückkommt und sieht, dass die beiden geflohen sind, schreit sie: „Ihr Schwäne, nehmt die Verfolgung auf!"

Auf der Flucht weist Maschenka die bescheidenen Gaben des Milchflusses, des Apfelbaums und des Ofens nicht mehr ab. Weil sie ihr hochmütiges Verhalten abgelegt hat, wird den beiden Schutz und Versteck gewährt, und sie gelangen nach Hause in Sicherheit.

Natalja, Anja, Sascha und Jarik führten ein Märchen auf

Die Hexe Baba-Jaga wird von Natalja dargestellt, angetan mit Perücke, angeklebter, langer spitzer Papiernase und langem Kleid. Alle anderen Rollen werden von Marinas Familie gespielt. Als Mutter sehen wir Anja, als Vater Sascha und als Söhnchen Wanetschka den kleinen Jarik. Kristina spielt ihre Rolle als Maschenka sehr engagiert und mit Ausdruck, und man merkt, dass ihr die Aufführung Spaß macht. Marina flattert, weiß bekleidet und mit aus feinem Stoff genähten wehenden Flügeln, als Schwan durch den Raum.

Mir kommen fast die Tränen, weil ich gerührt darüber bin, wie viel Mühe sich Natalja mit der Vorbereitung der Feier gegeben hat, wie viel Arbeit sie und Marina in das Nähen der Kostüme und das Basteln der Requisiten investiert haben, wie viel Zeit alle für das Proben der Aufführung aufgewendet haben und mit wie viel Liebe all dies gemacht worden ist. Deshalb berührt mich die Darbietung emotional viel stärker als jede Theateraufführung eines renommierten Theaters.

Nach der heftig beklatschten Aufführung verteilt Slawa in seiner Rolle als Dorfvorsteher an jeden Haushalt die nützlichen Geschenke, die Natalja in Tupik bestellt und in buntgeblümte Plastiktüten gelegt hat.

Wir zum Beispiel erhalten eine Biskuitrolle, eine Packung mit schwarzem Tee und eine Flasche Sonnenblumenöl. Es ist vor allem eine liebevolle, freundliche Geste. Im Anschluss daran gehen wir nach draußen zum Denkmal der Kriegsteilnehmer und legen als Dank und Würdigung Papierblumensträuße nieder.

Schnell stellen die Frauen Tische und Bänke zu einer Tafel zusammen und tischen die mitgebrachten Speisen auf. Umsichtig hat Natalja dafür gesorgt, dass auch Bier und Wodka – in Maßen, nicht in Massen – vorhanden sind, denn was wäre eine Feier in Sibirien ohne „Woditschka“, wie man das Wässerchen zärtlich nennt. Sie hat auch für Musik und Lautsprecher gesorgt, sodass das Geburtstagsfest mit Musik und Tanz zu Ende geht.

Später schenkt mir Natalja ein Buch mit dem Titel „Ewenken“. Es wurde 2021 von unserem Landkreis Tungiro-Oljokminskij Rayon herausgegeben. Darin sind Biografien, Geschichten und Fotos ewenkischer Familien enthalten, die in den Taigadörfern Tupik, Saretschnoi, Moklakan, Gulja und Srednjaja Oljokma des Landkreises beheimatet waren. Einige wenige der Familienmitglieder habe ich noch kennengelernt sowie auch deren Nachkommen, von denen manche bis vor ein paar Jahren, manche heute noch in Srednjaja Oljokma leben. Viele Fotos zeigen die Ewenken in der Taiga mit ihren domestizierten Rentieren, die vor der Perestroika noch eine wesentliche Rolle im Leben der Dörfler spielten.

Denkmal der Kriegsteilnehmer

Im Buch hat Natalja einen Beitrag veröffentlicht, in dem sie sich an ihre ewenkischen Vorfahren erinnert. Ihre Großmutter Anna Iljinitschna wurde 1912 am Oberlauf des Flusses Witim in einer Familie von Rentierhaltern geboren. Vor Beginn des Zweiten Weltkriegs heiratete sie Egor Petrowitsch Abramow, der aus unserem Landkreis stammte. Er wurde 1943 zum Kriegsdienst eingezogen und fiel nicht lange darauf im Kampf gegen Hitlerdeutschland am 25. September 1943 in der Ukraine in der Saporischskaja Oblast – dort, wo heute Russen und Ukrainer gegeneinander kämpfen. Nach dem Krieg ging Anna eine Ehe mit Saweli Iljitsch Gabyschew ein, der krank aus dem Krieg zurückgekehrt war. Ungeachtet seiner schweren Verletzungen arbeitete er wie ein Junger, denn es war nötig, alles aufzubauen – der Krieg hatte vier Jahre des normalen Lebens gekostet und ein zerstörtes Land hinterlassen.

Im Dorf gab es damals nur wenige Häuser. Die meisten Ewenken lebten das ganze Jahr über mit den Rentierherden nomadisch in Zelten in der Taiga. Wenn sie ins Dorf kamen, bauten sie dort ihre Zelte auf, verkauften Pelze und Fleisch, das sie oft auch verschenkten, und kauften ein paar Dinge ein, bevor sie mit ihren Kindern wieder in den Wald zogen. Anfangs überlebten die Dorfbewohner nur dank der Fleischnahrung, die sie von den Rentiernomaden bekamen.

Natalja denkt mit großer Dankbarkeit an ihre Großmutter, bei der sie ihre ersten Schritte gemacht, die ersten Worte gelernt hat. Die Großmutter hat sie Fleiß, Ehrlichkeit und Güte gelehrt.

Der Kindergarten ist neben dem Klubhaus.

Alle wollen essen

Ich sitze mit einer Tasse Kaffee auf einer kleinen Holzbank vor meinem Haus. Es ist Nachmittag, die Sonne scheint, es weht ein leichter Wind, der die Mücken vertreibt. Die Luft ist angenehm warm und trocken. Jetzt, Mitte August, kündigt sich langsam der Herbst an. Nachts ist der Himmel sternenklar und die Temperaturen sinken auf fünf bis zehn Grad Celsius ab. Am Morgen ist die Landschaft in dichten, kalten Nebel gehüllt, der sich sehr langsam auflöst. Tagsüber ist es nicht mehr sehr heiß, aber warm und sonnig mit häufigen Gewittern. Rot leuchten die aus vielen kleinen Beeren gebildeten Dolden des Traubenholunders aus dem noch grünen Laub, in den Wiesen blüht blauer Lungenenzian, Birken zeigen erste gelbe Blätter. Die Traubenkirschen haben viele Früchte, die dunkel-violett, fast schwarz heranreifen. Sie sind etwa so groß wie Johannisbeeren, haben einen festen, im Verhältnis zum Fruchtfleisch großen Kern, sind recht süß, hinterlassen aber im Mund einen sehr herben Geschmack, ähnlich wie Schlehen. Man genießt sie nach dem ersten Frost, weil das Herbe nach einem Frost abnimmt. Ich probiere einige Beeren und bin erstaunt, dass sie in diesem Jahr fast gar nicht herb schmecken.

Sinnend betrachte ich die Umgebung, die schlichten Holzhäuser und Schuppen, die einsame Straße, den Fluss, die bewaldeten Bergketten, die sich klar vom dunstfreien, blauen Himmel abheben. Die Liebe zu Slawa ist vergangen, aber nicht meine Liebe zu dieser sibirischen Landschaft. Ich befürchte, später in Deutschland noch oft mit Sehnsucht an mein Dorf inmitten der ungezähmten Natur zu denken. So schön ein Park oder ein Naturschutzgebiet sein können – es ist kein Vergleich mit einer Natur ohne menschlichen Einfluss. Der Mensch als Lebewesen ist der größte Schädling, den die Welt kennt, und das erbarmungsloseste Raubtier, denn er tötet ohne Not selbst seine eigene Art, was die vielen Kriege beweisen. Auch die verbrecherische Schädigung der Natur sowie die Ausbeutung abhängiger Menschen ist ohne Beispiel. Seine Verlogenheit und Heuchelei, mit der er all dies rechtfertigt, ist grenzenlos. Die Intelligenz, derer sich der Mensch rühmt, wird von seiner Dummheit um ein Tausendfaches übertroffen.

Plötzlich sehe ich, wie sich ein kleiner Körper unter der Hoftür durchschiebt. Es ist der Freche, der schwanzwedelnd auf mich zukommt. Zu meiner Verwunderung ist er ganz verändert, springt nicht an mir hoch, beißt nicht, ist ruhig und zutraulich. Ich streichle und kraule ihn eine Weile, dann streckt er sich lang im Gras aus und schläft. Nach einer Weile trottet er wieder zurück zu unserem gemeinsamen Haus. Die Welpen dürfen jetzt täglich mehrere Stunden frei umherlaufen. Sie müssen lernen, die Gefahren zu erkennen und zu vermeiden. Ich habe beobachtet, wie der Freche das Verhalten Sewers testete. Er umkreiste ihn und näherte sich mehrmals vorsichtig, bis er schließlich abzog mit der Erkenntnis, dass Sewer nicht sein Freund ist und wird. Es fällt den Welpen aber schwer zu verstehen, dass Bula keine Warnung abgibt, wenn sie ihn belästigen. Bula versucht zwar, ihnen aus dem Wege zu gehen, doch es gelingt ihm nicht immer. Sie mussten seinen Unwillen bereits mehrfach schmerzhaft erfahren. Normalerweise genießen die Welpen sogenannten Welpenschutz. Sie legen sich auf den Rücken und zeigen ihren ungeschützten Bauch. Die erwachsenen Hunde beschnuppern sie und lassen sie dann gehen. Dazu kommt es bei Bula nicht, weil er sofort zuschnappt. Der halbstarke Bublik will mit den Welpen spielen, was sie inzwischen fürchten, denn er überschätzt ihre Wehrhaftigkeit. Er packt sie am Genick oder der Kehle und lässt sie nicht frei, wenn sie schon wehrlos am Boden liegen, weil er möchte, dass sie mit ihm kämpfen.

Als ich ein Boot den Fluss heraufkommen höre, gehe ich zum Ufer. Es könnte Slawa sein, der vor zwei Tagen in Begleitung Igors mit den Hunden Sewer und Bula zur Jagd gefahren ist. Ich habe mich nicht getäuscht. Slawa hat einen jungen Elch erlegt. Sewer und Bula haben sich schon vor Ort an Innereien vollgefressen und legen sich nach ihrer Rückkehr an einen geschützten Platz, um ungestört zu verdauen. Die Welpen stürzen sich wie Verhungernde auf die Stücke von Pansen und Abfallfleisch, die Slawa ihnen hinwirft. Schließlich meint er, er müsse nun aufhören, sonst würden sie bis zum Erbrechen fressen. Auch Bublik und Pipa bekommen Fleischnahrung satt. Eine Tonne voll Pansen, Lunge, Knochen und Abfallfleisch wird in die Grube im Garten gesenkt, wo sich das Futter für die Hunde ein paar Tage hält, ohne zu verderben. Igor und Marina erhalten einen großen Teil der Jagdbeute und jeder, der darum bittet, bekommt etwas. Den Rest frieren wir in einer der beiden großen Tiefkühltruhen ein.

Nach zweitägiger Fleischesserei empfindet sogar Slawa unser heutiges vegetarische Mittagessen als Festmahl: Neue Kartoffeln, deren Schale so zart ist, dass wir sie mitessen, darüber ein wenig Knoblauchöl, Petersilie und Dill, fein geschnitten, und dazu Smetana – fette saure Sahne. Als Beilagen fingerlange Gurken, Tomaten und zwei Salate nach russischer Art: Salat aus Möhren, fein geraspelt, mit Salz, etwas Knoblauch und Mayonnaise sowie Salat aus Roter Bete, in Essig-Zucker-Wasser gekocht, grob geraspelt, mit Salz, schwarzem Pfeffer, Knoblauch und Mayonnaise. Bis auf Smetana, Mayonnaise und Gewürze stammt alles aus unserem Garten.

Am nächsten Tag koche ich einen großen Eintopf mit Elchfleisch, Zwiebeln, Möhren, grünen Bohnen, Puffbohnen und Kartoffeln, von dem wir zwei Tage essen wollen, und backe *Lepjoschki*, die noch warm auch ohne irgendwelche Beilagen köstlich schmecken. Der Teig aus Weißmehl, Wasser, Hefe, etwas Zucker und Salz wird zu brötchengroßen, flachen Teilen geformt und nach dem Aufgehen in siedendem Öl ausgebacken. Einige *Lepjoschki* sind gerade fertig, als Slawas Ex-Schwager Wasja mit seinem zwölfjährigen Sohn im Boot aus Tupik eintreffen. Sie langen mit Vergnügen zu, emsig kauend unterstützt von Slawa. Ich backe weiter – sehr vorausschauend, wie sich herausstellt, denn einige Stunden später kommen überraschend unsere Freunde Ira und Boris aus Ust-Njuksha an, die wir natürlich auch sofort zum „Teetrinken“ einladen, bevor Slawa mit dem Auto ihr Gepäck vom Flussufer zum Haus der verstorbenen Mutter transportiert, wo sie einige Tage verbringen wollen. Es ist immer noch Teig im Eimer – ich backe weiter.

Als Slawa am späten Nachmittag hereinkommt und drei Gäste ankündigt – den Rayonchef aus Tupik mit zwei Begleitern – bin ich sehr froh darüber, eigentlich eher aus Versehen viel zu viel gekocht und gebacken zu haben. So stehe ich nicht mit leeren Händen da, sondern kann auch diese überraschenden Besucher bewirten. Der Rayonchef ist ein junger, sehr sympathischer Mann. Er muss unglaublich viel Energie und Kraft haben, denn er ist für jedes Anliegen zu sprechen und kümmert sich dann auch darum. Zusätzlich halten er und seine Frau Hühner und zwei Schweine und pflegen einen großen Garten. Er schaut sich interessiert unseren Garten an und fotografiert die Kürbisse, von denen einige schon ziemlich groß sind und ungewöhnliche Formen aufweisen.

Die Besucher halten sich nicht lange bei uns auf; Slawa begleitet sie zu ihrem Boot. Er lacht, als er zurückkommt. „Ich brauche Sewer und Bula heute nicht zu füttern. Siehst du ihre vollgefressenen Bäuche?“

„Was haben sie denn gefunden?“, frage ich verwundert.

„Die Leber eines ausgewachsenen Elchs und eine große Schüssel gebratener Fische im Boot vom Rayonchef“, grinst er.

„Oh Himmel, wie peinlich!“

„Nein, gar nicht. Sie hatten einen Elch erlegt. Als sie hier ankamen, lagen Leber und Fische wie auf dem Präsentierteller im Boot. Ich sagte ihnen, sie sollen alles gut zudecken und das Boot sehr weit vom Ufer weg an einer langen Leine festmachen, damit die Hunde nicht rangehen. Aber er antwortete, es sei nicht nötig und deckte das Fleisch nur zu. Ist ja nicht meine Schuld, wenn er meine Warnung nicht beachtet.“

„Waren sie denn nicht ärgerlich, als sie die Bescherung sahen?“

„Nein, nicht sonderlich. Was weg ist, ist weg.“

Um Feriengäste abzuholen oder zum Zug zu bringen, fuhren wir früher häufig zur Bahnstation der BAM nach Juktali und machten Station in Ust-Njuksha bei Ira und Boris, die sich immer außerordentlich gastfreundlich zeigten und es sich oft nicht nehmen ließen, auch unsere Gäste zum Essen einzuladen. Der Tisch war reich gedeckt mit verschiedensten, liebevoll zubereiteten Speisen. Es ist mir ein Bedürfnis, sie ebenfalls so gut wie möglich zu bewirten und lade sie für einen der nächsten Abende ein.

Ira lässt sich erschöpft auf einen Stuhl fallen. Die Haut an ihren Fingern ist vom heißen Wasser und scharfen Reinigungsmitteln aufgesprungen. Ich gebe ihr eine Dose Elchfett, durch das die Schäden erfahrungsgemäß schnell heilen werden. Sie erzählt, dass sie im Haus zwei Tage lang geschrubbt, gesäubert und Schäden repariert haben. Der Boden starrte vor Dreck, hell gestrichene Flächen waren mit ölverschmierten Händen besudelt worden, unabgewaschenes und verkrustetes Geschirr bedeckte alle freien Flächen, Bettwäsche, Handtücher, Männerkleidung lagen verdreckt herum.

Als Sinaida Michailowna, die Mutter, noch dort lebte, war das Anwesen das gepflegteste, sauberste im ganzen Ort. Alles war schön gestrichen und im einwandfreien Zustand. Im Haus und der Sommerküche hätte man vom Fußboden essen können, der Hof war mit Brettern ausgelegt und wurde ständig gefegt, Blumenrabatten säumten den Weg, im Garten gedieh Gemüse und kein Unkräutlein wagte es, höher als einen Zentimeter zu werden. Nach ihrem Schlaganfall vor mehreren Jahren war Sinaida Michailowna bettlägerig und wurde von ihrer Tochter Tamara in Tupik aufgenommen und gepflegt. Danach bewohnte ihre Enkelin Natascha mit Mann Schenka, die vorher im Nebenhaus gewohnt hatten, Sinaida Michailownas Haus, bis auch sie vor drei Jahren nach Tupik umzogen. Seitdem hält sich nur noch Schenka wenige Zeit im Jahr hier auf, vorwiegend im Winter, wenn er in sein Jagdgebiet fährt oder aus dem Jagdgebiet kommt. Im letzten Frühjahr war er allerdings einige Zeit hier, um Kartoffeln zu pflanzen. Die Verwüstungen im Haus gehen also auf sein Konto.

Ich will nicht behaupten, dass alle Männer hier solche Dreckfinken sind, habe aber noch keinen einzigen Männerhaushalt gesehen, der einigermaßen angenehm aussah. Auch unsere eigene Bleibe ist inzwischen ausgesprochen renovierungsbedürftig, denn seit der letzten Instandsetzung sind fünf Jahre vergangen. Eigentlich muss man aller zwei Jahre renovieren. Weil das Holz der Wände arbeitet, ist der Putz an einigen Stellen abgefallen, Kalkfarbe rieselt leise von Zimmerdecken und Wänden und die Farbe an den gestrichenen Flächen und hölzernen Fensterrahmen blättert ab. Gutmütig – dumm wäre vielleicht die passendere Bezeichnung – habe ich angeboten, dieses Jahr zusammen mit Marina und Alessa (beide gegen Bezahlung) zu renovieren. Als Slawa nach Tschita fuhr, hatte ich ihm aufgeschrieben, welche und wie viel Farbe er kaufen sollte, doch er kehrte ohne Farbe zurück, weil das Geld nicht gereicht hatte. Ich war im Grunde erleichtert, denn das Hin- und Herräumen, Instandsetzen und schließlich das Säubern des Bodens von der tropfenden Kalkfarbe ist ziemlich anstrengend.

Ich habe Ira und Boris vor vier Jahren das letzte Mal getroffen; es gibt viel zu erzählen. Später berichtet Boris, dass in der Amurskaja Oblast, zu der Ust-Njuksha gehört, eine Frau und ihr Kind beim Pilze suchen von einem Bären getötet wurden. Auch ein Mann, der sich in einer Jagdhütte aufhielt, wurde überfallen und umgebracht. Eine geschlossene Tür, ein kleines Fenster, das Dach sind für Bären keine Hindernisse, denn sie können dicke, ineinander verkeilte Holzbalken mit einem Prankenhieb auseinanderreißen. Dann zeigt uns Boris auf seinem Samsung-Handy Fotos, die schockieren. Einmal, weil es jemand fertigbrachte, so etwas zu fotografieren und ins Internet zu stellen, und ein weiteres Mal, weil sie beweisen, wie gefährlich und unberechenbar ein Bär sein kann. In der Nähe von Nertschinsk, einer relativ gut besiedelten Gegend in unserem Verwaltungsbezirk, dem Sabaikalskij Kraj, hatte ein Bär Beerensucher, zwei Männer und eine Frau, überfallen und getötet. Einen der Körper hatte er in Teile gerissen. Da lag ein Bein, dort der Oberkörper mit Kopf, ein Arm oder ein anderer Körperteil. Das Tier, männlich und sehr groß, wurde anhand seiner Spur aufgestöbert und erschossen.

Obwohl ich schon oft davon gehört hatte, konnte mir bisher nie wirklich vorstellen, dass ein Bär quasi grundlos Menschen tötet, diese Fotos jedoch haben mich eines Besseren belehrt. Ich hatte immer so gehandelt und gesagt, ich wolle mich lieber den Gefahren der Natur aussetzen, anstatt auf dem Sofa herumzusitzen. Aber wenn ein Bär in Angriffshaltung auf mich zukäme, würde ich in diesem Moment wohl doch lieber zu Hause auf dem Sofa sitzen.

Eigentlich hatte ich vor, im September mit Zelt und Paddelboot eine mehrtägige Tour auf der Oljokma zu machen, um Abschied von der Taiga zu nehmen. Doch plötzlich kommt mir diese Idee gar nicht mehr so gut vor. Ich überlege, ob ich nicht besser Slawas Angebot annehmen sollte, mit ihm zum Fischen an den Usmun zu fahren. Dort gibt es natürlich ebenfalls Bären, aber die Hunde würden uns durch ihr Bellen rechtzeitig warnen, und Slawa könnte uns im Notfall mit dem Gewehr schützen.

Ira und Boris laden uns, Slawas Bruder Grigori und ein weiteres Ehepaar aus dem Dorf für den nächsten Abend zum „Picknick“ ein. Ihre Tochter hat an diesem Tag Geburtstag, und das soll, ungeachtet ihrer Abwesenheit, gefeiert werden.

Die vielen verschiedenen Speisen finden kaum Platz auf dem Tisch: gebratener Fisch, mit Fischpastete gefüllte Eierhälften, Pilze, gebratene Zucchinischeiben mit einer Kruste aus Ei, Mehl und geraspeltem Käse, Möhrensalat, Tomatenscheiben, die mit Käsesalat dekoriert sind, mit Wurst und Eiern überbackene Makkaroni. Ich probiere von allem ein wenig, es schmeckt delikat, macht aber schnell satt. Ich fühle mich bald vollgestopft wie eine Mastgans. Mit Wein oder Wodka werden mehrere Toasts ausgebracht – auf die Tochter, deren Eltern und auf die Hausfrau, die uns dieses köstliche Essen beschert hat.

Slawa hat seine Teilnahme kurzfristig abgesagt, weil er sich krank fühlt. Ich nehme seine diversen Zipperlein schon lange nicht mehr besonders ernst, was ihn zu der Überzeugung bringt, ich sei herzlos und seine Krankheiten seien mir völlig schnuppe. Das ist nicht der Fall, allerdings fehlt mir das Verständnis dafür, wenn sich jemand den ganzen Tag ins Bett oder aufs Sofa legt, weil es irgendwo ein bisschen ziept. Gestern hatte Slawa angekündigt, er wolle sich erholen und nichts arbeiten. Das konnte ich verstehen, obwohl ich selbst um nichts in der Welt bei guter Gesundheit den ganzen Tag auf dem Sofa vor dem Fernseher verbringen möchte. Heute Morgen sollte ich ihn um acht Uhr wecken, weil er irgendetwas erledigen wollte. Dazu konnte er sich dann doch nicht aufraffen und blieb gemütlich im Haus, während ich den Hof aufräumte, Gurken erntete und Tomaten abnahm, sie zum Reifen in Kartons legte und im Haus ins Helle stellte sowie Mittagessen kochte.

Bevor ich zurück ins Gästehaus ging, um weiter an diesem Buch zu schreiben, bat ich ihn, den Fußboden zu wischen, wenn er nichts anderes vorhabe. Die Antwort war eine Frage und lautete: „Warum?“

„Vielleicht, weil er schmutzig ist?“

Als ich am Nachmittag zurückkam, war der Fußboden immer noch schmutzig und Slawa lag auf der Couch. Er sei draußen ausgerutscht und hingefallen. Ihm täte ihm der Rücken weh. Wie sich herausstellte, schmerzten seine Nackenmuskeln, was nicht vom Sturz herrührte, und der untere Rücken. Ich rieb die Stellen mit dem bewährten Piroxin-Gel ein, bevor ich mehrere Gläser Gurken einweckte, die Hunde fütterte und dann zur Geburtstagsfeier ging.

Meine Hoffnung auf einige trockene, sonnige Tage wird enttäuscht. Es regnet die ganze Nacht durch und hört erst gegen Mittag auf. Seit Juni regnet es so häufig, dass die Erde nie abtrocknet, das gemähte Gras wird nicht zum Heu, sondern liegt in nassen, halb verfaulten Fladen auf dem nachwachsenden Rasen. Im Keller steht dauerhaft Wasser. Normalerweise werden Anfang September, also in zwei Wochen, die Kartoffeln geerntet und im Erdkeller kühl und trocken gelagert. Selbst wenn das Wasser bis dahin versickert sein sollte, dauert es lange, bis der Keller getrocknet ist und Kartoffeln eingelagert werden können. Aber vielleicht stellt sich das Problem nicht, denn die Kartoffeln haben durch die Nässe ebenfalls gelitten, sodass die Ernte das erste Mal seit meinem Herzug sehr mager ausfallen wird.

In den Häusern ist es ungemütlich klamm und kühl. Wir und andere haben schon mehrmals geheizt – in Sibirien friert man nicht, eher schwitzt man durch Überheizen. Ich denke besorgt an den kommenden Winter in Deutschland. Meine Gastherme sorgt für Heizung und Warmwasser, doch ich frage mich, ob ich das bei hohen Gaspreisen noch bezahlen kann. Schon früher habe ich in der Regel nur das Wohnzimmer beheizt und nicht täglich geduscht. Es ist der reine Hohn, wenn sehr gut verdienende Politiker, die durch ihre Sanktionen gegenüber Russland die jetzige Gas-Misere zu verantworten haben, uns Kleinverdienern Ratschläge geben, wie wir den Gasverbrauch reduzieren können und wann an welchen Stellen wir uns waschen sollen.

Slawa ist auferstanden von den Todkranken, bewegt sich aber kaum, weil die Nackenmuskeln noch schmerzen. Hätte ich diese Beschwerden, würde er mich beschwören, mich um Gottes willen nicht zu bewegen, im Bett zu bleiben, einen Schal umzulegen und heißen Tee zu trinken. Nach wie vor ist er besorgt um mein Wohlergehen. Trotz der Trennung von Haus und Bett bemüht er sich, mir vieles zu erleichtern. Er bringt mir in einer großen Aluminiumkanne regelmäßig Trinkwasser, mäht das Gras im Garten des Gästehauses, damit ich nicht übermäßig von Mücken belästigt werde, und repariert sofort die Treppenstufe, als das Holz brüchig wird. Als ich angesichts der enorm gestiegenen Weltmarktpreise für Heizgas erwähne, ich müsse wohl meinen warmen Daunenschlafsack mitnehmen nach Deutschland, sagt er spontan: „Ich schicke dir Geld, damit du das Heizen bezahlen kannst“.

„Dein Geld ist doch für dich selbst kaum ausreichend, und die Preise für Zobelfelle bringen jetzt nicht mal mehr die für den Fang aufgewendeten Kosten ein, falls sie überhaupt aufgekauft werden. Woher willst du das Geld denn nehmen?“, wende ich ein.

„Das lass mal meine Sorge sein, woher ich das Geld nehme!“ Er ist über meine typisch deutsche, pragmatische Antwort so empört, dass er wütend das Haus verlässt, und ich verstehe wieder einmal gar nichts.

Trotz seiner Fürsorge beleidigt er mich manchmal, wenn ich ihn kritisiere oder etwas von ihm verlange, was er nicht tun will. Dann nennt er mich „*Jewro Sojus* – Europäische Union.“ Ich bleibe ihm aber nichts schuldig, sondern drohe mit Sanktionen.

Hochwasser haben auf der Flussinsel Baumstämme abgelagert

Geliebtes Sibirien – der Abschied von meiner zweiten Heimat fällt mir schwer

Abenteuer am Usmun

Wir haben nicht darüber gesprochen, dass ich aus Deutschland nicht mehr zurückkehren werde. Ich denke, Slawa weiß es, und der Ausflug in seine Jagdhütte am Flüsschen Usmun ist ein Abschiedsgeschenk an mich. Seit unserer gemeinsamen Fahrt dorthin im Winter 2006 wünsche ich mir, diese Gegend einmal im Sommer zu erleben, aber es kam aus verschiedenen Gründen nie dazu. Einer der Gründe ist, dass man bei der Fahrt auf dem Usmun mit vielen Hindernissen rechnen muss, bei denen die Hilfe eines weiteren, kräftigen Mannes erforderlich werden kann. Auch beim Auslegen und Leeren der Fischnetze ist es hilfreich, wenn ein Zweiter das Boot in die erforderliche Richtung stakt. Ich könnte das übernehmen, habe aber keinerlei Übung darin, weil Slawa es mir immer verwehrt hat. Er meinte, wir könnten kentern, wenn ich die Stange im strömenden Fluss falsch einsetzen würde. Jetzt bereue ich, dass ich mich nicht durchgesetzt habe, denn es nun auf einem schwierigen Gewässer auszuprobieren, ist nicht ratsam.

Hoffend auf einigermaßen gutes Wetter rüsten wir uns für eine dreitägige Fahrt an den Usmun, die wir morgen antreten wollen. Da die Fische zum Laichen die Nebenflüsse der Oljokma hinaufziehen und im Herbst in tiefere Gewässer zurückkehren, rechnet Slawa mit guten Fängen in den Netzen, die er auslegen will.

Der Usmun fließt durch Slawas Jagdterritorium und ist ein Nebenfluss der Unteren Mokla, die – von unserem Dorf aus gerechnet – etwa 30 Kilometer stromaufwärts in die Oljokma mündet. Bei Niedrigwasser ist der Usmun nicht befahrbar, aber auch jetzt, bei höherem Wasserspiegel nach den vielen Regenfällen, gibt es viele Untiefen und Hindernisse, weshalb niemand außer Slawa das Flüsschen befährt.

Wenn die Männer zum Fischfang oder zur Jagd aufbrechen, nehmen sie nur das Nötigste mit, aber jetzt packt mein Noch-Ehemann die „Luxusgüter“ ein, die wir für Ausflüge mit Feriengästen angeschafft hatten: das Kuppelzelt, den Aluminiumklapptisch und den Mückendom, außerdem zwei Regenplanen, Matratzen, Schlafsäcke, viele Fischnetze, zwei Gewehre, eine Axt, eine kleine moderne Motorsäge, einen zweiten Bootsmotor und Kanister mit zwei verschiedenen Benzinsorten. Ich kümmere mich um die Küchenutensilien, die wir zum Kochen und Braten von Fisch benötigen. Zusätzlich packe ich zwei Brote, etwa 20 *Lepjoschki* und vier chinesische Nudelsuppen ein, die die Fischgerichte ergänzen sollen, sowie Tee und Kaffee.

Am Morgen des Abreisetages ist es feucht und sehr dunstig, denn in der Nacht hat es wieder geregnet. Man erkennt nicht, ob das dichte Himmelsgrau nur Nebel ist, der sich in der Sonne auflösen wird, oder ob wir uns mitten in einer Wolke befinden. Srednjaja Oljokma liegt 500 Meter über der Meereshöhe, und bei Tiefdruck kommt es oft vor, dass die Wolken bis ins Dorf herabsinken.

Auf der Fahrt zum Usmun

Wir müssen nicht lange rätseln. Slawa hat gerade das ganze Gepäck ins Boot transportiert und vorsichtshalber regensicher zugedeckt, als sich der Himmel verdunkelt und Regen herabprasselt – es scheint nicht nur ein Schauer zu sein, man hat den Eindruck, dass es den ganzen Tag so weiterregnen wird. Überraschend hört es nach anderthalb Stunden auf. Schüchtern blinzelt die Sonne durch die Wolkenlücken. Sofort wird es sehr warm und die Welt erscheint hell und freundlich, doch trauen kann man dem Wetter nicht – über warmer Kleidung trage ich Regenhose und Regenjacke, als wir starten. Tatsächlich kesseln uns schon nach anderthalb Stunden von allen Seiten dunkle Wolkenbänke ein, und später sehe ich eine dichte, graue Regenwand, auf die wir direkt zuhalten. An der Mündung der Mokla werden wir von ihren Ausläufern gestreift, während sie seitlich an uns vorbeizieht.

Die Mokla kommt aus den bis zu 1.300 Meter hohen Bergen und wird zusätzlich von mehreren gebirgigen Nebenflüssen gespeist. Bei starkem Regen schwillt sie extrem schnell an (der Wasserspiegel steigt um zwei bis drei Meter) und wird zum reißenden Fluss, doch bei längerer Trockenheit hat sie viele steinige Untiefen, die vorsichtig umschifft werden müssen. Die Strömung ist immer schnell und stark, die Ufer sind schlecht begehbar – häufig steil im 90-Grad-Winkel und über zwei Meter hoch –, und manchmal fallen die bewaldeten Berghänge direkt ins Wasser ab. Andere, flachere Ufer sind grobsteinig oder dicht mit Wald und Gebüsch bewachsen.

Durch das jahrzehntelang ausgeübte Wanderpaddeln bin ich daran gewöhnt, die Gewässer und ihre Umgebung auf ihre Eignung zum Paddeln und Zelten zu betrachten. Zum Zelten geeignete Lagerplätze sehe ich hier nicht. Inzwischen habe ich die grausamen Bilder der Bärenattacke etwas verdrängt und meine Lust, die Gegend im Paddelboot allein und in aller Stille zu erleben, erwacht wieder. Ich muss aber einsehen, dass das Paddeln gegen die Strömung und die fehlenden Lagerplätze auf langer Strecke einen solchen Ausflug schwierig machen würden, der zudem bei schnell steigendem Wasserpegel nicht ungefährlich wäre.

Am Abend erzählt mir Slawa von einer bedrohlichen Situation, in die er vor Jahren geraten war: „Mit Iwan Borodin war ich zur Jagd an die Mokla gefahren. Er blieb am Lagerplatz, während ich nachts zu einem See ging, um dem Elch aufzulauern, dessen Spuren wir gesehen hatten. Als ich am Morgen zurückkam, war der Wasserpegel um mehr als zwei Meter angestiegen. Zum Glück hatte Borodin rechtzeitig die am Ufer befestigte Bootsleine weiter oben festgemacht, denn anderenfalls hätte das Boot Kopf gestanden und wäre samt Motor abgesoffen. Ein Glück war auch, dass das Wasser nicht noch höher gestiegen war. Nur wenige Zentimeter mehr hätten genügt, um ein großes Gebiet unter Wasser zu setzen. Ich hätte mich wohl nicht retten können, denn Erhebungen gab es im weiten Umkreis keine."

Während Slawa im Heck sitzt und mit dem Bootsmotor steuert, habe ich auf meinem Platz weiter vorn einen freien Blick auf die Umgebung. Ich genieße das Bergpanorama, das Grün der Wälder und den Anblick des klaren, rauschenden, glitzernden Wassers. Zu meinen Füßen liegt Sewer. Da er an der Leine ist und deshalb weiß, dass keine Jagd bevorsteht, hat er sich zusammengerollt und schläft.

Wir passieren eine Jagdhütte mit leerer Fensteröffnung, die auf einem hohen Ufer steht. „Das ist die Hütte von Pawel. Weil sie immer wieder von Bären zerlegt wird, muss er sie jedes Jahr reparieren. Vor allem die Fenster sind meistens kaputt, weil die Bären ihr Spiegelbild im Glas sehen und mit der Pranke hinlangen, um den Rivalen zu verjagen", erklärt Slawa. „Ich will unbedingt bis zu meiner Haupthütte kommen, um zu sehen, in welchem Zustand sie ist. Ich habe zwar Fenster und Tür mit einem Eisenblech zugenagelt, aber wo ein Bär hinein will, kommt er auch rein. Kann auch sein, dass sie abgebrannt ist, falls ein Gewitter die Gegend in Brand gesetzt hat", fügt er hinzu.

Nach 15 Kilometern Fahrt auf der Mokla erreichen wir die Einmündung des Usmun, der sich von seiner schönsten Seite zeigt. Das Wasser ist, wie das der Mokla, durchscheinend klar, in ihm reflektiert sich der gerade wieder einmal blaue Himmel, die Ufer sind gesäumt von lieblich aussehenden grünen Wäldern, an der Flussbiegung erhebt sich ein bewaldeter Berghang und über all dem thront eine schön geformte, große weiße Wolke vor dem Himmelsblau.

Im Boot liegt der 40-PS-Zweitaktmotor. Slawa hat den 30 Zentimeter langen Fuß, an dem der Propeller befestigt wird, abmontiert und ihn durch einen etwas kürzeren Fuß mit einer speziellen Einrichtung für Fahrten im Niedrigwasser ersetzt, den er vor drei Jahren gekauft hat. Allein die Niedrigwasser-Komponente kostete so viel, wie der von uns zwölf Jahre zuvor erworbene erste ausländische Bootsmotor, ein 30 PS starker Yamaha-Zweitakter. Bei der Fahrt mit dem Niedrigwasser-Antrieb verbraucht der Motor enorm viel Benzin. Deshalb benutzen wir diese Kombination jetzt nur für die Fahrt auf dem Usmun, was einen Motorwechsel erfordert. Nachdem Slawa ein starkes Brett zwischen zwei Baumstämme genagelt hat, schleppt er den 20-PS-Viertaktmotor ans Ufer und befestigt ihn hängend an dem Brett. Dann hebt er den anderen, fast 80 Kilogramm schweren Motor aus dem Boot, trägt ihn ächzend zum Heck und schraubt ihn fest.

Von den zwei langen Holzbooten, die wir besitzen, benutzen wir das etwas kleinere, das für Niedrigwasser zweckmäßiger ist. Der flache Boden ist nicht aus Brettern, sondern aus einem starken Aluminiumblech gefertigt, das besser über Hindernisse gleitet. Der Bug ist weit hochgezogen und nicht spitz zulaufend, sondern quer abgeflacht.

Der erste Ausblick auf den friedlich dahinfließenden Usmun täuscht, denn tatsächlich windet er sich schnell strömend mit vielen Biegungen durch die Taiga. Oft folgt eine Kurve direkt auf die andere; selten fahren wir einmal 200 Meter in gerader Richtung. Jede Biegung eröffnet einen neuen, faszinierenden Anblick.

In den Innenkurven hat der Fluss viel Material abgelagert, meistens grobe Gesteinsbrocken, zuweilen Kies oder Sand. Häufig sind durch die Aufspülungen dünenartige Erhebungen entstanden, zwischen denen sich vom Wasser ausgespülte Furchen befinden. Hochwasser haben Baumstämme mit großen Wurzelballen, auf denen manchmal noch Strauchwerk und Gräser wachsen, aus den Ufern gerissen und auf den Kiesbänken hinterlassen; manche sind übersät mit solchen Baumleichen. Die Aufspülungen sind weitläufig und setzen sich meistens bis weit in den Strom hinein in Form von Untiefen fort, sodass nur eine schmale Durchfahrt übrigbleibt.

Die Hauptströmung verläuft in den Außenkurven, in denen man gut erkennen kann, was reißende Wasser anrichten. Vielfach sind die Ufer ein bis anderthalb Meter unterspült. Nur das ausgebreitete, verzweigte, relativ flache Wurzelwerk der Lärchen hält die obere Erdschicht und den Baum noch fest, während er sich irgendwann langsam zum Wasser neigt, wochenlang oder länger darüber hängt und mit den Zweigen fast die Wasseroberfläche berührt. Schließlich siegt die Schwerkraft oder die nächste Flut, reißt den Baum aus dem Boden und lässt ihn mit lautem Klatschen ins Wasser stürzen, wo ihn die Strömung erfasst und weitertreibt, bis er irgendwo hängenbleibt. Manche Ufer sehen aus wie ein Bollwerk aus angespülten, ineinander und übereinander verkeilten, teils zerborstenen Stämmen, zu denen jedes Jahr neue hinzukommen. Trotzdem sind die Ergebnisse solcher Zerstörungen nie hässlich, wie zum Beispiel zerstörtes Menschenwerk aus künstlichem Material, sondern haben eine eigene Harmonie und sind ein Sinnbild des Naturgesetzes von Entstehen und Vergehen.

Motorwechsel am Usmun

Der Auerhahn ist Slawas scharfen Augen nicht entgangen

Vor uns fliegt ein kleiner Wasservogel auf, gleich darauf knallt ein Schuss und Slawa lenkt das Boot ans Ufer. An meiner Miene erkennt er, dass ich missmutig bin. „Was hast du?", fragt er.

„Ein ganzes Leben ausgelöscht für ein kleines Häppchen Fleisch, das wir gar nicht brauchen", grolle ich.

Er geht ein paar Schritte in den Wald hinein und kommt mit einem großen Auerhahn zurück, den ich überhaupt nicht gesehen hatte. „Hast du wirklich gedacht, ich schieße auf einen kleinen Vogel, an dem nichts dran ist? Der Auerhahn gibt einen guten Braten, denn er ist jetzt im Herbst wohlgenährt. Das muss er auch, denn das Auerwild ist hier heimisch und der Winter ist lang."

Ich verkneife mir jede moralisierende Bemerkung, denn sie würde an Heuchlerei grenzen. In Deutschland trage ich Schuhe aus dem Leder getöteter Tiere, esse Eier von Hühnern, die nach der Legezeit wahrscheinlich geschreddert werden, und verspeise Milchprodukte von Kühen, deren Euter unnatürlich groß gezüchtet wurden und deren Daseinsrecht nur so lange besteht, solange sie genügend Milch produzieren. Auch in Deutschland esse ich hin und wieder Fleisch von „glücklichen Tieren". Ob die im Schlachthof auch noch glücklich sind?

Nach etwa 20 Kilometern Fahrt kündigt Slawa eine gute Lagerstelle an, an der wir das Zelt aufstellen können. Die Ankündigung einer „guten Lagerstelle" macht mich skeptisch, denn erfahrungsgemäß sind unsere Vorstellungen davon ausgesprochen divergent, ja geradezu unvereinbar. Seine guten Lagerstellen liegen nämlich versteckt unter Bäumen im Wald, der genügend Feuerholz bereithält und sich in der Nähe eines Sees befindet, an dem Elche nachts Futter suchen oder in dem man Fischnetze auslegen kann. Gestrüpp, Schatten, Mückenwolken, beengter Blick spielen keine Rolle. Meine guten Lagerstellen liegen dagegen auf einer kiesigen Insel oder auf hohem, planen Ufer, von wo aus man einen schönen Blick über den Fluss genießt, wo die Sonne Zutritt hat, die Luft frisch weht und man am nahen Ufer klares Wasser zum Kochen und Waschen vorfindet. An solchen Plätzen liegt auch immer genug Holz für das Feuer zum Kochen oder Wärmen herum, ohne dass man dafür einen abgestorbenen Baum umsägen muss.

Slawa steuert das Boot aus dem Fluss in eine schmale Mündung, die sich danach zu einem größeren, ruhigen See weitet. Die Ufer sind dicht mit kniehohen Pflanzen und Wald bewachsen. Slawa fragt: „Na, wie findest du die Stelle?"

Ich bin froh, dass er mich mitgenommen hat statt eines zweiten Mannes, obwohl die Fahrt für ihn dadurch viel anstrengender ist, und habe mir vorgenommen, mich anzupassen, egal, in welchem Gestrüpp ich die Nacht verbringen muss. Schwach sage ich: „Ich kann es nicht richtig erkennen. Mach, was du für richtig hältst."

Zweifelnd antwortet er: „Ich glaube, es wird dir nicht gefallen. Fahren wir weiter." Wie es aussieht, hat er sich das Gleiche wie ich vorgenommen.

Aus der Mündung wieder heraus auf den Fluss gefahren, lenkt er das Boot nach kaum 50 Metern ans Ufer, und ich erblicke verblüfft „meine" gute Lagerstätte auf hoch gelegenem, planem Ufer mit freiem Blick über den Fluss, weichem Sand- und Waldboden und genügend Platz für Zelt und Mückendom. Direkt dahinter beginnt der Wald. Ich bin begeistert und möchte sofort das Zelt aufschlagen. Mein Hochgefühl wird etwas getrübt durch ein beginnendes Gewitter, das wir erst abwarten müssen, bevor wir mit dem Zeltaufbau beginnen können.

Zusätzlich zu dem komfortablen Zelt mit geräumiger Apsis für die Feriengäste hatte ich ein einfacheres Kuppelzelt für uns gekauft, das sich bei den geplanten, kurzen Schönwetterausflügen auch bewährt hatte. Bei der Anschaffung meines kleinen Tourenzelts für mehrwöchige Wildnistouren hatte ich Wert auf eine Apsis gelegt, in der man sich nasser Regensachen entledigen kann und die den Eingang zum Innenzelt regensicher abdeckt. Außerdem ist das Innenzelt durch Schlaufen mit dem Außenzelt verbunden, sodass man beide gleichzeitig aufbaut, wodurch das Außenzelt das Innere bei Regen sofort schützt. All diese guten Dinge fehlen dem Schönwetterzelt. Zuerst muss man das Innenzelt aufbauen und dem Regen dadurch Gelegenheit geben, durch die dünnen Gazewände zu plätschern und auf dem Zeltboden Pfützen zu bilden. Das Außenzelt schützt zwar dann vor weiteren Regengüssen, aber nur, solange man weder hinein- noch hinausgeht, denn die Zeltwand des Eingangs ist schräg nach innen geneigt. Öffnet man den Reißverschluss des Außenzelts, trifft der Regen auf die Gazewand des Innenzelts und pladdert auf den Schlafsack.

Zum Glück hat Slawa zwei Planen und genügend Leine eingepackt. Eine Plane spannen wir über das Zelt und die andere über den Mückendom und befestigen sie mit Leinen an Bäumen. Der Mückendom ist eine wunderbare Einrichtung. Er besteht aus feinem, aber stabilen Netzmaterial, wird einfach und schnell wie ein Regenschirm aufgespannt und am Boden sowie seitlich befestigt. Der Eingang wird mit einem Reißverschluss geschlossen. Das Innere ist groß genug für den Klapptisch, zwei bis vier Hocker und unsere Essenskiste. Heute begnügen wir uns mit Fertignudelsuppe, *Lepjoschki*s und Tee.

Slawa will unbedingt im nahen See noch zwei Fischnetze auslegen, braucht aber nicht lange dafür. Danach sitzen wir bis nach Einbruch der Dunkelheit im Mückendom, und Slawa erzählt mir von einigen Erlebnissen am Usmun. Im Zelt kuschle ich mich in meinen großen warmen, mit Daunen gefütterten Mumienschlafsack, während Slawa versucht, in einem, ausdrücklich auf seine Körperlänge zugeschnittenen, grünen Mumienschlafsack mit Kunststofffüllung Platz zu finden. Dieser Schlafsack scheint tatsächlich für eine Mumie gemacht zu sein, die fast nur noch aus Knochen besteht, weil ihr Fleisch schon seit Jahrhunderten ausgedörrt ist. Als Slawa den Reißverschluss geschlossen hat, sieht der Schlafsack aus wie zentimetergenau auf den Leib geschneidert, und ich habe den Eindruck, das Zelt mit einer sehr großen, dicken, grünen Raupe zu teilen. Ich biete ihm an,

Erste Lagerstätte am Usmun

Von hier aus beobachtete uns ein Bär

Sewer bewacht die Beute

die Schlafsäcke zu tauschen, obwohl ich nicht weiß, ob das Ergebnis ein anderes wäre – nur mit dem kleinen Unterschied, dass die Raupe gelb-schwarz statt grün wäre. Slawa lehnt ab, weil er meint, ich würde dann vielleicht frieren. Wie er in dieser engen Umhüllung schlafen konnte, ist mir ein Rätsel.

Am nächsten Morgen sitzen wir gemütlich im Mückendom, trinken Kaffee und schauen schadenfroh auf die Mücken, die hereinwollen, aber nicht können. Sewer hat sich in der Nähe unter einem Baum zusammengerollt und schläft, doch plötzlich steht er auf, geht zum Uferrand und schaut in gespannter Körperhaltung zum gegenüberliegenden Ufer. Der Fluss ist hier etwa 40 bis 50 Meter breit.

„Wahrscheinlich hat er einen Elch gewittert", meint Slawa. Er zündet sich eine Zigarette an, und wir setzen unsere Unterhaltung fort. Plötzlich höre ich Sewer bellen. Gleichzeitig springt Slawa aus dem Mückendom, schaut kurz zum anderen Ufer und reißt das draußen liegende, geladene Gewehr an sich. Inzwischen bin auch ich draußen und sehe am gegenüberliegenden Gewässerrand einen Bären stehen, der aufmerksam zu uns herübersieht. Sewer ist inzwischen über den Fluss geschwommen und verbellt ihn aus etwa zehn Meter Entfernung, was den Bären nicht beeindruckt. Slawa gibt einen Schuss ab. Der Bär strauchelt leicht und flüchtet dann in den Wald, verfolgt von Sewer. Wir hören mehrmals lautes Ästeknacken und dann wieder Sewers Bellen. Nach Art des sibirischen Laika bellt Sewer nur, wenn das Wild stehenbleibt, nicht aber bei der Verfolgung.

„Ich habe den Bären verletzt", sagt Slawa und springt ins Boot. Auf der anderen Seite angekommen, verschwindet er im Wald, um das Tier aufzuspüren. Ohne Hund käme es einem Selbstmord gleich, dem Bären in den Wald zu folgen, aber auch so ist es sehr gefährlich. Selbst ein tödlich getroffener Bär kann noch mehrere Meter weit laufen und schwere Verletzungen zufügen. Ich lausche mit Herzklopfen. Schließlich höre ich noch zwei Schüsse, und nach einiger Zeit kommt der Bärenjäger aus dem Wald. Sewer folgt unwillig, Slawa muss ihn mehrmals rufen.

Nach der Aufregung gönnen wir uns erst einmal einen weiteren Kaffee. Ich fühle mich beklommen. „Erzähl mal", fordere ich Slawa auf.

„Bevor Sewer bellte, hatte ich ein Brummen gehört. Mir war sofort klar, dass es von einem Bären kam. Deshalb war ich so schnell draußen. Der Bär zeigte wenig Scheu, er hatte uns auf jeden Fall schon längere Zeit sprechen gehört. Unsere Zelte, das Boot und den Hund konnte er auf die kurze Entfernung auch sehr gut sehen. Gewittert hat er uns wohl nicht, denn der Wind kam nicht aus unserer Richtung. Ich bin drüben vorsichtig seiner Spur und Sewers Bellen gefolgt. Wenn Sewer nicht nach oben geschaut hätte, hätte ich den Bären nicht sofort gesehen. Er saß etwa acht Meter hoch auf einem Baum. Das laute Knacken, das wir gehört haben, waren Äste, die er beim Klettern abgebrochen hat."

Slawa ist überzeugt, dass der Bär Menschen gefährlich werden konnte. Ich bin mir aber nicht sicher, sondern denke, dass er vielleicht nur neugierig war. Als ich das erwähne, antwortet er: „Das kann man nicht mit Sicherheit wissen. Mir scheint, dass die Bären früher mehr Scheu gezeigt, nicht wenige ihr Verhalten aber seit einigen Jahren geändert haben. Vielleicht hat das mit den ausgedehnten Waldbränden zu tun. Kolja hat mir kürzlich erzählt, dass er am Abend auf einem Ansitz saß, weil er einen Elch schießen wollte. Ein Bär habe am Baum gerüttelt, auf dem der Ansitz war, und ließ sich nicht verscheuchen, sodass Kolja ihn schließlich erschoss, obwohl er dadurch auf den Elch verzichten musste."

Trotz meiner Zweifel an einer unfreundlichen Absicht des Bären hätte ich mich nicht mehr getraut, ein paar Meter in den Wald zum Wasserlassen zu gehen oder ruhig im Zelt zu schlafen, und Slawa hätte sich gar nicht erst ins Zelt gelegt, sondern draußen Wache gehalten.

„Ich möchte mir die Stelle ansehen. Können wir hinüberfahren?", bitte ich.

„Ja, klar. Ich muss sowieso hin. Sewer ist schon wieder rübergeschwommen und sitzt bestimmt bei seiner Beute."

Wir folgen der Fährte bis zum toten Bären, den Sewer bewacht. Es ist ein männliches, etwa drei Jahre altes Tier, dessen Fell völlig schwarz ist, wie das bei Braunbären nicht selten vorkommt. An der abgeschabten Baumrinde erkenne ich, wie hoch das Tier geklettert ist, und bin sehr überrascht. Eins weiß ich jetzt – die Flucht auf einen Baum macht nur Sinn, wenn der Bär gerade keine Lust zum Klettern hat.

Normalerweise würde Slawa das Tier zerlegen und das Fleisch mitnehmen, um es später als Hundefutter zu kochen, aber wir können uns jetzt nicht damit belasten. Stattdessen fahren wir zum See, um die beiden Netze zu kontrollieren. Es finden sich sechs Lenok-Forellen darin; unser und Sewers Abendessen ist schon mal gesichert. Die Netze bleiben an Ort und Stelle, bis wir sie morgen bei der Rückfahrt mit hoffentlich gutem Fang einholen.

Nachdem wir das Lager abgebrochen haben, ruft und pfeift Slawa nach dem Hund, der immer noch bei seiner Beute ausharrt. Sewer versteht nicht, dass Slawa sie nicht mitnimmt, und kommt erst im letzten Moment aus dem Wald ans Ufer, als wir schon mit Sack und Pack den Motor gestartet haben.

Bis zur markierten Stelle war der Bär geklettert

Nach einigen hundert Metern Fahrt werden erste Sägearbeiten notwendig. Drei Bäume haben sich tief in die Fahrrinne geneigt und versperren sie. Die kleine, handliche Motorsäge stellt keinen Luxus dar – ohne sie hätten wir auf diesem Fluss keine Chancen durchzukommen. Slawa findet am wilden Ufer schlecht Stand, um die Hindernisse abzusägen, aber es gelingt ihm. Als der erste Baum in den Fluss klatscht und sich in der Strömung dreht, befürchte ich, dass er sich verkeilt, aber zum Glück nimmt ihn der Strom mit auf seine Reise.

Überall dort, wo größere Bäche einmünden sowie an einigen anderen geeigneten Stellen legt Slawa Netze aus, die er am nächsten Tag bei der Rückfahrt einholen will. An ruhigen Stellen helfe ich beim Staken, doch meistens muss Slawa selbst staken und gleichzeitig die Netze ausbringen, was nicht ganz einfach ist.

Je höher wir den Usmun hinauffahren, desto mehr verengt sich das Flussbett. Das ist nicht das Hauptproblem, denn gerade dann, wenn sich das Flussbett stellenweise stark verbreitert, verringert sich die Wassertiefe, und es ist schwierig, eine genügend tiefe Durchfahrt zu finden. Einige Male haben wir Glück und können uns mit einem kräftigen Anlauf hindurchmogeln, obwohl der Boden des Bootes rasselnd am Grund entlangschrammt. Doch dann kommen wir an eine Verbreiterung, an der der Wasserstand nirgendwo höher als drei bis fünf Zentimeter ist.

Es könnte idyllisch sein – das klare Wasser plätschert und rieselt über sauber gewaschene Steine, seitlich mündet der Bach ein, an dem Slawa gerade ein Fisch-

Zigarettenpause

netz ausgelegt hat, eine Anspülung präsentiert schönen Sandstrand. Das Dumme ist nur, es gibt nicht die kleinste Durchfahrt. Slawa probiert es trotzdem. Mehrmals prügelt er das Boot mit Anlauf durch das Flachwasser, bis wir feststecken, umkehren und es noch mal und noch mal probieren. Mir ist schon ganz elend von diesen gewaltsamen Versuchen. Für mich steht fest, dass wir nicht weiterkommen und die Reise hier endet. Soll er doch alleine das Boot zerschrammen, denke ich und sage: „Lass mich raus." Am Ufer stehend beobachte ich seine Bemühungen und vergesse vor Aufregung das Fotografieren. Fahren geht nicht, das hat er inzwischen eingesehen, aber aufgeben will er auch nicht.

An der Leine zieht er das schwere Boot rumpelnd über Steine, flucht unbändig, schreit laut vor Anstrengung, versucht dasselbe an anderer Stelle, zieht mit aller Kraft, ächzt, flucht und schreit wie ein Verrückter. Ich mag gar nicht mehr hinsehen. Aber er schafft es mit viel Schufterei tatsächlich, das Boot über die Untiefe zu zerren – unglaublich. Ich gehe am Ufer entlang bis zu einer Stelle, an der er anlanden kann, und wir fahren weiter.

Da der Untergrund überall – auch im Wald – steinig bis felsig ist, ist der Fluss manchmal trotz genügendem Wasserstand in ganzer Breite durch Gesteinsbrocken verblockt, auf die das Boot auflaufen, dann quertreiben und kentern kann. Man würde nicht ertrinken, aber die Unannehmlichkeiten wären beträchtlich. Wer das Wasser „lesen" kann, sieht in der Regel am Aussehen der Oberfläche, wo eine Durchfahrt möglich ist, selbst wenn die Steine unter der Wasseroberfläche verborgen sind. Ich habe es durch das Paddeln gelernt, und Slawa beherrscht es meisterhaft. Für ihn ist die Fahrt sehr anstrengend, denn seine Aufmerksamkeit darf keine Minute nachlassen. Durch die unaufhörlichen Biegungen sind ständig Untiefen zu umschiffen, eine Entscheidung für die passende Durchfahrt zu treffen, Hindernisse rechtzeitig zu erspähen und zu beseitigen.

Die Säge kommt noch dreimal zum Einsatz. An zwei Stellen versperrt ein quer liegender Baumstamm das Fahrwasser, einer davon direkt in einer engen Kurve. „An dieser Stelle bin ich zweimal mit einem Floß gekentert, ich habe es dir gestern erzählt", ruft mir Slawa über den Motorenlärm zu.

Ich erinnere mich, wie er sagte:

„Damals hatte ich noch kein Schneemobil und auch kein Boot. Wenn ich zu meinen Jagdhütten wollte, musste ich zu Fuß hingehen, die Lebensmittel und den sonstigen Bedarf auf dem Rücken hinschleppen. Es gab einen Pfad dorthin, der zu Sowjetzeiten durch Traktoren und die Wanderung der Rentierherden entstanden ist, und der noch lange begehbar war. Es war aber ein langer, mühsamer Weg. Deshalb baute ich mir im Frühjahr meistens ein Floß, auf dem ich mit der Strömung direkt von meiner Jagdhütte auf dem Usmun, der Mokla und Oljokma bis Srednjaja Oljokma fahren konnte. Zweimal hat die Strömung das Floß unter eine Baumsperre getrieben, ohne dass ich dagegen ansteuern konnte. Die Bäume haben das Gepäck und mich vom Floß gestreift, das dann weitertrieb. Gewehr, Zobelfelle und Lebensmittel lagen im Wasser, und ich stand nass und ohne alles

Eine Fussbiegung folgt der anderen

Baumhindernisse und Untiefen erfordern Aufmerksamkeit

Immer wieder muss die Durchfahrt freigesägt werden

am Ufer. Das Floß konnte ich wieder einfangen und ein paar Sachen aus dem Wasser fischen. In der Nähe ist Wasjas Jagdhütte. Dort fand ich Streichhölzer, konnte ich den Ofen heizen und mich erst mal trocknen, bevor ich mich wieder aufs Floß setzte. Damit bin ich dann doch noch bis ins Dorf gefahren."

Eine ganze Weile können wir ohne größere Hindernisse weiterfahren. Der Usmun ist inzwischen nur noch acht bis zehn Meter breit, und wir kurven von einer Biegung in die andere, immer die schmalen Fahrrinnen in den Außenkurven nutzend. Die Aufspülungen in den Innenkurven sehen wild und fast urweltlich aus, denn jedes Jahr werden sie vom Wasser neu gestaltet.

„Wir sind bald da, zehn Kilometer noch", ruft mir Slawa zu.

Ich bin froh, das zu hören. Es ist später Nachmittag nach einem langen, ereignisreichen Tag. Zwar hatte Slawa die ganze Arbeit getan, während ich faul im Boot saß, aber ich freue mich auf einen bequemen Abend in Slawas Haupthütte – regensicher mit Fisch satt und frisch gebadet, denn dort gibt es sogar eine kleine Banja. Er hat sie in den letzten Jahren gebaut, ebenso eine Garage mit Ofen, in der man Reparaturen am Schneemobil auch bei starkem Frost durchführen kann.

Nach der nächsten Biegung sieht es plötzlich gar nicht mehr gut aus. Direkt in der Fahrrinne ist ein riesiger Baumverhau aus Stämmen und Wurzelballen. Um sich dort durchzusägen, brauchte man ein Team von Waldarbeitern. Eine große Lärche war umgestürzt, wobei der Stamm zerbrochen war, hatte andere Bäume mitgerissen und ein Hindernis gebildet, in dem sich weitere, schwimmende Stämme verfangen hatten. Neben dem Verhau ist auch kein Durchkommen, weil das Wasser zu flach ist. Slawa geht suchend hin und her, um vielleicht doch noch eine Möglichkeit zu finden, das Hindernis zu überwinden. Nach längerer Zeit klettert er, mit der Säge in der Hand, auf ein paar Stämme am Rande der Baumsperre. Sie liegen niedrig über dem Wasser und versperren einen möglichen Zugang zur Fahrrinne oberhalb des Haupthindernisses.

Er turnt auf den Stämmen herum und braucht eine ganze Zeit, um heranzukommen und sie schließlich durchzusägen. Zum Glück bleiben sie nicht dort liegen, sondern werden von der Strömung ergriffen und weggetragen.

Schließlich hat er einen Durchlass freigesägt und macht sich bereit zur Fahrt. Die einzige Möglichkeit ist, wie ich sehe, bereits während der Zufahrt zu beginnen, das lange, schwere Boot nach rechts zu richten, um in der durch Baumleichen begrenzten Fahrrinne die Kurve nach rechts zu kriegen und stromaufwärts aus dem Hindernis herauszufahren. Es ist äußerst riskant, denn wenn er in der flachen Zufahrt hängenbleibt oder in der starken Strömung die Wendung nicht schafft, wird das Boot direkt in oder unter den Verhau getrieben und wäre keinesfalls mehr loszubekommen. Es ist auch für ihn selbst gefährlich. Ich bin sehr aufgeregt, als er losfährt. Zu meiner großen Erleichterung geht alles glatt, und als er aus dem Verhau herausfährt, kann ich wieder frei atmen.

Wir machen am Ufer eine kurze Pause, trinken Tee aus der Thermoskanne und essen eine Kleinigkeit. „Jetzt hatte ich aber wirklich Angst", gebe ich zu.

„Ja, das war etwas heikel", untertreibt Slawa. „Aber ich weiß schon, was ich mache. An dieser Stelle hatte ich auch früher schon Probleme. Einmal waren wir mit zwei Flößen unterwegs. Auf dem einen war ich vorausgefahren und wartete etwas unterhalb auf das zweite, weil die Durchfahrt schwierig war. Auf dem zweiten Floß waren der damals 16-jährige Wowa und ein anderer Ewenke. Deren Floß fuhr frontal gegen einen quer liegenden Baumstamm und überschlug sich. Die beiden blieben unverletzt und schwammen zum Ufer, aber die Ladung und das Floß waren weg."

Jetzt ist es nicht mehr weit bis zur Hütte – nein, bis zum nächsten Hindernis, vor dem auch Slawa kapitulieren muss. Ungefähr 400 Meter vor seiner Hütte treffen wir auf ein Trümmerfeld von Baumleichen mit großen Wurzelballen, die auf einer ausgedehnten Fläche zwischen Gerölldünen und Wasserlöchern liegen. Der Flusslauf ist übersät von ineinander verkeilten, teils zerborstenen Stämmen, aus denen nach allen Seiten Äste und Wurzeln herausragen. Das Wasser sucht sich darunter und seitlich seine Wege.

Slawa ist fassungslos. „So war das bisher nie. Im Winter war das hier alles noch frei", sagt er.

„Und was machen wir jetzt?", frage ich.

„Wir fahren ein Stück zurück. Von dort aus können wir zu Fuß zur Hütte gelangen, falls es keine Überraschungen gibt. Es ist nicht allzu weit zu gehen, kürzer, als auf dem Fluss zu fahren."

Wenig später legen wir an einem Waldufer an. Der Platz ist ganz nach meinem Geschmack – eine große Lichtung mit ebenem, weichem Waldboden. Daneben wachsen Rentiermoos, Preiselbeeren und eine Menge Pilze. „Hier war früher eine Basis der Rentierleute, wo ihre Zelte standen", erklärt Slawa.

Es regnet nicht und sieht auch nicht danach aus, aber ich möchte vorsichtshalber sofort das Zelt aufbauen, doch Slawa meint, wir könnten vielleicht doch in der Hütte übernachten und will zuerst dorthin gehen.

Am Anfang ist der Wald noch eben und weitgehend frei von Gesträuch, dann wird es etwas sumpfiger mit hohem Gras. Schließlich kommen wir an einen Altarm des Usmun, den wir durchqueren müssen. Slawa nimmt mich Huckepack, watet durch das etwa einen Meter hohe Wasser hinüber, schüttet am anderen Ufer das Wasser aus den Gummistiefeln und windet die Socken aus. Auch seine Hose ist klatschnass. Wir müssen noch eine ganze Weile gehen bis zur Isbuschka, länger, als ich dachte. Abgebrannt ist sie nicht, aber vor uns war schon der Bär da. Er hat die Eisenbleche abgerissen, die Tür zur Seite gefetzt, das Fenster liegt samt Rahmen vor der Hütte. In der Hütte hat er alles verwüstet. Eimer, Geschirr und vieles andere fehlt. Slawa meint, dass es wahrscheinlich im Flüsschen liegt oder irgendwo im Wald. Einmal habe er nach einem Bärenbesuch das eiserne Öfchen hundert Meter weiter im Wald gefunden. Auch in die Garage ist der unbeliebte Gast eingedrungen und hat das Obere nach unten gekehrt. Slawa ist so wütend, dass er „das Vieh sofort erschießen möchte." Das Gewehr hat er natürlich dabei.

Hier kommen wir mit dem Boot nicht mehr weiter

Ich frage, ob er frische Spuren sieht. Er verneint und meint, der Bär habe das Durcheinander im Frühjahr angerichtet.

Auf dem Rückweg wählt Slawa eine andere Route, von der er sagt, sie sei kürzer. Mir kommt sie ewig vor, weil sie schwer zu gehen ist. Der Fluss hat alles überschwemmt, und der Wald ist immer noch so voller Wasser, dass wir größere Wasseransammlung umgehen müssen und trotzdem ständig durch nasses Gelände planschen und oft einsinken. Ich fühle mich inzwischen ziemlich schwach und zittrig, vielleicht unterzuckert, denn wir haben den ganzen Tag, wie auch den Tag zuvor, nur eine chinesische Nudelsuppe und einige *Lepjoschki* ohne alles gegessen. Sewer springt munter durch die Gegend, obwohl auch er seit zwei Tagen außer wenigen *Lepjoschki* kein Futter bekommen hat.

Endlich zurück, kochen wir erst einmal Kaffe und essen unsere letzten *Lepjoschki*. Slawa gesteht, dass er sich auch schon etwas schwach gefühlt habe. Bei den Anstrengungen, die er hinter sich hat, wäre es ein Wunder gewesen, wenn nicht. Rasch bringt er ein Feuer in Gang, hängt Sewers Futtertopf darüber, in dem sich Fischinnereien, -köpfe und eine große Lenok-Forelle befinden, und spannt eine Leine neben das Lagerfeuer, an der kurz darauf seine nasse Hose und die Socken baumeln. Dann geht er, mit dem Gewehr über der Schulter, wieder zur Isbuschka, um die Hüttentür anzubringen, das Fenster zu verschließen und etwas Ordnung zu machen.

Sewer bleibt, die Leine an einem Baumstamm befestigt, bei mir. Sollte sich ein Bär nähern, würde er durch sein Bellen Slawa alarmieren.

Hier in der Taiga ist Slawa ein anderer Mensch, hier ist er in seinem Element. Keine Anstrengung ist ihm zu viel, ihm tut nichts weh, er muss sich nicht andauernd erholen, er behält die gute Laune, egal was passiert, und er arbeitet sehr rasch und effektiv.

Während seiner Abwesenheit baue ich das Zelt auf, räume Matratzen und Schlafsäcke ein und sammle weiteres Feuerholz, damit wir endlich mal eine richtige Mahlzeit für Sewer und uns kochen können. Den Mückendom brauchen wir nicht, denn die Mücken haben sich wohl an geschützte Plätze zurückgezogen. Das Wetter ist klar und kühl geworden, und es weht ein leichter Wind.

Die Zubereitung der russischen Fischsuppe, der *Ucha*, bereitet wenig Arbeit. Slawa hat zwei größere Fische bereits ausgenommen, geschuppt und quer in etwa zehn Zentimeter große Stücke geteilt. So werden sie auch gekocht, normalerweise die Köpfe ebenfalls, aber die erhält heute Sewer. In das Kochwasser schneide ich eine Zwiebel und würze mit Salz, Pfefferkörnern, Lorbeerblättern und getrocknetem Dill. Wichtig ist viel Bouillon, denn man isst die Suppe mit Brot.

Als wir uns endlich zum Essen niedersetzen können, ist es bereits stockdunkel und recht kalt, doch das flackernde Lagerfeuer wärmt uns. Am schwarzen Himmel funkeln eine Unzahl Sterne, der Wind lässt die Bäume flüstern und vor uns rauscht unermüdlich das Flüsschen.

Slawa erzählt:

„Mein Bruder Walerka, der vor einigen Jahren tödlich verunglückt ist, hatte hier früher seine Jagdbasis. Die jetzige Jagdhütte war damals nur die Banja. Zum Wohnen gab es ein neun Mal vier Meter großes, zweistöckiges Blockhaus und daneben ein Lagerhaus, in dem neben Geräten und sonstigem Bedarf Lebensmittelvorräte für zwei Jahre eingelagert waren. Walerka hatte noch mehrere andere, kleinere Jagdhütten, denn das Territorium, das nach seinem Umzug nach Ust-Njuksha meins geworden ist, ist ja sehr groß. Zu Sowjetzeiten war es kein Problem, Blockhäuser und -hütten zu bauen. Es gab im Dorf ein Sägewerk, das Bohlen und Bretter herstellte. Alles mögliche Baumaterial, wie zum Beispiel die Platten zum Dachdecken, wurde aus Mogotscha auf dem Winterweg geholt, der damals noch regelmäßig mit dem Traktor planiert wurde und gut befahrbar war. Auch hierher hatten Sägen und der Traktor einen Weg gebahnt, auf dem mit dem LKW alles herangeschafft werden konnte. Nach dem Zusammenbruch der Sowjetunion war damit natürlich Schluss. Ich zog mit meiner Frau und unserem kleinen Sohn nach Kasachstan, wo ihre Eltern wohnten. Wir lebten und arbeiteten dort, bis ich nach nicht allzu langer Zeit und einem schlimmen Streit ein paar Sachen in eine Plastiktüte warf und hierher zurückkehrte. Im Dorf trank ich sehr viel, und mein Bruder schickte mich jeden Winter in die Jagdhütte, weil ich dort abstinent lebte.“

Slawa legt Feuerholz nach und zündet sich die nächste Zigarette an. Dann fährt er fort: „Mit meinem Bruder Wowka ging ich eines Tages im Oktober zum Beginn der Zobeljagd hierher. Wir wurden fast von Schlag getroffen von dem Anblick, der sich uns bot. Ein Waldbrand hatte alles außer der Banja bis auf den Grund niedergebrannt. Alle Lebensmittel, Winterkleidung, Gerätschaften waren weg. Wir hatten nur unsere Gewehre, Messer, Zigaretten und Streichhölzer dabei. Ich schickte Wowka zurück ins Dorf, um das Notwendigste herbeischaffen zu lassen. Aber er ließ sich Zeit, sehr viel Zeit und kam erst nach zehn Tagen zurück. Inzwischen hatte ich ein Rentier geschossen und lebte von dem ungesalzenen Fleisch, dass ich über dem Feuer briet. Mit den Streichhölzern musste ich sparsam umgehen. Morgens legte ich draußen ein Feuer an, das bis zu meiner Rückkehr von der Jagd weiterglühen würde. Mit der Glut heizte ich den Ofen der Banja an und hatte dadurch auch für den nächsten Morgen Glut.“

Als wir im Zelt in unseren Schlafsäcken liegen, sage ich versonnen zu Slawa: „Das hier ist deine Welt – nicht das Dorf, nicht das Haus, nicht der Kartoffelacker. Ich bin manchmal ärgerlich auf dich, wenn du keine Lust hast auf die Arbeit, die getan werden muss. Aber hier schuftest du ohne Pause und bleibst froh dabei.“

Am Morgen stehen wir zeitig auf, denn auf dem Rückweg müssen die Netze geleert werden, was Zeit kostet. Außerdem nehmen wir an, durch die Hindernisse wieder aufgehalten zu werden. Vor dem Start frühstücken wir den Rest der Fischsuppe mit Brot.

Vielleicht ist der Wasserpegel etwas angestiegen, denn wir kommen mit Ach und Krach durch schwierige Stellen, ohne dass ich aussteigen muss. Plötzlich erblicken wir einen jungen Elch, der ruhig am Ufer steht und zu uns blickt, bis er sich ohne Eile in den Wald verzieht. Auch Slawa freut sich über den Anblick und macht keine Anstalten, das Tier zu erlegen. Ob seine Aufmerksamkeit dadurch nachgelassen hat oder ob der Sonnenschein, der die Wasseroberfläche im Gegenlicht in einen gleißenden Spiegel verwandelt hat, daran schuld ist – wir sind unversehens in einem durch Gesteinsbrocken verblockten Abschnitt angekommen und fahren prompt auf einen unter dem Wasser verborgenen Stein auf. Das Boot sitzt fest und dreht sich quer. Irgendwie gelingt es Slawa, das Boot loszureißen und durch die Verblockungen zu lotsen. Später sagt er mir: „Ein zweiter Mann an Bord wäre rausgesprungen und hätte das Boot vom Stein gezerrt. Das Wasser ist ja nicht tief."

„Wäre das im Paddelboot passiert, hätte ich es auch so gemacht. Aber ich wusste nicht, ob es in diesem Boot angebracht war. Vielleicht hättest du mich eine Närrin geschimpft."

In den Netzen sind ausschließlich Lenok-Forellen, aber insgesamt weniger, als wir gehofft hatten. Slawa wollte einen Teil räuchern und als Geschenke für seine Freunde nach Mogotscha mitnehmen, wenn er mich im September zum Zug bringt. Er meint, dass die Fische vielleicht noch nicht wandern würden, entweder, weil der Wasserstand weiterhin relativ hoch sei oder weil es noch zu früh sei. Ich befürchte aber, dass der frühere Fischreichtum abgenommen hat, weil Oljokma und Tungir durch den Goldabbau verschmutzt sind, denn die hier heimischen Fischarten benötigen sehr klares Wasser. „Wenn das so wäre, hätten wir im letzten Herbst nicht so viele Taimen (Sibirischen Huchen) gefangen", wendet Slawa ein.

Am frühen Abend kommen wir an die Mündung des Usmun in die Mokla, wo Slawa wieder den Motor wechselt. Da es zu dieser Jahreszeit früh dunkel wird, entschließen wir uns, in der Jagdhütte von Kolja an der Mokla zu übernachten. Slawa weiß nicht genau, wo sie ist. Wir fahren lange stromauf, bis sie in Sicht kommt. Ein Bär hat zwar das zweite kleine Fenster samt Rahmen herausgerissen, aber sonst nichts weiter angerichtet. Ich verschließe das Fenster notdürftig mit einer Pappe, damit keine weiteren Mücken zu den schon zahlreich vorhandenen hereinfliegen können. Eine qualmende Mückenspirale vertreibt die unerwünschten Bewohner allmählich. Den Boden und die Einrichtung – zwei Holzpritschen und ein kleiner Tisch – muss ich erst einmal säubern, bevor ich Matratzen und Schlafsäcke ausbreiten und Essen zubereiten kann. Slawa nimmt am Ufer die gefangenen Fische aus, säubert sie und salzt sie ein, um sie am nächsten Tag im Dorf zu räuchern. Es ist schon fast dunkel, als er endlich damit fertig ist und wir im Schein unserer über den Tisch aufgehängten, batteriebetriebenen Lampe essen können. Überraschung – es gibt Fischsuppe mit Brot.

Beim Tee sage ich: „Danke, dass du mich mitgenommen hast. Es war anstrengend für dich. Ich konnte dir keine große Hilfe sein."

Slawa macht eine abwehrende Bewegung: „Ach, das ging schon. Ich habe mir nur Sorgen gemacht um dich, denn wenn mir etwas passiert wäre, hättest du dort festgesessen. Ich habe mir gesagt, wir hätten das Paddelboot mitnehmen sollen. Vom Dorf hätte nämlich niemand dorthin kommen können."

„Daran habe ich, ehrlich gesagt, gar nicht gedacht, obwohl ich an dem Baumverhau wirklich Angst hatte, es könnte schiefgehen. Aber wenn ich jetzt darüber nachdenke: Nein, ich kann mir nicht vorstellen, wie ich wenigstens bis zur Mokla oder der Oljokma hätte gelangen können, ganz abgesehen davon, dass ich dich weder verletzt noch tot hätte zurücklassen wollen. Mit diesem Boot hätte ich es auf keinen Fall geschafft, den Fluss heil runterzukommen. Mit meinem Paddelboot wäre es dagegen spannend, aber leicht für mich, den Usmun stromab zu fahren, denn an sehr kritischen Stellen hätte ich das leichte Boot im flachen Wasser treideln können. An den Ufern durch den Urwald zu kraxeln, wäre mit großer Mühe und Zeitaufwand nur teilweise machbar gewesen, vor allem, weil man oft die Uferseite hätte wechseln müssen. Falls ich an die Sachen im Boot herangekommen wäre, hätte es mit dem wasserdicht verschließbaren, großen Gummisack vielleicht eine Möglichkeit gegeben, sich daran festzuhalten und sich streckenweise im Wasser treiben zu lassen, aber jetzt brauche ich mir darüber nicht mehr den Kopf zu zerbrechen. Ich fand es einfach großartig!"

Ich trinke einen Schluck Tee, schwarzen natürlich, denn keiner würde hier grünen Tee brauen wollen oder welchen aus anderen Pflanzen. Kräutertees kann man nur in Apotheken kaufen, in Supermärkten sucht man vergebens danach. Dann fahre ich fort: „Weißt du, was ich komisch finde? Ich bin mit zwei Freunden drei Wochen lang auf einsamen Flüssen 850 Kilometer durch Kanada nach Alaska gepaddelt – nur ein kleines Indianerdorf befand sich auf der ganzen Strecke –, und wir haben nicht einen einzigen Bären oder auch nur eine Spur davon gesehen. Und hier stolpert man an jeder Ecke darüber."

Gerade wollen wir in die Schlafsäcke kriechen, als ein kleines Tierchen lautlos durch die Isbuschka kreist. Ich denke zuerst, es ist ein großer Falter, doch Slawa schreit: „Eine Fledermaus, mach die Tür auf!" Er hat sich auf seiner Pritsche in die äußerste Ecke gequetscht und schreit noch mal, ich solle die Tür aufmachen. Ich öffne die Tür, die sehr kleine Fledermaus kreist weiter, und dann sehen wir sie nicht mehr. „Sie ist jetzt draußen", vermute ich.

„Nein, sie ist nicht rausgeflogen. Das hätte ich gesehen", sagt der große Bärenjäger ängstlich. Er sucht mit der Taschenlampe die ganze Isbuschka ab, findet sie aber nicht. Darum besteht er darauf, das Licht die ganze Nacht brennen zu lassen.

Ich kann nicht besonders gut schlafen, weil mich das grelle LED-Licht stört. Keine Fledermaus rührt sich. Gegen Mitternacht lösche ich das Licht. Bevor ich einschlafen kann, höre ich ein leises Geräusch, mache Licht und siehe da, die Maus zieht wieder ihre Runden. Slawa hat einen sehr leichten Schlaf und mich gehört. Jetzt sieht er das Tierchen flattern und wird hysterisch: „Ich habe es doch gesagt, sie ist noch hier! Ich gehe raus zum Schlafen."

Inzwischen habe ich die Tür geöffnet und antworte: „Draußen sind bestimmt noch mehr von der Sorte.“ Schließlich aber tut uns die Fledermaus den Gefallen und verschwindet durch die Tür, was wir dieses Mal genau sehen. Für Slawa war diese Begegnung wahrscheinlich das aufregendste Erlebnis der ganzen Fahrt.

Die letzten Tage

Nach unserer Rückkehr vom Usmun wird es herbstlich. Die Luft ist selbst im Sonnenschein merklich kühler und gegen Abend wird es unangenehm kalt. Es ist höchste Zeit, vor dem befürchteten Nachtfrost alles empfindliche Gemüse zu ernten.

Zu meiner Überraschung tragen die Tomatenpflanzen ungeachtet der nassen Witterung sehr viele Früchte. Durch den fehlenden Sonnenschein sind sie aber trotz akzeptabler Größe alle noch grün. Ich breite sie zum Nachreifen auf dem großen Tisch und in Kartons auf zwei Bänken im Wohnzimmer aus.

Die meisten Kürbisse sind reif und sehen schön aus – die Schalen hellgrün mit weißen Einsprengeln, tieforange oder gelb. Sie sind erstaunlich schwer. Slawa hilft mir, sie ins ehemalige Hühnerhaus zu tragen, wo sie für die erste Zeit frostsicher untergebracht sind. Große, grüne Zucchini leisten ihnen Gesellschaft.

Im Gewächshaus ist es auch nachts noch nicht besonders kalt, sodass ich die Ernte etwas verschieben kann. Die Gurken wachsen und gedeihen immer noch. Sie bilden sogar neue Triebe und Blüten. Auch die Paprikasträucher haben außer den faustgroßen Früchten, die ich in einigen Tagen ebenfalls zum Nachreifen ins Haus bringen werde, noch viele kleinere und Blüten. Bei warmer Witterung würden sie noch lange Zeit Früchte bilden, so jedoch werden sie in wenigen Tagen auf dem Kompost landen.

Marinas Kinder sind schon vor mehreren Tagen abgereist, und auch Ira und Boris haben das Dorf verlassen, im Gepäck geräucherten Fisch, das Fleisch eines jungen Elches und viele gesäuberte, eingefrorene Edelpilze. Ich mache mir trotzdem schwache Hoffnungen, noch ein paar Pilze zu finden, die sie bei ihrer täglichen intensiven Suche vielleicht übersehen haben. In Begleitung der beiden Welpen – wir nennen sie inzwischen „die Terroristen“ – gehe ich in den Wald. Ich spaziere am Friedhof vorüber, wandere einen sandigen Weg entlang, erfreue mich am Duft des Waldes, an der Umgebung und den vielen nicht essbaren, aber hübschen Pilzen, die überall aus dem Boden geschossen sind. Unversehens wird mir voll bewusst, dass ich dies alles wirklich zum letzten Mal sehe, dass es ein Abschied für immer ist. Verstandesmäßig war mir das natürlich vorher schon klar, aber ich fühlte es nicht im Inneren so wie jetzt. Vom ersten Tag meines Hierseins an empfand ich eine tiefe Verbindung zum Dorf, den Menschen und der Landschaft, und ich weiß nicht, wie es mir gehen wird, wenn ich mich davon losreißen muss. Seltsamerweise habe ich das Gefühl, von Slawa bereits Abschied genommen zu haben, obwohl wir täglich mehrere Stunden zusammen sind und freundlich miteinander umgehen.

Kürbisse in allen Größen und Farben

Wohin mit dem Erntesegen?

Der Abschied besteht darin, dass wir uns nie berühren und nie über unsere Empfindungen in dieser Situation sprechen. Wir sind wie nette Nachbarn, die darauf achten, sich auf keinen Fall zu nahe zu treten. Es tut mir nicht mehr weh, obwohl ich manchmal noch daran denke, wie schön es war, einander nahe zu sein und sich zu umarmen.

Ich wende mich wieder meinem eigentlichen Ziel zu und gehe zu den Stellen, an denen ich früher viele Steinpilze gesehen hatte. Aber alles ist gründlich abgegrast. Ich erblicke nur einen einzigen, schon alten, nicht mehr verwendbaren, aber dennoch prächtig aussehenden Steinpilz, dessen Hut einen Durchmesser von etwa 20 Zentimeter hat, sowie einige abgeschnittene Steinpilzstiele mit bis zu vier Zentimeter Durchmesser. Leider muss ich zugeben, dass ich das nicht mit Gleichmut hinnehme. Grimmig murmle ich vor mich hin: „Diese Gierschlünde, können wohl nicht genug kriegen. Sollen sie doch bei sich zu Hause den Wald abrasieren.“ Da mein Schimpfwortrepertoire gering ist, wiederhole ich mich mehrmals, um meinem Ärger Luft zu machen. Die Welpen jedoch sind glücklich, Neues entdecken und erschnüffeln zu können. Fröhlich laufen sie vor mir her und stecken ihre Nasen neugierig in interessante Löcher und Gebüsche. Plötzlich bleiben sie verunsichert stehen. Beunruhigt sie etwas, wittern sie eine Gefahr? Auf einmal erinnere ich mich an Slawas Ermahnung, wegen der Bären auf keinen Fall allein in den Wald zu gehen, zu der ich wie üblich „ja, ja“ gesagt hatte. Und gerade beginnt es zu dämmern, eine Tageszeit, zu der Bären gern unterwegs sind. Überdies sind die Umstände für eine Bärenbegegnung recht ungünstig, denn die Welpen würden einen leckeren Appetitshappen darstellen, vor Angst aber zu mir laufen, um Schutz zu suchen. Komischerweise fällt mir mit Bedauern ein, dass ich den Fotoapparat nicht dabeihabe. Denn wenn es so sein sollte, würde ich wenigstens noch ein paar letzte Fotos machen wollen (falls die Hände nicht zu sehr zittern) – Flucht wäre aussichtslos. All das rauscht mir in wenigen Sekunden durch den Kopf. Zum Glück sind die Bären anderswo beschäftigt.

Am Morgen des 1. September finde ich eine Eisschicht auf den Wassertonnen vor dem Haus – der erste Nachtfrost hat den Sommer endgültig beendet. Das haben auch die Mücken begriffen, die trotz Sonnenschein nur in warmen, geschützten Nischen noch Blutdurst zeigen. Es ist eine Wohltat, sich ohne ihre ständigen Angriffe frei bewegen zu können. Es regnet nicht, die Sonne scheint, die Temperaturen tagsüber sind angenehm warm, aber nicht mehr heiß und schwül.

Die Blätter der Traubenkirschen beginnen langsam, sich weinrot zu färben. Dazwischen hängen üppig reife Fruchttrauben. Wegen der mehr oder weniger starken Herbheit und der störenden Kerne kann man nicht allzu viel damit anfangen, aber bei diesem reichen Angebot direkt vor meinem Fenster muss ich einfach zugreifen. Ich pflücke eine Schüssel voll, koche und zerdrücke die Beeren, gieße den sehr konzentrierten Saft durch ein Sieb ab und fülle ihn mit abgekochtem Wasser auf. Er ist fruchtig süß, doch es fehlt die Säure, die ich durch die Zugabe von etwas Preiselbeersaft ergänze. Der entstandene Fruchtsaft hat ein einzigartiges, feines Aroma, das an schwarze Süßkirschen erinnert. Ich beschließe sofort, am nächsten Tag möglichst viele Traubenkirschen zu sammeln und den Fruchtsaft zu konservieren, sodass sich Slawa im Winter damit Getränke zubereiten kann.

Es gibt in diesem Jahr auch besonders viele Ebereschenbeeren, allerdings die wilde, bittere Sorte. Ich überlege, was ich damit anfangen könnte und komme auf die Idee, aus ihnen zusammen mit viel Kürbis, Zucker, Zitronensäure und Pektin Marmelade zu machen. Ich denke dabei an Ähnlichkeiten mit Bitterorangenmarmelade. Der Versuch mit einer kleinen Menge zeigt ein ungewöhnliches, aber exquisites Ergebnis, das allerdings hier in Sibirien wegen seiner beabsichtigten leichten Bitterkeit kaum Liebhaber finden wird. Immerhin probiert Slawa sehr vorsichtig eine winzige Menge, vergleichbar mit der Größe eines homöopathischen Kügelchens, und meint, es schmecke „pikant“ und „ganz gut“, lehnt aber weitere Gaben entschieden ab.

Man isst hier nie Marmelade aufs Brot, sondern die etwas flüssigere, übersüße Frucht-Warenje wird entweder in den Tee gerührt oder mit einem Teelöffel direkt aus einem Schüsselchen gegessen, wobei alle in das gleiche Schüsselchen langen (und, wie ich mit Schaudern annehme, ihre Mundbakterien hinterlassen). Trotzdem konserviere ich die Marmelade in kleinen Gläsern für kommende Generationen, die vielleicht so wagemutig sind, sich auch anderen als den üblichen Geschmackserlebnissen zu stellen.

Während sich *Jewro Sojus* am Usmun den Gepflogenheiten von Rossija angepasst hatte, weil Erfahrungslücken und Abhängigkeiten dies ratsam erscheinen ließen, treten zu Hause wieder ein paar Unverträglichkeiten zwischen den Systemen auf.

Slawa kocht auf dem Ofen in der Sommerküche in einem 15-Liter-Topf Hundefutter. Obwohl auf der eisernen Kochplatte Platz für zwei Töpfe ist, füllt er immer nur den 15-Liter-Topf mit Wasser, statt gleichzeitig die Hitze der Platte mit einem zweiten Topf und der Hälfte der Flüssigkeit zu nutzen. Ich hatte früher schon darauf hingewiesen, dass das Wasser schneller kochen würde mit einem zweiten Topf, ohne dass die Anregung aufgenommen wurde. Jetzt sage ich zu Slawa: „Ich habe eine Frage. Warum nimmst du keinen zweiten Topf? Statt mit der Hälfte der Platte die Luft zu heizen, könntest du in einem zweiten Topf Wasser erhitzen und brauchtest viel weniger Zeit zum Futterkochen.“

„Jetzt will mir *Jewro Sojus* schon wieder sagen, was ich machen soll. Ich mache es, wie ich will“, wehrt Slawa ab.

„Kannst du ja, ich will einfach nur mal wissen, warum.“

„Ich mache das schon immer so, es ist eine Gewohnheit. Und deinetwegen werde ich sie nicht ändern.“

„Meinetwegen sicher nicht, aber vielleicht, weil es nützlicher wäre?“

„Nützlicher oder nicht, das braucht dich nicht zu kümmern“, sagt er aufgebracht.

Ich schüttle nur den Kopf, wundere mich aber nicht mehr über seine Haltung. Er kann auf keinen Fall zugeben, dass man irgendetwas besser machen könnte als er. Und selbstverständlich ist es undenkbar, den Rat einer Frau anzunehmen, noch dazu der eigenen, die sich dann womöglich einbilden könnte, sie sei schlauer als er.

Kurze Zeit darauf kommt er in die Küche, wo ich gerade die Dinge, die ich zum Brotbacken benötige, in der Reihenfolge meiner Handgriffe bereitgestellt habe. „Also, *Jewro Sojus*, das steht hier falsch. Die Backform muss hierhin, der Teig dorthin und was soll denn die Schüssel mit Wasser, die kann weg. So macht man das!"

„Rossija, vielen Dank für die Berichtigung, aber ich mache das, wie ich will!"

Wir grinsen beide.

Die Zeit meiner Abreise nach Deutschland rückt näher, und ich werde unruhig bei dem Gedanken, was ich vorher noch alles erledigen will. Vor allem muss die Ernte eingebracht und haltbar gemacht werden. Die Gurken hatte ich schon laufend geerntet, etwa zehn große Eimer an Marina abgegeben und 25 Zwei-Liter-Gläser Gewürzgurken eingeweckt. Aber was soll ich bloß mit den ganzen Tomaten anstellen, die bei dem vorwiegend regnerischen Wetter draußen nicht gereift sind und nun im Haus nachreifen? Wir können nicht dagegen anessen. Aus reifen Tomaten koche ich eine Menge Ketchup ein, für anderes wie Letscho zum Beispiel habe ich keine Zeit mehr. Viele Tomaten sowie Paprikaschoten gebe ich Slawas Schwester. Die restlichen, noch grünen Tomaten und Paprikaschoten kann Slawa später essen, wenn sie gereift sind. Rote Bete wird für Borschtsch und einen speziellen Salat verwendet. Ich koche zehn Gläser Rote Bete in süß-saurer Marinade ein und friere auch eine Menge roh ein, geschält und grob in Stücke geschnitten. Mir tut es leid, die vielen prächtigen Kürbisse zurückzulassen, denn Slawa wird sie nicht zubereiten. Aus Kürbissen wird höchstens Kascha gekocht, andere Gerichte sind unbekannt. Ich hoffe, dass Marinas Sau, die tragend ist, möglichst viele Ferkel bekommt und die Kürbisse zu ihrer Ernährung und der der Hunde beitragen werden.

Die letzten Tage vor der Abfahrt vergehen mit Bemühungen, alles gut und geordnet zurückzulassen.

Als wir am Morgen des 19. September das Boot starten, um nach Tupik zu fahren, scheint die Sonne vom wolkenlosen Himmel. Es ist jedoch recht kalt, denn in der sternenklaren Nacht war die Temperatur auf minus sechs Grad Celsius gefallen. Wir hoffen, dass es später im Sonnenschein ein wenig wärmer wird, sind aber trotzdem sehr dick angezogen, weil es auf dem Fluss im Fahrtwind immer kalt ist.

Im Einzugsbereich des Tungir hatte es zwei Tage lang geregnet; der Wasserstand ist hoch, und wir können im Metallboot relativ schnell fahren.

Das Boot hat eine kleine Windschutzscheibe, die etwas Schutz bietet. Gegen Mittag machen wir eine Pause, um Benzin nachzufüllen und etwas zu essen. Viel wärmer ist es nicht geworden, denn es weht ein eiskalter Wind. Immerhin kann ich am Ufer zum Essen wenigstens den dicken Schaffellmantel ablegen, den Slawa mir aufgedrängt hat. Ich trage über Winterleggins eine gefütterte Skihose, Gummistiefel mit Filz-Innenstiefeln und zwei Paar Wollsocken, fellgefütterte Fäustlinge, eine Strickmütze und darüber eine zweite, gefütterte Mütze, einen Wollpullover, eine dicke Fleecejacke, eine Daunenjacke und darüber den Mantel, der aus strapazierfähigem Stoff besteht und mit langzotteligem Schaffell gefüttert ist. Ich bereue, dass ich statt der beiden Mützen nicht meine Pelzmütze mit Ohrenklappen angezogen habe. Die Kleidung ist gerade hinreichend, um während der langen Fahrt nicht zu frieren.

Herbstmode an der Oljokma

aufstrahlen. Jedes Mal, wenn wir an diesem schönen Platz vorbeifahren, möchte ich aussteigen und ein Picknick machen, aber es ist nie Zeit dazu, weil wir es immer eilig haben, am Ziel anzukommen.

An einer anderen Stelle ist der sanfte Außenbogen ausschließlich mit Moorbirken bewachsen. Sie wirken wie eine lange, aus weißen Stämmen bestehende Palisade. Es ist die einzige Birkenart, die hier oder vielleicht in ganz Sibirien wächst. Sie hat eine seidige, weiße Rinde mit schwarzen, aber weniger borkig wirkenden Stellen. Interessant anzusehen ist auch eine etwa acht bis zehn Meter hohe Steilwand, die aus vielen, wie Blätterteig aufeinander liegenden Schichten besteht.

Leider muss ich wieder drei Tötungsdelikte beklagen, denn Slawa schießt drei „fette" Enten, die er Tamara mitbringen will, bei der wir in Tupik übernachten werden. Kaum haben wir die Stelle passiert, ab der das Mobilfunknetz funktioniert, erreicht uns ihr Anruf mit der Frage, wann wir denn ankommen würden.

Sicher hat sie den Tisch schon gedeckt und Essen vorbereitet, denke ich. Kein Irrtum, wie sich herausstellt, als wir bei ihr eintreffen.

Tamara, die geschiedene Ehefrau von Slawas vor mehreren Jahren tödlich verunglücktem Bruder, nimmt uns immer gastfreundlich auf. Sie lebt allein im Haus. Ihr erwachsener Sohn, Slawas Neffe, ist bei einem Goldabbauunternehmen damit beschäftigt, neue Lagerstätten zu finden. Tamara ist um die 50 Jahre alt und arbeitet von 22 Uhr nachts bis 7 Uhr morgens im nahen Schulinternat, wo sie Aufpasserin und Ansprechpartnerin für die Internatsschüler ist. Weil sie dort schlafen darf, wenn es keine besonderen Vorfälle gibt (was offenbar selten der Fall ist), kommt sie morgens ausgeruht nach Hause und muss tagsüber nicht schlafen. Haus und Garten sind immer tipptopp gepflegt. Außerdem kümmert sie sich geradezu aufopfernd um die ganze Familie. Sie hatte ihre bettlägerige Mutter (Sinaida Michailowna aus unserem Dorf) bei sich aufgenommen und bis zu deren Tod mehrere Jahre gepflegt. Ständig fährt sie mit ihrer, seit einiger Zeit behandlungsbedürftigen Tochter Natascha ins Krankenhaus nach Tschita. Sie muss dafür Urlaub nehmen, während sich deren Ehemann zu Hause einen bequemen Tag macht, denn er geht keiner Arbeit nach. Das Ehepaar lebt von Nataschas Behindertenrente und den Zuwendungen Tamaras. Das Wildfleisch, mit dem Slawa Tamara regelmäßig versorgt, wandert zum großen Teil in Nataschas Haushalt und in den der zweiten Tochter Anja, was Slawa ärgert: „Ich möchte Tamara unterstützen, nicht die Familien ihrer Töchter. Wie komme ich denn dazu?"

Anja wohnt direkt im Nachbarhaus. Ich wundere mich darüber, dass sich die zweijährige Enkelin Vika den ganzen Tag über bei der Oma aufhält, obwohl Anja nicht berufstätig ist. „Warum ist Vika denn ständig bei dir?", frage ich Tamara.

„Es gibt im Kindergarten keine Gruppe für ihr Alter", erklärt sie. Das erstaunt mich, denn Tupik hat um die achthundert Einwohner. „Ach so. Und warum ist Vika dann nicht zu Hause bei Anja?"

Tamara zuckt mit den Schultern. „Das hat sich irgendwie so ergeben. Nachdem Anja im Februar ihren Sohn bekommen hat, war sie die Zeit danach ständig müde. Darum waren Vika und auch das Baby den ganzen Tag bei mir und nur nachts zu Hause, wenn ich im Internat arbeitete. Später hat sie das Baby bei sich behalten, aber Vika nicht. Jetzt kommt die ganze Familie auch jeden Tag zum Mittagessen zu mir."

Die Familie besteht aus Anja, ihrem Ehemann, einem 16-jährigen Sohn aus erster Ehe, Vika und dem Baby. „Möchtest du das denn? Hast du es ihnen angeboten?"

Sie antwortet resigniert: „Nein, jedenfalls nicht jeden Tag, sondern nur in Ausnahmesituationen. Aber was soll ich machen? Wenn ich ihr das sage, ist sie beleidigt, und ich möchte doch ein gutes Verhältnis zu ihr behalten."

In Russland ist der familiäre Zusammenhalt sehr groß. Die Eltern tun alles für ihre Kinder und Enkelkinder. Das sehe ich in allen Familien, zu denen ich Zugang habe. Trotzdem kann ich es kaum fassen, was ihre Töchter Tamara alles aufbürden. Sie tut mir leid.

Ich kann ihr zwar nicht helfen, möchte ihr mit meinen Mitteln aber eine kleine Freude machen und mich für ihre Gastfreundschaft bedanken. In einen Briefumschlag stecke ich eine größere Summe Rubel hinein und schreibe auf eine Ansichtskarte von Hamburg, dass sie sich davon etwas nur für sich allein gönnen soll. Tamara ist wegen des Geldes etwas verlegen, aber ich habe den Eindruck, dass sie meine hilflose Geste als freundschaftlich erkennt.

Wir wollen am nächsten Morgen in das knapp 100 Kilometer entfernte Mogotscha weiterfahren, finden zunächst aber keine Transportmöglichkeit. Slawa, Tamara und ihr Schwager rufen die beiden Ein-Mann-Taxiunternehmen in Tupik und alle Bekannten an, aber niemand hat Zeit. Schließlich findet sich doch noch jemand, der uns hinbringen kann. Der Fahrer ist ein kleiner, fröhlicher Mann, der unentwegt plaudert. Er ist allerdings nicht so harmlos, wie er aussieht, denn als ein Auerhahn arglos am Randstreifen der Trasse entlangspaziert, hat er plötzlich ein Gewehr in der Hand und erschießt das unvorsichtige Tier. Dann sieht er daneben im Wald einen weiteren Hahn und eine Henne, worauf auch der zweite Hahn sein Leben aushauchen muss.

Seitlich der kurzen Strecke nach Mogotscha liegen drei große Goldabbaustellen. Zwei befinden sich in unserem Rayon, und ihre Abwässer fließen in den Tungir. Die dritte liegt im Rayon Mogotschinskij hinter der Bergscheide, sodass die Abwässer zur anderen Seite in den Fluss Schilka fließen. In unserem Rayon gibt es eine weitere Abbaustelle an der Mittleren Mokla, die wie die Untere Mokla und die Obere Mokla ein Nebenfluss der Oljokma ist.

Die Trasse ist dieses Mal in recht gutem Zustand. Wir kommen zügig voran und lassen uns am Bahnhof absetzen, weil ich zuerst mein Zugticket nach Irkutsk für den nächsten Tag kaufen will. Ich bezahle für die Fahrt weniger Rubel als auf der Herreise im Februar, was vielleicht an der anderen Jahreszeit liegt, denn ich reise ebenfalls im Erste-Klasse-Abteil und mit dem gleichen Zugtyp. Die Preise der Billetts werden durch Saisonzuschläge beeinflusst. Da sich aber der Rubelkurs um über dreißig Prozent verbessert hat (Februar 1 € : 90 Rubel, September 1 €: 60 Rubel), müsste ich jetzt trotzdem rund 60 Euro mehr umtauschen, um die Fahrkarte zu bezahlen. Nach dem Beginn des Ukrainekrieges sank der Rubelkurs sogar auf 1:130, bis die russische Regierung beschloss, Öl und Gas nur noch gegen die Landeswährung zu verkaufen. Daraufhin stieg er schnell wieder an und hält sich seit Monaten auf der jetzigen Höhe. Der Eurokurs hingegen erreichte durch die vom Westen gegen Russland verhängten Sanktionen einen (bisher) historischen Tiefstand, ein schönes Beispiel dafür, wie man sich ins eigene Bein schießen kann.

Unser Freund Dimka ist zu seiner Tochter nach Chabarowsk gefahren, aber seine Frau Natascha wird uns mit dem Auto vom Bahnhof abholen und beherbergen. Wir müssen eine Weile auf sie warten. Sie arbeitet bei der Kriminalpolizei und ist gerade mit einem Team vom FSB auf dem Friedhof, wo zehn unidentifizierte Tote der vergangenen Jahre ausgegraben werden, um sie nachträglich zu identifizieren.

Alle unsere Bekannten machen sich Sorgen um mich. Sie befürchten, dass ich wegen Gasknappheit und des hohen Gaspreises frieren muss und mir das Leben in Deutschland finanziell nicht mehr leisten kann. Sie sagen, ich solle sofort zurückkommen, wenn es in Deutschland zu schwierig für mich werden würde.

Slawa begleitet mich am nächsten Morgen bis in mein leeres Abteil. Bei dem Gedanken, dass es unsere letzten Minuten sind und wir uns nie wiedersehen werden, kommen mir die Tränen. Er versichert, er sei immer bei mir und würde mich oft anrufen. Ich könne jederzeit zurückkommen. Zum Abschied umarmt und küsst er mich. So beenden wir unser gemeinsames Leben der letzten 16 Jahre, zum Glück friedlich und liebevoll.

Irkutsk

Während mich der Zug das letzte Mal durch die sibirischen Wälder trägt, fühle ich mich leer und wie abgestorben, obwohl ich durch meine buddhistische Praxis darauf vorbereitet bin, dass alles einem stetigen Fluss der Veränderung unterworfen ist und nichts bleibt, wie es ist.

Während der 30-stündigen Fahrt bin ich allein im Abteil, was mir ganz recht ist. Ich habe keine Lust auf Unterhaltungen. Der Waggon hat ausschließlich Zweier-Abteile, von denen nur drei durch Einzelpersonen belegt sind. Nach einiger Zeit kommt die Zugbegleiterin, eine blonde, junge, sympathische Frau, stellt sich mit ihrem Vornamen vor und erzählt mir im typisch russischen, schnellen Sprachtempo, welchen Service der Zug bietet. Ich bitte sie, ein wenig langsamer zu sprechen, damit ich auch alles richtig verstehe, worauf sie mich nach meiner Muttersprache fragt. „Deutsch", erwidere ich.

Erfreut sagt sie: „Mein Freund spricht sehr gut Deutsch. Er ist jetzt in Österreich, aber wenn Sie einen Wunsch haben, den Sie nicht auf Russisch formulieren können, rufe ich ihn an, damit er übersetzt." Die Welt wird sofort heller, begegnet man freundlichen Menschen.

„Das ist sehr nett von Ihnen, vielen Dank! Ich denke aber, es wird nicht nötig sein", lächle ich sie an.

Normalerweise schlafe ich in der Transsib auch tagsüber viel, denn das Rattern der Räder und die Schienenstöße wirken auf mich wie ein Wiegenlied. Aber heute, bei meiner letzten Fahrt durch Sibirien, schaue ich unablässig aus dem Fenster, und das Herz tut mir weh.

Der Zug fährt durch endlose Wälder herbstlich gelb gefärbter Lärchen, grüner Kiefern und schon blattloser, wie weißarmige Gerippe aussehender Birken, überquert Bäche und Flüsschen, die einem mir unbekannten Ziel zustreben. Nach zweistündiger Fahrt treffen wir auf einen Fluss, der am Fuß einer langen Gebirgskette entlangfließt. Manchmal entfernen sich die Gleise von ihm, um später erneut parallel zu ihm zu verlaufen. Einmal denke ich, wir haben ihn ganz verloren, bis er überraschend wieder auftaucht und lebhaft über Gesteinsbrocken sprudelt. Auf dem Grat der Bergrücken stehen Bäume aufgereiht wie Wachsoldaten, dunkel abgehoben vor dem Himmelsblau oder weißen Wolken. Auf den großen Flussschleifen finden sich oft dörfliche Ansiedlungen, zu denen Schotterwege führen.

Meine Betrachtungen werden unterbrochen durch eine Serviererin, die das Mittagessen bringt, welches im Preis der Fahrkarte einbegriffen ist. Es besteht aus Obst (Banane, Apfel, Weintrauben), einem Brötchen, Salami-, Gurken-, und Tomatenscheiben, einem Teller mit einer heißen Brühwurst und Auberginen-Tomatengemüse. Es schmeckt nicht schlecht, aber Konstantin, der Chefkoch aus einer russischen Fernsehsendung, wäre vermutlich anderer Meinung.

Diese Sendung ist angelegt wie die deutsche Sendung „Rosins Restaurants“: Speisegaststätten, die nicht genügend Besucher haben, bitten ihn um Hilfe. Während Frank Rosin zwar Mängel benennt, aber immer höflich und respektvoll agiert, hat Konstantin einen ganz anderen Stil. Obwohl er, das muss man zugeben, oft auf katastrophale Unsauberkeit und Unfähigkeit trifft, ist es für mich schockierend, wie er herumschreit und schlecht zubereitetes Essen mitsamt dem Teller in den Abfallkorb oder auf den Küchenboden pfeffert, bevor er mit anderen Konzepten und Rezepturen hilft. Als ich Slawa gegenüber das Verhalten Konstantins kritisiere, antwortet er: „Wenn du im Guten mit den Leuten sprichst, ändert sich gar nichts.“ Er kennt die russische Mentalität besser als ich, doch ich denke, es ginge auch anders.

Je weiter wir nach Westen kommen, desto öfter sehe ich größere Ansiedlungen, in deren Umkreis es keine Wälder mehr gibt. Sie wurden abgeholzt für den Hausbau, wahrscheinlich auch für Feuerholz oder dessen Verkauf, vielleicht jedoch viel früher für den Bau der Transsib. Auf den steinigen Hügelketten gibt es nur noch eine dünne Grasdecke mit etwas Buschwerk und vereinzelten Bäumen.

Eine Zeitlang bahnt sich der Zug den Weg durch hohe, sanft geformte, mit Gras bewachsene Hügel, die ineinander übergehen. Sie bieten dem Auge ein harmonisches, liebliches Bild. Ohne den Waldbewuchs kann man ihre vielfältigen Gestaltungen, jede Erhebung, jede Senke gut erkennen. Dadurch wirkt die Landschaft nicht eintönig, sondern immer wieder neu geformt. Sie erinnert mich an alte, von Wind und Wetter abgetragene Gebirge, wie ich sie in der Mongolei gesehen habe.

Manchmal fahren wir direkt neben Felswänden entlang, die steil oder schräg bis zum Gleisbett abfallen. In ihnen befinden sich häufig breite Rinnen, in denen wohl das Regenwasser abläuft. Ich wundere mich, dass Wasser oder herabstürzendes Geröll keine Probleme zu bereiten scheinen, obwohl ich keine Schutzmaßnahmen dagegen bemerke und die Züge fast immer sehr pünktlich fahren.

Die Fahrt nach Westen ist auch eine kleine Zeitreise zurück, denn hier hat der Herbst erst angefangen, weil das Klima milder ist als im Nordosten. Das Laub der Birken leuchtet golden in der Sonne, Nadelbäume haben breit ausladende Äste mit üppigem Grün, dazwischen immer wieder Bäumchen mit leuchtendem, weinrotem Blattwerk. Die Büsche sind rotgolden, gelb oder rot gefärbt. Inzwischen ist die Flora teilweise eine andere, und die Bäume sind vergleichsweise größer und üppiger als im Nordosten. Doch nach wie vor begleiten uns Gebirgsketten, manchmal nahe der Strecke, manchmal weiter entfernt. Jetzt sind sie fast immer bewaldet. Sie erwecken in mir den Wunsch, hinaufzusteigen und zu sehen, was sich dort wohl verbergen mag.

Der Zug hält nur an größeren Städten, insgesamt viermal bis Irkutsk. Am nächsten Morgen erreichen wir Ulan-Ude, die Hauptstadt der Burjatischen Republik. Sie kündigt sich mit riesigen, dörflichen Vororten aus hölzernen Bauernhäusern und großen Gärten an. Vielleicht gab es die Ansiedlungen bereits vor dem Ausbau der Stadt. Sie haben sich danach vermutlich noch stark erweitert, weil viele Menschen es vorziehen, sich ein Haus außerhalb der Stadt „im Grünen“ zu bauen, wobei mit „im Grünen“ nur der Gemüsegarten gemeint ist, denn meistens ist im Umkreis kein Wald mehr vorhanden, und in den Siedlungen gibt es ebenfalls keine Bäume. Unser Freund Nikolai wohnt in einer solchen Niederlassung vor Tschita, die noch ständig wächst. Bei unserem letzten Besuch fuhr er uns stolz durch die Siedlung und zeigte uns die Erweiterungen. Dass dafür Wald abgeholzt werden muss, ist offenbar kein Thema – wie bei den deutschen Eigenheimbauern der Flächenfraß und die Flächenversiegelung nicht.

Zwei Stunden später erblicke ich den Baikalsee, an dessen klaren Wassern wir drei Stunden entlangfahren. Bald werde ich aussteigen, und ich möchte mich dem jungen Mann, der mehrmals die Abteile gereinigt hat und sicherlich nicht viel verdient, dankbar erweisen, aber er lehnt meinen 500 Rubel-Schein sehr entschieden ab. Leider habe ich keine Geschenke dabei, denn kleine Geschenke werden meist freundlich entgegengenommen, während Geld wohl eher herablassend wirkt. In Russland schenkt man sehr gern, auch ohne besonderen Anlass. Manchmal entspricht das Geschenk an mich weder meinem Bedarf noch meinem Geschmack, aber das ist egal. Bei einem Besuch wird ein Geschenk mitgebracht, egal, ob es einem gefällt oder ob man es haben will – die Geste zählt.

Pünktlich nach Fahrplan lande ich in Irkutsk und werde am Bahnhof von Schenja in Empfang genommen. Während der Fahrt zu Natascha, bei der ich wieder übernachten werde, erwähne ich, dass ich noch nicht weiß, wie ich unter den bestehenden Sanktionen nach Deutschland kommen kann. Die EU erlaubt keinem aus Russland kommenden Flugzeug die Landung. Zu Beginn des Krieges hatte ich noch gesehen, dass es aus Moskau Zugverbindungen in die EU gab, aber auch diese sind inzwischen gekappt. Deshalb fahren wir nun erst einmal zu einer Agentur, bei der man Flüge buchen kann, und erfahren dort, dass ich aus Moskau mit *Turkish Airlines* nach Istanbul und von Istanbul nach Hamburg fliegen kann. Den Flug nach Moskau (und weiter nach Hamburg) hatte ich schon im Februar gebucht und bezahlt, ich muss also nur noch die beiden Flüge Moskau-Istanbul-Hamburg bezahlen. Sie kosten 111.000 Rubel, nach jetzigem Kurs 1850 Euro – *Turkish Airlines* verdient sich momentan eine goldene Nase. Im Februar hatte ich für Hin- plus Rückflug Hamburg-Moskau-Irkutsk mit Aeroflot insgesamt nur 835 Euro bezahlt. Aber ich muss jetzt nehmen, was ich kriegen kann.

Hätte ich nicht bei meiner Ankunft in Russland mehrere tausend Euro in Rubel getauscht, von denen noch eine Menge übrig sind, wäre auch das nicht möglich, denn der Westen hat die russischen Banken vom Zahlungsverkehr abgeschnitten, sodass meine Kreditkarte hier nicht zu gebrauchen ist. Ich säße ich in Russland fest.

Schenja lädt seine Mutter Natascha und mich für einen der nächsten Tage zum Essen zu sich nach Hause ein. Natascha ist immer sehr schön und gepflegt gekleidet, und ich fühle mich verpflichtet, es ihr nachzutun, um dem Gastgeber Achtung zu erweisen. Ich habe jedoch fast nur Garderobe für kühles Herbstwetter dabei, sie eignet sich nicht für ein Essen in einer grundsätzlich überheizten Wohnung. Mein sommerliches Poloshirt würde in Deutschland noch durchgehen, aber solche männlichen, sogar ärmlich wirkenden Kleidungsstücke sind in Russland für Frauen ein No-Go, sogar auf der Straße. Außerdem passt mir nur noch eine einzige Hose gut, denn im Dorf nehme ich jedes Mal mehrere Kilo zu. Ich habe also keine Auswahl und werde neben Natascha wie Aschenbrödel persönlich aussehen.

Die Frauenkleidung in Russland ist keinem strengen Modediktat unterworfen, sondern sehr individuell, abwechslungs- und einfallsreich gefertigt. Auch für dicke Frauen gibt es kleidsame Garderobe. In Deutschland würde sie vielleicht overdressed wirken. Ich bin in Deutschland jedes Mal davon genervt, dass es – selbst in teuren Läden – meistens nur Kleidung gibt, die dem jedes Jahr wechselndem Modestil folgt, der weder jedem gefällt noch jedem gut zu Gesicht steht. Und klein gewachsene Frauen wie mich sieht man offenbar als bereits ausgestorbene Rasse an, für die man kein Angebot mehr bereithalten muss (außer im Onlinehandel).

Als Gastgeschenk will ich einen Blumenstrauß kaufen. Es regnet heftig, als ich losgehe. Auf den Straßen sind riesige Pfützen, durch die die Autos mit Karacho durchfahren und arglose Fußgänger mit Wasserfontänen vollspritzen. Gummistiefel und Schutzkleidung wären durchaus angebracht. Es gelingt mir aber, ohne Schaden durch die Gefahrenzonen zu kommen. Im ersten Blumenladen sehe ich in allen erdenklichen Farben gefärbte Chrysanthemen. Die einzigen natürlichen Chrysanthemen sind die weißen. Im nächsten Blumenladen das gleiche Bild, aber ich entdecke Blüten von lilafarbenem Kugellauch (Allium) und neben weißen Chrysanthemen auch unbehandelte malvenfarbige. Aus dieser Mischung lasse ich mir einen Strauß binden, den auch die Verkäuferin so ungewöhnlich und schön findet, dass sie ein Foto davon macht.

Schenjas Frau ist Ärztin, leitet eine Abteilung und ist vollbeschäftigt. Schenja selbst arbeitet in einem Reisebüro, das anfangs durch Corona und jetzt durch die Sanktionen auf europäische Kunden weitgehend verzichten muss. Zwar reisen die Russen nun im Inland mehr, aber er ist nicht mehr voll ausgelastet. Er hat ein Essen mit verschiedenen Salaten und gebackenem Edelfisch für insgesamt neun Personen vorbereitet, denn auch andere Familienmitglieder wurden eingeladen. Neben Natascha sehen alle aus wie Aschenbrödel oder Aschenbrödels Bruder.

Am nächsten Tag besuche ich zusammen mit Natascha das Dekabristenmuseum im Zentrum der Stadt. Die früheren Anwesen der Fürsten Wolkonski und Trubetskoi mit ihren großen Haupthäusern stammen aus der Mitte des neunzehnten

Jahrhunderts, sind aus Holz gebaut und reich verziert. Natascha ist sehr besorgt um mein Wohlergehen, denn schließlich komme ich vom Dorf, noch dazu aus der Taiga, und bin den Erfordernissen und Gefahren einer Stadt mit 600.000 Einwohnern nicht gewachsen, wie sie glaubt. Im Bus gibt sie mir zu verstehen, dass ich das Fahrgeld bereit halten soll und zeigt mir vor dem Aussteigen, dass ich beim Busfahrer zu bezahlen habe. Springt die Fußgängerampel auf Grün, fasst sie meine Hand mit der Bemerkung, wir könnten losgehen, und lässt sie erst wieder los, wenn sie mich sicher über die Straße gebracht hat. Ich komme mir vor wie ein Kleinkind an der Hand einer überbesorgten Mutter. Dass ich ständig allein umherfahre, zum Zentralmarkt, zum Bahnhof, Flughafen oder anderswohin, spielt für sie keine Rolle. Es ist gewöhnungsbedürftig, doch ich sage mir, sie meint es gut.

Es gibt allerdings Gefahrenquellen, vor denen mich meine Begleiterin nicht bewahren kann, und das sind die Bürgersteige. Ihr Zustand ist häufig so bucklig, löchrig und uneben, dass das Gehen darauf die Beweglichkeit einer Bergziege erfordert. Natascha ist 79 Jahre alt, hat ein unheilbares Augenleiden und sieht sehr schlecht, meistert die Bürgersteige aber mit einer Sicherheit, die auf lebenslanges Training hindeutet. In Deutschland müsste man bei solchen Verhältnissen stündlich die Gestürzten einsammeln, besonders im Winter bei zusätzlicher Schneeglätte, Eis und ungeräumten, ungestreuten Wegen.

Bei meiner Ankunft im vorigen Jahr hatte es mich erstaunt, dass Natascha trotz ihrer schlechten Sicht sofort erkannte, wie alt meine bequemen weißen Lederschuhe schon waren. Als ich in ihrer Wohnung die Schuhe auszog, meinte sie: „Die hast du bestimmt schon fünfzehn Jahre.“ Ich war regelrecht geschockt. Wenn eine „arme“ russische Rentnerin meine in die Jahre gekommenen Schuhe bekrittelt, ist das ein echtes „Armutszeugnis“ für mich. Ich nahm mir vor, nach meiner Rückkehr in Deutschland umgehend mehrere Paare Schuhe zu kaufen und alte zu entsorgen.

Ich kann erst in acht Tagen fliegen und will die Zeit nutzen, mich in Irkutsk näher umzusehen. Bisher hatte ich es immer eilig, entweder ins Dorf oder nach Hamburg weiterzureisen.

Irkutsk liegt rund 70 Kilometer vom Baikalsee entfernt am Fluss Angara. Im Jahre 1686 erhielt der Ort das Stadtrecht. 1879 zerstörte ein Brand 4.000 Häuser und damit drei Viertel der Stadt. Zwischen den repräsentativen Steingebäuden aus der Zarenzeit, denen aus der Sowjetzeit und den modernen Bauten findet man sehr viele alte Wohnhäuser aus dicken, runden Holzstämmen mit wunderschönen Verzierungen aus Holz, die entweder den Brand überstanden haben oder danach erbaut wurden. Sogar ganze Straßenzüge im Zentrum bestehen zu einem großen Teil aus solchen Gebäuden. Einige von ihnen sind zweistöckig mit Erkern, Balkonen und reichen Schnitzereien, andere sind klein, ebenerdig und haben trotz ihrer Bescheidenheit hölzerne Fenster-, Tür- und Dachverzierungen.

Irkutsk – Wohnhäuser aus der Zarenzeit

Manche Häuser sind im Laufe der Jahre bis zu den Fensterbrettern in den Boden eingesunken. In früheren Jahren sah ich fast keine sanierten Gebäude dieser Art und habe den Verfall sehr bedauert, aber bei meinem heutigen Stadtbummel fallen mir gleich mehrere ins Auge. An einem noch in Arbeit befindlichen Mehrfamilienhaus befindet sich ein Schild, auf dem als Auftraggeber der Sanierung ein Fond der Oblast Irkutsk genannt ist.

Man könnte tagelang durch Irkutsk streifen und würde immer wieder Interessantes entdecken. Sehenswert sind zum Beispiel die steinernen, öffentlich zugänglichen Gebäude aus der Zarenzeit, wie zum Beispiel der Bahnhof, die jetzige Landesbibliothek, die Museumsgebäude und Kulturstädten. Es gibt mehrere bemerkenswerte Kirchen, deren Architektur mit ihren vielfältigen Formen und farbigen Verzierungen außen fast noch eindrucksvoller wirkt wie die prächtigen Innenausstattungen. In der ganzen Stadt findet man zahlreiche Parks unterschiedlicher Größe. Manchmal sind es nur kleine grüne Oasen an irgendeiner freien Ecke, wo Blumenrabatten und Sitzbänke der Erholung dienen.

Mich interessieren besonders die typischen Wohngebäude aus der Zarenzeit, der Sowjetzeit und der Zeit danach im neuen Russland. Die Wohnblocks aus der Sowjetzeit sind meistens vier- oder fünfstöckig, sehr schlicht, haben aber fast alle eine verglaste Veranda und eine Bank vor der Haustür. Es gibt jedoch auch größere Gebäude mit mehr Stockwerken. Dazwischen liegen Kinderspielplätze und Grünstreifen mit Bäumen. Um den Wohnraumbedarf im städtischen Raum zu decken, wurden nach dem Zusammenbruch der Sowjetunion bis heute vor allem Hochhäuser mit zum Beispiel zwanzig Stockwerken gebaut, oft auch riesige, wie ein einziges Gebäude zusammenhängende Komplexe. Man hat sich aber bemüht, die Formen vielfältig zu gestalten und die Fassaden abwechslungsreich und bunt. Wenige Wohnungen haben einen Balkon, alle anderen eine verglaste Veranda. Weil es weder Keller- noch Bodenräume gibt, werden die Veranden in der Regel zur Lagerung von Gegenständen oder in der kühleren Jahreszeit auch von Lebensmitteln benutzt. Zum Sitzen sind die Temperaturen in diesen schattenlosen „Glaskästen" ohnehin zu extrem – im Sommer zu heiß, im langen Winter zu kalt. Im Erdgeschoss befinden sich meistens Läden oder es werden Dienstleistungen angeboten wie „Salon der Schönheit" (Friseur, Maniküre, Kosmetik), Sprachenschule, Kindergarten, Zahnarzt und so weiter. In den Anlagen wurden Bäume gepflanzt, Grünflächen angelegt und Kinderspielplätze gebaut sowie Stellplätze für Autos geschaffen.

Meistens werden die Wohnungen gekauft, nicht gemietet. Nataschas Dreizimmerwohnung aus der Sowjetzeit kostet zurzeit rund 4,5 Millionen Rubel, umgerechnet 75.000 Euro. Das Zuhause von Schenjas Familie in einem erst fünf Jahre alten Hochhaus wird zum jetzigen Zeitpunkt wesentlich mehr kosten – viel Geld verglichen mit den in Russland gezahlten Gehältern. Trotzdem werden erstaunlich viele Wohnungen mit Hilfe eines Bankkredits gekauft und abbezahlt. In unserem Bekanntenkreis in Tupik, Mogotscha und Irkutsk, der aus Menschen mit normalem oder niedrigem Einkommen besteht, haben alle ein eigenes Haus oder eine Eigentumswohnung.

Bei Natascha kann ich alle deutschen Internetportale nutzen, lese und sehe dort auch Beiträge deutscher Medien einschließlich Fernsehen. Im russischen Fernsehen sehe ich auch Sendungen der Deutschen Welle, die laut deutschen Aussagen angeblich gesperrt ist. Die Einseitigkeit der Berichterstattung des Westens und der Aussagen von Politikern erschreckt mich, eine Entwicklung, die sich schon seit langem abzeichnete, nach dem Beginn des Krieges gegen die Ukraine aber extreme Formen angenommen hat. Genaue Recherche, Analyse, Pragmatismus und Vernunft sind auf der Strecke geblieben.

Mit gemischten Gefühlen begebe ich mich am Abend des 30. September auf die umständliche Flugreise nach Deutschland. Mit Aeroflot fliege ich nach Moskau. Als ich auf dem Flughafen Scheremetjewo lande, habe ich mehrere Zeitzonen durchflogen und muss die Uhr fünf Stunden zurückstellen – hier ist es erst 22 Uhr. Mein Flug nach Istanbul startet am nächsten Morgen um 5:45 Uhr vom Flughafen Wnukowo, der 50 Kilometer entfernt ist. Man kann zwar mit der Metro ins Zentrum fahren, dort umsteigen und weiterfahren nach Wnukowo, aber das dauert einige Stunden, und ich weiß auch nicht, wo man in welche Linie umsteigen muss. Obwohl es die billigste Variante ist, habe ich keine Lust, mit meinem großen Koffer nachts umherzureisen. Im Internet habe ich gelesen,

Nataschas Haus aus der Sowjetzeit

Irkutsk – Wohnbauten aus jetziger Zeit

dass es in Scheremetjewo im Ankunftsterminal einen Schalter der Firma Jandex gibt, an dem man Taxifahrten buchen kann. Die Fahrt nach Wnukowo soll nur 1.700 Rubel kosten (zum gegenwärtigen Kurs von 1:60 umgerechnet 28 Euro). Glücklicherweise ist der Schalter gegenüber der Gepäckausgabe leicht zu finden. Ich buche das Taxi und bekomme einen Schein, auf dem der zu bezahlende Preis in Höhe von 1.700 Rubel, der Ort, an dem das Taxi vorfahren wird, die Uhrzeit des Vorfahrens und das Autokennzeichen ausgedruckt sind. Dadurch bin ich nicht auf die Flughafenpiraten, sprich private Fahrer angewiesen, die Flugreisende am Ausgang ansprechen und nach der Fahrt die mehrfache Summe des normalen Preises fordern. Will man vor der Fahrt den Preis absprechen, verweisen sie auf ein Taxameter, das angeblich die genaue Summe ausrechnen wird. Die unangenehme Überraschung eines horrenden Preises kommt dann beim Aussteigen. Wie ich von Bekannten hörte, gibt es diese Masche in anderen Ländern ebenfalls.

Als ich aus dem Ausgang trete, bin ich zuerst verwirrt. Vor mir fahren auf drei zweispurigen Fahrbahnen in einem stetigen Strom ohne Unterbrechung sehr langsam Jandex-Taxis entlang. Zwischen den Fahrbahnen sind Bürgersteige, auf denen die Fahrgäste auf ihr Taxi warten. Jetzt verstehe ich auch, was „Linie 2-3" auf meinem Zettel bedeutet: Mein Taxi wird auf einer der Spuren direkt neben der zweiten oder dritten Fahrbahn heranfahren. Ich sollte mich also auf den Bürgersteig zwischen der zweiten und dritten Fahrbahn stellen und danach Ausschau halten. Das klappt dann auch problemlos.

Der Fahrer ist ein angenehmer, höflicher junger Mann. Wir kommen schnell ins Gespräch. Er ist Kirgise und lebt mit seiner Frau in Moskau, die hier Informatik studiert. Vor wenigen Wochen haben sie einen Sohn bekommen. Bei der Betreuung wechseln sie sich ab – wenn seine Frau in die Uni muss, bleibt er zu Hause. Ich frage ihn, ob seine Frau Russin ist. Nein, sagt er, das passe nicht zusammen. Er sei Muselmane und seine kirgisische Frau habe den gleichen Glauben.

„Ist das Leben in Moskau denn nicht stressig und sehr teuer, vor allem die Mieten?", möchte ich wissen.

Ja, schon, bestätigt er, das Leben in seiner Heimat sei schöner und billiger, aber hier verdiene er mehr. Für ihre Zweiraumwohnung zahlen sie einschließlich der Nebenkosten 30.000 Rubel im Monat.

Weil ich mir vorstellen kann, dass Jandex den Fahrern Dumpinglöhne zahlt, frage ich, wie viel er verdient. „Fünftausend Rubel am Tag", antwortet er, „aber wenn viel zu tun ist, kann der Tag schon mal zwölf Stunden lang sein."

Gerechnet auf 20 Arbeitstage im Monat wären das 100.000 Rubel, die er voll ausgezahlt bekommt – trotz langer Arbeitstage viel Geld für russische Verhältnisse, mit dem die dreiköpfige Familie anscheinend recht gut auskommt.

Auf dem Flughafen angekommen, muss ich noch mehrere Stunden auf meinen Anschlussflug nach Istanbul warten und beschäftige mich mit Lesen und Tagebuchschreiben. Gegen zwei Uhr nachts setzt sich eine Russin neben mich. Sie erzählt, dass sie in Jakutsk, der Hauptstadt der Republik Sacha, zu Hause sei, aber eine Wohnung in Bulgarien habe. Dort wohne sie ein halbes Jahr von Frühling bis Herbst. Den Winter verbringe sie dann zu Hause in Jakutien, wo auch ihr Sohn mit Familie wohne. Ich wundere mich: „Ich würde eher annehmen, dass Sie den Winter im wärmeren Bulgarien verbringen statt im kalten Jakutien?"

„Oh nein, der Sommer in Jakutsk ist schrecklich. Waldbrände in der Umgebung, Rauch, große Hitze, tauender Permafrostboden, Schmutz, dagegen sind Schnee und Kälte gar nichts", höre ich und erwidere:

„Ich verstehe. Von den Bränden wurde, wie schon die Jahre vorher, jeden Tag im Fernsehen berichtet. Es brannte von Frühjahr bis Herbst ohne Unterlass, hervorgerufen durch Blitzeinschläge, große Hitze, Trockenheit und fehlenden Regen. Und da, wo ich wohne, rund 600 Kilometer Luftlinie von der Grenze zu Jakutien entfernt, hat es vorigen und diesen Sommer andauernd geregnet. Sie kommen jetzt aus Bulgarien?"

„Ja, aber auf dem Umweg über Istanbul, also Sofia-Istanbul und Istanbul-Moskau. Vor den Sanktionen gab es eine direkte Flugverbindung Sofia-Moskau. Jetzt muss ich noch 14 Stunden auf meinen Flug nach Jakutsk warten, der sechseinhalb Stunden dauert."

Endlich hat meine Wartezeit ein Ende, und ich kann gleich bis Hamburg einchecken, sodass ich meinen Koffer erst wieder in Hamburg in Empfang nehmen muss. Ich hatte erwartet, dass das Flugzeug voller russischer Männer ist, die davor fliehen, für den Ukrainekrieg eingezogen zu werden, aber das Publikum ist gemischt – Familien mit kleinen Kindern, Ehepaare, Männer und Frauen verschiedenen Alters. Viele davon haben wohl Verwandte auf der einen wie auf der anderen Seite und müssen nun bei Verwandtenbesuchen große Umstände und Kosten in Kauf nehmen, was auch die Deutsch-Russen in Deutschland betreffen dürfte. Man kann nur froh sein, dass sich die türkische Regierung den Sanktionen nicht angeschlossen hat. Der Flug nach Istanbul dauert vier Stunden und fünfzehn Minuten, und nach der Landung habe ich noch zwei Stunden Zeit bis zum Anschlussflug nach Hamburg. Der Flughafen ist sehr nobel, und es gibt nur die vornehmsten Geschäfte. Eigentlich wollte ich für meine Nachbarin, die Kühlschrank-Magnete sammelt, einen Magnet aus Istanbul mitbringen, aber so etwas Popliges ist nicht zu finden, anders als zum Beispiel in Moskau.

Als ich, nach 40 Stunden auf den Beinen, in meiner Hamburger Wohnung gelandet bin, sage ich: „Danke, Olaf, dass sich die Sanktionen nicht gegen die Menschen richten, sondern gegen das russische Regime, wie du neulich betont hast. Ich hätte das sonst gar nicht bemerkt."

In einem fremd gewordenen Land

Dagmar, meine liebe Nachbarin, hat sich während meiner langen Abwesenheit um die Wohnung gekümmert. Alles ist in bester Ordnung und auf dem Tisch steht zu meiner Freude ein Strauß gelber Chrysanthemen als Willkommensgruß. Die großen Bäume in unserem Innenhof und entlang der Straße sind noch dicht belaubt, und das Wetter ist beinahe sommerlich warm. Restaurants und andere Einrichtungen haben geöffnet, Masken müssen nur noch in Verkehrsmitteln, Einrichtungen des Gesundheitswesens und Pflegeheimen getragen werden, obwohl die Sieben-Tage-Inzidenz bei Coronaerkrankungen bei fast 500 liegt.

Als ich im Mai 2021 abreiste, lag die Inzidenz bei 72 und alles war geschlossen, und bei meiner Abreise im Februar 2022 war die Inzidenz ebenso hoch, es gab aber Lockerungen im Zusammenhang mit der Impfquote. Durch die Schließungen und Einschränkungen entstanden große finanzielle und soziale Schäden, obwohl einige Virologen schon lange immer wieder darauf hingewiesen hatten, dass wir statt Schließungen lernen müssten, unter klügeren Maßnahmen mit dem Virus zu leben. Ob seitdem kluge Maßnahmen ergriffen wurden, weiß ich nicht, aber offenbar leben wir nun mit dem Virus. Über den Wegfall der coronabedingten Einschränkungen bin ich erleichtert, merke aber schnell, dass nun andere Einschnitte auf mich zukommen. Der erste Schock ereilt mich beim Lebensmitteleinkauf, obwohl ich in Deutschland sehr bescheiden esse und auf verarbeitete Lebensmittel beinahe ganz verzichte. Das kann doch nicht wahr sein, denke ich, als ich die Preise sehe. Doch, kann es. Laut Statistischem Bundesamt liegt die Inflationsrate (mit weiter steigender Tendenz) bei Lebensmitteln zwischen September 2021 und September 2022 bei 18,7 Prozent, während die Gesamtinflationsrate 10 Prozent beträgt. Das ist noch nicht das Ende der Fahnenstange, denn Ende Dezember 2022 beträgt die Inflationsrate bei Lebensmitteln satte 20,7 Prozent. In meiner Wohnung sorgt eine Gastherme für Heizung und Heißwasser. Ende 2022 läuft die vertraglich vereinbarte Preisgarantie aus, und mein Versorger teilt mir mit, dass sich ab Januar 2023 der Arbeitspreis von 6,70 Ct/kwh aus 2022 auf 18,74 Ct/kwh erhöht und mein Abschlag statt 31 Euro nun 111 Euro betragen wird. Toll, dass der Staat immense Schulden (ach nein, das heißt ja nun „Sondervermögen") aufnehmen wird, um die sogenannte „Preisbremse" zu finanzieren. Nicht toll, dass die Preisbremse nur für 80 Prozent des Vorjahresverbrauchs gilt und der preisgebremste Gaspreis mit 12 Cent pro Kilowattstunde fast doppelt so hoch wie vorher und für den Rest des Verbrauchs dreimal so hoch ist.

Natürlich überlege ich schon mal, wie viel Prozent Zinsen mir meine Bank zahlen wird für mein privates „Sondervermögen", das ich vielleicht auch aufnehmen muss? Oder wird die Bank es etwa als Überziehungskredit bezeichnen, was in neuerer Zeit doch bestimmt politisch unkorrekt wäre?

Vielleicht sollte ich Wirtschaftsminister Habeck fragen. Er weiß zwar nicht, was eine Insolvenz ist, hat als Grüner aber sicher Kompetenz als Sprachpolizist. Fragen über Fragen!

Politiker und Medien verkünden, dass ausschließlich Putin und sein Ukrainekrieg Schuld ist an der privaten und wirtschaftlichen Misere – nicht etwa die westliche Politik in Vorfeld und Gegenwart sowie die Sanktionen gegenüber Russland. Mit derartigen Schuldzuweisungen versucht man, die Verantwortung für Fehlentwicklungen von sich auf andere zu schieben. Dass Politiker ihre Fehler schönreden, ist man leider schon gewöhnt, aber dass sogenannte „Qualitätsmedien", von denen man Wahrheit, Objektivität und Unabhängigkeit der Berichterstattung erwartet, Fakten verschweigen oder verdrehen und dadurch die Meinungsbildung manipulieren, ist unerträglich.

Die meisten meiner Bekannten und Freunde haben sich aus dem, was sie täglich in den Medien hören und lesen, eine Meinung gebildet, denn noch immer weit verbreitet ist der – man muss es leider so sagen – naive Glaube an die „Freiheit der Presse" und an ein demokratisches System, in dem die gewählten Politiker die Macht ausüben, um die Interessen ihres Wahlvolks zu vertreten. Doch je intensiver man sich mit diesen Themen beschäftigt und die Fakten recherchiert, umso mehr weicht dieser schöne Glaube der bitteren Realität.

Ich kann verstehen, dass die meisten Menschen ihre Zeit nicht darauf verwenden möchten, Bücher mit politischen Themen zu lesen und im Internet die Tatsachen zur Ukrainekrise zu recherchieren, aber sie sollten dann auch bedenken, dass ihre Informationen zu lückenhaft sind, um sich daraus ein wirklichkeitsgetreues Bild machen zu können. Jedoch ist die Kenntnis von Tatsachen unerlässlich, um sich eine einigermaßen fundierte Meinung bilden zu können. Deshalb habe ich mich entschlossen, diesem Buch einen Anhang „Ukrainekrieg – Ursachen und Hintergründe" hinzuzufügen, der auf der Grundlage nachweisbarer Tatsachen die Entwicklung der Ukrainekrise bis zum Krieg und die Rolle des Westens erklärt.

Ich fühle mich fremd in diesem Deutschland, und auch meine zweite Heimat in Sibirien habe ich verloren. Wie soll es weitergehen? Früher hatte ich immer Pläne, Vorhaben, die ich umsetzen wollte und die mich begeisterten, doch jetzt? Was ist wichtig und erstrebenswert, wofür will ich Zeit aufwenden? Ich muss mich neu orientieren. Da geschieht etwas, das meine Überlegungen in eine ganz andere Richtung lenkt.

Auffallend ist, dass ich seit zehn Tagen nur einmal normalen Stuhl hatte, dafür aber ständig starke Durchfälle. Eines Morgens wache ich auf und will zur Toilette eilen. Dabei bemerke ich hellrote Blutflecke auf Laken und Nachthemd. Das ist jetzt kein Traum, das ist Wirklichkeit, denke ich. Mir fällt keine andere Erklärung ein als Darmkrebs, wahrscheinlich schon fortgeschritten. Ich muss das durch eine Darmspiegelung abklären lassen. Mit der Überweisung meines Hausarztes gehe ich in eine Endoskopie-Praxis und bitte um einen baldigen Untersuchungstermin.

Offenbar hält man für akute Fälle Termine frei, denn ich muss auf das Vorgespräch nur drei Tage und danach auf die Untersuchung nur vier Tage warten. Die Dauer der Ungewissheit verlängert sich durch das dazwischen liegende Wochenende – Zeit zum Nachdenken. Gäbe es noch eine andere Erklärung für das Problem, hatte ich anders gegessen oder sonst etwas anders gemacht? In Irkutsk hatte ich eine Bekannte, eine Ärztin, wegen einer kleineren Beschwerde konsultiert. Sie empfahl mir, vorbeugend täglich 100 Milligramm Aspirin einzunehmen. Vorsichtshalber unterlasse ich das nun.

Jedes Jahr werden in Deutschland eine halbe Million Krebs-Neuerkrankungen festgestellt, mit steigender Tendenz. Mir war schon lange bewusst, dass man von einem Tag auf den anderen die Diagnose Krebs erhalten kann. Ich hatte über Krankheit und Tod nachgedacht und meinen inneren Frieden damit geschlossen. Insofern fühle ich mich jetzt weder ängstlich noch traurig. Dies drückte sich auch deutlich in einem Traum aus, den ich vor vielen Jahren hatte und an den ich mich immer noch erstaunlich klar erinnere: Ein Arzt eröffnete mir plötzlich, ich hätte Krebs und würde am nächsten Tag sterben. Ich sprach mit keinem darüber, war auch nicht besonders geschockt oder traurig, sondern entsorgte noch am selben Tag alle meine Sachen, damit sie nach meinem Ableben niemanden stören würden, und gab die Wohnung auf. Am Abend wusste ich dann nicht, wo ich bis zu meinem Ende bleiben sollte. Aber ich sah, dass die anderen Todeskandidaten in einen Raum gingen und folgte ihnen. Es war der Warteraum für den Tod. Er war völlig leer bis auf die Stühle für die Wartenden, die nichts bei sich trugen. Alle saßen ruhig da, sie warteten einfach nur, bis sie aufgerufen würden, um durch die zweite Tür das Zimmer zu verlassen. Eine der Wartenden war eine frühere Kollegin.

Mit dieser Kollegin bin ich noch immer befreundet. Ich hatte sie einige Tage nach meiner Rückkehr aus Sibirien angerufen, und sie hatte mir zu meiner Betroffenheit erzählt, dass sie eine größere Darmkrebs-Operation hinter sich habe und jetzt Chemotherapie bekäme.

Wie immer, wenn ich in eine schwierige Situation gerate, mache ich mir auch jetzt einen Plan, wie ich sie bewältigen will. Falls sich mein Verdacht, Darmkrebs im fortgeschrittenen Stadium zu haben, bestätigen sollte. will ich mich weder operieren noch eine andere Therapie an mir durchführen lassen, sondern die verbliebene Zeit nutzen, alle meine Sachen loszuwerden, Verträge zu kündigen und Abschied zu nehmen. Meine Beerdigung habe ich schon vor Langem organisiert und bezahlt. Bei Spaziergängen auf dem Ohlsdorfer Friedhof, dem schönen und größten Parkfriedhof der Welt, gehe ich manchmal an meinem zukünftigen Grab vorbei und begrüße den jungen Ahornbaum, unter dem sich meine Asche einmal mit der Erde vermischen wird.

Das Einzige, was mir wirklich Sorgen macht, ist ein unwürdiges, hilfloses Dahinsiechen bis zum Tod. Es wäre eine große Erleichterung für mich zu wissen, einem solchen Schicksal durch einen selbstbestimmten Tod entgehen zu können.

Wie ich erfahre, erklärte das Bundesverfassungsgericht tatsächlich am 26. Februar 2020 den § 217 StGB für verfassungswidrig und nichtig, sodass Beihilfe zur Selbsttötung nicht mehr illegal ist. Allerdings steht das Betäubungsmittelgesetz einem Erwerb von Natrium-Pentobarbital in einer tödlichen Dosis entgegen. Über drei Jahre nach der Entscheidung des Bundesverfassungsgerichts ist der Zugang zu Betäubungsmitteln für Menschen mit Sterbewunsch in Deutschland gesetzlich noch immer nicht geregelt, weil man sich im Bundestag nicht einigen kann.

Unaufgeregt gehe ich zehn Tage später zur Darmspiegelung, denn egal, wie das Ergebnis sein wird, ich werde damit umgehen können. Als mir der Arzt mitteilt, dass der Darm vollkommen in Ordnung ist, bin ich natürlich froh, denn lebensmüde bin ich nicht. Ich hatte schon seit einigen Tagen wieder normalen Stuhlgang und deshalb gerätselt, ob die Beschwerden vielleicht durch die Einnahme der Aspirintabletten in Kombination mit einem Medikament herrührten, das ich seit Jahren einnehmen muss. Tatsächlich sind auf beiden Beipackzetteln Magen-Darm-Blutungen als mögliche Nebenwirkungen genannt. Bei zeitlich getrennter Einnahme waren vorher keine Probleme aufgetreten. Trotzdem verzichte ich auf die regelmäßige Einnahme von Aspirintabletten, zumal auch mein Hausarzt davon abrät.

Ab und zu ruft mich Slawa vom Satellitentelefon aus an. Die Gesprächsminute ist extrem teuer, und wir müssen uns kurzfassen – auch deshalb, weil er im Freien telefonieren muss und es sehr kalt ist, fast minus 50 Grad Celsius. Slawa wartet auf etwas milderes Wetter, um mit dem LKW nach Mogotscha zu fahren und Lebensmittel, Benzin und anderes zu kaufen. Jetzt wäre es zu gefährlich, denn sollte der Wagen wegen eines Defekts liegenbleiben und die Entfernung bis zur nächsten Jagdhütte weit sein, droht Erfrieren.

Später, einige Tage nach Heiligabend, erhalte ich einen Anruf Slawas aus Mogotscha. Er fragt besorgt, wie es mir gehe und ob ich frieren müsse in meiner Wohnung. Umgekehrt erkundige ich mich bei ihm: „Und wie lebt ihr jetzt? Ist alles sehr teuer oder schwierig bei euch? Slawa beruhigt mich: „Nein, alles okay, manches ist teurer, aber anderes sogar billiger geworden. Ich habe auch gut Geld verdient. Alle meine Zobelfelle konnten auf der Auktion verkauft werden, außerdem habe ich Lizenzen für den Abschuss von Rentieren und Elchen erworben, sodass ich Wildfleisch verkaufen kann.“ Er setzt hinzu: „Aber das ist es nicht – weißt du, die Jahre mit dir waren die besten meines Lebens.“

Wir schweigen einen Moment. „Es ist schön, dass du das sagst.“ Dann möchte ich wissen, ob viele unserer Bekannten zum Kriegsdienst eingezogen worden sind. „Viele nicht, aber einige“. Er nennt mir drei, vier Namen.

„Seid ihr wütend auf Putin wegen des Krieges?“, frage ich. „Nein, eher auf den Westen, der einen Keil zwischen die Ukraine und Russland getrieben hat und die NATO noch näher an Russland bringen wollte. Ohne das wäre es nicht zum Krieg gekommen“, meint er.

Ich erzähle ihm nicht, dass ich Sehnsucht nach der Taiga habe, nach der Stille, der Reinheit und nach dem Schnee, der unter den Schritten knirscht. Ich erzähle ihm auch nicht, wie sehr mich der Widerspruch zwischen den öffentlichen Verlautbarungen zur Ukraineproblematik und den Fakten deprimiert, die ich mühsam in Internet und Büchern recherchiere, um der Wahrheit möglichst nahe zu kommen.

Ich bilde mir ein, meinen Lesern ein wenig mehr Klarheit verschaffen zu können, ja zu müssen. Wie könnte ich diese politischen Geschehnisse ignorieren, unter denen besonders die einfachen Bürger zu leiden haben – Ukrainer, Russen, Deutsche und so viele andere auch? Und es geht immer weiter.

Wie verhält sich der Westen? Mit der Begründung, man müsse die Ukraine in ihrem Freiheitskampf unterstützen, liefert er immer mehr Waffen und überschüttet das Land mit Geldern, anstatt alles zu versuchen, über Verhandlungen eine diplomatische Lösung zu finden. Haben wir Europäer denn völlig vergessen, wie sich Krieg im eigenen Land anfühlt? Selenskyj erließ am 30. September 2022 ein Dekret, das jegliche Verhandlungen mit dem Präsidenten der Russischen Föderation, also Putin, gesetzlich verbietet. Was bezweckt er damit – Kämpfe „bis zum letzten Mann"?

Vor Kurzem las ich die Erzählung „Der Weg des Schnitters" des kirgisischen Schriftstellers Tschingis Aitmatow. Sie handelt in einem kleinen kirgisischen Dorf, wo die Menschen friedvoll ihrer anstrengenden Arbeit in der Kolchose nachgehen, lieben, heiraten und bescheidene Feste feiern. Als der Zweite Weltkrieg über sie hereinbricht, ändert sich alles. Ehemänner und geliebte Söhne werden als Soldaten eingezogen, schmerzlich verabschiedet, sehnlichst zurückerwartet, sterben an der Front, die Menschen hungern. Die Landarbeiterin Tolganai erzählt der Mutter Erde, einem Feld, ihre Geschichte. Mit einfachen Worten, einfühlsam, menschlich anrührend bringt Aitmatow das Schicksal dieser Menschen in mein Wohnzimmer, und ich weine. Ich verstehe, was Krieg bedeutet und dass es zweitrangig ist, welche Seite „recht" hat, denn aus Sicht der Politiker hat die eigene Seite immer recht. Über allem anderen muss stehen: Niemals Krieg! Man kann immer eine Lösung finden, die für beide Seiten vielleicht nicht ideal, aber akzeptabel ist. Und falls Krieg herrscht, muss er beendet werden. Nicht erst nach einem bitteren Sieg, der mit unendlichem Leid verbunden ist, sondern so schnell wie möglich durch Verhandlungen mit Kompromissbereitschaft und gegenseitigem Verständnis für die Lebensinteressen des vermeintlichen Gegners. Das gilt im Großen wie im Kleinen.

Wie geht der Streit mit einem Nachbarn aus, wenn man sich nicht auf den kleinsten gemeinsamen Nenner einigt, sich in gegenseitiger Rücksichtnahme übt und respektvoll miteinander umgeht? Wäre es vernünftig, den Streit zum Schaden beider immer weiter eskalieren zu lassen, bis man sich die Köpfe einschlägt oder die Häuser anzündet? Wenn Zwei sich schlagen, geben Sie dann einem der beiden eine Waffe, selbst wenn er „recht“ hat, oder versuchen Sie zu schlichten beziehungsweise rufen Sie die Polizei, damit sie die Kontrahenten trennt?

Doch besonders in Kriegen haben nicht die Bürger das Sagen, sondern Konzerne mit ihren Lobbyisten sowie Politiker, die Nutzen daraus ziehen oder zu feige sind, sich dem entgegenzustellen.

Der Dritte Weltkrieg hat schon angefangen

Ohne dass wir es bewusst wahrgenommen haben, hat der Dritte Weltkrieg bereits begonnen. Er begann schon lange vor Ausbruch des Ukrainekriegs als Kalter Krieg mit Kriegsrhetorik gegen Russland und mit Erweiterung des NATO-Einflussbereichs bis an Russlands Grenzen, angeführt von den USA und vehement befeuert von Polen, den baltischen Staaten und in Deutschland besonders von der Partei Die Grünen, emsig unterstützt von den Massenmedien. Anstatt offen die tatsächlichen Interessen zu benennen, nämlich eine Ausweitung der militärischen und wirtschaftlichen Macht des Westens auch auf alle weiteren ehemaligen Sowjetstaaten, die Verhinderung der Zusammenarbeit Europas mit Russland sowie die nachhaltige Schwächung Russlands, hat man den Bürgern eingeredet, es ginge um Freiheit, Demokratie und Menschenrechte in der Ukraine, die man mit Sanktionen gegenüber Russland erzwingen müsse. Gleichzeitig nutzte man die Jahre, um die Ukraine militärisch aufzurüsten. Sie wurde das Mittel zum Zweck, als Russland sich nach ständigen Provokationen der NATO entschloss, einen völkerrechtswidrigen Krieg gegen das Land zu beginnen. Dieser Krieg ist die üble Folge einer üblen Vorgeschichte.

In Deutschland ist die Stimmung geteilt. Während die Menschen in Ostdeutschland, bedingt durch die Nazi- und Sowjetzeit, eher kritisch den Verlautbarungen von Politikern und Medien gegenüberstehen, haben die Schlagworte Freiheit, Demokratie und Menschenrechte vielen westlichen Bürgern Sand in die Augen gestreut. Statt auf Verhandlungen zu drängen, fordern sie noch mehr Waffenlieferungen ins Kriegsgebiet und forcieren die Weiterführung eines Krieges mit ungewissem Ausgang. Dies allerdings mit einer Einschränkung – natürlich nicht auf dem eigenen Boden und auch nicht mit den eigenen Söhnen, Brüdern und Ehemännern. Das meinte wohl auch die zur Kriegsministerin mutierte, von grün zu schwarz umgefärbte Außenministerin Baerbock, als sie sagte *„Die Ukraine verteidigt auch unsere Freiheit"* und die Welt müsse sich darauf einstellen, dass dieser Krieg noch Jahre dauern könnte.[11] Ja, wenn man selbst im Wohlstand lebt, die Belastungen der Allgemeinheit aufbürden kann und die eigene Familie in Sicherheit weiß, ist es leicht, zigtausende weitere Kriegstote in Kauf zu nehmen. Völlig sinnfrei ist dazu noch die Behauptung, die Ukraine verteidige unsere Freiheit. Wie denn? Einmal aber sagte sie, allerdings rein versehentlich, die Wahrheit: *„Wir führen einen Krieg gegen Russland und nicht gegeneinander."* Das war am 24. Januar 2023 in Straßburg vor dem Europarat.[12]

Auf der Münchner Sicherheitskonferenz 2023 antwortete sie auf die Frage, ob es eine Chance für Sicherheit in der Ukraine gebe, solange Putin russischer Präsident sei: *„Wenn Putin sich nicht um 360 Grad ändert, dann nicht."*[13] Auch von Mathematik hat sie demnach keine Ahnung. Der frühere russische Präsident Medwedjew twitterte: *„...Sie ist ein wahres Mathematikgenie. Wir werden dem* *folgen und genau da ankommen, wo wir jetzt schon sind.“* Die Sprecherin des russischen Außenministeriums kommentierte ironisch: *„Wenn die deutsche Außenministerin nicht mindestens ein Schulfach lernt, dann gibt es unter ihrer Herrschaft keine Sicherheit für Deutschland.“*

Der schlimmste Anschlag auf Europas Sicherheit ist die Entschließung, die das Europaparlament am 15. Juni 2023 mit 425 gegen 38 Stimmen bei 42 Enthaltungen angenommen hat: Neben einer Reihe von Unterstützungsmaßnahmen für die Ukraine fordert es die NATO auf, der Ukraine den möglichst raschen Beitritt zur NATO anzubieten. Eine andere Möglichkeit für Sicherheitsgarantien, die sowohl im Interesse der Ukraine als auch Russlands sind, wird dadurch ausgeschlossen. Erstaunlich, wie schnell der NATO-Beitritt „auf die Tagesordnung“ gesetzt werden kann, nicht wahr, Herr Scholz?

Westliche Politiker und Medien verkünden ständig, Russland drohe mit dem Einsatz von Atomwaffen. Das kümmert sie aber offensichtlich wenig, denn sie versuchen nicht, den Konflikt zu entschärfen – im Gegenteil, sie befeuern ihn weiter. Es erinnert an die Zeit vor Beginn des Ukrainekriegs, als ebenfalls Kriegsdrohungen Russlands im Raum standen. Damals haben es die Politiker entweder nicht ernst oder sogar bewusst in Kauf genommen – jetzt geschieht wieder das Gleiche! Werden wir von Gewissenlosen, Korrupten, Dummköpfen regiert oder „nur“ von Verrückten, denen man zumindest mildernde Umstände zugestehen könnte?

Die „Zeitenwende“, von der Bundeskanzler Olaf Scholz gesprochen hat, bezieht sich nicht mehr nur auf den Beginn des Angriffskriegs Russlands, sondern für die Deutschen sowohl auf die Innen- als auch auf die Außenpolitik und deren Akteure. Wohin man auch schaut, nichts funktioniert einigermaßen gut. Bildungssystem, Verkehrswende, Wohnungssituation, Migrationspolitik, Energiepolitik, Klimapolitik, Gesundheitssystem, Wirtschaft, Inflation – alles liegt im Argen. Ende Mai 2023 muss öffentlich zugegeben werden, was Kritiker schon lange vorhergesagt haben: Deutschland befindet sich in einer Rezension.

Mich bedrückt aber vor allem die Stimmung in Deutschland – die Meinungsmache, die Feindseligkeit, der Hass, die Unversöhnlichkeit in Medien und Politik. All dies dringt wie Gift in die Seelen vieler Menschen ein und beeinflusst ihre Haltung. Dabei vergessen wir unsere inneren Sehnsüchte nach Frieden, Freundlichkeit, Verständnis und Versöhnung. Ich habe in Russland nie so viel Hass gesehen wie jetzt in Deutschland, obwohl die Russen Grund dazu hätten, Deutschland zu hassen.

Auf der Suche nach Heimat

Bisher hatte ich mich niemals heimatlos gefühlt. Aber nun empfinde ich diesen Staat, so wie er durch Politik und Medien geformt wird, nicht mehr als meine Heimat. Er ist mir fremd und fühlt sich an wie ein Hemd, das nicht passt, den Hals einschnürt, auf der Haut kratzt und schlecht riecht. Dabei mag ich Hamburg und seine Bewohner, die unaufgeregt und freundlich sind, und eine innere Beziehung fühle ich zu Mecklenburg, wo ich vor der Wiedervereinigung viele Jahre lebte.

Gibt es vielleicht zwei Parallelwelten – einerseits die Politik und die Mainstream-Medien und andererseits die Menschen, die dem ausgesetzt sind, sowie das Land an sich mit seinen Feldern, Bergen, Wäldern, Seen?

In einer Stadt wie Hamburg bedarf es großer Disziplin, um sich abzuschotten von Politik, Rundfunk, Fernsehen, Internet, Presseerzeugnissen. Daher wähle ich einen für mich leichteren Weg und entscheide mich, zu Fuß durch die Landschaften Mecklenburgs zu wandern. Meine Hoffnung ist, das wirkliche Deutschland wieder lieben zu lernen.

Anfang Juli 2023 stehe ich morgens an der Bushaltestelle vor meinem Haus, um zum Hauptbahnhof und von dort bis Bad Kleinen zu fahren. Auf meinem

Zu Fuß durch Mecklenburg – Was werde ich erleben?

Wanderwägelchen, auch Pilgerwagen genannt, sind ein größerer und ein kleiner wasserdichter Packsack festgeschnallt. Darin befinden sich Zelt, Schlafmatratze, eine Decke, Kleidung, Regencape, Fotostativ, Powerbank, Hygieneartikel, Kocher, zwei kleine Alutöpfe, Essgeschirr, thailändische Nudelsuppen, löslicher Kaffee, Müsli und wenige andere notwendige Dinge für eine mehrwöchige Wanderung. Der Wagen hat zwei Zugdeichseln, an denen ich ihn mit den Händen oder mittels Hüftgurt hinter mir herziehen kann. Auf dem Rücken trage ich meinen Wanderrucksack, der zwei Liter Wasser, Kartenmaterial, Portemonnaie, Handy, Regenschutz, eine Jacke, Videokamera und einige weitere Kleinigkeiten enthält.

Mein Plan ist, zuerst auf dem Naturparkweg E9a zu wandern, und zwar die Teilstrecke von Bad Kleinen bis Altentreptow. Anschließend soll es auf dem Mecklenburger Pilgerweg bis Mirow gehen, wo der Pilgerweg auf den Europäischen Fernwanderweg E10 trifft, dem ich bis Güstrow folgen will. Dort soll meine Wanderung mit der Zugfahrt nach Hamburg enden.

Vom Bahnhof Bad Kleinen kann man nach einigen hundert Metern durch den sogenannten „Eiertunnel" auf den Naturparkweg gelangen, der eine Weile am Ufer des Schweriner Außensees verläuft. Der 1896 gebaute, 27 Meter lange Fußgängertunnel quert unterirdisch die Bahngleise und führt zum Seeufer. Er ist einzigartig – innen eiförmig, wie auch sein Ein- und Ausgang, und mit Backsteinen ausgemauert. Maximal 205 Zentimeter hoch und in halber Höhe 125 Zentimeter breit, ist doch der Fußweg so schmal, dass keine zwei Personen nebeneinander gehen können. Mein Wägelchen passt glücklicherweise hindurch. Das Dumme ist nur, dass der Höhenunterschied zwischen der vom Bahnhof kommenden Straße und dem Seeufer 17 Meter beträgt und außerhalb des Tunnels durch eine Anzahl Treppen überwunden werden muss – die erste Prüfung für den Pilgerwagen. Ich arbeite mich langsam Treppenstufe für Treppenstufe nach unten, was aber durch die großen, mit Hartgummi bereiften Räder keine besonderen Schwierigkeiten bereitet.

Der Weg führt nicht immer flach am Seeufer entlang, sondern auch über kleine Umwege und Höhen. Eilig habe ich es nicht, denn meine Wegstrecke bis zum Campingplatz in Flessenow beträgt nur 12 Kilometer. Ich merke bald, dass sich das Gewicht der Packsäcke auf dem Wägelchen über die Zugdeichseln auf die Hände überträgt. Damit hatte ich nicht gerechnet. Dazu kommt das Rucksackgewicht. Es ist, als ob mein Körper plötzlich viele Kilo schwerer geworden sei, und diese Kilo spüre ich bei jedem Schritt. Das ist belastend und verunsichert mich sehr, weil die rechte Hüftseite meine Schwachstelle ist. Ich hatte schon oft Beschwerden, und der Orthopäde hat eine leichte Hüftarthrose und außerdem eine Spinalkanalverengung diagnostiziert. Deshalb war mir bereits vor Beginn der Wanderung bewusst, dass ich sie unter Umständen abbrechen müsste – versuchen wollte ich es aber trotzdem.

Als ich am Zeltplatz „Seecamping Flessenow" ankomme, bin ich ziemlich geschafft. Die Rezeption ist unbesetzt, aber man soll klingeln. Ich erkläre der aus dem Lautsprecher antwortenden Stimme, dass ich für eine Nacht mein Zelt aufstellen wolle. „Das geht leider nicht. Der Platz ist seit diesem Jahr nur noch für Dauercamper geöffnet. Aber zwei Kilometer weiter gibt es einen Campingplatz", höre ich. Die zwei Kilometer würden mich vom Wanderweg entfernen, und ich müsste sie am nächsten Tag zurückgehen.

„Ich kann nicht mehr weitergehen. Ich bin zu Fuß unterwegs und sehr müde. Wenn sie nicht wollen, dass ich vor ihrem Tor zusammenbreche, müssen Sie mich schon nehmen." Eine kleine Erpressung halte ich in meiner Situation für durchaus angebracht. Damit habe ich Erfolg, denn ich darf „auf der großen Wiese" mein Zelt aufschlagen. Ich habe sie ganz allein für mich; die Dauercamper mit ihren Wohnwagen stehen ein Stückchen entfernt nahe dem Seeufer. Die Anlage ist recht groß und liegt idyllisch zwischen Seeufer und Wald. Unverständlich, warum sie nicht mehr als Campingplatz genutzt wird. Natürlich würde das für den Betreiber viel mehr Arbeit machen durch ständige An- und Abreisen und häufigere Säuberung von Toiletten und Duschräumen. Personalmangel im Dienstleistungsbereich ist auch in Mecklenburg ein Problem.

Wie ich später von einer Einheimischen erfahre, wird der Platz von einem Holländer betrieben. Am nächsten Morgen ist er in der Rezeption und knöpft mir üppige 20 Euro für die Übernachtung ab. Wie schon am Nachmittag und Abend zuvor herrscht Totenruhe auf dem Gelände, ich sehe niemanden. Wie gruselig, denke ich. Vielleicht ist das ein Friedhof für Dauercamper und die Wohnwagen sind so etwas wie ihre Mausoleen?

⌘ ⌘ ⌘

In der Hoffnung, es mir leichter zu machen, verteile ich das Gepäck anders als am Vortag und lege auch den Rucksack auf den Pilgerwagen. Weit komme ich mit der Fuhre nicht, denn die drei übereinandergeschnallten Gepäckstücke rutschen dauernd seitlich weg. Also alles raus, neu verteilen, festzurren und den Rucksack wieder auf dem Rücken tragen. Ich habe einfach mehr Sachen mit, als ich ohne Überlastung transportieren kann, und das hält mich immer wieder auf.

Nachdem ich das Dorf hinter mir gelassen habe, gehe ich auf einem Feldweg weiter, vorbei an Kopfweiden mit dicken Stämmen, von denen manche schon zerborsten oder hohl sind, trotzdem aber noch einen üppigen Bubikopf aus Weidenzweigen tragen. Im Wind sieht es aus, als schüttelten die alten Burschen ihr wildes Haar. Später säumen große Eichen mit tiefen Altersfurchen in den grauen Stämmen den Weg. Das dichte, grüne Blattwerk an den knorrigen Ästen bietet Schatten und atmet Feuchtigkeit, sodass das Wandern unter ihnen trotz der heißen Sonne angenehm ist. Auf den Feldern zu beiden Seiten wachsen Maisstauden, bis sie durch Wald abgelöst werden.

Nach 13 Kilometern erreiche ich den Ort Bibow, wo ich an der Tür eines neu aussehenden, recht prächtigen Hauses, das nicht so recht in ein kleines meck-

Am weltweit heißesten Tag seit Aufzeichnung bietet die Eichenallee Schatten

lenburgisches Dorf zu passen scheint, klingle und die Hausfrau bitte, meine beiden Flaschen mit Leitungswasser zu füllen. „Ich habe Ihnen in die eine Flasche etwas selbstgemachten Holundersirup reingetan", sagt sie, als sie mir die Flaschen überreicht. „Oh, ganz herzlichen Dank! Das kann ich wirklich gut gebrauchen", freue ich mich.

Auf der Karte habe ich gesehen, dass die Entfernung von Flessenow bis zum nächsten Zeltplatz am Naturparkweg 32 Kilometer beträgt, zu weit für eine Tagestour. Doch etwa vier Kilometer hinter Bibow liegt ein Waldsee mit einer FKK-Badestelle, und ich vermute, dass abends dort niemand mehr sein wird, der sich an meinem Zelt stören könnte. Tatsächlich steht bei meiner Ankunft nur ein kleines Wohnmobil am Rand einer Wiese, die sich hinunter bis zum Seeufer erstreckt. Der Badeplatz mit Blick auf den einsamen See ist herrlich – grünes, dichtes Gras, ein vom Schilf befreiter, drei Meter breiter sandiger Zugang ins Wasser und im Rücken der Wald. Es gibt dort sogar ein Dixi-Klo, sauber und ohne Bezahlung zugänglich. Erleichtert baue ich mein Zelt auf und werde bald unterbrochen. Der Bewohner des Wohnmobils, Jürgen aus Vechta, interessiert sich für mein ungewöhnliches Gefährt und wohl auch für mich, eine alte Frau auf Abwegen. Er fragt nach meinem Woher und Wohin. Beim Wohin äußere ich Zweifel, ob ich alles wie geplant realisieren könne. Sein Vertrauen in mich ist stärker als meins. „Das schaffst du, du bist stark", meint er. Er erzählt mir, dass er Mecklenburg liebe und oft hierher komme. Bevor er mit dem Fahrrad ins einige Kilometer entfernte Warin zum Einkaufen fährt, fragt er, ob er mir etwas mitbringen soll.

Ich bin noch dabei, mich einzurichten, als eine Frau im Rentenalter mit dem PKW ankommt, um im See ein abendliches Bad zu nehmen. Auch sie spricht mich an. Ich erfahre von ihr, dass sie und ihr Mann nach der Wiedervereinigung aus dem Westen hier ganz in die Nähe, nach Zahrensdorf, gezogen seien. Im Westen hätten sie sich keinen Hauskauf leisten können, aber im Osten habe das sanierungsbedürftige Haus einschließlich zwei Hektar Land nur 18.000 DM gekostet.

Sie klingt enttäuscht, als sie mir anvertraut, dass die Einheimischen nicht sehr aufgeschlossen ihr und ihrem Mann gegenüber sind, obwohl sie beide ein offenes und kontaktfreudiges Wesen haben. Wirklich heimisch seien sie hier noch immer nicht geworden.

„Das tut mir leid“, bedaure ich. „Ich denke aber, das Misstrauen richtet sich nicht gegen Sie persönlich, sondern gegen das, was aus dem Westen kommt. Die Erfahrungen waren ja nicht alle positiv. Neulich habe ich eine Doku im Fernsehen über das Handeln der Treuhand-Gesellschaft gesehen und ein Buch über die Umbrüche im Osten gelesen – mir wurde regelrecht schlecht dabei. Ich war zu der Zeit schon im Westen und damit beschäftigt, mich beruflich zu etablieren. Daher habe ich es nicht am eigenen Leibe erlebt und wusste nicht sehr viel darüber.“

Durch die Gespräche wird es spät, und ich schaffe es gerade noch vor Einbruch der Dunkelheit, eine asiatische Tütensuppe zu kochen und als Nachtisch in Holundersirup-Wasser eingeweichtes Müsli zu essen, meine erste Mahlzeit an diesem Tag. Ich hatte keinen Hunger verspürt, obwohl ich am Tag zuvor ebenfalls nur abends etwas gegessen hatte.

⌘ ⌘ ⌘

Am Morgen nehme ich ein Bad im See, koche Kaffee und unterhalte mich eine Weile mit Jürgen, bevor ich das inzwischen vom Nachttau getrocknete Zelt und meine anderen Sachen zusammenpacke. Ich gehe spät los. Da ich wie eine Schnecke mein Haus mit mir führe, muss ich nicht zu einem bestimmten Zeitpunkt irgendwo ankommen. Ich versuche aber, die Campingplätze zu nutzen. Der nächste, das „Naturdorf Eickhof“, befindet sich rund 15 Kilometer weiter am Flüsschen Warnow. Das sollte leicht zu schaffen sein. Ausgeruht und voller Vorfreude mache ich mich auf den Weg, der laut Karte größtenteils durch Wald und vorbei an zwei Seen führt.

Obwohl erkennbar an den vielen Höhenlinien auf der Karte, ist mir irgendwie entgangen, dass der erste Teil der Strecke mitten durch eine Endmoränenlandschaft führt. Später lese ich in dem Büchlein *„Naturparkweg E9A“: Die von Norden nach Süden vorrückenden Eismassen der Weichseleiszeit haben riesige Geröllmassen vor sich hergeschoben und aufgetürmt. Beim Rückzug des Eises blieben diese liegen. Endmoränenzüge nennt sie der Fachmann. Hinter Warin erreicht man die Endmoränenlandschaft im Norden von Sternberg. Sie zeichnet sich durch eine besonders reiche Gliederung aus. Fast schon bergig könnte man die Landschaft bezeichnen.*

Ich kann jedes Wort aus eigener Erfahrung bestätigen. Es geht ständig bergauf und bergab. Die herrliche Waldluft und die abwechslungsreichen Anblicke und Ausblicke würde ich zweifellos sehr genießen, wenn ich nicht so oft, vornüber gebeugt mit Blick auf den Boden, den Wagen bergauf ziehen müsste und dabei den Rucksack auf dem Buckel spüren würde. Bei dieser Körperhaltung übersehe ich offenbar eine Markierung, die mich auf relativ kurzem Weg zum Nordufer des Labenzer Sees und über Klein Labenz und Groß Labenz nach Eickhof führen sollte. Stattdessen gehe ich auf einem Pfad, der für besonders bewegungshungrige Wanderer, die sich mal richtig auspowern wollen, angelegt zu sein scheint. Ich muss mich gefühlt alle 100 Meter hinsetzen und verschnaufen, eine Superchance für Zecken. Im Laufe der nächsten beiden Tage finde ich insgesamt vier Zecken an meinem Körper, die aber sehr verhungert aussehen, geradezu erbarmungswürdig. Ich schmecke ihnen wohl nicht, vielleicht wegen der asiatischen Tütensuppe. Beunruhigend ist, dass ich meine Rückseite nicht inspizieren kann. Immerhin besteht die Aussicht, dass die Tierchen verhungern und von selbst abfallen. (Die Sache hat jedoch noch ein Nachspiel, denn tatsächlich übersehe ich eine Zecke. Sie infiziert mich mit Borreliose, was ich erst mehrere Wochen nach meiner Rückkehr anhand der typischen „Wanderröte“ entdecke, die sich rund um die Bissstelle immer weiter ausbreitet. Ich muss drei Wochen lang starke Antibiotika einnehmen. Längere Zeit unbehandelt kann die Borreliose zu schwerwiegenden Krankheiten des Nervensystems, der Gelenke und des Herzens führen. Da sie durch Bakterien verursacht wird, gibt es keine Impfung dagegen, anders als bei FSME.)

Schließlich komme ich weit südlich auf eine Straße, was zumindest den Vorteil hat zu erfahren, wo ich mich überhaupt befinde und wohin ich mich wenden muss, nämlich zurück nach Norden. Außerdem füllt mir eine Dorfbewohnerin meine Wasserflasche auf. Den Irrweg hätte ich wohl vermeiden können, wenn ich mehr Übung mit dem erst knapp eine Woche vor Reiseantritt erworbenen Smartphone hätte. Ich treffe auf den Wanderwegen auch nie eine Menschenseele, die ich fragen könnte.

Nach dem anstrengenden Umweg erreiche ich kurz nach 18 Uhr schließlich die Badestelle am See bei Klein Labenz und erblicke zu meiner Freude einen Imbiss mit Tischen davor, auf den ich sofort zusteuere. Ich will gerade sagen „Sie sind meine Rettung!“, als ich sehe, dass er schon geschlossen ist. An einem Tisch sitzen noch ein paar Leute, die Bier trinken. Ich setze mich dazu und hole meine Wasserflasche heraus. Wir kommen ins Gespräch. Dabei zeigt sich, dass die junge blonde Frau am Tisch die Tochter des Kioskbesitzers ist. Sie sieht wohl, dass ich es nötig habe, schließt den Kiosk auf und macht für mich ein Fischbrötchen, das mir in meinem hungrigen Zustand wie eine Viersternemahlzeit vorkommt. Ein älterer Mann sagt, er habe hier ein kleines Privatgrundstück. Dort könne ich mein Zelt aufstellen, denn direkt an der Badestelle sei es verboten. Ich bedanke mich: „Das ist riesig nett von Ihnen. Ich bin total geschafft, viel weiter würde ich heute nicht mehr kommen.“

Ein großer Mann, so Ende 40, meint: „Ich habe eine bessere Idee. Sie können in Klein Labenz in meiner Bürowohnung schlafen. Dort gibt es eine Küche, ein Duschbad und im Zimmer ein Klappbett. Ich bringe Sie im Lieferwagen hin.“

„Das ist ja Luxus pur“, antworte ich begeistert. „Ich bezahle es Ihnen natürlich.“ Davon möchte Jochen jedoch nichts wissen. Das Entgegenkommen, auf das ich bei den Einheimischen stoße, hat vielleicht damit zu tun, dass ich mich im

Gespräch als ehemalige DDR-Bürgerin geoutet habe (oder auch damit, dass ich wie der letzte Loser zu Fuß unterwegs bin).

Ich entschuldige mich bei dem älteren Mann dafür, die Luxusversion seinem Angebot vorzuziehen. Er hat Verständnis. Ohne viele Umstände hebt Jochen mein Gepäck in den Lieferwagen und fährt mich zu seinem Büro, das sich in einem einstöckigen früheren DDR-Komplex am Labenzer See befindet. Er öffnet den vollen Kühlschrank und bietet mir großzügig an, alles zu nehmen, was ich haben möchte – Cola, Limonade, Weißwein, Rotwein. „Setz dich mit einem Glas Wein auf den Bootssteg und genieße den Abend“, ermuntert er mich. „Im Küchenschrank sind auch Kaffee und Tee, nimm, was du brauchst. Hier ist der Haustürschlüssel. Verlier ihn nicht, es ist ein Universalschlüssel für den ganzen Komplex. Morgen früh komme ich vorbei, dann kannst du ihn mir zurückgeben.“

Man vermutet ja, dass sich Gott in Frankreich extrem wohlfühlt, aber bestimmt nicht wohler, als ich mich jetzt. Da brauche ich gar nicht erst nach Frankreich zu gehen. Unter der Dusche wasche ich Schweiß und Staub von Haaren und Körper, ziehe frische Sachen an und koche mir nacheinander drei Pötte Kaffee. Trotzdem bin ich so müde, dass ich auf das Glas Wein am Bootssteg verzichte – das weiche Klappbett übt eine größere Anziehungskraft auf mich aus.

⌘ ⌘ ⌘

So kann das nicht weitergehen. Selbst auf gerader Strecke ist die Fortbewegung durch das Zuviel an Gepäck und die ungünstige Lastenverteilung zu anstrengend. Ich muss alles, was nicht unbedingt notwendig ist, loswerden und überlege mir einen Plan A und einen Plan B. Ausgangspunkt ist der Campingplatz „Naturdorf Eickhof“, den ich bei gemütlichem Gehtempo in zwei Stunden erreichen kann.

Freunde aus Rostock haben in nicht allzu großer Entfernung, bei Schwaan an der Warnow, ein Ferienhaus, in dem sie sich vielleicht gerade aufhalten. Die Freundschaft mit dem Ehepaar besteht seit über 45 Jahren. „Wenn du unterwegs Probleme hast und gerettet werden musst, rufe uns an. Wir sammeln dich dann auf“, sagten sie vor Beginn meiner Reise. „Vielen Dank für das Angebot“, antwortete ich, dachte aber, dass dieser Fall bestimmt nicht eintreten würde.

Plan A ist, sie zu fragen, ob sie nach Eickhof kommen können, um mir einen Teil des Gepäcks abzunehmen. Die Sachen müsste ich dann irgendwann nach der Reise bei ihnen abholen, denn die von einem Hamburger Bekannten geliehene Videokamera könnte ich nicht mit der Post schicken lassen. Plan B wäre erforderlich, wenn sie, aus welchen Gründen auch immer, nicht kommen könnten. Dann würde ich in Eickhof übernachten und frühmorgens aufbrechen, um auf Wanderwegen nach Bützow zu gehen und von dort aus mit dem Zug nach Hamburg zu fahren. Nach Reduzierung des Gepäcks könnte ich am nächsten Morgen auf dem gleichen Weg zurückkehren und meinen Weg fortsetzen. Glücklicherweise erreiche ich meine Freunde telefonisch, und sie haben auch Zeit für mich. Ich soll anrufen, wenn ich in Eickhof angekommen bin.

Der Weg dorthin führt auf einem schmalen Sträßchen, von dem aus man über hüglige Wiesen und Felder auf den See blickt, zuerst nach Groß Labenz. Unter groß hätte ich mir nicht unbedingt ein paar Häuser an einer mit Feldsteinen gepflasterten Straße vorgestellt. Von früherem und jetzigem Reichtum zeugt allein ein prächtiges Herrenhaus, ein Schlösschen, das im Internet bescheiden Gutshaus genannt wird. Das Amt Neukloster-Warin schreibt: *Gutshaus und Park sind sehenswert, aber nicht zugänglich für die Öffentlichkeit.* Gebaut worden war es im 18. Jahrhundert von den zarten Händen derer von Lützow. Die Freiherren von Lützow gehörten zum Mecklenburger Uradel, besaßen große Ländereien und mehrere herrschaftliche Adelssitze. Ende des 19. Jahrhunderts gelangte das Schloss in den Besitz der Familie von Langen; 1945 wurden Landbesitz und Schloss im Rahmen der Bodenreform enteignet. Zu DDR-Zeiten wurde es als Pflegeheim genutzt. Unter welchen Bedingungen es nach der Wende wieder in Privatbesitz gelangte, erfährt man nicht, nur: *„In den Jahren 1996/97 saniert, wird es seitdem privat genutzt.“*

Mit den Häusern endet auch die Straße und geht in einen Waldweg über, der später zu einem, von Kastanien und Eichen beschatteten, hügelauf verlaufenden Feldweg wird. Das Wägelchen holpert hinter mir her, während mein Blick über gelbe, wogende Getreidefelder zum grünen Waldsaum schweift.

Bald erreiche ich, stilecht auf Kopfsteinpflaster, die hübsch sanierten Häuser des Dorfs Eickelberg. Eickelberg und Gebiete der Umgebung waren 450 Jahre lang bis 1945 im Besitz der Familie von Lützow. Gleich am Ortseingang steht eine große Backsteinkirche aus dem 14. Jahrhundert. Sie und der kleine Friedhof sind umgeben von einer niedrigen Mauer aus Feldsteinen. Für den winzigen Ort scheint die Kirche stark überdimensioniert zu sein. Ich spüre einen alten Einwohner auf, von dem ich erfahre, dass in früheren Zeiten sehr viel mehr Menschen mit zahlreichen Kindern hier und in den umliegenden Dörfern lebten, in der Landwirtschaft arbeiteten und die Kirche besuchten. In Häusern, in denen heute zwei, drei Menschen wohnen, lebten damals häufig dreimal mehr. Ende der 1990er Jahre wies die Kirche viele Schäden auf und wurde saniert. Seither halten Gastpfarrer wieder Gottesdienste ab, und manchmal finden Konzerte oder Ausstellungen statt. Auf dem Friedhof wird noch beerdigt.

Auf der nach Eickhof führenden Kastanienallee verläuft auch der Mecklenburger Pilgerweg. Holper, holper – auf Feldsteinpflasterstraßen regeln sich Geschwindigkeitsbegrenzung und Einschränkung des Individualverkehrs von selbst. Autos und Radfahrer meiden sie, die Straße gehört mir allein. Kurz vor dem Zeltplatz gehe ich über eine Brücke, unter der die Warnow über künstliche Stromschnellen plätschert.

„Ich bin jetzt in Eickhof“, informiere ich meine Freunde. „Aber ich überlege gerade, ob ich mich von euch nicht gleich zum Bahnhof bringen lassen sollte, um nach Hamburg zu fahren und mein Gepäck neu zu sortieren."

„Dann bleibe doch eine Nacht bei uns und fahre morgen früh nach Hamburg.

Wir haben uns eine Ewigkeit nicht gesehen", schlagen sie vor. „Liebend gern", erkläre ich mich einverstanden.

Zusätzlich zur Freude des Wiedersehens bringt der Besuch noch einen weiteren großen Vorteil mit sich, denn Rainer stutzt beim Anblick des Pilgerwagens. „Warum ist die Radachse ganz hinten angebracht? Die Lastenverteilung ist dadurch extrem ungünstig", bemängelt er.

„Das war so vormontiert und geht nicht anders. Das Gewicht muss ich mit den Händen abfangen. Ich habe auch einen Hüftgurt, aber würde der Druck direkt auf den Hüften lasten, wäre es noch schlimmer."

„Das geht anders. Ich werde die Radachse in die Mitte setzen." Mit mehreren kräftigen Hammerschlägen verschiebt Rainer die Radachse und beruhigt mich: „Keine Angst, ich weiß schon, was ich tue." Das Wägelchen läuft nach der Änderung wie geschmiert und lässt sich mit zwei Fingern ziehen, eine unglaubliche Erleichterung.

Aus Hamburg schreibe ich dem Hersteller eine E-Mail, in der ich ihn auf das Problem aufmerksam mache. Zu meiner Verblüffung antwortet er mir: *„Ich habe zwischenzeitlich mehrere hundert Wagen verkauft und dabei festgestellt, dass mancher Kunde seinen Wagen sehr individuell nutzt. Es ist deshalb nicht möglich eine Grundkonfiguration zu fertigen, die ALLEN Anforderungen gerecht wird."*

Na ja, vielleicht nutzt ihn einer als Trainingsgerät – je schwerer, desto besser. Unterwegs treffe ich später eine Dame, die nach dem Blick auf den Pilgerwagen erfreut sagt, sie habe sich auch einen bestellt. Was sie wohl damit machen will? Ich fürchte, sie will wie ich einfach ohne Beschwerden wandern.

⌘ ⌘ ⌘

Zu Hause sortiere ich rigoros alles aus, was ich nicht zwingend brauche. Das anderthalb Kilo schwere Stativ, Videokamera, Kocher, Töpfe, Esswaren und Getränke, die erhitzt werden müssen und etwas Kleidung fliegen raus. Kosmetika werden durch kleinere Abpackungen ersetzt. Meinen stabilen, aber relativ schweren Wanderrucksack tausche ich gegen den leichten Stadtrucksack aus.

Schon um halb elf steige ich am nächsten Tag in Bützow aus dem Zug. Vom Bahnhof bis zur Ortschaft Rühn muss ich etwa sechs oder sieben Kilometer an einer wenig befahrenen Straße entlanggehen. Von dort aus will ich auf dem Naturparkrundweg Mecklenburgische Schweiz (NMS) weiterwandern, auf dem gleichzeitig der Mecklenburger Pilgerweg verläuft.

In Rühn angekommen, suche ich vergebens einen Hinweis auf den Weg. Meistens wirken die Dörfchen wie ausgestorben, aber jetzt sehe ich tatsächlich einen Lebenden, der die Hecke vor seinem Haus schneidet, und den ich fragen kann: „Ich suche den Wanderweg, der in Richtung der Ortschaft Warnow verläuft. Können Sie mir da helfen?"

„Auf der nächsten Nebenstraße links kommt man zu einem Pfad, auf dem man lange gehen kann“, meint er. Es hört sich nicht so an, als wüsste er, wohin der Pfad führt. Ich bin erst sicher, als ich am Laternenpfahl einen kleinen, ausgeblichenen Aufkleber mit dem Symbol des Pilgerwegs entdecke. Danach fehlt jede Markierung. Das ist anfangs kein Problem, denn der Weg verläuft gradlinig durch ein schönes Waldgebiet. Parallel dazu, aber in einigen hundert Meter Entfernung, fließt die Warnow mit vielen Windungen durch sumpfige Niederungen. Der Pilgerwagen läuft leicht, der Rucksack verursacht keine Beschwerden, am Wegesrand reifen Himbeeren, von denen ich immer wieder nasche, die Sonne scheint. Es geht mir so gut, dass ich das Lied „Das Wandern ist des Müllers Lust“ anstimme. Allerdings muss ich in Ermanglung des Textes bald wieder schweigen.

Nach dem Verlassen des Waldes geht der Pilgerweg geradeaus weiter, der NMS biegt laut Karte nach links ab und mündet später in eine Straße, von der aus man dann wieder auf den Naturparkweg E9a gelangen kann. Eine Markierung für den NMS fehlt, aber der Weg durch weitläufiges Wiesengelände ist durch eine ausgefahrene Spur gut erkennbar. Nach einer Weile sehe ich schon die Autos auf der Straße fahren. Die zwölf Kilometer bis zu meinem Ziel Sternberger Burg sollte ich leicht bewältigen können, denn es ist noch früh am Tag.

Kurz darauf teilt sich der Weg in mehrere, weniger ausgeprägte Fahrspuren. Ich folge der deutlicheren. Sie endet schließlich vor einem mit Schilf bewachsenen Sumpfgebiet. Ich muss zurückgehen. Eine andere Spur hält direkt auf die Straße zu. Der Fahrer, der darauf unterwegs war, hat mit wilder Entschlossenheit versucht, sich durch unwirtliches Gelände, Brennnesseln und hohes Schilfgras zur Straße durchzukämpfen. Ich tue es ihm gleich. Nach einem längeren Ausflug in die Flora der Warnowniederung stelle auch ich fest: Das war nichts.

Abseits der sumpfigen Gebiete strebt ein Feldweg aufwärts. Ich vermute und hoffe, dass er später vielleicht in Richtung Straße abbiegt. Aber er tut es nicht, sondern hat offensichtlich den Ehrgeiz, den 38 Meter hohen Wichmannsberg zu erklimmen und auf einer ganz anderen Straße anzukommen. Immerhin ist der Rückweg bergab leichter.

Inzwischen fühle ich mich wie in einem Labyrinth. Wie soll ich da bloß wieder herauskommen? Der Weg zur Straße ist durch Sumpfgebiete und die Warnow versperrt. Irgendwo muss eine Brücke sein, doch wo? Ich ärgere mich, dass es keinen Weghinweis gibt, aber andererseits wäre es wohl zu viel verlangt, nur für Karin Haß einen Wegweiser anzubringen. In all den vergangenen Tagen begegnete ich keinem einzigen Wanderer, und seit Rühn habe ich lediglich kreisende Greifvögel und auf den Wiesen Kraniche gesehen. Sie sind sehr scheu und fliegen weg, sobald sie mich wahrnehmen.

Ich versuche einen kaum sichtbaren Wiesenpfad, den ich vorher als unbedeutend verworfen hatte. Er führt um einen kleinen See herum, in dem Seerosen wachsen. Oh nein, ist das nur ein Spazierweg um den See? Aber dann biegt der Pfad ab, führt zu einer Überbrückung und endlich – die Straße! Nach der mühsamen Suche begrüße ich sie wie einen lange vermissten Freund.

Ich habe viel Zeit verloren, mein Elan hat sehr gelitten und meine Schwachstelle tut weh. Deshalb gehe ich nur noch bis zum Campingplatz Eickhof. Weil ich keine Lust habe, das Zelt aufzubauen, nehme ich ein Zimmerchen der Kategorie ‚einfachst' und lege mich zwei Stunden hin, bis die Schmerzen abgeklungen sind. Danach fühle ich mich besser. Ich stärke mich mit Müsli und dusche, bevor ich mir den Platz genauer ansehe. Er liegt an der Warnow und ist sehr gepflegt. Man kann Boote ausleihen, auf einer schönen Wiese unter Linden zelten oder sehr einfache Zimmer mieten in drei langen, ebenerdigen Gebäuden, die früher Schweineställe waren. Einen Kiosk gibt es nicht, aber der ältere Mann, der Boote und Zubehör ausgibt, verkauft Getränke. Ich erwerbe zwei Flaschen Alsterwasser und äußere: „Bei der Hitze trinkt man mehr."

„Ich nicht, jedenfalls keinen Alkohol", antwortet er. „Sie leben abstinent?", frage ich nach.

„Ja, seit fünf Jahren. Ich hatte einen Handwerksbetrieb, Haus, Auto und dergleichen – alles durch den Suff verloren."

„Das ist schlimm. Und wie geht es Ihnen jetzt?"

„Ich bin zufrieden. Die Arbeit hier ist angenehm. Geld kommt wenig rüber, aber was brauche ich schon. Ich habe eine kleine Wohnung in Warnow und lebe allein." Er erzählt noch, wie froh er darüber sei, mit seinen Kindern wieder Kontakt zu haben, nachdem dieser durch seine Trinkerei jahrelang unterbrochen war.

Mit einer Flasche Alsterwasser und meinem Tagebuch setze ich mich an einen der überdachten Tische, die auf der Wiese stehen. Die blühenden Linden hüllen mich in ihren Duft; es ist warm, windstill und, obwohl die Uhr schon halb zehn anzeigt, noch hell.

Heute sind mehrere Kindergruppen angekommen. Die Kinder wohnen in Zelten und spielen auf der Wiese. Naturgemäß sind sie dabei etwas laut, aber sehr angenehm und friedlich.

⌘ ⌘ ⌘

Am nächsten Morgen gehe ich um neun Uhr los. Nach etwa drei Kilometern beginne ich wieder zu rätseln, denn die Straße macht eine Linkskurve, und das Symbol für den Radweg zeigt ohne einen weiteren Kommentar ebenfalls nach links. Ein nicht gekennzeichneter Waldweg führt geradeaus. Ich möchte ins Warnow-Durchbruchstal, gerne ohne Um-, Ab- oder Irrwege. Lieber frage ich jemanden.

Obwohl am Zaun ein Schild verkündet „Hier wohnt ein untherapierbarer Hundefreund" – das ist ja erst einmal nichts Schlechtes –, klingle ich an der Tür eines schlichten Einfamilienhauses und springe erschrocken ein paar Schritte zurück, als drinnen tiefes Bellen mehrerer, wahrscheinlich großer Hunde anhebt. Dazu kratzen sie wild an der Tür. Es hört sich an, als wollten sie sich auf mich stürzen, sobald geöffnet wird. Mit ein paar barschen Befehlen kann es der Hundefreund zum Glück verhindern. Er bestätigt, dass der Waldweg ins Durchbruchstal führt.

Das Warnow-Durchbruchstal entstand infolge der letzten Eiszeit, der sogenannten Weichsel-Kaltzeit, die vor etwa 12.000 Jahren endete und die Landschaften Mecklenburgs prägte. Ihre Hinterlassenschaften sind die Seen, Geröll einschließlich der überall herumliegenden großen Findlinge sowie Endmoränen – wallartige Aufschüttungen von Gesteinsmaterial am Ende der Gletschervorstöße. Das Schmelzwasser der Gletscher bahnte sich durch die Endmoränenwälle und formte die Durchbruchstäler der Warnow, der Nebel und der Mildenitz. Abschnitte mit starkem Gefälle wechseln sich ab mit flachen Niedermooren. Dadurch ist die Landschaft hügelig und überaus abwechslungsreich.

Es gibt verschiedene Wege durch das wildromantische Warnow-Tal. Ich gehe auf dem oberen, recht hügeligen Pfad durch den Laubwald. Links davon sind Felder, rechts geht es tief hinunter. Dort plätschert die Warnow über Steine und unter umgestürzten Bäumen hindurch. Aufgrund von Hitze und Trockenheit hat sie sehr wenig Wasser; die beliebten Kajaktouren müssen wohl ausfallen. Ich genieße die Ausblicke und den kühlen Duft des Waldes. Plötzlich bilden zwei Baumstämme quer über dem Pfad ein Hindernis, das ich mit dem Pilgerwagen nur mühsam überwinden kann. Nach einer Weile führt eine Holzbohlenbrücke auf die andere Seite der Warnow, doch der Naturparkweg bleibt laut Karte auf der diesseitigen, verwandelt sich allerdings bald in einen gerade einmal fußbreiten Pfad, der überwuchert ist von Himbeer- und Brombeersträuchern. Sie kratzen mir die Arme blutig, weil ich nicht jedes Mal anhalten will, um die langen Zweige zur Seite zu biegen. Hier ist schon lange niemand mehr gegangen. Endlich komme ich auf einen Feldweg, auf dem das Fortkommen leichter ist.

Im wildromantischen Warnow-Durchbruchtal

Das Kanucamp am Ortsteil Sternberger Burg erreiche ich um die Mittagszeit. So habe ich genügend Muße, um im nahen Groß Raden einen altslawischen Siedlungsort zu besichtigen.

Großflächige Ausgrabungen von 1973 bis 1980 führten dazu, dass die slawische Siedlung aus dem neunten und zehnten Jahrhundert in Originallage und Originalgröße eins zu eins rekonstruiert werden und ein einzigartiges archäologisches Freilichtmuseum entstehen konnte, denn wegen des hohen Grundwasserspiegels waren im Boden viele Holzteile der vor 1000 Jahren errichteten Bauwerke in ihrer ursprünglichen Position erhalten geblieben. Es ist absolut beeindruckend und jedem zu empfehlen. In einem 1987 eröffneten Ausstellungsgebäude befinden sich zudem bedeutende Funde der Slawenzeit aus Mecklenburg-Vorpommern.

Kleine Hindernisse im Warnow-Durchbruchtal

Die südliche Ostseeküste wurde im Zuge umfangreicher Bevölkerungsbewegungen ab dem 7. Jahrhundert von verschiedenen Slawenstämmen besiedelt. Wegen der ständigen Kämpfe gegen expansive Nachbarn und der Stämme gegeneinander errichteten sie überall in ihren Siedlungsgebieten Burgen, von denen jetzt häufig noch die Ringwälle zu erkennen sind. In den Vorburgen waren Handwerker und Händler tätig.

Auch die Schafe suchen den Schatten

Die Mehrheit der slawischen Bevölkerung wohnte in der Umgebung und lebte von der Landwirtschaft. Viele Orte und Ortsnamen in Mecklenburg-Vorpommern gehen auf eine slawische Besiedlung zurück. Ein Beispiel sind Ortsnamen, die mit -ow enden.

Hungrig geworden und mit großem Appetit auf ein deftiges mecklenburgisches Gericht steure ich nach dem Besuch des Freilichtmuseums zielstrebig auf das Restaurant „Zum Burgwall“ zu. Ich wähle Matjes mit Kartoffeln. Zu meiner Überraschung gibt es dazu, außer saurer Sahne und Zwiebeln, Granatapfelkerne, Mangoscheiben, Sternfrüchte, rote Johannisbeeren, grünen Salat, Rosmarinkartoffeln und grüne Bohnen. Aus welchem exotischen Land der Koch wohl stammen mag? Mit Sicherheit nicht aus Mecklenburg. Das Gute ist, dass ich endlich wieder einmal Gemüse und Obst zu mir nehme.

Auf dem Zeltplatz lerne ich meine Zeltnachbarn Wim und Diana aus Holland kennen. Sie sind auf ihrer Tour durch Mecklenburg mit Rädern unterwegs. Diana findet die vielen Steigungen sehr anstrengend und flucht deshalb öfter einmal, wie sie zugibt. Ich habe volles Verständnis: „Ich möchte hier nicht mit dem Rad unterwegs sein. Es wäre anstrengender als zu Fuß. Nicht umsonst benutzt etwa die Hälfte aller Radfahrer, die ich bisher gesehen habe, E-Räder.“

Schon die Anreise des Paares war mit Hindernissen verbunden gewesen. Sie hatten in München in einen IC umsteigen müssen, in dessen Fahrradabteil maximal sechs Fahrräder hängend untergebracht werden konnten. Vier Fahrräder waren in München von ihren Besitzern ausgeladen worden, erst danach hatten Wim und Diana ihre Räder hineinbugsieren können. Bevor sie auch ihre sechs Packtaschen vom Bahnsteig hatten nachholen können, fuhr der IC ab. Großes

Rekonstruierte Slawensiedlung bei Groß Raden

Geschrei, aber da war nichts zu machen gewesen. Die Zugbegleiterin telefonierte zum Bahnhof, damit die Taschen in Sicherheit gebracht wurden. Wim und Diana mussten zurückfahren nach München, übernachten und am nächsten Tag die Reise erneut antreten. Für die Kosten kam die Bahn auf. Trotzdem bleibt der Verdacht: Handelt es sich um eine Diskriminierung älterer, kleiner oder nicht kräftiger Radfahrer, die nicht fähig sind, die Räder hochzuhängen? Oder um die Diskriminierung der Fahrer von E-Rädern, weil E-Räder zu schwer sind? In der jetzigen Zeit wird ja sehr viel herumdiskriminiert, wie man so hört.

⌘ ⌘ ⌘

Am folgenden Tag will ich zum Campingplatz am Garder See gehen, eine Strecke von rund 22 Kilometern. Ich richte mich nach den Markierungen und stelle erst später fest, dass ich dadurch von dem Weg abgekommen bin, den die Karte zeigt. Der Verlauf des Naturparkwegs wurde offenbar geändert. In Witzin, einem Dorf, das erstmals 1222 schriftlich erwähnt wurde, freue ich mich über die Änderung, denn es gibt eine herrliche Feldsteinkirche aus dem 13. Jahrhundert inmitten des kleinen Friedhofs, auf dem riesige, uralte Linden wachsen. In unmittelbarer Nähe steht ein schöner Backsteinbau, vielleicht das frühere Gutshaus, von dem wegen privater Nutzung leider nichts zu erfahren ist. Eine Informationstafel berichtet über die Geschichte des Dorfes. In DDR-Zeiten war die LPG, die Landwirtschaftliche Produktionsgenossenschaft, der wichtigste Arbeitgeber. Inzwischen haben sich verschiedene Gewerbe angesiedelt, und man kann Ferienwohnungen mieten.

Weiter gehe ich über den Ort Ruchow statt wie markiert über Mustin. Am Anfang der Straße, die nach Ruchow führt, befinden sich rechts und links jede Menge früherer Schweineställe, alle leer und inzwischen schadhaft. Hier muss eine sehr große LPG gewesen sein, in der viele Menschen aus der Umgebung beschäftigt waren. Es tut weh, alles so verfallen und menschenleer zu sehen.

Auf meiner Wanderung sehe ich viele solcher verfallenen LPG-Gebäude und im Gegensatz dazu riesige Felder, auf denen Getreide, Mais, Raps und Sonnenblumen gedeihen. Nach der Wiedervereinigung wurde ständig betont, wie viel finanzielle Unterstützung der Osten erhält, sodass man den Eindruck gewinnen musste, es handle sich um ein riesiges Verlustgeschäft für die alte Bundesrepublik. Die Bürger der „Beitrittsgebiete" (so die offizielle Bezeichnung) wurden so zu Almosenempfängern degradiert.

War die gegenüber Westdeutschland viel jüngere Bevölkerung der DDR, gut ausgebildet und im Beruf stehend, kein Gewinn? Noch 1990 hatte Mecklenburg-Vorpommern die jüngste Bevölkerung in Deutschland. Das änderte sich dramatisch – im Jahre 2022 hatte sie die drittälteste Bevölkerung aller Bundesländer, was einesteils durch die Abwanderung der Jüngeren in die alten Bundesländer, anderenteils durch einen starken Geburteneinbruch nach 1990 zu erklären ist.

Feldsteinkirche aus dem 13. Jahrhundert in Witzin

In der armen DDR mit ihren niedrigen Gehältern konnte man sich noch Kinder leisten, danach offenbar nicht mehr. Der Bevölkerungsrückgang in Mecklenburg-Vorpommern bis 2022 betrug 15 Prozent.

Haben diese früher volkseigenen landwirtschaftlichen Flächen, Wälder und Seen, die der Bundesrepublik ohne eigenes Zutun in den Schoß gefallen sind, keinen Wert? Und in wessen Besitz sind die Felder jetzt? Einheimische antworten auf meine Frage: „Die gehören einer Agrarholding." Namen kennen sie nicht.

Aufklärung gibt am 23. Dezember 2021 im Internet ein Artikel des Deutschen Landwirtschaftsverlags mit Sitz in München. Daraus geht hervor, dass die Eigentümer der Agrarholdings oft Milliardäre oder Multimillionäre aus der Industrie und dem Handel sind und dass sich diese Großunternehmen ganz besonders auf den Osten konzentrieren. Im Osten bewirtschaften sie – je nach Bundesland – zwischen 19 Prozent in Mecklenburg-Vorpommern und 37 Prozent in Thüringen der gesamten Nutzfläche dieser Länder. (Im Westen nur um die 3 Prozent.) Über sogenannte Share Deals erwerben die Großeigentümer steuersparend immer neue Flächen und Betriebe. Gleichzeitig kassieren sie Direktzahlungen und Subventionen von der EU. Je mehr Land sie haben, desto mehr Geld gibt es aus Brüssel. Die Hektarzahl entscheidet über die Verteilung der Gelder (Stand Ende 2021). Der Preis für landwirtschaftliche Flächen ist enorm gestiegen, sodass Einzelbauern oft nicht mehr in der Lage sind, Flächen hinzuzukaufen, um ihren Betrieb zu erweitern.

Und was wurde aus der großen Anzahl Seen in Brandenburg und Mecklenburg-Vorpommern, die in der DDR Volkseigentum waren und zu denen jeder Mensch

Früheres Pfarrhaus und Schule in Ruchow

unentgeltlich Zutritt hatte? Ganz einfach – die Allgemeinheit sollte zugunsten Einzelner enteignet werden. Die Seen gingen in das Eigentum des Bundes über, der nichts Besseres im Sinn hatte, als sie gewinnbringend zu verkaufen. Mit dem Verkauf wurde die Bodenverwertungs- und -verwaltungs GmbH (BVVG) beauftragt, eine Tochter und Nachfolgeeinrichtung der Treuhandanstalt, die ehemals volkseigene land- und forstwirtschaftliche Flächen und andere Vermögenswerte der DDR privatisieren soll.

Der Privatbesitzer eines Sees kann nach Belieben den Zugang zum See sperren oder Geld in beliebiger Höhe dafür verlangen, sodass die Bürger Badestellen, Stege, Uferwege und Erholungsgebiete nicht mehr oder nur gegen Entgelt nutzen können. Fauna und Flora können wirtschaftlichen Interessen weichen, die Kommunen verlieren ihre Einflussmöglichkeiten. Das rief im Osten großen Widerstand hervor. Zwar gab die Bundesrepublik die volkseigenen Seen nicht wie gefordert kostenlos heraus, gewährte den Bundesländern dann aber immerhin Vorzugspreise. In der Folge kauften die ostdeutschen Länder viele ihrer Seen vom Bund zurück und übereigneten sie kostenlos den Kommunen.

Wald war zum größten Teil ebenfalls Volkseigentum, wurde durch Verkäufe der BVVG jedoch zum Privatbesitz. Der Spiegel schreibt in der Ausgabe 19/1994: *„Die Treuhandanstalt will ihre Defizit-Bilanz mit einem Ausverkauf der ostdeutschen Wälder aufbessern."*

Beim Gehen durch das trostlose Terrain der ehemaligen LPG erwarte ich nichts Gutes mehr – bis ich den Dorfkern erreiche. Dominiert wird er von einer Feldsteinkirche, gebaut 1234 im romanisch-gotischen Übergangsstil. Die vierzig Jahrzehnte später entstandene Kirche in Witzin ist ihr sehr ähnlich. Leider ist die Tür verschlossen, aber im Internet lese ich, dass die Kirche noch die ursprüngliche Innenausmalung aufweist und einen prachtvoll geschnitzten, barocken Altaraufsatz hat. Eine der beiden Orgeln entstand 1684 und ist das älteste erhaltene Orgelpositiv in Mecklenburg-Vorpommern. Umso mehr bedaure ich, dass ich das für den 22. Juli angekündigte Konzert nicht besuchen kann, zu dem der Förderverein Historische Orgel in Ruchow einlädt.

Wie üblich steht die Kirche inmitten eines kleinen Friedhofs, beschattet von alten Linden und umgeben von einer niedrigen Mauer aus aufeinander geschichteten Feldsteinen. Flankiert wird sie vom alten Pfarrhaus und dem Schulhaus, niedrigen Fachwerkbauten in zeitloser Schönheit. Obwohl es anfängt zu nieseln, setze ich mich nieder und lasse meine Augen auf dem harmonischen Bild ruhen. Die bescheidenen Häuschen auf der angrenzenden Straße stören die Harmonie nicht. Ich habe mich schon oft gewundert, dass man früher so schöne, schmuckvolle Gebäude, sogar als Fabrikgebäude, errichten konnte, während heute selbst Einfamilienhäuser wie Streichholzschachteln mit Fensterdurchbrüchen aussehen und dabei noch extrem teuer sind. Sind die äußeren Gestaltungen Ausdruck dessen, was in unserem Inneren vorgeht und was uns wichtig ist? In welchen Ausprägungen hat sich der Zeitgeist entwickelt?

Von der Straße aus hatte ich Mühlenflügel gesehen, die sich im Wind drehten. Die Holländer-Windmühle aus dem Jahre 1886 steht ein wenig außerhalb auf einem Hügel. Es heißt: *In Ruchow is de Düwel den'n Herrgott öwer. De Möhl steiht höger as de Kark.* (In Ruchow ist der Teufel dem Herrgott über. Die Mühle steht höher als die Kirche.) Als ich bei der Mühle ankomme, sehe ich, dass sie vom jetzigen Besitzer zur Unterkunft ausgebaut wird. Gemahlen wird leider nicht mehr.

Das Gehen genieße ich jeden Tag von Neuem. Anfangs hatte ich nachts immer Schmerzen, die vom Iliosakralgelenk bis ins Bein ausstrahlten und es schwierig machten, eine bequeme Lage auf der spartanischen Matratze zu finden. Morgens waren sie verschwunden. Jetzt habe ich auch nachts keine Schmerzen mehr. Mir fällt auf, dass ich noch kein einziges Mal eine Begleitung vermisst habe. Ich brauche nichts und niemanden, wenn ich durch die alten Eichen-, Linden- und Kastanienalleen wandere oder auf federnden Wegen durch hohe Wälder, durch Felder mit prall gefüllten Weizenähren, mit reifendem Raps, halbhohen Maisstauden, mit Sonnenblumen, die ihre runden, strahlend gelben Gesichter in die Sonne wenden. An den Rändern der Getreidefelder wachsen Wildblumen wie der rote Klatschmohn, blaue Kornblumen, Wegwarte, Natternkopf, gelber Rainfarn und viele, die ich nicht kenne. Die Feldwege sind gesäumt von dichten Schlehenhecken oder alten, Schatten spendenden Bäumen. Zwischen kleinen Dörfchen mogeln sich schmale, zwei bis drei Meter breite Teersträßchen durch die Natur. In Feuchtgebieten bestimmen, dschungelähnlich miteinander verwachsen, Schilf, Gräser, Gesträuch, Weiden, Erlen das Bild. Die Wälder, meistens Mischwälder, sind schonend bewirtschaftet oder auch ganz naturbelassen – umgestürzte Bäume bleiben liegen als Nahrung und Unterkunft für verschiedene Tierarten, denn viele Gebiete stehen unter Naturschutz. Schäden durch Trockenheit sehe ich nicht oder noch nicht, obwohl die letzte Zeit warm und trocken war. Besonders die vergangene Woche war sonnig und heiß. Ich leide nicht darunter, denn Schutz bieten Feuchtigkeit und Schatten der Natur, die mich umgibt. Gehe ich durch schattenlose Feldwege, weht ein leichter Wind über die Hügel. Trotzdem schütze ich Gesicht und Arme durch Sonnencreme, die ich morgens auftrage.

Heute bezieht sich der Himmel zweimal bedrohlich mit schwarzen Wolkenbänken. Ich rechne jeden Moment mit einem Gewitter, habe aber Glück. Es verschont mich und geht anderswo nieder.

Mein Weg führt am Naturschutzgebiet Upahler und Lenzer See vorüber, in dem sich ein über 100 Jahre bekannter Seeadlerhorst befindet. Es gibt ein paar unmarkierte Pfade, auf denen man in das Gebiet gelangen kann, aber das wäre eine längere Wanderung mit eher unbekanntem Ausgang. Ich lasse mich nicht darauf ein, weil ich einer Route durch Mecklenburg folgen möchte. Die Seen bekomme ich nicht zu Gesicht, gehe aber später oberhalb des Lähnwitzer Seeufers entlang. Die Anhöhen erreichen über 95 Meter, denn der See liegt an einer Endmoräne.

Kurz vor Garden fallen mir mehrere alte Backsteinhäuser auf, die gerade saniert werden, darunter ein langes Gebäude, das früher vermutlich eine Unterkunft für Landarbeiter war. Danach komme ich an einem Pferdehof mit großer Reithalle und ausgedehntem Gelände für den Auslauf der Pferde vorbei. Einesteils schön, aber es sind in der Regel immer noch Westdeutsche, die das Geld haben, im Osten Ländereien aufzukaufen und derartiges aufzubauen.

Gegen 16 Uhr komme ich am Campingplatz Gardener See an. Nach sieben Stunden ohne zu essen bin ich begeistert, als ich das Bistro nahe der Rezeption entdecke. Der Koch steht rauchend davor. „Ich komme!“, rufe ich ihm zu, bevor ich einchecke. Ohne weiteren Aufenthalt stürze ich in den Gastraum, esse Sülze mit Remoulade und Bratkartoffeln und verspreche, nach dem Aufbau des Zelts wiederzukommen. „Ich bin heute ihr bester Gast“, kündige ich an. Seit Beginn der Wanderung, also innerhalb von sechs Wandertagen, treffe ich erst das zweite Mal auf eine Art Speiselokal, und es gab keinen Laden, in dem ich hätte Lebensmittel kaufen können. Alles andere als Müsli ist mir jetzt hochwillkommen.

Schwarze Wolken drohen wieder ein Gewitter an. Es ist höchste Zeit, das Zelt aufzustellen, denn es fängt schon an zu tröpfeln. Ich kann gerade noch meine Sachen hineinwerfen und mich selbst in Sicherheit bringen, als ein starkes Gewitter mit Sturzregen beginnt. Sofort nach Ende des Regens gehe ich zum Bistro und stelle enttäuscht fest, dass der Koch schon Feierabend gemacht hat.

Es hat sich abgekühlt. Die Nacht ist sternenklar, und die Kälte des Weltraums hat freien Zugang zu meinem Zelt. Mir ist eiskalt, denn ich habe, beeinflusst durch das heiße Sommerwetter und aus Platzgründen, statt des Schlafsacks nur eine dünne Decke mitgenommen. Ich trage zwar alle meine warmen Sachen am Körper, bibbere aber trotzdem. Die Hoffnung, dass sich meine Füße oder andere Körperteile erwärmen, kann ich aufgeben. Also denke ich, lass es kalt sein, schlafe ich eben als Eisklotz. Erstaunlicherweise geht es, obwohl ich oft aufwache.

Das junge Paar im Campingbus nebenan ist wie ich zeitig wach und bietet mir einen Kaffee an. Sie sind aus Scharbeuz und packen ihre Sachen zusammen, um nach Hause zu fahren. Alles ist nass, doch allmählich blinzelt die Sonne durch die Bäume.

Ich muss mit dem Packen warten, bis das Zelt abgetrocknet ist und ich eine trockene Stelle finde, um es zusammenzurollen. Als ich vom Duschen zurückkomme, sitzen die anderen Nachbarn vor ihrem Campingbus beim Frühstück und bieten mir ebenfalls Kaffee an, den ich erfreut annehme. Weil ich das Kochgeschirr ausgemustert habe, kann ich mir selbst keinen zubereiten und bin seitdem notgedrungen abstinent. Seit Jahrzehnten betrachte ich das Getränk als mein Lebenselixier und hätte nicht gedacht, ohne einen Morgenkaffee und weitere Zufuhren am Tage funktionsfähig zu sein. Jetzt habe ich erfahren, dass das problemlos geht und ich nicht einmal daran denke – es sei denn, in der Nähe gibt es welchen.

⌘ ⌘ ⌘

Mein heutiges Ziel ist das Klosterdorf Dobbertin am Dobbertiner See. Die Luft ist feucht und frisch. Bevor die Sonne wieder an Kraft gewinnt, habe ich das Flüsschen Bresenitz an der Garder Mühle überquert und befinde mich in einem großen Waldgebiet. Entlang des Woseriner Sees wandere ich durch hohen Buchenwald. Der dichte Schatten, den er bietet, ist bei heißem, sonnigem Wetter angenehm, doch scheint die Sonne nicht, schreitet man auch am Tage durch tiefe Dämmerung. Das fehlende Licht am Boden verhindert das Aufwachsen anderer Pflanzen; nur Buchen können sich hier entwickeln. Die Erde ist bedeckt mit den Blättern des letzten Herbstes. Sie sind jetzt verblichen, aber während der Laubfärbung im Herbst leuchten sie in der Sonne wie Rotgold.

Über eine Endmoränenhöhe erreiche ich das Durchbruchstal der Mildenitz. Wie an vielen anderen Stellen des Naturparkweges erklärt eine Tafel Entstehung und Besonderheiten des Ortes und der Umgebung. Der Weg verläuft nahe der gemächlich fließenden Mildenitz. Heute besteht keine Gefahr fehlzugehen. Auf gut beschilderten, bequemen Sand- und Waldwegen erreiche ich ein kleines Sträßchen, das am denkmalgeschützten Dorf Dobbin vorbei zum Wanderweg nach Dobbertin führt.

Die Strecke beträgt nur 15 Kilometer, und ich kann mir viel Zeit nehmen für alles, was am Wege liegt. An der Stelle des jetzigen Dobbin befand sich früher ein von Slawen angelegtes Dorf mit einem Burgwall. Der Ortsname Dobbin ist daher slawischen Ursprungs. Er leitet sich vom Wort dober (gut) ab und wird als Ort des Guten gedeutet. Das erste Mal urkundlich erwähnt wurde Dobbin um 1275. Mich beeindrucken die alten Fachwerkhäuser am Dorfanger, darunter das Schulgebäude und das Büdnerhaus aus dem 18. Jahrhundert. Wie diese stehen auch mehrere Wohnhäuser unter Denkmalschutz. Die beiden ebenerdigen, langen Tagelöhnerkaten sind bewohnt und mit ihren blumengeschmückten Vorgärtchen eine Augenweide. Ringsum Felder und Wald. Alles sieht paradiesisch aus, doch die Erfahrung zeigt: Es gibt kein Paradies auf Erden – etwas ist immer.

Am Ufer des Dobbertiner Sees empfangen mich eindrucksvolle, mannshohe Holzskulpturen, beginnend am Wanderweg von West nach Ost bis zum Campingplatz. Dargestellt sind unter anderem Tierfiguren, ein Förster, eine Holzsammlerin, eine Dame aus dem Klosterstift. Motive und Material fügen sich harmonisch in die Landschaft ein. Über den See hinweg erblicke ich die umfangreiche Dobbertiner Klosteranlage aus rotem Backstein.

Dobbertin wird als Klosterdorf bezeichnet, denn es besteht hauptsächlich aus den Klostergebäuden und nicht allzu vielen Wohnhäusern, zum größten Teil schön sanierten Fachwerkhäusern. Durch das berühmte Kloster gibt es Touristenverkehr, zwei Hotels und Gasthäuser, zwei Cafés, Seerundfahrten und einen Campingplatz.

Der Campingplatz liegt direkt am Seeufer. Leider muss ich heute im Hotel übernachten, um den Akku des Smartphons aufladen zu können. Ich hatte mir zwar eine Powerbank gekauft, aber das notwendige Verbindungskabel entweder vergessen oder verloren.

Ein Nachkauf ist in der mecklenburgischen Einöde nicht möglich. Dummheit beziehungsweise Nachlässigkeit sind teuer, stelle ich fest, als ich 82 Euro für die Übernachtung berappe. Ich verliere jedes Maß, als ich auch noch zusage, am Grillabend teilzunehmen und schließlich im kleinen, aber feinen Supermarkt einkaufe.

Es ist der erste Lebensmittelladen auf meiner Tour, und so ist es vielleicht verständlich, dass mich das Angebot überwältigt und die dafür zu zahlenden Preise in meiner Wahrnehmung in den Hintergrund treten. Die Wursttheke bietet Wurst vom Schlachter aus der Umgebung an, eine Sorte so lecker wie die andere. Ich beschränke mich auf geräucherte Würste, die für die nächsten drei Tage im Verbund mit Brötchen die bisherige Müslikost ersetzen sollen.

Wohnhaus in Dobbin

Das Kloster Dobbertin

Eine Holzskulptur am Wanderweg nach Dobbertin

Zusätzlich kaufe ich noch Hartkäse ein. Als ich später die Käseverpackung öffne, stelle ich fest, dass ich in meiner Euphorie Käse für über 30 Euro das Kilo gekauft habe.

Das Insel-Hotel liegt direkt am Seeufer. Der Beginn des Grillabends im Freien auf der Wiese vor dem Hotel verzögert sich etwas, denn der Hotelbesitzer betreibt außerdem noch Fahrgastschifffahrt und drei Ferienhäuser. Er ist im Stress, weil er kein Personal findet.

Das sollte jetzt in den Semesterferien doch kein Problem sein, denke ich bei mir, kenne aber die näheren Umstände nicht.

Einige Hotelgäste haben sich mit Getränken an den Tischen niedergelassen. An meinem Tisch sitzt ein Rentnerpaar aus Berlin-Spandau. Welchen Schicksalen man begegnet, ist immer wieder erstaunlich, erschütternd, berührend. Der Ehemann erzählt, er sei froh, nach vielen Monaten im Krankenbett überhaupt wieder laufen zu können. Man habe ihn nach einem Herzinfarkt ohne weitere Behandlung monatelang im Krankenhaus behalten, wo seine Muskulatur so geschrumpft sei, dass er zuletzt nicht einmal mehr ohne Hilfe sitzen konnte. Schließlich habe das Paar darauf bestanden, dass er gegen den Willen der Ärzte entlassen wurde. Danach hat er durch Beharrlichkeit und Training seine Muskulatur wieder aufgebaut und kann seit einiger Zeit wieder am Leben teilnehmen.

Das andere, jüngere Rentnerpaar ist nach der Wiedervereinigung aus Thüringen nach München gezogen, wo sie Arbeit als Informatiker fanden und seit 30 Jahren leben. Ich schätze sie auf um die 65 Jahre; ihre Ausbildung und Berufserfahrung müssen sie also noch in der DDR erworben haben. Trotz des gemeinsamen Schicksals blicken sie sehr unterschiedlich auf ihr Leben in der DDR zurück. Er meint, er habe jahrzehntelang unter der Unterdrückung gelitten (also etwa ab Geburt), während sie betont, sie habe es nicht so empfunden.

Ich sage: „Ich bin der DDR sehr dankbar für die Arbeits- und Bildungsmöglichkeiten, die ich als berufstätige Frau und Mutter hatte. Zum Leiden habe ich mir keine Zeit genommen. Nur dadurch konnte ich mit 43 Jahren in der Bundesrepublik eine gutbezahlte Arbeit finden und blieb immer finanziell unabhängig von einem Ehemann oder Sozialleistungen. Vor meiner Einstellung sagte der Hamburger Personalchef bewundernd, so einen Lebenslauf habe er noch nicht gesehen."

„Was haben Sie denn beruflich gemacht?", fragt man.

„Nach der Realschule habe ich den Beruf Buchhändlerin gelernt, in der Abendschule das Abitur gemacht, dann im Rahmen der Erwachsenenqualifizierung eine Ausbildung als Industriekauffrau absolviert und anschließend innerhalb von viereinhalb Jahren im Fernstudium einen Fachhochschulabschluss als Ökonomin (entspricht Betriebswirtin) erworben. Ich war verheiratet und hatte zwei Kinder. Nach dem Umzug in die Bundesrepublik habe ich mich als Programmiererin qualifiziert und bei einer Unternehmensberatung in Hamburg Arbeit und sehr nette Kollegen gefunden. Dort war ich bis zum Rentenalter tätig. In jedem dieser Berufe habe ich jahrelang gearbeitet, insgesamt 45 Jahre in Vollzeit. "

Mit diesen Äußerungen bin ich beim Herrn Informatiker unten durch, was mich allerdings nicht sehr betrübt. Ich esse mich durch die reichhaltige Grillplatte und sinke danach zufrieden auf das weiche Hotelbett.

⌘ ⌘ ⌘

Frisch geduscht, ausgeruht und dieses Mal sogar mit Frühstück im Bauch gehe ich durch den Klosterpark zum Kloster. Es ist ein großer Komplex, der neben der Klosterkirche und dem Klausurgebäude viele weitere Gebäude umfasst. Gelegen auf einer Halbinsel des Dobbertiner Sees, bietet die gepflegte Anlage mit den schönen Backsteingebäuden einen idyllischen Anblick, den die wechselvolle Geschichte nicht vermuten lässt.

Das Kloster wurde im Jahr 1220 gegründet und bis zum 19. Jahrhundert weiter ausgebaut. Ursprünglich als Männerkloster des Benediktinerordens gestiftet, war es ab 1234 Frauenkloster. Im ausgehenden Mittelalter hatte es sich zu einem der prächtigsten und reichsten Klöster Mecklenburgs entwickelt – durch die Arbeit der Bauern und anderer Beschäftigter. Der Gesamtbesitz belief sich zeitweise bis auf 25.122 Hektar Wald, Wiesen, Acker und Wasser. Dazu kamen noch 26 Klostergüter, 43 Schulen, 19 Kirchen, 12 Förstereien, 3 Ziegeleien, Kalkbrennerei, Sägewerk, Mühlen und eine Brauerei. Im Zuge der Reformation wurde es 1572 in ein adliges Damenstift umgewandelt, in dem die Bewohnerinnen in großen Wohnungen standesgemäß mit vielen Annehmlichkeiten und Bediensteten lebten.

Gleich nach dem Ersten Weltkrieg begannen sich mit den politischen Änderungen auch die klösterlichen Rechtsverhältnisse zu ändern. Nach dem Zweiten Weltkrieg wurde das Kloster 1946 von der sowjetischen Militäradministration der mecklenburgischen Landesregierung übergeben. Bis April 1947 war es ohne Aufsicht; Einheimische und Flüchtlinge versorgten sich mit allem Brauchbaren. Alles war leer und wüst, als die Landesregierung im Frühjahr 1947 entschied, das ehemalige Kloster als Landesalters- und Pflegeheim einzurichten. Unter schwierigsten Bedingungen begannen die ersten Arbeiten.

Die Wohnhäuser konnten nur kümmerlich mit Mobiliar, Holzbettstellen und Strohsäcken ausgestattet werden. Am 1. November 1947 zogen die ersten 100 Heimbewohner ein, in der Folgezeit lebten bis zu 500 alte Menschen in der Klosteranlage.

1961 übernahm die Bezirksnervenklinik in Schwerin die Trägerschaft für die Klosteranlage. Menschen mit geistiger Behinderung und psychisch Kranke, die einer Heimunterbringung bedurften, kamen in den „Langzeitbereich Dobbertin“. 1984 lebten hier 654 Menschen, davon 414 Erwachsene und 240 Kinder. Überbelegte Großeinrichtungen waren in diesen Jahren keine Seltenheit, das Kloster Dobbertin galt jedoch als abschreckendes Beispiel.

Am 1. Juli 1991 hat die Diakoniewerk Kloster Dobbertin GmbH die Trägerschaft für den Gesamtbereich von der damaligen Bezirksnervenklinik Schwerin übernommen. Damit verbunden war die Verantwortung für 550 Menschen mit geistiger Behinderung oder psychischer Erkrankung und für eine historisch wertvolle, aber desolate Bausubstanz. 1997 beschloss die Landesregierung eine Finanzierungsspritze von 49,6 Millionen DM, um die Klosteranlage zu erhalten und die weitere Nutzung zu fördern.

Außer den umfangreichen Sanierungen, vor allem im technischen Bereich, wurden 285 Wohnheimplätze für Menschen mit geistiger Behinderung, Therapieräume, ein Freizeitbereich und eine Schule zur individuellen Lebensbewältigung geschaffen. Aktuell gibt es 278 Plätze, verteilt auf mehrere Wohnhäuser, die sich in einzelne Wohngruppen untergliedern. Jede Wohngruppe verfügt über Aufenthalts- und Speiseraum, Küche und teilweise Terrassen. Die Werkstätte hat 199 Arbeitsplätze und 25 Berufsausbildungsplätze. Eine großzügige, gepflegte Außenanlage gestattet den Aufenthalt im Freien.

Heute Morgen sind noch keine Touristen zu sehen, als ich durch die Anlage gehe. Mir begegnen hauptsächlich Bewohner, von denen manche neben der geistigen Behinderung auch eine körperliche haben. Einige sitzen in der Sonne auf der Bank vor ihrem Wohngebäude. Ich denke, wie gut sie es haben, in einer so herrlichen Umgebung ohne Sorgen leben zu können. Aber der Schein trügt, wie ich später erfahren werde.

Mein Weg zum Campingplatz am Nordufer des Krakower Sees führt vorbei am Friedhof, auf dem auch die verstorbenen Stiftdamen bestattet sind. Auf den Grabsteinen und -kreuzen sind fast alle Namen des mecklenburgischen Landadels zu lesen. Nach dem Ortsausgang umgehe ich die Bundesstraße über das Dörfchen Lüschow, das nur aus wenigen Häusern besteht. Vor mir geht ein älterer Mann, etwas unentschlossen und mit einer starken Gerte in der Hand. Dann bleibt er am Feldrand stehen, und ich vermute, dass er vielleicht auf jemanden wartet. Im Vorübergehen grüße ich; er erwidert den Gruß. Als ich an einer Abzweigung auf meine Karte schaue, holt er mich ein und fragt, wohin ich möchte. „Kennen Sie sich denn hier aus? Wohnen Sie hier im Dorf?“, frage ich zurück.

„Hier im Dorf nicht, aber ich kenne die Gegend. Ich wohne schon lange in Dobbertin, im Kloster“, antwortet er. „Dann können Sie mir vielleicht sagen, wie ich jetzt in Richtung Krakow weitergehen sollte“, vermute ich. Nachdem er mir den Weg gezeigt hat, bleibt er an meiner Seite. Er wirkt nicht geistig behindert, aber sehr einfach, etwas beschränkt. Ich sage: „Ich komme gerade aus der Klosteranlage. Es muss herrlich sein, dort zu wohnen“, und bin erstaunt, als er antwortet: „Mir gefällt es überhaupt nicht.“

„Ach, warum denn nicht?“, möchte ich wissen.

„Da gibt es viele, die Stress machen. Eine Frau aus meiner Wohngruppe will sich dauernd umbringen. Sie zerschlägt Fenster und schneidet sich mit den Scherben. Manche schlagen ab und zu alles kaputt, sodass die Polizei kommen muss, oder sie legen Feuer.“

Ich wundere mich: „Warum tun sie das denn?"

„Weil ihnen langweilig ist oder weil sie wütend sind."

„Gibt es keine Beschäftigung? Ich habe ein Werkstattgebäude gesehen."

„Doch, man kann arbeiten. Ich arbeite von 8 bis 15 Uhr, bin ein guter Arbeiter. Wir packen Päckchen, da kommen drei Bücher rein und eine Postkarte", erklärt er. Als ich frage, was das für Bücher seien, weiß er es nicht. Er ist unzufrieden, weil er sehr wenig Geld für die Arbeit bekommt. Meinen Einwand, dass er im Gegenzug alles umsonst erhält, was sonst sehr viel Geld kosten würde, lässt er nicht gelten.

Er sei 1960 in Plauen geboren, erzählt er. Seine Mutter habe sechs Kinder durchbringen müssen, was sie nicht geschafft habe. Deshalb sei er ins Kinderheim gekommen. Nach dem Kinderheim, also als er älter war, kam er nach Dresden zu seinem Vater, der inzwischen eine eigene Familie hatte. Sie hätten ihn schlecht behandelt, er durfte zum Beispiel nicht mit ihnen zusammen am Tisch essen. Mit 18 Jahren habe er eine Freundin mit auf sein Zimmer genommen. Sein Vater sei ohne anzuklopfen reingekommen und habe gesagt, das Mädchen sei ja eine Hure. Da habe er seinem Vater Faustschläge verpasst, der sei die Treppe hinuntergestürzt und habe die Wirbelsäule gebrochen. Seine Frau habe die Polizei und das Jugendamt gerufen. Dem Jugendamtmitarbeiter habe er auch Schläge angedroht. Er wurde nur zu zwei Jahren Freiheitsentzug verurteilt. Der Vater war nicht gestorben. Über das weitere Schicksal des Vaters spricht er nicht, nur, dass er nie wieder Kontakt hatte und später auch nicht zum Begräbnis gegangen sei. So wie er es erzählt, fühlt er sich eher selbst als Opfer, was in Teilen vielleicht zutrifft. Später habe er im Gleisbau gearbeitet und sehr viel Alkohol getrunken, aber als er seine erste Zigarette rauchte, habe er gemerkt, dass ihm das besser gefalle, und seitdem habe er nie wieder Alkohol zu sich genommen. Seine Mutter sei früh gestorben, sie habe Selbstmord begangen. Irgendwann habe er dann einen seiner Brüder ausfindig gemacht, der in der Nähe von Dobbertin wohnt und der dann dafür gesorgt habe, dass er einen Platz im Kloster bekam. Nicht nur dies erfahre ich, sondern noch vieles mehr.

Sein dramatisches Schicksal tut mir leid. Durch seine geistige Einschränkung hatte er wenig bewussten Einfluss darauf.

Während des langen Gesprächs habe ich mich seinem langsameren Tempo angepasst. Er dirigiert mich bei jeder Abzweigung in die richtige Richtung, trotzdem schaue ich mir auch immer die Wegweiser an. Allerdings würde ich inzwischen gern wieder in meinem Tempo und allein in Stille gehen. Ich reiche ihm die Hand: „Reinhard, vielen Dank dafür, dass du mich begleitet und den richtigen Weg gezeigt hast. Aber jetzt muss ich doch wieder schneller gehen. Alles, alles Gute für dich!"

Danach gehe ich in sehr raschem Tempo weiter, merke aber, dass er mir folgt und immer noch ruft, wohin ich gehen soll, nämlich in den rechts abbiegenden Hauptweg. Reinhard befindet sich auf dem Geradeaus-Weg, und in der Hast wegzukommen, schaue ich mir den Wegweiser nicht an, der dort steht. Hinterher merke ich, dass Reinhard mir ganz richtig den Weg gezeigt hat, der direkt nach Krakow geht. Leider ist es aber nicht der, der durch ein paar Dörfer zum nördlichen Ende des Krakower Sees führt und den ich eigentlich nehmen wollte. Der Wegweiser hätte es mir verraten.

Auf dem Waldweg treffe ich einige Zeit später eine Radfahrerin, die anhält, mein Gefährt betrachtet und ein Gespräch beginnt. Sie wohnt in Bremen und macht mit ihrer Freundin einige Tage Urlaub in Krakow. Jetzt fährt sie nach Dobbertin, um das Kloster zu besichtigen. Wir plaudern eine Weile, und ich freue mich, sie durch meine falsche Wegwahl kennengelernt zu haben. Ihre Tochter wohnt in Hamburg. Wir kommen überein, uns zu treffen, wenn sie ihre Tochter das nächste Mal besucht. Durch sie komme ich auch zu ein paar Fotos, die ich für dieses Buch gut gebrauchen kann, denn sie fragt, ob sie mich und das Wägelchen fotografieren dürfe.

Alle, die ich bisher traf, wollten wissen, ob ich tatsächlich jeden Tag zu Fuß durch die Gegend wandere und ob ich keine Angst habe. Die habe ich tatsächlich nicht. Vielleicht fehlt es mir an Fantasie für die Vorstellung, man wolle mir Böses. Außerdem würde es sich für potenzielle Verbrecher nicht lohnen, in diesen einsamen Wäldern auf Raubzug zu gehen – stundenlang kommt niemand des Weges, sodass sie nicht einmal den Mindeststundenlohn erwirtschaften könnten. Da müsste man direkt noch eine Essensspende drauflegen.

Nach dem Örtchen Jellen verbreitert sich der Weg und führt schnurgerade durch den Wald, was für Rad- und Autofahrer bequem, für Wanderer aber todlangweilig ist. Murrend bringe ich die Strecke hinter mich. Meine Laune bessert sich wesentlich, als ich wenige Kilometer vor Krakow in Alt Sammit auf eine kleine, etwas chaotisch wirkende Oase stoße. Es gibt im Garten hier und dort gemütliche Sitzgelegenheiten, und von Frau Roman bekomme ich absolut köstlichen Heidelbeer-Schmand-Kuchen mit Schlagsahne und Kaffee sowie ein Eis. Einen Liter Apfelsaft aus der Region lasse ich in meine Trinkflasche füllen. Ich erwähne es nur zur Klarstellung, falls irgendwann der Eindruck entstanden sein sollte, ich sei spartanisch veranlagt. So ist es nicht, sondern ich kann mich lediglich problemlos einschränken, wenn es angebracht ist.

Gestärkt gehe ich weiter. Das Städtchen Krakow am See hat ca. 4000 Einwohner und ist, wie fast alle diese kleinen Mecklenburger Städtchen, mit seiner erhaltenen historischen Bebauung sehr hübsch. Zudem hat Krakow eine vielfältige touristische Infrastruktur. Doch mir steht nicht der Sinn nach Zivilisation, und so umgehe ich den Ort und wandere immer weiter am Seeufer entlang in der Annahme, dass dabei nichts schiefgehen kann, weil der Zeltplatz ja am Seeufer liegt. Bei dieser Gelegenheit lerne ich ungewollt die lange Halbinsel näher kennen, die weit in den See hineinragt. Es verwirrt mich ein wenig, als ich irgendwann auf beiden Seiten von See umgeben bin – das sollte nicht sein. Zwei junge Taucher aus Wismar klären mich auf. Ich muss auf der Halbinsel zurückgehen, bis ich wieder ans Seeufer und an die Straße komme, auf der ich zum Campingplatz gelangen kann. Ein mittelalter Mann in Badeschlappen hat das Gespräch mitbekommen und beschließt, mich zu begleiten. Früher wohnte er in Dobbertin und jetzt in Krakow, wo auch seine Mutter und die Schwestern leben, erzählt er. Er geht gern und oft spazieren. Auch er wirkt sehr einfach im Gemüt, doch ich muss noch viel eingeschränkter wirken, da er und Reinhard den Eindruck haben, sie müssten mich führen, damit ich heil ankomme. Nachdem ich mich immerzu verlaufe, fürchte ich, sie haben recht. Wir gehen auf dem Fußweg die Straße entlang, die sich dahinzieht und eintönig ist, bis mich mein Begleiter wohlbehalten an der Rezeption des Campingplatzes abliefert.

Der „Zeltplatz am Krakower See" liegt eigentlich an einem Teil, der sich Gruber See nennt. Er ist groß, gepflegt, bestens ausgestattet und gut besucht. Er hat sogar ein Restaurant. Es lockt mich nicht, denn ich kann zusammen mit Brötchen die köstliche Wurst vom Dobbertiner Schlachter essen. Als Getränk mische ich den gekauften Apfelsaft mit Leitungswasser.

In der Nacht regnet es, ist aber nicht kalt. Morgens ist alles pitschnass und der Himmel stark bewölkt. Wird mich der Regen daran hindern weiterzugehen? Doch dann lockern die Wolken auf. Ich packe die Sachen zusammen, obwohl das Zelt noch nass ist, und breche gegen zehn Uhr auf, sehr froh darüber, auch heute unerwartete Erlebnisse zu haben und neuen Menschen begegnen zu können.

⌘ ⌘ ⌘

Bis zum nächsten Zeltplatz in Dahmen am Malchiner See sind es 34 Kilometer. Das schaffe ich nicht an einem Tag. Ich muss mir unterwegs irgendwo ein Plätzchen zum Übernachten suchen – nicht zu spät, damit das Zelt vor dem Schlafengehen noch abtrocknen kann. Daher unterlasse ich nach einigem Zögern den Abstecher ins Nebel-Durchbruchstal, an dem die Straße nach Serrahn vorbeiführt, zumal ich nicht weiß, ob der Pfad für den Wanderwagen passierbar ist.

Laut Karte muss ich ein Stück auf der Straße gehen bis über eine Autobahnbrücke, danach auf einem Feldweg neben der Autobahn, bis links der Naturparkweg in den Wald abbiegt. So weit, so gut und ganz einfach. Schade nur, dass das Büchlein „Naturparkweg E9A", die Karte und die Verantwortlichen für die Wegmarkierungen drei unterschiedliche Vorstellungen über den Verlauf haben und daher keine Markierung vorhanden ist – jedenfalls nicht dort, wo mich die Karte hinschickt. Ich sehe zwar einen links abbiegenden Feldweg, jedoch ohne jeglichen Hinweis. Inzwischen haben sich in mir gewisse Vorbehalte gegen das Umherirren in unbekanntem Gelände gebildet, sodass ich zögere, ihn einzuschlagen. Ich hoffe immer noch auf eine Markierung – vielleicht ist der nächste Weg der richtige? Ich gehe weiter längs der Autobahn und komme an einen Pfad, der ebenfalls ohne Hinweis ist, den ich jedoch auf der Karte eindeutig identifizieren kann. Demnach war der vorherige der Naturparkweg E9a; dieser ist ein Umweg, auf dem ich mit einigem Glück vielleicht doch noch zu meinem Ziel finden könnte. Dabei hilft mir später ein Hinweis auf einem verwilderten Grasstück, das keinen Weg erkennen lassen würde.

Ich hoffe, in Hallalit zelten zu können. In dem winzigen Dörfchen befindet sich ein interessantes Bauwerk – ein 104 Meter langer Landarbeiterkaten aus Feldsteinen, der um 1841 errichtet wurde und 16 Wohnungen enthielt. Parallel dazu sind auf beiden Seiten ebenso lange Stall- und Werkstattgebäude aus Feldsteinen angeordnet. In der DDR-Zeit wurden die Wohnungen teilweise als Ferienunterkünfte genutzt und in der Zeit von 1990 bis 1992 gekauft und saniert, wobei auch das Dachgeschoss ausgebaut wurde und durch Zusammenlegungen 12 statt 16 Wohnungen entstanden. Ich habe die romantische Vorstellung, dass die Eigentümer eine freundschaftliche Gemeinschaft bilden und die Grünfläche vor dem Katen gemeinsam nutzen. Vielleicht erlaubt man mir, das Zelt dort aufzustellen, füllt meine Wasserflaschen und lädt mich möglicherweise sogar zu einem Glas Wein oder zum Grillen ein?

Als ich am frühen Nachmittag aus dem Wald herauskomme, sehe ich am Dorfrand einen von zwei hohen Kirschbäumen überschatteten Wiesenplatz, auf dem ein Campingwagen und ein Auto stehen. Ich frage den Bewohner: „Entschuldigen Sie, ist das Ihr Privatgelände oder gehört es der Gemeinde?"

„Es gehört mir", vernehme ich und frage dann: „Könnte ich wohl für eine Nacht mein Zelt aufstellen? Bis zum nächsten Zeltplatz würde ich es zur Not noch schaffen, aber nicht, mein nasses Zelt vorm Schlafengehen zu trocknen."

Nach leichtem Zögern bekomme ich die Erlaubnis. Die später hinzukommende Ehefrau und die beiden halbwüchsigen Kinder sind anfangs ebenfalls nicht begeistert über die Fremde, die zweieinhalb Quadratmeter ihres Eigentums besetzt hat, doch nachdem wir uns bekannt gemacht haben, geben sie ihre Zurückhaltung auf. Ich erfahre, dass die Familie in Berlin wohnt und hier regelmäßig die Eltern besucht, die ursprünglich in Rostock lebten und zu den ersten Bewohnern des „langen Hus" gehörten. Die Mutter hat heute Geburtstag. Ich erhalte sogar ein Stück Geburtstagskuchen, Kaffee und darf von den Süßkirschen so viel essen, wie ich möchte. Zum Abendessen habe ich noch genügend Brötchen, Wurst und Käse aus Dobbertin. Auf der Wiese gibt es einen Wasseranschluss, und mein Zelt trocknet im Sonnenschein – alles ist bestens.

Ich frage nach einem Herrn Stüwe, der hier wohnen soll und von dem ich ein Büchlein über Hallalit kaufen möchte, das er verfasst hat. Leider ist er vor ein paar Jahren gestorben, doch ich kann es mir leihen. Darin lese ich unter anderem, dass Hallalit im Jahre 2001 34 Einwohner zählte, während es 100 Jahre vorher noch 131 Einwohner hatte. Jetzt sind es wohl noch weniger als im Jahre 2001, scheint mir bei einem Spaziergang durch das Dorf. Auf einer Informationstafel

Ohne den Richtungsweiser hätte ich Hallalit nicht gefunden

lese ich, dass Hallalit zu Vollrathsruhe gehörte und der Besitzer Karl von Maltzahn im 19. Jahrhundert einen Kuhstall, eine Spiritusbrennerei mit Eiskeller und den Feldsteinkaten errichten ließ, in dem Tagelöhner, Forstarbeiter, Teerkocher, Köhler unterkamen. Später wechselte der Besitzer und wurde 1945 enteignet. Die Felder wurden zu je sieben Hektar an Landarbeiter und Flüchtlinge verteilt. 1951 bildete sich eine LPG. Vom früheren Landleben zeugen die dem Verfall preisgegebene große Stallscheune aus Feldsteinen und „dat lange Hus". Meine romantische Vorstellung über die Eigentümergemeinschaft im Feldsteinkaten schmilzt dahin, als ich die individuellen Gärtchen mit Zäunen oder zumindest Hecken dazwischen sehe. Schön spießig, denke ich. Möglicherweise war es früher anders, denn seitdem sind über 30 Jahre vergangen und ein Teil der Eigentümer hat gewechselt. Ich fotografiere den einzigen Hausteil, der meiner ursprünglichen Vorstellung am nächsten kommt.

Die Familie fährt am nächsten Morgen schon gegen fünf Uhr nach Hause. Der Wetterbericht hatte gutes Wetter vorhergesagt; demnach könnte ich in Ruhe packen und gemütlich die verbliebene Strecke nach Dahmen zurücklegen. Um halb sieben wache ich auf, weil Regen aufs Zeltdach tröpfelt. Als ich hinausschaue, ist eine Hälfte des Himmels mit einer dichten, dunklen Regendecke verhangen, die andere Hälfte sieht etwas besser aus. Fraglich, welche Seite sich durchsetzt. Ich hatte versprochen, nur eine Nacht zu bleiben. Also muss ich packen, und zwar möglichst schnell noch vor einsetzendem Regen. Ich werfe alle Sachen unter den großen Tischtennistisch, wo sie vor Nässe einigermaßen geschützt sind, und packe Luftmatratze und Zelt in größter Eile zusammen, wobei ich den Himmel beschwöre: Lass mich wenigstens Zelt und Luftmatratze trocken in den Packsack kriegen. Nachdem das geschafft ist: Lass mich bloß noch alle Sachen trocken in den Packsäcken unterbringen. Der Himmel ist gnädig und erhört mein Flehen.

⌘ ⌘ ⌘

Bewohnter Feldsteinkaten in Hallalit

Nebengebäude zum Feldsteinkaten in Hallalit

Bald bin ich auf der mit Feldsteinen gepflasterten Kastanienallee unterwegs, die später in eine duftende Lindenallee übergeht und durch Wald und Felder in den Ort Vollrathsruhe führt. Der Name bezieht sich auf den Gründer Vollrath Levin von Maltzan, der das Gut anlegte. Im Ort sehe ich viele Mauern und Gebäude aus Feldsteinen, ein Herrenhaus beachtlichen Ausmaßes und ein großes leerstehendes Bahnhofsgebäude aus Backsteinen. Züge halten hier seit Jahren keine mehr.

Maltzan, Malzahn oder Maltzahn, in älterer Zeit Moltzan oder Moltzahn, ist der Name eines uradeligen, offenbar sehr vermehrungsfreudigen Geschlechts. Man stößt in Mecklenburg-Vorpommern immer wieder auf ihn. Die 1979 überarbeitete Familiengeschichte unterscheidet knapp 60 Stämme, Linien, Äste, Unteräste, Zweige und Häuser. In älteren und jüngeren Stammfolgen taucht manchmal der gleiche Name auf, was zu Verwirrung führen kann.

Ständig begleitet von der drohend dunklen Regenwand, gehe ich weiter auf einem ansteigenden Feldweg in Richtung Klocksin. Auf der einen Seite steht Raps noch auf dem Halm, auf der anderen Seite sind die Felder bereits abgeerntet. Dort macht ein Traktor seine Runden und versprüht Schwaden, die wie Staub aussehen – Herbizide oder Pestizide wahrscheinlich. Glücklicherweise weht der Wind hin zum Feld; nur wenn der Traktor am Feldrand wendet, stößt er die Schwaden direkt in meine Richtung. Ich versuche, dem auszuweichen und haste den Weg entlang, bis ich den Traktor hinter mir gelassen habe. Gerade als ich denke, ich hätte es geschafft, kommt wie der Teufel aus der Flasche ein zweiter Traktor um die Ecke. Das Wettrennen dauert nicht mehr lange, denn bald bin ich am Ortsrand von Klocksin.

Der Anblick des Himmels verunsichert mich – einen Regentag würde ich doch lieber auf dem Zeltplatz verbringen als irgendwo in der Pampa. Deshalb streife ich Klocksin, ein Bauerndorf, das bereits im 13. Jahrhundert urkundlich erwähnt wurde, nur am Rande. Das ist schade, denn die Umgebung bietet viel Interessantes – in Blücherhof das Schloss mit seinen Nebengebäuden (in Privatbesitz), den Dendrologischen Garten sowie einen Park mit botanischen Besonderheiten und in Lütgendorf die Feldsteinkirche aus dem 13. Jahrhundert. Mehrere lange, schmale Seen, die aus einer Schmelzwasserrinne der letzten Eiszeit entstanden sind, setzen sich vom Dorf aus in Südrichtung fort.

Bis Dahmen gehe ich, wie auch vorher schon oft, auf Feldwegen, die man früher mit Feldsteinen gepflastert hat, damit mit Erntegut beladene Pferdefuhren nicht einsanken. Die Steine sind unregelmäßig auch in der Höhe und doch sehr sorgfältig gesetzt, was man besonders an den geraden Randstreifen erkennen kann. Daneben stehen immer wieder große Findlinge – an Geröll aus der Eiszeit fehlt es in Mecklenburg nicht.

Dichte Hecken bieten Schutz für Vögel, Kleintiere und vor dem Wind. Dazwischen wachsen hier Mirabellensträucher, eine Sorte mit gelben, die andere mit rötlich gefärbten Früchten. Ein Teil der in massenhafter Anzahl vorhandenen Früchte ist schon reif und süß. Ich esse davon, so viel ich kann, und nehme mir welche mit für den nächsten Tag.

Inzwischen siegt die helle Seite des Himmels über die dunkle Regenseite. Die Sonne scheint, und im Blau sind nur noch weiße Schönwetterwolken zu sehen, als ich gegen zwölf Uhr in Dahmen den Zeltplatz erreiche. Er liegt direkt am Ufer des Malchiner Sees und ist klein, nett und nicht dominiert von Wohnmobilen. Nachdem ich mich eingerichtet habe, mache ich einen Spaziergang durch den Ort.

Belegt ist, dass in Dahmen um das Jahr 1275 schon 15 Hufen bestanden (15 Landflächen, die von Bauernfamilien bewirtschaftet wurden). Erhalten aus dieser Zeit ist die kleine gotische Kirche. Im Jahre 1371 gelangten Ortschaft und Ländereien in den Besitz der Familie von Maltzahn und blieben deren Eigentum bis

1877. Angehörige der Familie von Maltzahn und Hubert Gustav von Tiele-Winckler gründeten 1873 eine Zuckerfabrik in Dahmen, die 1887 wegen Verfall des Zuckerpreises mit großen finanziellen Verlusten aufgelöst wurde. Die Produktionsstätte wurde abgerissen, doch die anderen damals entstandenen Backsteingebäude prägen heute noch den Ort und stehen unter Denkmalschutz. Ein ausgedehntes, schmuckvolles Gebäude an der Dorfstraße war früher ein Wohnheim für Zuckerarbeiter und beherbergte außerdem eine Gastwirtschaft und einen Kaufmannsladen. Schön anzusehen sind auch der hohe Speicher und die Wohngebäude der Arbeiterfamilien.

Mirabellen satt am Wegesrand

Auf dem Zeltplatz in Dahmen

In DDR-Zeiten entstand am Seeufer eine große Ferienanlage mit Bungalows und einer Gaststätte, die geöffnet und sehr gut besucht ist. Das wundert mich nicht, denn ich bekomme ein ausgezeichnet zubereitetes deutsches Gericht zum humanen Preis. Ich frage die Bedienung, wem Anlage und Gaststätte gehören und wie es zu dem jetzigen Namen „Gaststätte Pirna“ gekommen ist. Die junge Frau erklärt, dass die ganze Anlage früher ein Betriebserholungsheim des VEB Strömungsmaschinenbau Pirna gewesen sei. Ihre Familie stamme von dort und habe die Anlage erworben, als sie nach der Wiedervereinigung zum Verkauf stand.

In der DDR hatten fast alle größeren Betriebe eigene Ferienanlagen für Familien sowie Kinderferienheime. Die Werktätigen konnten mit ihren Familien sehr billig Urlaub mit Vollverpflegung machen. Mein Vater war Schlosser, meine Mutter Hausfrau, und das Geld war knapp. Ich entsinne mich, dass meine Eltern, meine Schwester und ich zweimal 14 Tage in einem solchen Ferienheim an der Ostsee, in Binz und Zinnowitz, den Urlaub verbracht haben. Ich habe davon noch Fotos, die mein Vater mit seinem Apparat gemacht hatte. Meine Schwester und ich waren in den Schulferien auch einige Male im Kinderferienheim des Betriebes. Wenn ich jetzt zurückdenke, wundere ich mich, wie viel wir als Familie trotz des geringen Einkommens unternehmen konnten. Wir wohnten in Dresden und besuchten an den Wochenenden oft den Zoologischen Garten, machten Ausflüge in die nähere Umgebung und in die Sächsische Schweiz. Dorthin fuhren wir mit dem Zug oder mit einem der Elbdampfer. Letzteres dürfte sich zur jetzigen Zeit kaum noch eine Familie mit geringem Einkommen leisten können, stellte ich neulich bei einem Dresdenbesuch mit meinem Enkel fest. Eine solche Fahrt würde jetzt für zwei Erwachsene mit zwei Kindern unter 14 Jahren 56 Euro kosten, obwohl die Kinder kostenlos mitfahren können.

⌘ ⌘ ⌘

Heute will ich über Gielow bis zum Ortsteil Peenhäuser gehen, wo sich ein Ferienpark mit Hotel, Gaststätte und Zeltplätzen befindet. Es ist eine landschaftlich schöne und baulich interessante Strecke von 20 Kilometern. Der Weg führt durch Rothenmoor, ein kleines feuchtes Waldgebiet mit einem Kerbtal, in dem der Burgwall einer Slawenburg noch zu sehen ist. Ringsum liegen Felder. In der Ortschaft Rothenmoor sind noch einige Häuser bewohnt. Sie sind saniert, haben hübschen Gärten und wirken in ihrer Umgebung wie aufgemotzte Überbleibsel aus anderen Zeiten. Die große Feldsteinscheune, ein langer Tagelöhnerkaten und das im Verfall begriffene Herrenhaus stammen aus der Zeit derer von Maltzahn, denen das Gut und Ländereien vom 14. Jahrhundert bis 1877 gehörte, bis es in den Besitz des Baron von Tiele-Winckler überging und 1945 enteignet wurde. In DDR-Zeiten war das Gutshaus von Familien und LPG-Mitarbeitern bewohnt, die Wirtschaftsgebäude wurden von der LPG genutzt und noch einige hinzugebaut. Hier hatten früher Menschen gelebt und gearbeitet. Jetzt ist alles zugesperrt, tot und leer. Erstaunlicherweise aber wurde im Jahre 1996 der Gutspark mit dem sogenannten Schwanenteich nach alten Vorlagen rekonstruiert, wahrscheinlich mit EU-Geldern, denn ich entdecke eine Informationstafel mit der Überschrift „Europäischer Landschaftsfonds für die Entwicklung des ländlichen Raums". Eine Kofinanzierung erfolgte aus Mitteln des Landes Mecklenburg-Vorpommern. Mitgewirkt hat Helmut Freiherr von Maltzahn, der in der Nähe das durch einen Brand stark beschädigte Schloss seiner Ahnen in Ulrichhusen gekauft, saniert und zu einem Hotel und Festspielort gemacht hat. Nun plant der geschäftstüchtige Unternehmer eine große Feriensiedlung am Ufer des Malchiner Sees, von der aus es Wanderwege ins Rothenmoor geben soll.

Ich treffe am Wegesrand auf eine besonders beeindruckende, knorrige Eiche. Im Internet finde ich später die Auskunft, dass diese Stieleiche um die 350 Jahre alt sein soll und wegen ihres Wuchses als „Knorreiche" bekannt ist. 2018 wurde in Brusthöhe ein Umfang von 7,45 Metern gemessen. Leider nicht gesehen habe ich die Eiche, die 350 Meter entfernt davon wächst. Sie soll um die 400 Jahre alt sein und einen Umfang von über neun Metern haben.

350-Jährige Eiche in Rothenmoor

Längere Zeit wandere ich durch Wald und treffe wie üblich kein menschliches Wesen. Über die Dörfer Neu Basedow und Stöckersoll erreiche ich das Dorf Basedow mit einer der bedeutendsten Schlossanlagen Mecklenburg-Vorpommerns, zu der das prächtige Renaissanceschloss, ein klassizistischer Marstall, Wirtschaftsgebäude und ein Lenné-Landschaftspark gehören. 1945 wurde der letzte Besitzer, Graf Karl Friedrich von Hahn, durch die Bodenreform enteignet. Das Schloss wurde Unterkunft für Umsiedler und Flüchtlinge – Mecklenburg-Vorpommerns Einwohnerzahl hat sich in dieser Zeit fast verdreifacht. Die Schlossanlage, der Park und das Dorf stehen seit 1985 als Ensemble unter Denkmalschutz, das Schloss schon seit 1951. Es bietet einen überwältigenden Anblick inmitten der Parkanlage.

Im Schlosspark treffe ich einen älteren Mann auf einem Rasentraktor. „Darf ich Sie etwas fragen?", beginne ich das Gespräch. „Ja, gerne", antwortet er und steigt vom Traktor. „Kann man das Schloss nicht besichtigen? Ich habe keine Information darüber gesehen. Und wem gehört die Anlage jetzt?", möchte ich wissen.

„Eine Zeitlang konnten Teile des Schlosses besichtigt werden, das wollen die Eigentümer jetzt nicht mehr. Um 2000 hat die Treuhand das Schloss an einen Westdeutschen verkauft, aber das ging wohl schief. 2004 wurde es versteigert an zwei Schweizer, die immer noch Teile davon sanieren. Es ist eine Millionenaufgabe, denn das Schloss ist ja riesig und aufwendig gebaut. Den Marstall haben sie inzwischen verkauft. Für die Sanierung haben der Staat und wahrscheinlich auch die EU Mittel zur Verfügung gestellt, was eigentlich mit einer Bedingung der teilweisen Zugänglichkeit hätte verbunden sein müssen. Park und Wege hat die Gemeinde übernommen, damit sie der Öffentlichkeit zugänglich bleiben."

Er lobt einen Herrn Rothe, der viele Gebäude aufgekauft, saniert und für den Tourismus nutzbar gemacht habe. Er habe sehr zur Entwicklung des Ortes beigetragen. Mein Gesprächspartner wohnt gleich neben dem Park in einem vierstöckigen DDR-Wohnblock. Wir tauschen noch Persönliches aus, bevor ich mich verabschiede und er seine Arbeit wieder aufnimmt.

In der Nähe befindet sich das sogenannte Schlosscafé. Sofort erwacht in mir Hunger, von dem ich kurz vorher noch nichts wusste und der nur durch Kuchen

Das Schloss in Basedow

gestillt werden kann. Er schmeckt so gut, dass ich am liebsten noch zwei Tage in der Nähe dieser Futterkrippe bleiben möchte und mich nur schweren Herzens davon trenne. Gemächlich begebe ich mich nach Gielow, das nur wenige Kilometer entfernt ist und sehenswerte Backstein-Fachwerkhäuser aufweist.

Vor einem der größeren, zweistöckigen Gebäude informiert eine Tafel, dass hier aus Mitteln des Bundes und des Landes in die Verbesserung der Hortbetreuung der Grundschule Gielow investiert wird. Von dort aus sind es nur noch zwei schöne Kilometer auf Feldwegen bis zur Ferienanlage im Ortsteil Peenhäuser, der aus einer einzigen kurzen Straße mit wenigen Häusern besteht. Verblüfft stehe ich vor der Ferienanlage mit neuen, größeren Gebäuden. Das Tor ist verschlossen, zu sehen ist niemand. Ich erkundige mich bei einem Einwohner nach dem Grund und erfahre, dass alles schon seit einem Jahr geschlossen ist. Das ist zwar nicht schön, denn die Uhr zeigt halb fünf und die nächste offizielle Übernachtungsmöglichkeit befindet sich 16 Kilometer weiter in Stavenhagen, jedoch auch nicht schlimm, denn es gibt gegenüber der Anlage den ehemaligen Parkplatz, der jetzt eine Wiese mit viel Platz für mein Zelt ist. Ich lasse mir die Wasserflaschen auffüllen, baue das Zelt auf und schaue mir die Umgebung an, bevor ich zu Abend esse – zwei Brötchen, die ich heute Morgen auf dem Zeltplatz in Dahmen gekauft habe, dazu Wurst und Käse aus dem Supermarkt in Dobbertin, als Nachtisch in Wasser eingeweichtes Müsli und Mirabellen vom gestrigen Feldweg – was will man mehr. Spät abends, ich bin schon fast eingeschlafen, raschelt es in der Nähe, vielleicht ein Hund, der rausgelassen wurde, um sein Geschäft zu machen. Hoffentlich pinkelt er nicht ans Zelt, denke ich.

Vor der geschlossenen Ferienanlage Peenhäuser

Nachts hat es geregnet. Der Himmel ist bewölkt, und es ist windstill – keine Chance, das Zelt zu trocknen. Immerhin regnet es nicht mehr, und ich kann gegen acht Uhr losgehen. Weil der Weg durch das Nebel-Durchbruchstal laut meinem Büchlein teilweise sogar für Radler schwierig sein soll und zudem jetzt nass ist, wähle ich den Umweg über Demzin, der das Tal nur streift. Er verläuft anfangs durch Feld und Wald und dann ein Stück auf einer lebhaften Straße mit vielen Lastern. Sie nehmen Rücksicht, es ist aber trotzdem unangenehm, auf der engen Fahrbahn den Ungetümen zu begegnen.

Demzin wirkt unheimlich, wie als hätten Stadtbewohner das Dorf okkupiert. Die Häuser um den großen Dorfteich herum sind perfekt saniert, die Gärten sehen wie Stadtgärten aus – kurz geschorener Rasen, Blumenrabatten, Dekos, akkurat geschorene Hecken als Sichtschutz gegen Nachbarn und neugierige Blicke wie die meinen, keine Gemüsepflanzen, keine Hühner. Auf dem Feldweg nach Pinnow kommt mir ein Auto entgegen. Der Fahrer jüngeren Alters hält und fragt, ob ich Hilfe brauche – mein Anblick muss tatsächlich sehr ungewöhnlich sein. „Nein, vielen Dank, sehr nett von Ihnen. Ich hätte da aber gleich mal eine Frage. Mir ist aufgefallen, dass Demzin aussieht wie eine städtische Siedlung, und in anderen Dörfern habe ich auch schon Ähnliches bemerkt. Ich wundere mich, dass man kein Gemüse anbaut oder Hühner hält. Warum ist das so?“

„Ich weiß nicht genau, ich bin erst vor wenigen Jahren hierhergezogen. Vielleicht haben wir Westler das beeinflusst – vielleicht gibt es so eine Art Wettbewerb im Dorf“, mutmaßt er.

Schade, dass er schon weitergefahren ist und ich nicht mehr fragen kann, wer den Feldweg nach Pinnow entstellt hat, wie ich kurz darauf entdecke. Die Hecken und Bäume, die normalerweise die Wege säumen, sind bis auf kleine Reste in Zwischenräumen herausgerissen worden. Die Wurzeln sind entfernt und der Boden zwischen Weg und Feld auf beiden Seiten in circa zwei Meter Breite umgepflügt und geglättet worden. Diese Flächen sind dicht mit Blumen bepflanzt, teils mit heimischen Wiesenblumen, teils mit Gartenblumen, die absolut nicht hierher passen. Fotografieren will ich diese Unnatürlichkeit nicht. Die Urheberin war mit Sicherheit keine Einheimische. Wusste sie denn nicht, dass die Hecken wichtig sind für den Windschutz, damit die trockene Erde nicht weggeblasen wird, für den Sonnenschutz – früher von Feldarbeitern, jetzt von Wanderern, für den Lebensraum von Vögeln und Kleintieren? Und warum durfte sie ungehindert ihr übles Werk ausführen?

Ich bin froh, als ich Demzin hinter mir gelassen habe und in das Naturschutzgebiet Ostpeene gelange, wo ich über eine kleine, aber stabile Brücke die Peene überquere. Dumm nur, dass am Brückenende Betonteile hochkant stehen und dazwischen eine Kluft ist, entstanden wahrscheinlich durch Hochwasserverwerfungen. Sie ist mit einem schmalen, unbefestigten Metallschild von etwa zwei Metern Länge lose überbrückt. Mit dem Fahrrad könnte man hinüber balancieren, aber für meinen zweirädrigen Karren ist es zu schmal. Das eine Rad auf einer hochkant stehenden Betonplatte, von der es zwei Meter hinunter ins Bachbett geht, das andere Rad auf dem Metallschild, überquere ich den Spalt. Zusätzlich bin ich behindert durch das Regencape mit Kapuze, das ich übergezogen habe, denn es gießt gerade in Strömen. Nach Überwindung dieser kritischen Stelle bin ich froh, nicht gestrauchelt und hinuntergefallen zu sein. Danach teilt sich der Weg nach geradeaus und scharf links. Natürlich haben sie keinen Wegweiser speziell für mich aufgestellt, aber da hilft mir meine Karte weiter.

Ich erreiche die Ortschaft Pinnow. Dorf und Umgebung waren jahrhundertelang bis 1945 ununterbrochen im Besitz der Familie von Maltzahn und wurden 1990 von einem Zweig der Familie von der Treuhand zurückgekauft. Zumindest scheint die Dynastie durch die Enteignungen nicht verarmt zu sein, wenn man ihre jetzigen Besitzungen allein in Ostdeutschland betrachtet. Da ich keine Lust habe, ein weiteres aufgemotztes Dorf zu sehen, gehe ich am Ortsrand vorbei.

Ich finde einen Wegweiser nach Pribbenow, aber das war es dann. Selbst schuld, wenn man statt mit dem Auto auf der Straße zu fahren auf Beinen durch die Landschaft wandern will. Ich gehe durch einen Mischwald mit sichtbarem Holzeinschlag, aber irgendwann würde ich auch gern einmal in Pribbenow ankommen. Schließlich erreiche ich mitten im Wald ein Backsteinhäuschen, das vollkommen unbewohnt aussieht. Ich rufe trotzdem mehrmals laut „hallo“, und tatsächlich taucht ein Mann im Overall aus einem der Nebengebäude auf. Ich kann mein Glück kaum fassen. Natürlich habe ich durch die fehlende Markierung den auf der Karte eingezeichneten Naturparkweg verpasst, aber er beschreibt mir, wo dieser als einer der Forstwege abbiegt. Ich muss ein Stück zurückgehen und seiner Beschreibung folgen. „Herzlichen Dank, das war ihre heutige gute Tat!“, rufe ich ihm zum Abschied zu. Später finde ich sogar einen Wegweiser, der nach Pribbenow zeigt. Dort erblicke ich zuerst viele erbärmliche und verfallene Gebäude, aber je weiter ich in Richtung Stavenhagen vorankomme, desto besser und sanierter sind die Häuser.

Am Ortsanfang von Stavenhagen sind verwahrloste kleine Gartengrundstücke zu sehen. In einem liegt ein einsamer Hund im Zwinger, in einem anderen halb zusammengebrochene Gartenhütten und Abfall, in anderen wohnen Hühner und Gänse. Das Informationszentrum befindet sich direkt am hübschen Marktplatz von Stavenhagen. Weil der Akku meines Smartphons leer ist und ich deshalb nicht telefonieren kann, bitte ich die Mitarbeiterin, in den drei Hotels nach einem freien Zimmer zu fragen, denn einen Zeltplatz gibt es hier nicht. Stavenhagen ist offensichtlich ein beliebtes Ausflugsziel, denn ich bekomme nur mit Glück ein Hotelzimmer für zwei Nächte im Hotel Reuterhof. Als ich dort ankomme und den großen, aber stilmäßig äußerst schlichten Hotelkomplex sehe, denke ich zuerst, er stammt aus DDR-Zeiten. Tatsächlich aber wurde er von einem Darmstädter Bauingenieur geplant, konstruiert, von seiner Baufirma gebaut und 1995 eröffnet. Ich bin sehr angetan von dem freundlichen Empfang an der Rezeption, der Möglichkeit, Fahrräder und den Pilgerwagen im Erdgeschoss einzustellen, und von dem großen Zimmer mit Einzelbett. Eine Übernachtung ohne Frühstück kostet 76 Euro, aber billiger ist es nirgends. In meinem Büchlein ist der Preis in diesem Hotel noch mit 40 Euro angegeben. Das war wohl so vor der Pandemie und der Sanktions- und Energiepolitik der Ampelregierung.

Die Größe des Zimmers erlaubt mir, das Zelt zum Trocknen aufzustellen. Man könnte den Eindruck gewinnen, ich wolle auch im Hotelzimmer lieber im Zelt schlafen. Zu weiterer Dekoration trägt gewaschene Unterwäsche bei. Um das Personal fernzuhalten, hänge ich vorsichtshalber das Schild „Nicht stören“ vor die Tür. Unweit des Hotels befindet sich ein Supermarkt. Mit leerem Magen kaufe ich Lebensmittel für zwei Tage ein und esse sie am gleichen Abend auf.

Einige Kilometer vom Stadtzentrum entfernt gibt es einen Tierpark mit den berühmten Ivenacker Eichen, eine davon soll 1000 Jahre alt sein. Dafür und für den Besuch des Fritz-Reuter-Literaturmuseums nehme ich mir am nächsten Tag Zeit. Das flachwellige Gelände des Tierparks mit dem dammähnlichen Wallberg wurde von der letzten Eiszeit geformt. Es ist bewachsen von einem sogenannten Hutewald, der sich im Laufe von Jahrhunderten ausgebildet hat, denn schon vor über tausend Jahren trieben die Slawen ihr Vieh zum Weiden in den Wald bei Ivenack. Die uralten Eichen sind beeindruckend. Die älteste hat einen Stammumfang von über elf Metern. Auf einem bequemen Baumkronenpfad, der sich immer höher windet, kann man die Baumriesen von Fuß bis Kopf erleben und hat von einer 40 Meter hohen Aussichtsplattform einen Rundum-Ausblick auf das Dorf Ivenack samt Gutshaus und See und in die umgebende Kulturlandschaft.

Nach dem Ausflug in die Natur will ich das Fritz-Reuter-Literaturmuseum besuchen. Auf dem Weg dorthin komme ich am 1740 erbauten Schloss vorüber. Es wurde nach 1945 als Schule genutzt, nach der Wende renoviert und beherbergt jetzt die Stadtverwaltung. Vor dem Gebäude wehen an hohen Masten drei Flaggen – links die Landesflagge Mecklenburg-Vorpommerns, rechts die Flagge der Bundesrepublik und in der Mitte sehe ich zu meinem Erstaunen die ukrainische Staatsflagge. Vor dem Gebäude machen einige Angestellte eine Raucherpause. Ich frage sie, warum die ukrainische Flagge vor der Stadtverwaltung weht. „Keine Ahnung, wir haben uns auch gewundert", erhalte ich zur Antwort.

Das Fritz-Reuter-Literaturmuseum befindet sich im früheren Rathaus direkt am Marktplatz. Der 1810 in Stavenhagen geborene Schriftsteller Fritz Reuter, der seine Werke ausschließlich auf Plattdeutsch verfasste, ist mir aus der Schulzeit ein Begriff. Wir besprachen damals sein emotionalstes Werk, die sozialkritische Verserzählung „Kein Hüsung", in der er das tragische Schicksal eines jungen Tagelöhnerpaares erzählt, die Rechtlosigkeit dieser Bevölkerungsschicht darstellt und Anklage erhebt gegen die unmenschliche mecklenburgische Heimatgesetzgebung, die den Gutsherren absolute Willkür gegenüber den sozial Abhängigen erlaubte. Seine Schriften, die meistens heitere Rückblicke auf eigene Lebensabschnitte und humorvolle Beschreibungen charakteristischer niederdeutscher Typen enthalten, waren sehr erfolgreich. In Deutschland war er zu seiner Zeit der meistgelesene Schriftsteller, und seine Werke wurden in viele Sprachen übersetzt. Stavenhagen schmückt sich mit dem berühmten Sohn, indem es sich „Reuterstadt Stavenhagen" nennt.

Die 1000-jährige Eiche in Ivenack

Gleich neben dem Museum befindet sich ein „Herzogliches Café und Manufaktur für Kuchen und Torten“. Ich frage im Café nach, um welchen Herzog es sich denn handle, aber das wissen sie nicht. Die Kuchen und Torten der Manufaktur überzeugen mich auch nicht – der Herzog sollte mehr darauf achten. Deshalb lasse ich mich im „Café am Markt“ nieder, von dem aus ich als Zugabe zur Torte die Störche in dem über 100 Jahre alte Storchennest auf dem Schornstein des gegenüberliegenden Hauses beobachten kann.

⌘ ⌘ ⌘

Am nächsten Morgen bin ich schon zeitig auf dem Weg zum Bahnhof. Ich will mit dem Zug nach Neubrandenburg fahren, weil es zwischen Stavenhagen und Neubrandenburg keine guten Wanderwege gibt. Von dort aus werde ich auf dem Mecklenburger Pilgerweg nach Mirow wandern. Beim Einsteigen in den Zug hilft mir ein junger Mann, dem Aussehen nach vielleicht ein Inder. Er erzählt mir, dass er täglich zum Deutschkurs nach Ribnitz-Damgarten fährt, weil in der Nähe Stavenhagens kein Kurs angeboten wird oder keine Plätze frei sind. Er muss sehr motiviert sein, denn allein für die Zugfahrt mit Umsteigen in Güstrow und Rostock braucht er für Hin- und Rückfahrt fünfeinhalb Stunden, von Haus zu Haus mindestens sechs. Schon das allein zeigt, dass es nicht genügt, Migranten ins Land zu lassen, sondern dass zugleich umfangreiche Integrationsmaßnahmen nötig sind, die von Bund und Kommunen aber auch leistbar sein müssen. Leider fehlt es unseren Politikern an Realitätssinn.

Storchennest am Markt in Stavenhagen

Die Innenstadt ist noch ruhig und leer, als ich um halb neun den Markt erreiche. Sie wurde im Zweiten Weltkrieg fast vollständig zerstört. Erhalten geblieben ist die mittelalterliche Stadtmauer mit vier gotischen Stadttoren, eines schöner als das andere. Ich verlasse das Stadtzentrum durch das Treptower Tor, das aus einem Vortor und einem Haupttor besteht, und gehe zum Ufer des Tollensesees, an dem der Pilgerweg entlangführt. Quer über den Uferweg verlaufende Baumwurzeln, ins Wasser gestürzte Bäume und später ein steil ansteigendes schmales Sträßchen, das in den etwa zehn Meter hohen Steilhang gefräst ist, sorgen für Abwechslung.

Auf dem Weg liegt das Dorf Alt Rehse, das eine interessante Mischung verschiedener Weltanschauungen darbietet und dessen idyllisch aussehende Fachwerkhäuser ein falsches Alter vortäuschen. Auch die kleine Feldsteinkirche stammt nicht, wie vermutet, aus dem 13. Jahrhundert, sondern wurde Ende des 19. Jahrhunderts gebaut, was ihrer Schönheit jedoch keinen Abbruch tut. Im Jahr 1935 eröffneten die Nazis in Alt Rehse die „Führerschule der Deutschen Ärzteschaft“. Ziel war es, eine Elite auszubilden, die die unmenschliche Ideologie der Nazis mit Überzeugung vertrat. Viele von ihnen waren später an Verbrechen wie der Zwangssterilisation und systematischen Ermordung von Menschen mit körperlichen, geistigen und seelischen Behinderungen beteiligt. Um die Schule herum wurden die alten Gebäude abgerissen und ein nationalsozialistisches Musterdorf gebaut, das ein Idealbild einer „deutschen Dorfgemeinschaft“ darstellen sollte. Der kritischen Auseinandersetzung mit der Geschichte des Ortes widmet sich die Erinnerungs-, Bildungs-, und Begegnungsstätte Alt Rehse (EBB Alt Rehse).

Eine etwas verwirrende Auseinandersetzung mit der Gegenwart ist an einer großen Backsteinscheune abzulesen. Sehr schlecht kommen die Juristen weg. Die katholische Kirche und die Theologen an sich werden zur Höchststrafe verurteilt, indem man sie zur Hölle schickt. Persönliche Ansprachen an Frau Kramp-Karrenbauer, Ursula von der Leyen, Angela Merkel, Herrn Gauck, Herrn Merz lassen wenig Sympathie erkennen. Immerhin gesteht man Deutschland zu, dass es die besten Dichter und Denker hat, aber leider die dümmsten Politiker. Insge-

Stadtmauer in Neubrandenburg

samt aber ist Deutschland Scheiße, die USA ebenfalls. Ein Buddha lächelt gleichmütig von einem Plakat herunter.

Das wird mir alles zu viel. Es wird Zeit, sich wieder in die Natur zu verziehen – oder ein Schloss mit einem romantischen Schlosspark und einer, wenn auch toten Königin aufzusuchen. Mein Ziel ist Hohenzieritz. Wie früher oft an mecklenburgischen Landstraßen, sind entlang des Sträßchens nach Hohenzieritz Obstbäume gepflanzt worden. Gegen eine kleine Wegzehrung hätte ich jetzt nichts einzuwenden, doch leider sind die Äpfel noch nicht reif. Nach einer Abbiegung gehe ich auf einer Lindenallee durch Wiesen und Wald, bis ich zu einem in die Endmoränenlandschaft eingebetteten englischen Landschaftsgarten und zum weißen Schloss der Herzöge von Mecklenburg-Strelitz gelange. Sehr bekannt wurde der Ort, als hier im Juli 1810 die Königin Luise von Preußen während eines Besuchs bei ihrem Vater, Herzog Carl II. von Mecklenburg-Strelitz, mit 34 Jahren unerwartet verstarb. Ihr Sterbezimmer wurde zu einer Erinnerungsstätte. Das Schloss ging 1919 in Landeseigentum über und stand bis 1945 als Museumsschloss mit seiner kompletten Einrichtung aus der Zeit um 1800 allen Besuchern offen. Durch Plünderung und Zerstörung in der unmittelbaren Nachkriegszeit sind heute nur noch wenige Fotos und einige Tapetenreste übriggeblieben.

Im Schlossinneren gibt es für mich also kaum etwas zu besichtigen, doch die junge Frau am Einlass entschädigt mich dafür mit ihrer Erzählung. Sie liebt es, in der Natur unterwegs zu sein und nimmt auf ihre mehrtägigen Ausflüge weder Essen noch Zelt mit. Stattdessen spannt sie eine Hängematte zwischen Bäumen auf, isst Wildpflanzen und fängt in Schlingen Hasen, die sie über dem Feuer brät. „Wo haben Sie das denn gelernt?“, staune ich. „Ach, ich hatte einen Freund, der

Documenta Alt-Rehse

in einem Mittelalter-Verein war. Er hat es mir gezeigt", erklärt sie. „Aber die Feldhasen sind doch ganz schön durchtrainiert und bestimmt zäh?", frage ich weiter. „Na ja, das dauert schon mal drei Stunden, bis sie durchgebraten sind. Aber dafür reicht das Fleisch drei Tage."

Neben ihr komme ich mir direkt wie ein Luxusweibchen vor und stelle fest: „Ich glaube, das Mittelalter ist nichts für mich. Weidmanns Heil weiterhin!" Es ist schon 18 Uhr, und weit und breit gibt es keinen Campingplatz. Weil der Pilgerweg ausschließlich durch Wald führt, hoffe ich, unterwegs eine kleine Lichtung zu finden, auf der ich das Zelt aufstellen kann. Ich pilgere und pilgere, sehe aber keinen ebenen Platz ohne störendes Gesträuch. Es ist schon spät, als ich gegenüber dem ehemaligen Forsthaus Carlshof eine Wiese erblicke, auf der ein kleiner hölzerner Bauwagen steht, in dem früher vermutlich Forstarbeiter ihre Pausen verbrachten. Nachdem ich an der Haustür geklingelt habe, öffnet ein älterer Mann. „Entschuldigen Sie, hätten Sie etwas dagegen, wenn ich gegenüber auf der Wiese mein Zelt aufstellen würde?", bitte ich um Erlaubnis. Er ist einverstanden und kommt mit. Fast zeitgleich beginnt es, leicht zu tröpfeln. Der Wetterbericht hatte Regen angekündigt, und Wolken hatten mich den ganzen Tag begleitet, doch jetzt kann ich dem Regen wohl nicht mehr entgehen. „Sagen Sie, könnte ich vielleicht sogar in dem Forstwagen unterkommen?", frage ich.

„Da steht lauter Gerümpel drin. Ich kann es aber wegräumen, Sie müssten dann nur noch ausfegen", bietet er an. Erleichtert entgegne ich: „Vielen Dank, das ist sehr nett von Ihnen. Es tut mir leid, Ihnen Mühe zu machen."

Er winkt ab: „Ich wollte schon lange mal aufräumen."

Unterkunft im Forstwagen

Der Forstwagen enthält außer einem kleinen Öfchen zwei schmale Sitzbänke und dazwischen einen Tisch. Bänke und Tisch sind etwa 1,30 Meter lang und eigentlich zu kurz, um darauf zu schlafen. Auf dem Boden ist auch kein Platz. Ich bin trotzdem froh, hier drin sein zu können, denn es ist nach acht Uhr, draußen regnet es und nach 27 Kilometern Fußmarsch bin ich ziemlich müde. Da die Sitzbänke zu schmal sind, um mit angezogenen Beinen darauf zu schlafen, bereite ich mir ein Lager auf dem breiteren Tisch. Nachts wird es recht kalt, bequem ist es nicht, und ich schlafe schlecht. Darum stehe ich zeitig auf und bin schon um sieben Uhr auf dem Weg in Richtung Neustrelitz. Der Regen hat aufgehört.

⌘ ⌘ ⌘

Nach Neustrelitz sind es nur noch sechs Kilometer zu gehen. Der Weg führt direkt zum historischen Marktplatz und zum Ufer des Zierker Sees mit dem Stadthafen. Das Strelitzer Schloss ist 1945 abgebrannt, doch die zugehörigen Gebäude und der Park sind erhalten, ebenso die alten Häuser und Villen der Stadt. Am Hafen stehen große Speicher aus Backsteinen in zartem Rot, die saniert und zu Eigentumswohnungen umgebaut wurden. Viele Segel- und Motorboote liegen hier, und es gibt ein Stück weiter einen Wassersportverein, bei dem man Boote leihen und auch zelten kann.

Sicher gäbe es in Neustrelitz eine Menge mehr zu entdecken, denn das Städtchen zieht sich südlich bis Alt Strelitz hin. Allerdings kann ich mir heute keinen Abstecher erlauben, weil die Wegstrecke bis zum Zeltplatz am Kleinen Labussee ohnehin schon 28 Kilometer beträgt. Jedoch ist sie so abwechslungsreich, dass mir Zeit und Weg nicht lang werden und ich Begleitung nicht vermisse, zumal ich unterwegs oft angesprochen werde.

Ich genieße die Begegnungen, weil ich immer auch etwas über meine freundlichen Mitmenschen erfahre. In Klein Quassow zum Beispiel treffe ich an einem Rastplatz, auf dem Softeis verkauft wird, vier Radfahrer, drei Frauen und einen Mann, denen ich unterwegs bereits begegnet war. Sie erinnern sich ebenfalls an mich und beginnen ein Gespräch. Ich frage, ob sie Urlaub in Mecklenburg machen und höre, dass sie aus der Gegend stammen, Geschwister sind und jedes Jahr zusammen einen Ausflug unternehmen. Manchmal rufen mir Rad- oder Autofahrer im Vorüberfahren „Alles Gute für den Weg“ oder „Respekt“ zu. Einmal, als ich gerade dabei bin, die Landschaft zu fotografieren, hält das Auto eines fröhlichen Rentnerpaares neben mir und der Fahrer fragt lachend, ob ich ihn auch fotografieren wolle. „Selbstverständlich“, antworte ich und mache sofort von dem Angebot Gebrauch. Man fragt mich nach dem Woher und Wohin, häufig nach meinem Alter, und wünscht mir eine gute Weiterreise. Manche finden es mutig, allein durch die Wälder zu gehen und den Schlafplatz von den Umständen abhängig zu machen. Die Menschen sind freundlich, mitteilsam, hilfsbereit, friedlich. Ganz andere Töne hört man täglich aus Politik und Medien – als wären Journalisten und Politiker eine andere Art Mensch.

Ein fröhliches Rentnerehepaar bietet sich als Fotomodell an

Heute gehe ich an mehreren großen Sonnenblumenfeldern vorüber und an reifendem Getreide. Am Wegrand finde ich Mirabellensträucher mit gelben und roten Früchten, und an sonnigen Plätzen reifen schon Brombeeren. In dieser Gegend wachsen zwischen Schlehen- und Weißdornhecken oft Holunderbüsche, Haselnusssträucher, manchmal Walnussbäumchen und statt Alleebäumen Apfelbäume. Ich überquere die Havel, die hier den Woblitzsee mit dem Großen Labussee verbindet und gehe vorüber an der Einfahrt zum „Campingpark Havelberge", vor dem sich Wohn- und Campingmobile stauen und auf Einlass warten. Es ist eine große Anlage mit Hochseilgarten, Marina, Restaurants, Animationsteam, Kinderclub, vom ADAC ausgezeichnet als „Fünf-Sterne-Superplatz". Das brauche ich alles nicht. Lieber gehe ich noch einige Kilometer weiter zum „Familienpark" am kleinen Labussee, den ich auf einem ruhigen Waldweg erreiche. Ich kann das Zelt bei schönem Wetter aufstellen, duschen, an einem großen überdachten Tisch essen und Tagebuch schreiben. Der Platz ist wenig frequentiert und ruhig. Ich kann sogar mein Handy aufladen, indem ich es im Waschraum an die Steckdose anschließe und einige Stunden dort liegen lasse.

Nachdem ich zwei Tage hintereinander größere Strecken gewandert bin, verlangt meine Hüfte eine Pause. Ich werde auch morgen noch hierbleiben.

Nachts regnet es, doch am Tag bleibt es trocken. Ich kann ihn ganz gemütlich beginnen, sogar mit einem Frühstück, denn an der Rezeption gibt es einen kleinen Kiosk, an dem ich heißen Kaffee, Brötchen und Marmelade bekomme. Danach spaziere ich ins nahe gelegene Städtchen Wesenberg, eines der vielen sogenannten „Ackerbürgerstädtchen“ Mecklenburgs. In all diesen alten Städtchen gehörte zu jedem einzelnen Hausgrundstück bis ins 19. Jahrhundert hinein stets ein bestimmter, unveräußerlicher Anteil der landwirtschaftlichen Nutzfläche der Stadtfeldmark, der von den Bürgern selbst bewirtschaftet oder Dritten zur Pacht überlassen werden konnte. Die Landwirtschaft wurde nur als Nebenerwerb betrieben, denn Bürger konnte nur werden, wer als Gewerbetreibender, Handwerker oder Händler tätig war und ein Haus in der Stadt besaß.

Feldsteine, Sand und Kies sind die Baumaterialien in den Ackerbürgerstädten. Typisch sind Feldsteinfundamente, mit Feldsteinen gepflasterte Straßen und aus Backsteinen und Fachwerk gebaute Kirchen, Stadtmauern und Bürgerhäuser. Diese Architektur ist fast überall unverändert beibehalten und erklärt den Charme der Ortschaften.

Gelegen an der Oberen-Havel-Wasserstraße und dem Woblitzsee, kann Wesenberg auch per Boot erreicht werden. Die Reste einer alten Burganlage mit neueren Ergänzungen schauen vom Burgberg hinunter auf die Wasserfläche. In der Ringstraße um die Stadt herum stehen kleine, bescheidene Häuschen eng aneinander, während sich die reicher ausgestatteten Bürgerhäuser am Markt oder in Marktnähe befinden. Als ich das Läuten einer Kirchenglocke höre, folge ich dem Klang bis zur gotischen Marienkirche aus dem 14. Jahrhundert.

Vor ihrem Eingang steht eine mächtige Linde, die um die 400 Jahre alt sein soll. Ihr Stamm ist teilweise geborsten, doch die tief herunterreichenden, beblätterten Äste und die dichte Krone sind jugendlich grün. Auf einer Bank daneben sitzt die Pastorin. Der Gottesdienst, der an einem Sonntag aller vier Wochen mit anschließendem Abendmahl stattfindet, wird bald beginnen. Es interessiert mich, was die Lutherische Kirche zu sagen hat. Die Pastorin predigt über die Bedeutung der Taufe und des Abendmahls. Da ich nicht gottgläubig bin, kann ich ihr nicht in allem folgen, stimme aber damit überein, dass es wichtig ist, den weltlichen Bedürfnissen und Wünschen eine geistige Welt höheren Strebens entgegenzustellen, die verbunden ist mit Ethik, Friedfertigkeit, Respekt und Nächstenliebe. Ich wünschte, diese Werte seien gemeint, wenn unsere Politiker von „westlichen Werten“ reden.

⌘ ⌘ ⌘

Für die nächste Zeit sind Gewitter und Regenschauer vorausgesagt, aber jetzt ist es warm, Sonne und Wolken wechseln sich ab. Auf federndem Pfad gehe ich durch hohen Kiefernwald, spüre den Boden unter meinen Füßen, die Sonnenstrahlen und den Windhauch auf der Haut und atme den unaufdringlichen Duft der Pflanzen ein – es ist vollkommen. Ich fühle mich glücklich und zufrieden, wie befreit von einer Zivilisation, die beständig an der Aufmerksamkeit zerrt – dort wird Essen und Trinken angepriesen, da gibt es einen Skulpturenpark, Geschäfte, eine Ausstellung. Jede Anzeige ist verlockend aufgemacht, zieht die Sinne auf sich, und ich muss mich jedes Mal bewusst dagegen entscheiden, denn ich brauche das alles nicht, um zufrieden zu sein.

Wesenberg ist ein typisches Ackerbauernstädtchen

Kirche in Wesenberg mit 400 Jahre alter Linde

Der Waldboden ist mit dickem, leuchtend grünem Moos bewachsen. Später wird das Moos flächendeckend durch Farne ersetzt, bis sie durch Heidelbeerbüsche abgelöst werden. Es gibt keinerlei Markierungen, und prompt gehe ich einige Male falsch und verlängere die Strecke um mehrere Kilometer. Ich sollte mich darüber freuen, weil ich das letzte Mal auf natürlichen Wald- und Feldwegen wandle, denn der Fernwanderweg E10, auf dem ich ab Mirow weitergehe, wurde zum Vorteil der Radfahrer geteert. Den Radlern ist dadurch ein unangestrengtes, schnelleres Fahren möglich, was ihnen gegönnt sei, aber die Bezeichnung Fernwanderweg ist nun unangebracht und vermittelt dem Wanderer eine falsche Vorstellung. Ich bin sehr enttäuscht. Das geteerte Band, auf dem ich gehe, ist wie ein starrer Fremdkörper, der sich zwischen mich und Mutter Erde geschoben hat. Anfangs hoffe ich noch, dass es nicht überall so ist, und trotte weiter.

Im Kanucamp Mirow zeltet neben mir eine junge Familie mit zwei Kindern. Wir teilen uns beim Essen den großen überdachten Tisch, der zwischen unseren Zelten steht. Jule und Stefan waren bei der Wende erst neun Jahre alt, sind in Mecklenburg aufgewachsen, dann aber nach Marburg gezogen. Dort haben sie geheiratet, Kinder bekommen und an einem Theater gearbeitet.

Vor Kurzem sind sie zurück in den Osten gezogen, nach Rostock, und sagen, dass sie sich da sofort viel heimischer gefühlt haben und ihre Entscheidung nicht bereuen.

Am nächsten Morgen gehe ich auf Teer und kerzengerader Strecke zuerst nach Lärz, Luftfahrtinteressierten vielleicht bekannt durch die beiden Luftfahrtmuseen in Lärz und Rechlin. Vom Flugplatz Lärz wurden gegen Kriegsende noch Einsätze gegen die Rote Armee geflogen; am 2. Mai 1945 wurde der Flugplatz an die Rote Armee übergeben. In Neu Garz ehrt ein Denkmal den Piloten einer im Jahr 1982 abgestürzten Maschine. Als kurz nach dem Start einer MIG 27 technische Probleme auftraten, rettete sich der Pilot Sergej Arapow nicht mit dem Schleudersitz, sondern blieb in der Maschine, um zu verhindern, dass sie auf die Ortschaft stürzte.

Ich habe eine ganz persönliche Erinnerung an die Begegnung mit Soldaten der Roten Armee. Wie fast jedes Jahr verbrachte ich den Urlaub mit Faltboot und Zelt an der Mecklenburger Seenplatte. Beim Wasserwandern konnte man von einem See zum anderen paddeln und sich jeden Abend ein schönes Plätzchen am Seeufer suchen, ohne auf Zeltplätze angewiesen zu sein. Meine Tochter war zwölf und fuhr in einem Einer-Boot, mein Sohn war neun Jahre alt und fuhr mit mir im Zweier-Boot. Wir hatten unsere beiden Zelte nahe dem Ufer auf einer mit Gras bewachsenen Lichtung im Wald aufgestellt, als russische Soldaten in einem Laster auftauchten. Zuerst dachte ich, sie wollten im See nur ein Bad nehmen, doch dann entwickelten sie ein emsiges Treiben. Ein großes Zelt wurde aufgebaut, eine Gulaschkanone, ein Grill. Was sollte das werden? Es sah nach einem größeren Fest aus, an dem ich weder aktiv noch inaktiv teilnehmen wollte, denn sofort erinnerte ich mich an die Berichte meiner Großmutter, nach denen russische Soldaten im Krieg Frauen vergewaltigt hatten. Wir mussten hier weg. Bestärkt wurde ich in meinem Entschluss, als ein Soldat zu mir kam und auf Deutsch sagte: „Entschuldigen Sie, wir wollen Sie nicht vertreiben, aber es wäre besser, wenn Sie sich einen anderen Platz suchten. Es kommen bald noch mehr Soldaten, die als Auszeichnung die Erlaubnis bekommen haben, ein Wochenende außerhalb der Kaserne zu verbringen. Es könnte ziemlich laut werden." Hastig packten wir unsere Sachen zusammen und brachten sie in die Boote. Bevor wir starteten, kam der Soldat zu uns und schenkte uns Fisch- und Fleischkonserven, die ich mit Dank, aber ziemlich beschämt entgegennahm.

Nach weiteren Kilometern auf Teer lande ich gegen halb drei Uhr auf einem kleinen, familiären Zeltplatz in einem Nest, das sich Zielow nennt und am Müritzsee liegt. Ans Ufer kommt man nicht, denn das gehört zum großen Privatgelände des Hotels „Flair Seehotel Zielow" mit Reitclub und Wellness-Angeboten. Die Müritz ist der größte rein deutsche See – in meinen Augen einfach viel Wasser und gut geeignet zum Segeln und Motorbootfahren. Mir gefallen die kleineren Seen viel besser; auf den meisten bin ich früher schon gepaddelt.

Heute würde ich die 16 Kilometer bis zum Zeltplatz bei Röbel nicht mehr schaffen, einmal aus Zeitgründen, aber auch wegen zunehmender Schmerzen, bei denen meine Abneigung gegen den Weg vielleicht eine Rolle spielt. Auf der Karte sehe ich, dass der E10 auch hinter Röbel vorwiegend auf einem Radweg oder auf einer Straße verläuft. Ich hätte das schon bei der Planung der Reise bemerken können, doch eine solche Abart war mir gar nicht in den Sinn gekommen. Mein Entschluss steht fest – bis Röbel und nicht weiter.

Beim Losgehen am nächsten Morgen habe ich Schmerzen, kann mich aber trotzdem in Ludorf noch am Anblick der bemerkenswerten Dorfkirche mit achteckigem Grundriss erfreuen. Sie soll der Überlieferung nach um 1200 nach dem Vorbild der Kirche vom Heiligen Grabe in Jerusalem erbaut worden sein. Gegenüber steht ein schönes, großes Backsteingebäude und auf der Wiese davor eine umfangreiche Sammlung sehr alter landwirtschaftlicher Geräte.

Bis ins Zentrum von Röbel muss ich etwa sieben Kilometer direkt auf der Straße gehen. Die Schmerzen nehmen zu, ich kann mich nur langsam fortbewegen und muss manchmal stehenbleiben. Da Röbel keinen Bahnanschluss hat, nehme ich mir vor, mit dem Bus nach Waren zu fahren und von dort mit dem Zug nach Hamburg zu reisen. Am Busbahnhof angekommen, sehe ich, dass Busse nach Waren nur an Schultagen fahren. Jetzt sind Ferien. Auf der Autostraße sollen es 30 Kilometer, auf den Fahrradwegen/E10 vermutlich mindestens 35 Kilometer bis Waren sein.

Röbel ist ein sehr hübsches, sehenswertes Ackerbürgerstädtchen, aber das kann ich nicht genießen, weil ich kaum noch gehen kann. Nützt nichts, ich muss mich damit abfinden, heute noch drei Kilometer bis zum Zeltplatz an der Müritz zu humpeln und ab morgen auf Teer und Asphalt nach Waren zu „wandern".

Auf dem Weg zum Zeltplatz lasse ich mich am Hafen erschöpft auf einer Bank nieder. Vielleicht sollte ich erst einmal etwas essen im Restaurant mit den vielen Außenplätzen? Da sehe ich ein Fahrgastschiff, das in zehn Minuten abfahren soll zu einer Rundtour nach Waren und zurück. Das ist meine Rettung. Ich kaufe eine Fahrkarte bis Waren, lege mein Bein auf einen Stuhl, trinke Kaffee und lasse die Augen auf der großen Wasserfläche ruhen, während ich den Erläuterungen aus dem Lautsprecher folge.

Der Bahnhof in Waren liegt etwas außerhalb des Zentrums, und ich habe so große Schwierigkeiten beim Gehen, dass ich überlege, mir ein Zimmer im nächstbesten Hotel zu nehmen, sehe aber keins. Die Bahnverbindung nach Hamburg ist etwas umständlich: Mit dem Zug nach Güstrow, dort umsteigen nach Lübeck und in Lübeck den Zug nach Hamburg nehmen. Die Fahrt nach Güstrow wird unterbrochen durch einen Schienenersatzverkehr. Als ich bei strömendem Gewitterregen zur Bushaltestelle des Schienenersatzverkehrs gehe, fällt mir plötzlich auf, dass mir überhaupt nichts weh tut. Ich weiß keine Erklärung. Die Schmerzen sind weg und bleiben es auch in der Zeit danach in Hamburg, nie ging es mir besser.

Jeder meiner Bekannten, den ich treffe, sagt noch Wochen später: „Du siehst richtig gut aus, erholt und entspannt."

Demnach kann man sich auch erholen, wenn man sehr unregelmäßig das isst, was gerade da ist – meistens nur einmal am Tag abends, unbequem schläft, friert, nass wird, fast jeden Tag viele Kilometer wandert und Schmerzen hat. Gut war wohl, dass ich wenig Kaffee getrunken habe, dafür mehr Leitungswasser, das ich mit ein wenig Zucker und Salz zu einem isotonischen Getränk aufpeppte.

Am liebsten würde ich jetzt, nach einer längerer Regenperiode und dem Einsetzen eines sonnigen „Altweibersommers", wieder loswandern, allerdings mit einer App, die es mir gestattet, mich auch ohne Markierungen auf Wald- und Feldwegen zurechtzufinden. Ich würde keine Tagesziele anstreben, sondern mir die Zeit nehmen, die Gegend zu erkunden, Menschen kennenzulernen und alles andere dem Zufall zu überlassen. Leider muss ich das verschieben, vielleicht auf das nächste Jahr.

⌘ ⌘ ⌘

Was habe ich auf meiner Wanderung gefunden? Das Wichtigste und Schönste waren für mich die Begegnungen mit den Menschen aus Ost und West, die mich davon überzeugt haben, dass wir, das Volk, freundlich, friedliebend und hilfsbereit sind und sein wollen.

Und warum äußert sich das manchmal ganz anders? Ich denke, es könnte daran liegen, dass wir diese Eigenschaften nicht als vorrangig betrachten, sondern das Rechthaben, Strafen, Verurteilen, Hassen für wichtiger und unerlässlich

Felder in Mecklenburg

ansehen und darin von außen ständig bestärkt werden. Aus dieser Haltung heraus handeln wir negativ oder lassen uns dazu missbrauchen. Das bedeutet nicht, alles Unrecht gutzuheißen und durchgehen zu lassen. Man sollte die Dinge aber unvoreingenommen untersuchen und ohne Hass und Abneigung das tun und sich für das einsetzen, was zu Frieden und gutem Miteinander führt.

Beim Wandern durch die Landschaften lebte ich völlig im gegenwärtigen Augenblick – sehen, riechen, hören, fühlen was ist. Mein Geist grübelte nicht über vergangene Erlebnisse nach und spekulierte nicht über Zukünftiges, führte keine Selbstgespräche und formulierte keine Wünsche. Das war befreiend und pure Erholung.

Der Gang durch die Ortschaften rief manchmal zwiespältige Gefühle hervor. In meinem Kopf waren Bilder des früheren mecklenburgischen Landlebens erhalten geblieben, nostalgische Erinnerungen an bescheidene kleine Dörfchen, deren Bewohner zum großen Teil in der LPG arbeiteten. Die Häuschen aus Backsteinen oder „modernisiert“ mit grauem Putz überzogen, in den Gärten Gemüse- und Obstpflanzen, Fliederbüsche und Blumen, Hühnerställe. Im Dorf ein Konsum, Bushaltestelle, Kindergarten, vielleicht eine Kneipe oder ein vierstöckiger Neubau aus Betonplatten.

In den größeren Ortschaften, wie zum Beispiel den Ackerbauerstädtchen, Geschäfte, Poststelle, Sparkasse, Schule, Gaststätte, Apotheke, Ärzte bzw. eine Poliklinik, Kirche, oft ein Bahnanschluss. Guts-, Herrenhäuser, Schlösser, die nach der Enteignung für viele verschiedene Zwecke genutzt und deshalb einigermaßen instandgehalten wurden, einige verfielen und andere wurden saniert und der Öffentlichkeit zur Verfügung gestellt.

„Steinreiches" Mecklenburg

Jetzt fiel mir auf, dass die Dörfer äußerlich sehr viel mehr hermachen. Die Häuser sind saniert, Fenster und Türen ersetzt, der Putz makellos, die Gärten gepflegt. In manchen Gegenden sind neue, aufwendige Häuser dazugekommen. Viele der Dörfer wirken ausstellungsreif oder wie ein Museumsdorf. Man sieht kaum einen Menschen, und wenn, dann meistens Alte. Lebendig ist anders.

Erschüttert hat mich die Vorstellung, wie die Menschen nach dem Beitritt der DDR zur Bundesrepublik den Zusammenbruch ihres vorherigen Daseins erlebt haben. Arbeitsplätze waren weg, vielleicht auch das Haus, weil Vorbesitzer aus dem Westen Anspruch darauf erhoben. Betriebe wurden geschlossen oder wie Felder, Wälder und Seen durch die Treuhand an Betuchte verkauft. Es herrschte große Unsicherheit, wie es weitergehen sollte. Wer das nicht erlebt hat, kann sich keine Vorstellung davon machen. Mehr als in jedem (!) anderen Land des Ostblocks betrug die Deindustrialisierung 70 Prozent, die Arbeitslosenzahl erhöhte sich von null auf vier Millionen. 2,2 Millionen Haushalte waren von der Maßgabe „Rückgabe vor Entschädigung" betroffen und mussten um ihre Wohnung, ihr Haus oder ihr Grundstück fürchten oder verloren es.

Die Lebensleistung der Bürger wurde herabgewürdigt, denn in der Öffentlichkeit kamen nur noch solche Stimmen zu Wort, die alles in der ehemaligen DDR in Bausch und Bogen verdammten – nur der grüne Pfeil und das Sandmännchen überlebten.

Das Schlimmste war, dass auch die Menschen verunglimpft wurden. *„Das Regime hat fast ein halbes Jahrhundert die Menschen verzwergt, ihre Erziehung, ihre Ausbildung verhunzt. Jeder sollte nur noch ein hirnloses Rädchen im Getriebe sein, ein willenloser Gehilfe. Ob sich heute einer dort Jurist nennt oder Ökonom, Pädagoge, Psychologe, Soziologe, selbst Arzt oder Ingenieur, das ist völlig egal. Sein Wissen ist auf weite Strecken völlig unbrauchbar"*, sagte 1991 der Politikwissenschaftler, Publizist und emeritierte Professor an der Freien Universität Berlin Arnulf Baring, der mithin auch für solche Aussagen geehrt wurde, als er 2004 den Europäischen Kulturpreis für Politik und 2011 das Große Bundesverdienstkreuz erhielt.[14]

Armin Laschet, CDU, sagte 2016 in einer ARD-Sendung, die DDR habe die Köpfe der Menschen zerstört.[15] Diese verächtliche Haltung hat sich bis heute fortgesetzt. Nachdem „Wir sind das Volk" vom Westen sehr begrüßt worden war, wurden später kritische Stimmen aus dem Osten diskreditiert, sodass die meisten verstummten.

Hat sich meine Hoffnung, „das wirkliche Deutschland" wieder lieben zu lernen, erfüllt? Die Antwort ist Ja, wenn man darunter „Mutter Erde" und „das Volk" versteht. Dazu gehören auch diejenigen Bürger, die wütend und enttäuscht sind von einer Politik, die gegen die Interessen der einfachen Menschen – im eigenen Land und in anderen Ländern – handelt. Ich wünschte nur, wir alle würden einsehen, dass vernünftiges und sachgemäßes Handeln durch Wut und Hass konterkariert werden.

Ein Wanderweg ist schöner als der andere

Anhang: Der Ukrainekrieg – Ursachen und Hintergründe

Vorwort

In der öffentlichen Wahrnehmung haben westliche Politik und Medien die Ukraine heiliggesprochen und Russland in die Hölle verdammt. Dies veranlasst mich, das vermittelte einseitige Bild durch den Blick auf die vernachlässigte Seite der Geschichte zu ergänzen und Ereignisse ins Gedächtnis zu rufen, die in den verkürzten Darstellungen nicht mehr vorkommen.

Meinungen lassen sich in wenigen Sätzen kundtun – Tatsachen und Entwicklungen mit ihren weitreichenden Folgen nicht. Ich hoffe, es gelingt mir, das Geschehen zwar komprimiert, aber wahrheitsnah, verständlich und in logischer Folge darzustellen sowie durch Quellennachweise zu belegen.

Selbst in sogenannten seriösen Quellen gibt es Auslassungen, Ungenauigkeiten und durch Meinungen gefärbte Aussagen, sodass es manchmal nötig war, mehrere Quellen zu einem Thema zu Rate zu ziehen. Bei meinem Bezug auf Aussagen seriöser, unabhängiger Autoren findet man deren Quellen in den genannten Werken. In den Beiträgen von Wikimedia sind ebenfalls Quellenangaben vorhanden. Auf Anfrage schicke ich Ihnen gern per Email die Liste von mir zitierter Quellen zu, die zum Zwecke von Aufrufen im Internet kopiert werden können. Meine Emailadresse finden Sie auf der Website www.taigaleben.de.

Die Rede Putins am 21. Februar 2022

In einer Rede an die Nation am 21. Februar 2022 beleuchtete Putin die gemeinsame Geschichte der Ukraine und Russlands. Er verwies auch darauf, dass einige Gebiete, die historisch nie ukrainisches, sondern russisches Terrain gewesen waren, nach der Oktoberrevolution von der Russischen Sozialistischen Föderativen Sowjetrepublik willkürlich der Ukrainischen Volksrepublik zugesprochen wurden. Dasselbe geschah 1954 durch Chruschtschow mit der Krim. Wörtlich sagte Putin: *„Ich betone nochmals: Die Ukraine ist für uns nicht einfach ein Nachbarland. Sie ist integraler Bestandteil unserer eigenen Geschichte, unserer Kultur, unseres geistigen Raums.“ […] „Die heutige Ukraine wurde voll und ganz und ohne jede Einschränkung von Russland geschaffen, genauer: vom bolschewistischen, kommunistischen Russland. Dieser Prozess begann im Grunde gleich nach der Revolution von 1917. Lenin und seine Mitstreiter gingen dabei äußerst rücksichtslos gegen Russland selbst vor, von dem Teile seiner eigenen historischen Gebiete abgetrennt und abgestoßen wurden. Die Millionen Menschen, die dort lebten, hat natürlich niemand gefragt.“* In Anbetracht der politischen Entwicklung in der Ukraine habe sich das nachträglich als Fehler und als eine der Ursachen erwiesen, die zu den Problemen auf der Krim und zur Separatistenbewegung im Donbass geführt habe. Die vollständige, ins Deutsche übersetzte Rede kann nachgelesen werden.[16]

Der Spiegel schreibt jedoch darüber: „Im Kern dient die Rede dazu, einem selbstbestimmten Staat in Europa die Legitimität abzusprechen und die Begründung für eine Invasion aus einem verdrehten bis falschen Geschichtsverständnis herzuleiten. Die Rede markiert damit eine Zäsur nicht nur für die Ukraine, sondern auch für Europa und für die Sicherheit auf dem gesamten Kontinent."[17] Solche Auslegungen sind ein typisches Beispiel dafür, wie durch bewusst falsche Interpretation von Aussagen und Verschweigen von Tatsachen die öffentliche Meinung manipuliert wird. Nebenbei soll noch der Eindruck erweckt werden, dass Putin eine Gefahr für ganz Europa darstellt. Diese Erzählung wurde und wird von Politikern und vielen Medien als Tatsache verbreitet. Man verlässt sich darauf, dass die Bürger die Rede nicht nachlesen und der falschen Darstellung glauben, was leider auch tatsächlich funktioniert.

In Wirklichkeit ging es bei der Rede um die Ursachen eines regionalen Konflikts und die Erklärung, warum Russland die Volksrepubliken Luhansk und Donezk nach nunmehr 8 Jahren dort herrschenden Bürgerkriegs (von der ukrainischen Regierung „Anti-Terror-Operation" genannt) als unabhängig anerkennen wolle.

Worauf bezog sich Putin in seinen Aussagen? Entsprechen sie den Tatsachen?

Historie auf dem Gebiet der heutigen Ukraine

Die **Kiewer Rus** war ein Ende des 9. Jahrhunderts gegründeter Herrschaftsverband in der nördlichen Hälfte der heutigen Ukraine mit dem Zentrum Kiew, der auch wichtige Gebiete der heutigen Staaten Belarus und Russland umfasste. Sie war kein einheitlicher Staat, sondern bestand aus einer Vielzahl relativ selbstständiger Teilfürstentümer. Die gesamte Rus wurde in der ersten Hälfte des 13. Jahrhunderts von den Mongolen, der sogenannten **Goldenen Horde**, erobert. Durch Aufspaltung in verschiedene Khanate, Kämpfe untereinander und verlorene Kämpfe nach außen büßte die Goldene Horde im Laufe von zwei Jahrhunderten ihre Macht ein.

Von der Bundeszentrale für politische Bildung veröffentlichte Karten zeigen das Territorium der heutigen Ukraine unter wechselnden Herrschaften vom 12. Jahrhundert bis nach der Gründung der Ukrainischen Sozialistischen Sowjetrepublik 1922.[18, 19]

Im 16. Jahrhundert zeigt die Karte folgende Situation:

Zum Russischen Zarenreich gehörten ganz oder teilweise die jetzigen ukrainischen *Oblasts Tschernihiv, Charkiv, Sumy, Luhansk und die Teile der Donezker Oblast*, die nicht zum Herrschaftsbereich des Krim-Khanats zählten. Der gesamte Flusslauf des Donez lag auf russischem Gebiet. Die Russen gründeten auf dem

„Wilden Feld", wie die weitgehend unbesiedelte Steppenlandschaft genannt wurde, zahlreiche Städte wie Charkiv, Sumy, Isjum, Bachmut, Slawjansk, Tschugujew usw. als Grenzfestungen gegen Polen-Litauen und Überfälle der Krimtataren.

Das **Khanat der Krim** hatte sich im Jahr 1441 von der Goldenen Horde abgespaltet. Es beherrschte die Halbinsel Krim, breite Küstengebiete rings um das Asowsche Meer bis zur östlichen Dnepr-Mündung ins Schwarze Meer – in etwa die heutigen *Oblasts Donezk, Saporischschja und Cherson.*

Das Krim-Khanat stand unter der Schutzherrschaft der **Osmanen**, die einen kleinen Teil der Krim, die Straße von Kertsch und einige Festungen besetzt hielten sowie tief ins Land reichende Gebiete entlang der Schwarzmeerküste zwischen dem westlichen Ufer des Dnepr bis hinaus über die Donaumündung. Sie entsprachen in etwa den heutigen *Oblasts Mykolaiv und Odessa.*

Fast das gesamte übrige Territorium der heutigen Ukraine fiel im Laufe des 15. bis ins 17. Jahrhundert unter die **Herrschaft Polen-Litauens**. 1648 kam es zu einem großen Volksaufstand gegen die polnische Herrschaft, der von den Kosaken unter Hetman Bohdan Chmelnyzkyj angeführt wurde. Dabei wurden nicht nur Polen, sondern auch ukrainische Juden getötet oder vertrieben, weil sie meistens in den Diensten der verhassten Okkupanten standen. Es handelte sich um die ersten Judenpogrome im östlichen Europa mit mindestens 20.000 Opfern. Die vorwiegend einheimischen Kosaken befreiten einen beträchtlichen Teil des Territoriums von der polnischen Besetzung und errichteten nördlich des tatarischen Krim-Khanats ein eigenständiges Herrschaftsgebiet, das sogenannte **Saporoscher Kosaken-Hetmanat**. Es umfasste ein Territorium rechts und links des Dnepr, das etwas kleiner als die Hälfte der heutigen Ukraine war. Nachdem das Hetmanat den Beistand des Krimkhans verloren hatte, war es dem Königreich Polen-Litauen militärisch nicht mehr gewachsen. Deshalb unterstellten sich die Kosaken 1654 dem Schutz Russlands und legten den Treueeid auf den russischen Zaren ab, der sich im Gegenzug verpflichtete, die Kosaken zu unterstützen und Polen-Litauen den Krieg zu erklären.

Nach den *Russisch-Polnischen Kriegen* von 1654 bis 1667 einigten sich Russland und Polen-Litauen über die Aufteilung des Territoriums – die Gebiete westlich des Dnepr erhielt Polen-Litauen, die östlich gelegenen sowie Kiew gingen an Russland. Zusammen mit ihren militärischen Funktionen büßten die Kosaken im Laufe der Zeit ihre Privilegien ein, das Amt des Hetmans wurde 1764 abgeschafft.

Bis Ende des 18. Jahrhunderts, nach den drei Teilungen Polens (1772, 1793, 1795), verlor Polen alle seine ukrainischen Gebiete an Preußen, Österreich und **Russland**, das nun den größten Teil des Territoriums beherrschte.

Nach mehreren *Russisch-Türkischen Kriegen* hatte das Zarenreich 1774 über die **Osmanen** gesiegt, deren Gebiete nun ebenfalls an Russland fielen. Dort gründete Russland unter anderem im Jahre 1778 Cherson (heute Hauptstadt der Oblast Cherson), 1789 Mykolaiv (damals namens Nikolajew, heute Hauptstadt der Oblast Mykolaiv), 1794 Odessa (heute Haupstadt der Oblast Odessa). In einem längeren Prozess bis 1783 annektierte Russland die Krim und die **von den Krim-Tataren bis dahin beanspruchten Gebiete**. Mitte des 19. Jahrhunderts wurde Sewastopol zum Hauptstützpunkt der russischen Schwarzmeerflotte ausgebaut. 1779 wurde Mariupol, 1816 Melitopol, um 1870 Donezk (damals namens Jusowka, heute Haupstadt der Oblast Donezk) gegründet.

Der gesamte Donbass befand sich nun vollständig in russischer Hand. Die großen Steinkohlevorkommen wurden seit 1770 abgebaut und waren wichtiger Motor der Industrialisierung. Nach einem Erlass von Katharina II. wurde in Luhansk 1795 von dem britischen Industriellen Gascoigne die erste Fabrik gegründet. Hochöfen gingen in Betrieb, und die Stadt entwickelte sich zu einem bedeutenden Industriezentrum für den Bau von Schwermaschinen und Lokomotiven. 1896 gründete der Deutsche Gustav Hartmann die Russische Maschinenbaugesellschaft Hartmann in Luhansk. Die erste Dampflokomotive verließ 1900 das Werk, und in den 1930er Jahren war es bereits die größte Lokomotivfabrik Europas. Ebenfalls auf Einladung der russischen Regierung gründete 1869 im jetzigen Donezk der Waliser John Hughes eine metallurgische Fabrik, um welche sich rasch eine Siedlung entwickelte. Das im Laufe der Folgezeit entstandene Werk mit fast 1.800 Mitarbeitern wurde zum größten Metallproduzenten des Zarenreichs. Schwerindustrie entstand auch in Charkiv und dem heutigen Dnipropetrowsk, einer Krywbass genannten Region.

Ausländische Fachkräfte und zahlreiche, vor allem russische Arbeiter wanderten in die Ostukraine ein, während Ukrainer weitgehend im landwirtschaftlichen Bereich beschäftigt waren. Sie blieben bis ins 20. Jahrhundert hinein in der Mehrheit Bauern. Darum wurde das Ukrainische lange Zeit als Bauernsprache bezeichnet. In den großen Städten waren Ukrainer in der Minderheit: 26 % in Charkiv, 22 % in Kiew, 9 % in Odessa (laut Volkszählung von 1897). Während der Sowjetzeit wurde die Industrialisierung stark forciert. Infolgedessen erfolgte ein Zustrom weiterer Industriearbeiter.

Die hier aufgezeichnete Entwicklung ist u. a. nachzulesen im Beitrag „Geschichte der Ukraine im Überblick“ der Bundeszentrale für politische Bildung.[20, 21]

Die Geschichte zeigt also, dass mehrere Oblasts der heutigen Ukraine ganz oder zum größten Teil ursprünglich russisches oder durch Russland erobertes krim-tatarisches und osmanisches Terrain waren: die Oblasts Tschernihiv, Charkiv, Sumy und Luhansk, Donezk, Saporischschja, Cherson, Mykolaiv, Odessa und die Krim. Daraus resultiert der hohe Anteil russischstämmiger und russischsprachiger Einwohner besonders in diesen Oblasts, wie bei den offiziellen Volkszählungen der Jahre 1989 und 2001 festgehalten wurde. Das bedeutet keinesfalls, dass Russland daraus einen territorialen Anspruch auf diese Gebiete ableiten könnte, erklärt aber einiges.

Was geschah nach der Oktoberrevolution der Bolschewiki?

Die Februarrevolution 1917 vertrieb den russischen Zaren vom Thron und setzte eine provisorische russische Regierung ein. Acht Monate später, am 7. November 1917 (25. Oktober nach julianischem Kalender), brachte die Oktoberrevolution die Bolschewiki an die Macht.

Kurz danach bildete sich in Kiew ein **ukrainischer Zentralrat** (Zentralna Rada), **der am 20. November 1917** die autonome **Ukrainische Volksrepublik** innerhalb des neuen Sowjetrussland **proklamierte** und am **25. Januar 1918** zum **unabhängigen Staat** erklärte. Da das gesamte Territorium der heutigen Ukraine immer von unterschiedlichen Mächten besetzt war, deren Grenzen sich häufig verschoben, und es nie ein ukrainisches Staatsgebilde gegeben hatte, konnte es jetzt für die Ukrainische Volksrepublik lediglich vermutete oder gewünschte Staatsgrenzen geben, die aber, zumindest in den mir zugänglichen Quellen, nirgendwo genannt sind. Zudem wurden fast zeitgleich in den russischen östlichen und südlichen Gebieten mehrere andere, linksgerichtete Republiken gegründet:

Am **17. Dezember 1917** wurde durch das *Allukrainische Zentrale Exekutivkomitee* die **Ukrainische Sowjetrepublik** (übersetzt Ukrainische **Räte**republik) mit Sitz in Charkiw als autonome Republik innerhalb Sowjetrusslands (korrekt: Russische Sozialistische Föderative Sowjetrepublik) **proklamiert**. Am **5. Januar 1918** wurde die **Sowjetrepublik Odessa** gegründet, die aus Teilen des Gouvernements Cherson und des sogenannten Gouvernements Bessarabien mit Zentrum in Odessa bestand. Oberste Behörde war der *Rat der Volkskommissare*. Die Republik **endete Anfang März 1918** gewaltsam, nachdem ihr Gebiet im Februar von deutschen und österreich-ungarischen Truppen besetzt worden war. Auch die **Sozialistische Sowjetrepublik Taurida** (Krim) überlebte dadurch nur einige Tage.

Im **Februar 1918** wurde die **Sowjetrepublik Donezk-Kriwoi Rog** bei einem *Kongress des Rates der Volksbeauftragten des Donbass und des Krybass* gegründet. Zu ihren Gebieten gehörten die Regionen um Sumy, Charkiw, Donezk, Jekaterinoslaw (heute Dnipro) und Cherson. Ihr Ziel war, der Ukrainischen Volksrepublik und der deutschen Armee den Zugang zu den russischen Industrieregionen des Donbass und des Krywbass zu verwehren. Weil die bolschewistische Führung unter Lenin einen Bruch der Einheitsfront gegen feindliche Kräfte befürchtete, setzte sie sich dafür ein, die Republik in die am 17. Dezember proklamierte Ukrainische Sowjetrepublik einzugliedern. Das war ursprünglich der Grund dafür, die historisch russischen Gebiete der Ukrainischen Sowjetrepublik zuzuordnen.

Am **19. März 1918** beschloss der dritte *Kongress der Delegierten der Bauern-, Arbeiter- und Soldatenräte* dann auch tatsächlich die **Gebietserweiterung der**

Ukrainischen Sowjetrepublik um die Teile der zu diesem Zweck zuvor aufgelösten Sowjetrepublik Donezk-Kriwoi Rog und erklärte sie zum **unabhängigen Staat** mit der Hauptstadt Charkiw. Damit hatte Sowjetrussland historisch russische Gebiete der Ukrainischen Sowjetrepublik zugeteilt. Der Name „Ukrainische" Sowjetrepublik zeigt aber gleichzeitig die Einbeziehung des westlich liegenden Territoriums, das durch die Bolschewiki sowohl von ausländischen Besetzern als auch von den „Weißen" noch befreit werden sollte. Die „Weißen" vereinten unterschiedliche antikommunistische Kräfte der russischen Gesellschaft, die mit ihrer Weißen Armee im russischen Bürgerkrieg (1918-1920) gegen die Bolschewiki kämpften und darum von den Westmächten mit Waffen und Munition unterstützt wurden. Im April 1918 wurde die Ukrainische Sowjetrepublik von deutschen und österreichischen Truppen besetzt. Nach der Wiedereroberung einschließlich Kiews wurde die Republik **im Januar 1919** erneut ausgerufen als **Ukrainische Sozialistische Sowjetrepublik** (nicht zu verwechseln mit der Ukrainischen **Volks**republik).

Seit der deutschen Kriegserklärung am 1.8.1914 war Russland Teilnehmer am Ersten Weltkrieg und lag weitgehend am Boden. Einen Tag nach der Oktoberrevolution, am 8. November 1917, beschloss die Regierung Sowjetrusslands das „Dekret über den Frieden", das zu einem Waffenstillstandsabkommen und Friedensverhandlungen mit den Mittelmächten (Deutsches Reich, Österreich-Ungarn, Bulgarien, Osmanisches Reich) führte. Vertreter der Ukrainischen **Volks**republik erklärten jedoch, dass die Sowjetregierung nicht auch im Namen der Ukraine Frieden schließen könne, und unterzeichneten am 9. Februar 1918 einen Separatfriedensvertrag. Der Vertrag sah vor, dass das Deutsche Reich und Österreich-Ungarn von der Ukrainischen Volksrepublik bis zum 31. Juli 1918 fast 1 Million Tonnen Getreide und andere Lebensmittel sowie Weiteres erhalten sollte. Im Gegenzug sollten deutsche und österreichisch-ungarische Truppen militärische Hilfe gegen die Regierung der Bolschewiki leisten.

Mit der Sowjetregierung war noch kein Friedensvertrag zustande gekommen, als das Waffenstillstandsabkommen am 17.2.1918 endete. Am 18. Februar begannen die Mittelmächte die Großoffensive *Operation Faustschlag*, bei der sie innerhalb kürzester Zeit die Ukraine, Weißrussland sowie das noch russisch kontrollierte Baltikum besetzten. Die kriegserschöpften russischen Kräfte hatten dem nichts entgegenzusetzen und unterzeichneten am 3. März 1918 in Brest-Litowsk einen Friedensvertrag, der sie zwang, Polen, Finnland, Litauen, Lettland und die Ukraine an die Sieger abzutreten.

Weil die Ukrainische Volksrepublik nicht im gewünschten Maße die vereinbarten Bedingungen erfüllte, verhaftete die deutsche Militärverwaltung am **28. April 1918** Premierminister Golubowitsch, löste die Zentralrada und die Ukrainische Volksrepublik auf und setzte den Großgrundbesitzer und General Pawlo Skoropadskyj als Hetman eines Staates namens **Ukrainischer Staat** ein, der schnell in eine Militärdiktatur ausartete. Am 16. November 1918 brach ein offener Volksaufstand aus, der dessen Regierung unter Skoropadskyj zum Rücktritt zwang. Am **14. November 1918** gründeten fünf ehemalige Mitglieder der Zentralna Rada ein sogenanntes **Direktorium der Ukrainischen Volksrepublik**; es setzte am **24. Dezember 1918** den **Ministerrat der Ukrainischen Volksrepublik** als **neue Regierung** ein (in Konkurrenz zur Ukrainischen Sowjetrepublik). Doch es gelang nie, staatliche Kontrolle auszuüben, weil das Gebiet in der Folge immer wieder von ausländischen Truppen oder den Bolschewiki besetzt wurde.

In der Ukraine befanden sich inzwischen neben den Truppen der Mittelmächte auch Einheiten der Entente-Mächte England und Frankreich sowie zahlreiche Weiße Truppen. Die Entente-Mächte waren im Weltkrieg Verbündete des zaristischen Russlands gewesen und unterstützten nach der Oktoberrevolution die Weißen Garden massiv gegen die Bolschewiki. Die Weißen versuchten, das Russische Imperium wiederzuerrichten und standen der Ukrainischen Volksrepublik feindlich gegenüber. Anton Denikin, ein "weißer" General, errichtete im Süden und Osten eine Militärdiktatur und besetzte im Sommer 1919 vorübergehend Kiew.

Mit der militärischen Niederlage der Mittelmächte hatte Polen – auch durch die Unterstützung Englands und Frankreichs – die Souveränität in einem eigenen Staat zurückerlangt. Nun wollte Polen im Osten seinen Grenzverlauf von 1772 (bis ans westliche Ufer des Dnepr) wiederherstellen und eine osteuropäische Konföderation unter polnischer Führung schaffen. In der Ukraine sollte eine pro-polnische Regierung eingesetzt werden. Es gelang der polnischen Armee bis 1920, wieder Weißrussland und die ukrainischen Gebiete bis zum Dnepr einschließlich Kiew einzunehmen. Im Kampf gegen die Sowjets wurde die polnische Armee unterstützt mit zahlreichen modernen Waffen der Ententemächte sowie von der Ukrainischen Volksrepublik, die auf Gewährung eines selbstständigen Staates innerhalb der Konföderation hoffte. Trotzdem konnte die Rote Armee die polnischen Truppen bis nach Warschau zurückwerfen. Der Polnisch-Sowjetische Krieg endete am 18.3.1921 mit dem Friedensvertrag von Riga.

Man kann der Bundeszentrale für politische Bildung (BpB) wohl kaum Putin-Propaganda unterstellen, wenn sie schreibt: „*Die Regierung der Ukrainischen Volksrepublik verlor zunehmend die Kontrolle, Chaos und Anarchie breiteten sich aus. Banden von Bauern und Soldaten der weißen und der ukrainischen Armee ermordeten in den Jahren 1919 und 1920 mehr als 40.000 ukrainische Juden. Der Anarchist Nestor Machno errichtete in der Südukraine eine temporäre Selbstverwaltung. Aus dem blutigen Bürgerkrieg ging die Rote Armee als Siegerin hervor. Sie besetzte die zentralen Gebiete der Ukraine und organisierte sie neu in einer Sowjetrepublik.[...] Nach der Beendigung des Bürgerkriegs und der Konsolidierung ihrer Herrschaft bauten die Bolschewiki den Sowjetstaat auf. Sie gliederten die 1922 offiziell ausgerufene Sowjetunion nach sprachlich-ethnischen Kriterien. Die Ukrainische Sowjetrepublik [korrekt: Ukrainische So-*

zialistische Sowjetrepublik] umfasste dementsprechend die Territorien mit einer ukrainischen Bevölkerungsmehrheit. Zwar blieben ihre Kompetenzen beschränkt, und sie musste sich der Parteiherrschaft unterordnen, doch war sie der Kern des heutigen Nationalstaates. Die Ukrainer wurden als eigene Nation anerkannt. Der Aufstieg von (loyalen) Ukrainern in die sowjetischen Eliten in Staat und Partei wurde gefördert. Das Ukrainische wurde Amts- und Schulsprache, und die in den 1920er-Jahren betriebene Politik der Ukrainisierung konsolidierte die ukrainische Sprache und Kultur."[22]

Wie in Russland begann der Stalinismus in der Ukraine um 1928 mit der Kollektivierung der Landwirtschaft, forcierter Industrialisierung und Verfolgung vermeintlicher Gegner. Das Getreide, das abzuliefern war, sollte exportiert und mit den Erlösen die Industrialisierung finanziert werden. Bauern, die sich weigerten oder das Soll nicht erfüllen konnten, wurden mit vorgehaltener Waffe gezwungen, erschossen oder deportiert.

Die Bundeszentrale für politische Bildung (BpB) schreibt: *„Direkte Folge der Kollektivierungs- und Entkulakisierungskampagne war eine Hungersnot, der im Jahr 1932/33 je nach Schätzung zwischen fünf und zehn Millionen Menschen zum Opfer fielen. Besonders betroffen war die Kornkammer der Sowjetunion, die Ukraine, in der es allein circa fünf Millionen Hungertote gab. [...] Die These, dass es sich um einen gezielten Genozid (ukrainisch: Holodomor) an den Ukrainern handelte, ist indes nicht zu halten, da das Politbüro die Kampagne und Gewalt gegen alle Bauern gleichermaßen richtete, russische Bauern genauso betroffen waren und prozentual die Verluste unter den Kasachen noch größer waren.*"[23]

Auf welcher Grundlage der deutsche Bundestag am 30.11.2022 den Holodomor als Völkermord anerkannte, ist fraglich. Jedenfalls nicht auf der Grundlage der von der Generalversammlung der Vereinten Nationen 1948 beschlossenen und am 12.1.1951 in Kraft getretenen *Konvention über die Verhütung und Bestrafung des Völkermordes*. In Artikel II wird Völkermord (Genozid) definiert als „Handlungen, die in der Absicht begangen werden, eine nationale, ethnische, rassische oder religiöse Gruppe als solche ganz oder teilweise zu zerstören".

Die Ukraine im Zweiten Weltkrieg

Am Tag des deutschen Überfalls auf Polen, am 1.9.1939, verabschiedete die sowjetische Regierung ein *Gesetz über die allgemeine Wehrpflicht*, das alle Männer unabhängig von „Rasse, Nationalität, Glaubensbekenntnis, Bildungsgrad sowie sozialer Herkunft und Stellung" zum Militärdienst verpflichtete. Im Zusammenhang mit dem Nichtangriffspakt zwischen Deutschland und der Sowjetunion besetzte die Sowjetarmee am 17.9.1939 die westukrainischen Gebiete Ostgalizien und Westwolhynien, die in den 1920er Jahren von Polen annektiert worden waren.

Mit dem deutschen Angriff auf die Sowjetunion am 22. 6.1941 wurden sie dann von Deutschland besetzt. Während der nationalsozialistischen Herrschaft (1941–44) wurde ein Teil der Ukraine zum „Generalgouvernement" und ein Teil zum „Reichskommissariat Ukraine" erklärt, ein kleiner Teil wurde dem verbündeten Rumänien überlassen.

Laut dem *Ukrainischen Institut des Nationalen Gedächtnisses* kämpften auch sechs Millionen Ukrainer in der Roten Armee gegen Hitlerdeutschland. Wahrheit ist aber ebenfalls, dass unter dem Eindruck des stalinistischen Terrors und in der Hoffnung, sich mit deutscher Hilfe von der Sowjetunion lösen zu können, ein Teil der ukrainischen Bevölkerung mit den deutschen Besatzungsbehörden kollaborierte (u. a. Dienst ukrainischer Freiwilliger in der Wehrmacht und der Waffen-SS, Beteiligung von Ukrainern an der nationalsozialistischen Judenverfolgung). So kämpfte die Organisation Ukrainischer Nationalisten (OUN) mit ihrem militärischen Arm UPA 1941 an der Seite der Wehrmacht beim Einmarsch in die Ukraine, wobei sich tausende Mitglieder an Kriegsverbrechen gegen Polen, Juden und Russen schuldig machten.

Einer der Führer der UPA war Stepan Bandera, der 1941 in Lemberg (Lwiw) die Massenerschießung von 3000 Juden durch die SS vorbereitete. (Während er von Polen, Russland und Israel als Verbrecher bezeichnet wird, wurden in der Ukraine allein ab dem Zeitpunkt der Unabhängigkeitserklärung 1991 bis 2014 46 Denkmäler und 14 Gedenktafeln zu seinen Ehren errichtet, 2009 ehrte man ihn mit einer Briefmarke, Präsident Wiktor Juschtschenko verlieh ihm 2010 postum den Ehrentitel „Held der Ukraine", hunderte Straßen wurden nach ihm benannt.)

Das aus Ukrainern bestehende Bataillon „Nachtigall" unter dem Kommandanten Roman Schuchewytsch marschierte in deutschen Uniformen und unter dem Befehl von Wehrmachtoffizieren in Lemberg ein. *Der Spiegel* 11/1960 berichtete ausführlich über die Aussagen eines jüdischen Augenzeugen der Erschießungen von Juden, die „von Ukrainern in deutschen Uniformen" durchgeführt worden waren.[24]

Da ein Trupp des Bataillons die Radiostation der Stadt besetzt und die Gründung einer unabhängigen ukrainischen Republik proklamiert hatte, wurden 1941 einige ukrainische Führer, darunter Bandera als „Ehrenhäftling mit besseren Haftbedingungen", von den Deutschen in Konzentrationslager eingewiesen und das Bataillon im August 1941 aufgelöst. Roman Schuchewytsch wurde Befehlshaber einer Kompanie im neuen Schutzmannschaft-Bataillon 201, das dem Reichsführer SS Heinrich Himmler direkt unterstellt war und das in Weißrussland zur Bekämpfung der Partisanen eingesetzt wurde. (Die Ukraine ehrte den Nachtigall-Kommandanten Roman Schuchewytsch 2007 mit einer Briefmarke und Präsident Wiktor Juschtschenko zeichnete ihn posthum als „Held der Ukraine" aus. 2017 beschloss der Kiewer Stadtrat, den Watutin-Prospekt, benannt nach dem Armeegeneral der Roten Armee Watutin, in Schuchewytsch-Prospekt umzubenennen.)

Bei den durch die UPA vom 9. Februar 1943 bis Kriegsende und danach bis 1947 durchgeführten Massakern an der polnischen Zivilbevölkerung in Ostga-

Lesezeichen

Leider hat in der Erstausgabe dieses Buches der Fehlerteufel zugeschlagen. Die Korrektur finden Sie rückseitig.

Die Sibirienbücher von Karin Haß

Teil I

Fremde Heimat Sibirien

gebunden, 250 Seiten, 80 Fotos

ISBN: 978-3-937431-61-1

19,90 EURO

Teil II

Bärenspeck mit Pfeffer

gebunden, 216 Seiten, 60 Fotos

ISBN: 978-3-937431-77-2

19,90 EURO

Teil III

Alles „normalno"

gebunden, 248 Seiten, 80 Fotos

ISBN: 978-3-946324-21-8

19,90 EURO

Auf der Seite 80 fehlt ein Textteil. Unterhalb des Fotos (Zucchini) muss es heißen:
Durch die Hitze und die Verdunstung der noch reichlich vorhandenen Bodenfeuchtigkeit nimmt die Luft viel Wasser auf. In den kühleren Nächten dampft der warme Boden. Am Morgen sind Dorf und Umgebung in dichten Nebel gehüllt, den die Sonne im Laufe des Vormittags auflöst. Doch immer öfter ballen sich dicke Wolken zusammen, und entladen sich in einem langen, kräftigen Gewitterregen. Mücken und Kriebelmücken feiern Hochzeiten und vermehren sich ungehemmt. Ich wage mich nur noch in einer speziellen Jacke nach draußen, die für Taigajäger gemacht ist und ein Tarnmuster aufweist, das die Mücken jedoch nicht täuscht. Deshalb hat die Jacke noch andere Raffinessen: Der Stoff ist dünn, aber fest gewebt, sodass die Blutsauger nicht hindurch stechen können. An die Kapuze ist ein Mückennetz genäht, das man nach unten übers Gesicht ziehen, aber auch hinter die Kapuze schieben kann. Trotz der leichten Machart läuft mir beim Arbeiten im Garten der Schweiß übers Gesicht und den Rücken.
Nicht nur wegen der extremen Mückenplage bin ich froh, dass wir keine Gäste mehr beherbergen. Die schönen Sandstrände der Inseln liegen unter Wasser, ebenso ein Teil ihrer vorher begehbaren Flächen, auf denen wir früher oft gezeltet haben. Wegen der hohen Wasserstände kann man nicht an den Flussufern entlangspazieren. Wie schon im verregneten Sommer des Vorjahres sind die Senken im Gelände mit Wasser gefüllt und selbst mit hohen Gummistiefeln unpassierbar, sodass manche Gegenden gar nicht mehr erreichbar sind. (Fortsetzung mit dem Absatz „Unabhängig vom Wetter …")

Auf der Seite 125 fehlt ein Textteil. Die Seite muss beginnen mit:
„Auf den ersten hundert Kilometern wird der Fluss noch von bewaldeten Bergketten begleitet, die jetzt in verschiedenen Herbsttönen gefärbt sind und die, je weiter man fährt, immer niedriger werden, abgesehen von einzelnen höheren Bergen, auf deren kahlen Bergkuppen schon Schnee liegt. Auf der anderen Flussseite ist meistens flaches Gelände, in dem zahlreiche kleine bis sehr große Seen eingebettet sind, die man vom Fluss aus nicht sehen kann. Meine Paddelfreunde und ich wussten nicht, was sich hinter den Uferböschungen verbarg, als wir im Sommer 2003 von Tupik bis Ust-Njuksha paddelten, außer, wenn wir am Ufer übernachteten.
Der Tungir mäandert in vielen Windungen durch die Taiga. Dadurch ist der Flussweg nach Tupik ungefähr doppelt so lang wie die Luftlinie. Er umschließt viele, teils sehr große Inseln, auf denen es schöne Zeltmöglichkeiten gibt. Von den Dörfern werden keinerlei Abwässer eingeleitet, doch wird das Wasser zunehmend verschmutzt durch den im großen Stil betriebenen Goldabbau an einmündenden Bächen. Es gibt zwar Auffangbecken, in denen sich die Sedimente, die beim Goldwaschen entstehen, absetzen sollen, aber bei starkem Regen laufen sie wohl über oder vielleicht wird manchmal Wasser daraus einfach abgelassen. Auch heute kommt uns auf dem Tungir eine lehmige Brühe entgegen – ein schockierender Anblick im Vergleich zum früheren Zustand des Flusses. Damals war das Wasser klar, und man konnte jeden Kiesel am Grund erkennen. Bei unserer Paddelexkursion in jenen Tagen nahmen wir das Wasser zum Trinken und Kochen und badeten mit Wonne darin.
Wir erreichen einen langläufigen Außenbogen, der wie mit einem riesigen Messer glatt ausgeschält wirkt. Das flache Gelände dahinter ist wohl ein altes Moor, denn das steile, etwa drei Meter hoch aufragende Ufer besteht aus schwarzem Torf. In ihm erkennt man anderthalb Meter unter der Oberfläche waagerechte weiße Streifen aus Eis, dort, wo der Permafrostboden beginnt. Die gegenüberliegende Vorspülung in der Innenkurve dagegen ist sandig, mit einzelnen Weidenbüschen bewachsen und geht in Wald über. Die Sonne lässt den Sand hell aufstrahlen." (Fortsetzung mit dem Satz „Jedes Mal, wenn wir an diesem schönen Platz vorbeifahren …)

lizien und Westwolhynien wurden je nach Quelle bis zu 100.000 polnische Zivilisten ermordet.[25] In der sogenannten Waffen-SS-Division Galizien kämpften ukrainischen Freiwillige aus dem Raum Lemberg auf Seite der Deutschen. Die Stärke der Division betrug Ende 1944 22.000 Mann. (Im April 2021 zogen mehrere hundert Menschen mit SS-Symbolen und Flaggen der Ukraine durch Kiew, um des 77-jährigen Jahrestages der Gründung der Waffen-SS-Division Galizien zu gedenken. Für ihre Sicherheit sorgte die Polizei, die einen Teil der Demonstrationsroute für den Verkehr gesperrt hatte.)

Während der Naziherrschaft wurden im Konzentrationslager Janowski in Lemberg zehntausende Juden ermordet, den Massakern in Kamenez-Podolsk fielen 23.600 und in Babyn Jar nahe Kiews 33.000 zum Opfer. Bis zur Einnahme Kiews durch die Rote Armee am 6. 11.1943 fanden im Stadtgebiet Massenerschießungen von Kriegsgefangenen und Zivilisten statt, Schätzungen zufolge zwischen 150.000 bis 200.000 Menschen. Die Liste ließe sich weiter fortsetzen.

In den Jahren 1943–44 eroberte die Rote Armee die Ukraine zurück. Die Siegermächte einigten sich 1945 auf neue Landesgrenzen. Nach dem Ersten Weltkrieg war die Bukowina an Rumänien, Transkarpatien an die Tschechoslowakei und das westliche Wolhynien sowie das größte und wichtigste Gebiet Galizien an Polen verloren gegangen. Diese Territorien fielen an die Sowjetunion, die sie in die Ukrainische Sozialistische Sowjetrepublik eingliederte.

Die historische Ironie besteht darin, dass es Stalin war, der die „Wiedervereinigung der ukrainischen Gebiete“ herbeiführte und den jahrhundertealten Traum von der „Einheit der ukrainischen ethnografischen Territorien“ in die politische Realität umsetzte. Die Nachkriegs-Sowjetukraine war der erste Staat in der Geschichte des Landes, der Lemberg und Donezk, Ternopil und Odessa in ein und denselben Grenzen umfasste und der viele Jahrzehnte Bestand hatte.

Nun könnte man vielleicht annehmen, dass in der Ukraine nicht nur die Verbrechen der Stalinzeit und die Zwänge der Sowjetunion im Gedächtnis geblieben seien, sondern auch die Kämpfe der Russen für die Befreiung ukrainischer Gebiete von früheren Besatzungsmächten und dem Hitlerfaschismus sowie die freiwillige Zuteilung großer Territorien zum Staatsgebiet. Man könnte annehmen, dass vielleicht nicht Freundschaft, aber doch eine friedliche Koexistenz mit dem Nachbarn angestrebt würde. Man könnte auch annehmen, dass die Bedürfnisse der 22 Prozent russischstämmiger Bevölkerung in der Ukraine (lt. Volkszählung 1989) respektiert werden würden.

Das alles ist nach der Unabhängigkeitserklärung 1991 nicht geschehen.

Staatliche Entwicklung der Ukraine 1991 bis 2022

Am **24. August 1991** erklärte das Parlament die **Unabhängigkeit der Ukraine**. Am 1. Dezember 1991 fand in der Ukraine ein *Referendum über die Unabhängigkeit* von der Sowjetunion statt. Bei einer Wahlbeteiligung von 84,2 Prozent stimmten 90,3 % der Wähler für die Unabhängigkeit des Landes. Am selben Tag fand auch die **Präsidentschaftswahl** in der Ukraine statt, bei der sich **Leonid Krawtschuk** (1991–1994) mit 61,6 Prozent der Stimmen durchsetzte. Am folgenden Tag erkannte Russland die Unabhängigkeit der Ukraine an.

Die Ukraine hat ein präsidialparlamentarisches Regierungssystem. Das **Staatsoberhaupt, der Präsident**, wird (normalerweise) für fünf Jahre direkt gewählt und hat sehr weitreichende Befugnisse. Er schlägt dem Parlament die Kandidaten für die Regierung vor, nämlich für das Amt des Ministerpräsidenten, des Verteidigungsministers und des Außenministers. Er kann den Ministerpräsidenten oder einzelne Minister gegen den Willen der Parlamentsmehrheit entlassen und sogar das Parlament auflösen. Er führt die Außenpolitik, ist Oberbefehlshaber der Streitkräfte und kann die Verhängung des Ausnahmezustands beschließen.

Die **Regierung** besteht aus dem Ministerkabinett. Das Kabinett setzt sich zusammen aus dem Ministerpräsidenten, dem ersten und drei weiteren Vize-Ministerpräsidenten und den verschiedenen Ministern. Der Ministerpräsident wird vom Präsidenten der Ukraine mit Zustimmung des Parlaments ernannt. Die übrigen Mitglieder des Kabinetts werden vom Ministerpräsidenten vorgeschlagen und bei Einverständnis vom Präsidenten ernannt. Die Amtszeit des Kabinetts ist an die Amtszeit des Ministerpräsidenten gebunden.

Das **Parlament** (Werchowna Rada) ist das einzige gesetzgebende Organ und hat 450 Sitze. Es wird (normalerweise) für die Dauer von 5 Jahren gewählt. Eine Hälfte der Abgeordneten setzt sich aus den Listenkandidaten jener Parteien oder Wahlblöcke zusammen, die mindestens fünf Prozent der Stimmen holen. Die zweite Hälfte besteht aus in ihren Wahlkreisen direkt gewählten Abgeordneten.

Präsidentschaftswahlen Juli 1994 + 1999: Präsident wurde der parteilose **Leonid Kutschma** (1994-2005), dessen „multivektorale" Außenpolitik von pragmatischen Beziehungen zwischen der Ukraine, Russland und dem Westen geprägt war.

Parlamentswahlen (Werchowna Rada) **1994** und **1998**: Es dominierte die Kommunistische Partei mit 12,72 und 24,65 Prozent der Stimmen. Die zweitstärkste Gruppierung bestand aus meist unabhängigen Abgeordneten und Funktionären aus Politik und Wirtschaft, die dem Präsidenten Leonid Kutschma nahestanden.

Parlamentswahl 2002: Das Bündnis „Unsere Ukraine" unter Führung des prowestlichen Juschschtenko erhielt 23,57 Prozent, die Kommunistische Partei 19,99 und das von Kutschma initiierte Bündnis „Für die Vereinigte Ukraine"

11,78 Prozent der Stimmen, aber durch Direktwahlmandate die höchste Anzahl der Sitze im Parlament.

Präsidentschaftswahl Oktober 2004/ Dezember 2004: Präsident Kutschma trat nicht mehr an, da das Präsidentenamt auf zwei Amtszeiten begrenzt ist. Die meisten Stimmen erhielten der prowestliche Wiktor Juschtschenko mit 39,87 Prozent und der prorussische Wiktor Janukowitsch mit 39,32 Prozent. Die Wahlergebnisse wurden von beiden Seiten angezweifelt. Es erfolgte eine Stichwahl, die zugunsten Janukowitschs ausfiel und der offiziell als Wahlsieger bestätigt wurde. Die Anhänger Juschtschenkos (der Anfang September mit Dioxin vergiftet worden war) sowie die Beobachter der OSZE gingen von einem Wahlbetrug zugunsten Janukowitschs aus. Schon am 22. November 2004 protestierten mehr als 100.000 Menschen auf dem Maidan in Kiew gegen Wahlbetrug. Danach fanden weitere Proteste und Demonstrationen statt, wobei die Teilnehmer orange Fahnen, Tücher oder Markierungen trugen, die Farbe der Juschtschenko-Kampagne. Nach wochenlangen Protesten erreichten die Bewegung der „Orangen Revolution" und die Opposition, dass das Oberste Gericht der Ukraine die erste Stichwahl für ungültig erklärte und eine Wiederholung anordnete. Bei der **Wiederholung der Stichwahl für das Präsidentenamt am 26. Dezember 2004** erhielt der prowestliche **Juschtschenko** (2005-Februar 2010) die meisten Stimmen. Er wurde am 23. Januar 2005 in Kiew als Präsident vereidigt.

Nach Darstellung Ian Traynors, des langjährigen Moskau- und Osteuropakorrespondenten der britischen Tageszeitung *The Guardian*, wurde die „Orange Revolution" wie auch andere „Farbrevolutionen" vom Westen gelenkt. Die Orange Revolution sei einem Muster gefolgt, das 2000 zuerst in Jugoslawien angewandt wurde: Die Umsturzbewegung Otpor war eine Bewegung junger Leute und Studenten, die half, Slobodan Milošević zu stürzen und den für eine Annäherung an die EU eintretenden Vojislav Kostunica in Serbien an die Macht zu bringen. Die analoge Bewegung 2003 in Georgien nannte sich Kmara und führte zur sogenannten Rosenrevolution, die einen Günstling der USA an die Macht brachte. Eine Bewegung in Belarus heißt Subr; sie trat vor allem bei den dortigen Wahlen 2006 in Erscheinung. Was spontan wirkte, sei Resultat einer Vernetzung oppositioneller Gruppen im Untergrund. Führend beteiligt seien studentische Aktivisten und Akademiker gewesen. Auch die ukrainische Pora! habe fast nur aus Studenten bestanden. Die Aktivisten dieser Bewegungen seien von einer Koalition professioneller westlicher Berater, Helfer und Meinungsforscher ausgebildet und von westlichen Regierungen, Agenturen und Organisationen finanziert und unterstützt worden, zum Beispiel von der Konrad-Adenauer-Stiftung und durch das US-Außenministerium und USAID zusammen mit dem National Democratic Institute, dem International Republican Institute, der zum großen Teil von der amerikanischen Regierung finanzierten Organisation Freedom House und dem Milliardär George Soros mit seinem Open Society Institute.[26]

In der Ausgabe 46/2005 beschreibt *Der Spiegel* das Vorgehen in einem sehr ausführlichen Artikel: *„Die Revolutions-GmbH: Wie macht man eine Revolution? Was in Jugoslawien 2000 passierte, in Georgien 2003, in der Ukraine 2004 wirkte wie ein spontaner Volksaufstand gegen Autokraten. In Wahrheit war vieles sorgfältig geplant - von Studentenführern und ihren vernetzten Organisationen. Sie scheuten auch amerikanische Hilfe nicht."*[27] Die deutsche Wochenzeitung *Die Zeit* behauptete unter anderem, Juschtschenko und seine Kreise erhielten allein aus den USA mindestens 65 Millionen US-Dollar über verschiedene Kanäle. Ziel der USA sei es, auf diese Weise die NATO auszudehnen und die EU zu schwächen.[28]

Peter Scholl-Latour, der sich vor Ort immer selbst ein Bild der Lage machte und 2006 die Ukraine besuchte, bestätigt in seinem 2007 veröffentlichten Buch „Russland im Zangengriff" im Wesentlichen die Darstellung des Guardian-Korrespondenten Ian Traynors und schreibt unter anderem: *„Nichts ist ernüchternder als die Feststellung, dass ein freiheitlicher Aufbruch der Massen sich nachträglich als das Produkt ferngesteuerter, betrügerischer Einmischung erweist."*

Dass die Vorgänge vom Westen beeinflusst worden waren und nicht unbedingt die Stimmung im Volk wi-derspiegelte, zeigte sich deutlich zwei Jahre später bei den Parlamentswahlen und bei der Präsidentschaftswahl 2010.

Parlamentswahl März 2006: Die Partei des amtierenden westlich orientierten Präsidenten Wiktor Juschtschenko (NU-NS) büßte fast 10 Prozent Stimmen ein und kam mit 13,95 Prozent auf Platz drei. Der Block Julija Tymoschenkos (BJuT) wurde mit 22,29 Prozent zweitstärkste Kraft. Die Partei des prorussischen Wiktor Janukowitsch (PR – Partei der Regionen) wurde mit einem Stimmenanteil von 32,1 % stärkste Partei. Mit den Stimmen der PR und der Sozialistischen Partei der Ukraine (5,69 %) wurde Janukowitsch im August zum Ministerpräsidenten gewählt.

Vorgezogene Parlamentswahl September 2007: Das 2006 gewählte Parlament wurde vom seit 2005 amtierenden, westlich orientierten Präsidenten Wiktor Juschtschenko 2007 zwangsaufgelöst, was zu Massenprotesten führte. Bei der Neuwahl 2007 kam sein Wahlblock (NU-NS) mit 14,15 Prozent der Stimmen wieder nur auf Platz drei, der Block Julija Tymoschenkos (BJuT) errang 30,71 Prozent und die Partei Janukowitschs (PR) wurde mit 34,37 Prozent wieder stärkste Kraft. Die Kommunistische Partei (KPU) rangierte an vierter Stelle mit 5,39 Prozent der Stimmen. Mit den Stimmen von NU-NS und BJuT konnte das neue Parlament am 18. Dezember 2007 Julija Tymoschenko zur Ministerpräsidentin wählen.

Präsidentschaftswahl Januar/Februar 2010: Präsident wurde nach der Stichwahl im Februar der Oppositionsführer **Wiktor Janukowitsch** (2010-2014). Die demokratisch durchgeführte Wahl wurde auch vom Westen anerkannt.

Parlamentswahl Oktober 2012: Die Partei der Regionen (PR/Janukowitsch) setzte sich mit 30,0 Prozent an die Spitze, gefolgt von der Allukrainischen Vereinigung Vaterland (AVV/Julija Tymoschenko) mit 25,55 Prozent und der Ukrainischen Allianz für demokratische Reformen (UADR/Klitschko) mit 13,97 Prozent der Stimmen. Die KPU gewann wieder an Popularität und holte 13,18 Prozent, während die NU-NS Juschtschenkos nur noch 1,11 Prozent der Stimmen erhielt.

Unter der Präsidentschaft von Wiktor Janukowitsch entschloss sich die ukrainische Regierung nach längeren Verhandlungen mit der EU am 21. November 2013, das von der EU angebotene Assoziierungsabkommen auszusetzen und nicht zu unterzeichnen, weil es eine gleichzeitige Zoll- und Handelsunion mit Russland verhinderte und weil es militärische Zusammenarbeit und die Anwesenheit der Nato in der Ukraine einschloss. Der Beschluss wurde im Dekret vom 21.11.2013 ausführlich begründet.[29,30]

Er enttäuschte jedoch Teile der Bevölkerung, die sich von einem Beitritt zur EU wirtschaftliche Vorteile erhofft hatten. Ihnen war nicht klar, dass die Chance eines tatsächlichen EU-Beitritts auf lange Sicht gleich Null war, denn das Pro-Kopf-Einkommen der Ukraine betrug gerade einmal ein Drittel der ärmsten EU-Länder, die Korruption war enorm und die Justiz nicht unabhängig. Die jahrelange Unzufriedenheit mit der Situation im Lande, Fehler der Janukowitsch-Regierung und die Aussetzung des EU-Assoziierungsabkommens lösten den sogenannten *Euromaidan* aus, bei dem die Protestierenden mit Europafähnchen auftraten. Massencharakter nahmen die Proteste am 1. Dezember 2013 an, nachdem einen Tag zuvor von der *Pora!* organisierte Studentenproteste durch die *Spezialeinheit Berkut* der ukrainischen Polizei auseinandergetrieben worden waren. Die Demonstranten forderten die Amtsenthebung von Präsident Wiktor Janukowytsch, vorzeitige Präsidentschaftswahlen sowie die Unterzeichnung des Assoziierungsabkommens mit der Europäischen Union.

Dass der Westen bei der Eskalation auch hier von Anfang an seine Hand im Spiel hatte, steht außer Zweifel. Zum Beispiel berichtete die amerikanische NED in ihrem Jahresabschlussbericht für 2014 von der „bemerkenswerten Rolle“, die die ukrainischen Geldempfänger der Organisation beim politischen Umbruch gespielt hätten. Die NED (National Endowment for Democracy – Nationale Stiftung für Demokratie) wurde 1983 vom US-Parlament gegründet und wird vom Außenministerium finanziert, firmiert aber formell als private, überparteiliche, gemeinnützige Stiftung. Diese Konstruktion ermöglicht es, ausländische Organisationen, auch sogenannte „Nichtregierungsorganisationen (NGO's)“, zu finanzieren, ohne dass die US-Regierung direkt als Geldgeber auftritt. Jahresberichte der NED belegen, dass zur „Demokratieförderung“ 2012 3,4 Millionen Dollar und 2014 2,8 Millionen in die Ukraine flossen.

Petro Poroschenko, der in einer vorgezogenen Wahl am 25. Mai 2014 zum neuen Präsidenten gewählt wurde, sagte am 25. April 2014 in einem Interview mit der Washington Post: *„Von Anfang an war ich einer der Organisatoren des Maidan. Mein Fernsehsender Kanal 5 hat eine enorm wichtige Rolle gespielt.*

[…] Am 11. Dezember (2013), als wir Victoria Nuland und die außenpolitische Sprecherin der EU Catherine Ashton in Kiew hatten, begann in dieser Nacht der Sturm auf den Maidan. Als der Kanal 5 zu senden begann, gab es nur 2.000 Menschen auf dem Maidan. […] Aber vier Stunden später waren fast 30.000 Menschen dort".[31]

Auch der US-Politiker John McCain, Republikaner und Befürworter von Militäreinsätzen, tummelte sich zu dieser Zeit in der Ukraine. Er traf sich in Kiew mit den Vertretern der Opposition Klitschko, Jazenjuk, Tjahnybok, Timoschenko und hielt am 15. Dezember 2013 auf dem Maidan eine Brandrede. (Wie käme es wohl in Washington an, würde ein hochrangiger russischer Politiker in den USA Demonstranten gegen die Regierung mit einer Rede anfeuern?)

Bereits Jahre vorher in der Ukraine aktiv, hatte sich nach der Unabhängigkeitserklärung die Einflussnahme der USA intensiviert, wie Victoria Nuland, im Außenministerium zuständig für europäische und eurasische Angelegenheiten, am 6. Mai 2014 in Washington vor dem Auswärtigen Ausschuss des US-Senats erklärte: *„Seit der Unabhängigkeit 1991 hat das amerikanische Volk den Übergang der Ukraine zu Demokratie und Marktwirtschaft mit 5 Milliarden Dollar unterstützt."* Wie das zu verstehen ist, verdeutlichte Peter Scholl-Latour in seinem Buch „Russland im Zangengriff": *„Es hat sich eine seltsame Praxis in den internationalen Beziehungen eingeschlichen, seit Washington – unter Berufung auf ‚freedom and democracy' – eine ganze Serie von ‚foundations' und ‚think tanks' von der Leine lässt, um unter Missachtung aller Souveränitätsregeln in die Innenpolitik fremder Staaten einzugreifen."*

Worum es den USA in Wirklichkeit geht, hat Nuland in der gleichen Rede verraten: *„Bei der östlichen Partnerschaft geht es um weit mehr als um eine enge Beziehung zwischen EU und verschiedenen Ländern in Osteuropa und dem Kaukasus. Es ist auch ein Schritt hin zu der langfristigen Vision eines vernetzten Wirtschaftsraums, der von Lissabon bis Donezk reicht."*

Unter dem Deckmantel der Förderung von Demokratie und Wohlstand soll sich nur ein Wirtschaftssystem durchsetzen, und zwar das von den USA dominierte – nicht etwa mehrere, womöglich gleichrangige. Dazu erklärte Nuland auch: *„Seit 1992 haben wir 200 Milliarden Dollar nach Russland gegeben, um den Übergang zu einem friedlichen, aufstrebenden, demokratischen Staat zu unterstützen."* Bei so viel selbstloser Gutherzigkeit kommen einem direkt die Tränen vor Rührung – solange man nicht weiß, wer mit welchen Absichten tatsächlich finanziert wurde.

Nach Zuspitzung der Proteste im Januar 2014 trat Ministerpräsident Asarow mit der Regierungsriege am 28. Januar zurück. Präsident Janukowitsch trat nicht zurück, sondern bot dem Oppositionsführer Jazenjuk das Amt des Ministerpräsidenten an, Vitali Klitschkow den Posten des Vizepremiers. Die

Amtszeit des gewählten Präsidenten lief 2015 ab, und er war bereit, bis zu den Neuwahlen 2015 die Macht zu teilen. Ein friedlicher Kompromiss schien möglich, und es gab auf Seiten oppositioneller Bürger keinen Grund für einen gewaltsamen Umsturz. Doch hinter den Kulissen war bereits eine andere Entscheidung gefallen: Regimewechsel durch einen Putsch.

Am Morgen des 18. Februar versuchten tausende Menschen zum Parlamentsgebäude vorzudringen. Ange-führt von Abteilungen des Rechten Sektors wurde die Parteizentrale von Janukowitsch mit Molotow-Coctails attackiert. Die Polizisten einer Polizeibarriere wurden angegriffen, deren Autos in Brand gesetzt. Sieben Polizisten starben, viele wurden verletzt. Beim Versuch, den Maidan zu räumen, kam es auch auf Seiten der Opposition zu Toten und Verletzten.

„Die Oppositionsführer haben das Prinzip der Demokratie verletzt, wonach man die Macht durch Wahlen erhält und nicht durch die Straße" erklärte der Präsident am Abend des 18. Februar in einer Rede an die Nation.

Am frühen Morgen des 20. Februar kamen Busse aus der Westukraine auf dem Maidan an, nachdem einen Tag zuvor Extremisten in der Westukraine in eine Kaserne eingedrungen waren und Waffen gestohlen hatten. Um 9 Uhr stürmten militante Kämpfer der Opposition die Polizeibarrikaden, gleichzeitig eröffneten Scharfschützen das Feuer. Sie richteten ein Blutbad an, in dem 41 Demonstranten und 3 Polizisten starben und viele verletzt wurden. Ohne jede Klarheit, wer geschossen hatte, wurde die Spezialeinheit Berkut der ukrainischen Polizei beschuldigt, die Todesschüsse abgegeben zu haben. Die Verantwortung dafür wurde dem Präsidenten unterstellt, worauf etwa 20 Abgeordnete seiner Partei einen Kurswechsel vollzogen. Dieses bis heute ungeklärte Blutbad war der Auslöser für den in der Folge inszenierten Regime Change.

Vom 20. bis 21. Februar, parallel zu diesen Ereignissen, hatten die Außenminister Deutschlands, Polens und Frankreichs Gespräche mit Regierung und Opposition geführt, deren Ergebnis eine Vereinbarung zur Beilegung der innenpolitischen Krise in der Ukraine war. Dieser Vertrag sah vor, innerhalb von 10 Tagen eine Koalition und eine Übergangsregierung der Nationalen Einheit zu bilden, die Rückkehr zur Verfassung von 2004 und diese bis September 2014 zu reformieren sowie spätestens im Dezember 2014 Präsidentschaftsneuwahlen abzuhalten. Die jüngsten Gewaltakte sollten untersucht und aufgeklärt werden, überwacht von der Opposition und dem Europarat. Außerdem: *„Die Behörden und die Opposition werden die Konfrontation verringern und die Anwendung von Gewalt unterlassen. Die Regierung wird die Ordnungskräfte nur für den physischen Schutz von öffentlichen Gebäuden nutzen."*

Der Vereinbarung stimmten der Präsident Janukowitsch (PR), die Oppositionsführer Klitschko (UDAR), Jazenjuk (AVV), Tjahnybok (Swoboda), die Vertreter des Maidan-Rates und verschiedene Gruppen von Regierungsgegnern zu. Unterzeichnet wurde sie von Janukowitsch, Klitschko, Jazenjuk und Tjahnybok. Als Zeugen unterzeichneten der polnische Außenminister Sikorski, der deutsche Außenminister Steinmeier und Eric Fournier, Direktor im Außenministerium Frankreichs. Das Verhandlungsergebnis wurde am 21. Februar verkündet und von zahlreichen Zeitungen veröffentlicht.

Jedoch – nur wenige Stunden später am 21. Februar – stieg ein Hundertschaftsführer von der „Selbstverteidigung des Maidan" auf die Bühne des Maidan und rief unter tosendem Beifall zum Sturm auf die Präsidentenkanzlei auf. Wenn Janukowitsch bis zum Morgen nicht zurücktrete, werde man losziehen und ihn holen. Die Vorgänge ließen Janukowitsch um sein Leben fürchten. In der Nacht zum 22. Februar rief er seine Vertraute Hanna Herman an und teilte ihr mit, seine Wache habe ihn informiert, der Sturm komme und er habe noch vierzig Minuten. Er floh in einem Hubschrauber aus Kiew nach Charkiw, später auf die Krim und von dort nach Russland. Die Amtsräume des Präsidenten in Kiew und seine Privatresidenz wurden dann auch wirklich am Morgen des 22. Februar von Protestanten besetzt.

Eilig wurde eine Abstimmung über die Absetzung des Präsidenten im Parlament anberaumt und am 22. Februar unter haarsträubenden Bedingungen durchgeführt: Das Parlament war von militanten Regierungsgegnern umstellt, die unliebsame Abgeordnete verprügelten und ihnen den Zugang verwehrten. Filmaufnahmen zeigen den Parlamentssaal zur Zeit der Abstimmung: Die Reihen der Oppositionsparteien waren eng gefüllt, während die Reihen der beiden Fraktionsparteien – der Kommunisten und Janukowitschs Partei der Regionen – fast leer blieben.

Die Verfassung der Ukraine nennt in Artikel 108 vier Möglichkeiten des vorzeitigen Amtsverlustes des Präsidenten: Rücktritt, Amtsunfähigkeit aus gesundheitlichen Gründen, Tod oder Amtsenthebung im Wege der Präsidentenklage. Nach Artikel 109 wird der Rücktritt des Präsidenten erst durch persönliches Verlesen eines Rücktrittsgesuches in einer Sitzung des Parlaments wirksam. Nach Artikel 111 der Verfassung darf eine Abstimmung über die Amtsenthebung nur dann erfolgen, wenn zuvor eine parlamentarische Untersuchungskommission sowie eine Prüfung durch das Verfassungsgericht stattgefunden und beide die Voraussetzung einer Amtsenthebung bestätigt haben.

Insofern war bereits die Durchführung einer Abstimmung im Parlament illegal. Aber alles egal – die Flucht des Präsidenten wurde als Rücktritt bezeichnet und über seine Amtsenthebung abgestimmt. Bei der Abstimmung wurde die erforderliche Dreiviertelmehrheit verfehlt – nur 72,9 Prozent der anwesenden Abgeordneten stimmten für eine Amtsenthebung. Trotzdem erklärte das Parlament den demokratisch gewählten Präsidenten Janukowitsch am 22. Februar 2014 für abgesetzt und ernannte am 23. Februar Alexander Turtschinow (AVV) zum Übergangspräsidenten. Am 26. Februar wurde eine Übergangsregierung mit Ministerpräsident Arsenij Jazenjuk (AVV) gebildet. Das Regierungskabinett wurde gebildet aus acht Vertretern der Vaterlandspartei (AVV/Tymoschenko), acht parteilosen Personen (vor allem aus der Maidan-Protestbewegung) und vier Vertretern der rechtsextremen Swoboda-Partei von Oleh Tjahnybok. Weder die PR, stärkste Partei bei den Parlamentswahlen 2012, noch die UDAR Klitschkos wurden in die Regierung einbezogen.

Es handelte sich juristisch gesehen eindeutig um einen Staatsstreich, um einen Putsch. Die USA und der Westen, die ja angeblich für die Demokratie in der Ukraine sorgen wollten, hatten keine Einwände gegen die durch Verfassungsbruch an die Macht gekommene prowestliche Regierung. Das wäre auch ein Wunder gewe-sen, denn aus einem abgehörten, am 4. Februar auf *YouTube* veröffentlichten Telefongespräch Victoria Nulands mit dem US-Botschafter in der Ukraine, Geoffrey R. Pyatt, ging hervor, dass der Regime Change bereits von den USA geplant war. Sie besprachen unter anderem, welche Politiker der nächsten Regierung in Kiew angehören sollten und wie das am besten im Sinne US-amerikanischer Interessen gesteuert werden könne. Nuland äußerte ihren Unwillen darüber, dass der EU-freundliche „Klitsch" (Vitali Klitschko) in die ukrainische Regierung eintreten solle. Sie favorisierte „Jats" (Arseni Jazenjuk), dem sie sogar das Ministerpräsidentenamt zutraute (und zack, drei Wochen später war das so). In diesem Gespräch machte sie auch die Bemerkung „Fuck the EU." Besser hätte man es nicht ausdrücken können, als das Ergebnis der Bemühungen der EU-Außenminister um eine friedliche Lösung, die Vereinbarung vom 21. Februar 2014, kurzerhand zur Makulatur gemacht wurde.

Die schnelle Abfolge der Maßnahmen vom 21. bis 26. Februar 2014 zeigt, dass sie einem vorherigen Plan folgten, auf den der Westen sehr fix reagieren konnte, denn bereits am 26. Februar 2014 berichtet Zeit online: *„Die USA kündigten an, der Ukraine Kreditgarantien in Höhe von einer Milliarde Dollar geben zu wollen. Zudem werde die US-Regierung auch zusätzliche direkte Hilfe in Erwägung ziehen, sagte US-Außenminister John Kerry. Die EU bereitet nach seinen Worten Kreditbürgschaften in Höhe von 1,5 Milliarden Dollar vor."*

Vorgezogene Präsidentschaftswahl am 25. Mai 2014: Oleg Zarjow, Präsidentschaftskandidat der Partei der Regionen (PR), die bei den Parlamentswahlen 2012 noch über 30 % der Stimmen erhalten hatte, wurde vor der Wahl in Kiew von Radikalen krankenhausreif geprügelt, berichtete die *Taz* und *Der Spiegel*.[32] Präsident wurde **Petro Poroschenko** (2014-2019), ein Milliardär, Besitzer eines eigenen Fernsehkanals, einer Konfektherstellerfirma und eines Rüstungsunternehmens, das Kriegsschiffe herstellt sowie Granatwerfer, die laut Firmenwerbung „alle von der Nato zugelassenen Granaten" verschießen können. Kaum einen Monat später unterzeichnete er das Assoziierungsabkommen mit der EU und öffnete das Land politisch und wirtschaftlich westlichem Einfluss und Interessen. Laut Einschätzung des Ost-Ausschusses der deutschen Wirtschaft sank das

Wirtschaftseinkommen innerhalb der nächsten zwei Jahre um fast ein Drittel. Die Bundeszentrale für politische Bildung konstatiert am 9.12.2015: „In den letzten zwei Jahren hat sich der Lebensstandard der ukrainischen Bevölkerung rapide und beträchtlich verschlechtert. Zum ersten Mal seit den 1990er Jahren wird die Armut zum Problem.“[33]

Vorgezogene Parlamentswahl Oktober 2014: Poroschenko löste das 2012 gewählte Parlament auf und setzte Neuwahlen an. Zwei Parteien bzw. Wahlblöcke, die erst nach dem Umsturz im März und August 2014 gegründet worden waren, erhielten die meisten Stimmen: „Volksfront“ (VF/darin jetzt Jazenjuk+Turtschinow), gefolgt von „Block Petro Poroschenko“ (BPP/Poroschenko+UDAR/Klitschko). Drittstärkste Partei wurde die 2013 registrierte Partei „Selbsthilfe“ (SH). (Die KP war seit Juni 2014 verboten, die PR trat nicht an, im Donbass konnten wegen des Bürgerkriegs keine Wahlen stattfinden).

Die **Präsidentschaftswahl im April 2019** gewann der Schauspieler Wolodymyr Selenskyj. Er löste am 21. Mai das Parlament vorzeitig auf, weil seine Partei dort nicht vertreten war.

Vorgezogene Parlamentswahl Juli 2019: Bei einer Wahlbeteiligung von nur 49,8 % erzielte die 2018 gegründete Partei des Präsidenten „Diener des Volkes“ (SN) 43,16 % der Stimmen und stellte durch eine Vielzahl gewonnener Direktmandate die absolute Mehrheit der Abgeordneten. Die russlandfreundliche Partei „Oppositionsplattform“ (OP) erhielt 13,5 Prozent, gefolgt von AVV mit 8,18 Prozent.

Ob die Begeisterung für den Präsidenten und seine Partei anhält, ist fraglich, denn schon bei den Lokalwahlen am 25. Oktober 2020 erlitten die Kandidaten der Partei des Präsidenten (SN) eine sehr deutliche Niederlage, wie die Heinrich-Böll-Stiftung berichtete.[34]

Selenskyj hatte vor seiner Wahl verkündet, er wolle den Krieg in der Ostukraine beenden, die wirtschaftliche Erholung vorantreiben sowie die Korruption bekämpfen und hatte damit vor allem diejenigen Ukrainer angesprochen, die sich mit der Politik des damaligen Präsidenten Poroschenko nicht identifizieren konnten. Von den Wahlversprechen wurde nichts verwirklicht. (2022 nimmt die Ukraine auf dem Korruptionsindex den vorletzten Platz von 42 europäischen Staaten ein.)

Todesschüsse auf dem Maidan und weitere Morde

Da die Todesschüsse auf dem Maidan am 20. Februar 2014 den Staatsstreich in Gang setzten, haben sie, abgesehen von der Tragik, eine besondere Bedeutung. Wer waren die Todesschützen und wer hatte sie beauftragt? Das ist heute, im Jahr 2023, noch immer eine unbeantwortete Frage.

Bekannt ist, dass es Scharfschützen der Regierung auf den Dächern von Regierungsgebäuden gab, aber anderswo auch organisierte Scharfschützen der Opposition. Einer aus dem oppositionellen Maidan-Team berichtete im März 2014 einem Reporter der *Welt*, die Killer hätten zu keiner der beiden Gruppen gehört: „Das waren keine Spezialeinheiten, das waren engagierte Profikiller. Die kamen pünktlich und zogen pünktlich wieder ab, als sei der Arbeitstag beendet." Dem gleichen Reporter sagte der Arzt Oleg Musij: „Es fing um neun an und hörte um 12 Uhr auf, so, als hätte sie jemand bestellt."

Die *Welt* berichtete am 17.03.2014, dass die Schützen vom Maidan Auftragskiller waren, und bezieht sich in einem am 11.04.2014 veröffentlichten Artikel auf eigene Erkenntnisse sowie auf Recherchen des Magazins *Monitor*.[35]

Das ARD-Magazin *Monitor* schickte im März ein Rechercheteam nach Kiew. Ein Demonstrant sagte dem Team: „Wir wurden von vorn beschossen und auch von hinten, etwa aus der achten oder neunten Etage des Hotel Ukraina. Das waren auf jeden Fall Profis." Die Recherche ergab, dass sich im Hotel die Zentrale der Opposition befand. Das ganze Hotel Ukraina war am 20. Februar fest in der Hand der Opposition, die am Morgen des 20. Februar Einlasskontrollen eingeführt hatte. Anhand von Einschusskanälen in Bäumen bewies ein unabhängiger Ermittler mit Laserlicht, dass neben Schüssen aus Richtung der Regierungsgebäude auch Schüsse aus Fenstern des Hotels gefallen waren.

Die Dokumentation von *Monitor* enthält Videoaufnahmen von Augenzeugen sowie den Funkverkehr zwischen Scharfschützen des Regierungslagers, den ein Amateurfunker mitgeschnitten hatte: Einer der Schützen fragt seine Kollegen: „Wer hat da geschossen? Unsere Leute schießen nicht auf Unbewaffnete." Kurze Zeit später sagt ein anderer: „Den hat jemand erschossen, aber nicht wir." Und fügt hinzu: „Gibt es da noch mehr Scharfschützen? Und wer sind die?"

Ein hochrangiges Mitglied der ukrainischen Ermittlungskommission äußerte gegenüber dem ARD-Team: „Das, was mir an Ergebnissen meiner Untersuchung vorliegt, stimmt nicht mit dem überein, was die Staatsanwaltschaft erklärt."

Die sehr ausführliche Monitor-Dokumentation ist noch einsehbar. (Internet-Suchwörter: Todesschüsse Maidan 2014.)[36] Der kritische Beitrag von Monitor blieb allerdings eine Ausnahme, denn schon einige Wochen später wurde in einer ARD-Dokumentation zum Machtwechsel in der Ukraine wieder suggeriert, Janukowitsch sei der Auftraggeben der Killer gewesen.

In einem Interview mit dem Magazin *Telepolis* am 10. April konstatierte der ARD-Journalist Stephan Stuchlik: „Ich kann beim jetzigen Stand unserer Recherchen nicht ausschließen, dass neben Janukowitsch-Schützen möglicherweise die vielzitierte ‚dritte Seite' an den Schießereien beteiligt war. [...] Man kann so eine Beteiligung nicht ins Reich der Fabeln verweisen, dafür waren die Ereignisse in Kiew weltpolitisch zu bedeutsam. Um ehrlich zu sein, es ist vor allem die Tatsache, dass die Generalstaatsanwaltschaft im Interview mit uns so eine Möglichkeit kategorisch ausschließt, die mich darüber nachdenken lässt." (Das Misstrauen gegenüber der Generalstaatsanwaltschaft war berechtigt, denn deren Leiter Oleg Machnizki war Mitglied der rechtsextremen Swoboda-Partei, die erst durch die Maidan-Ereignisse als Teil der Regierung unter Ministerpräsident Jazenjuk an die Macht gekommen und in deren Folge er am 22. Februar als Generalstaatsanwalt eingesetzt worden war. Eine unabhängige Ermittlung war kaum zu erwarten.)

Innerhalb der Tage vom 18. bis 20. Februar wurden auf dem Maidan-Platz in Kiew etwa hundert Demonstranten und mehrere Polizisten getötet. Die Zahlenangaben variieren, aber die ukrainische Menschenrechtlerin Pechonchik vom „Menschenrechtsinformationszentrum" berichtete 2015 in einem Interview mit der TAZ, dass sie und ihre Kollegen Daten von 114 Toten, darunter 17 Milizionären der Janukowitsch-Regierung, an den Internationalen Gerichtshof in Den Haag übermittelt haben. Sie beklagte sich über den schleppenden Verlauf der Ermittlungen: *„Unsere neuen Machthaber sind genauso wenig an der Aufklärung der Maidan-Morde interessiert wie ihre Vorgänger."*

Auf eine dritte Scharfschützen-Partei weist eine Fülle von Indizien hin, die durch zahlreiche Zeugenaussagen belegt sind. Professor Ivan Katchanovski von der Universität Ottawa hat eine umfangreiche Materialsammlung angelegt, die etwa 50 gefilmte Zeugenaussagen enthält, in denen ebenfalls Schüsse aus dem Hotel Ukraine bestätigt werden. Die Zeugen sind Polizisten, Maidankämpfer, Demonstranten, Journalisten, Hotelpersonal, Schaulustige. Er veröffentlichte seine Recherchen 2015 in einer Studie, die von westlichen Politikern und Leitmedien hartnäckig ignoriert wurde. Weder die Politik noch die Medien wollten etwas wissen oder herausfinden, das das von ihnen erzeugte Bild von über alle Kritik erhabenen, prowestlichen ukrainischen Politikern in Frage gestellt und prorussische Politiker rehabilitiert hätte, denn die einzige Begründung für den Staatsstreich war gewesen: Die Todesschützen handelten im Auftrage Janukowitschs. Offiziell wird an dieser Behauptung bis heute festgehalten.

Dafür jedoch gibt es weder Beweise noch verlässliche Untersuchungen, wie ein Gremium des Europarats feststellte. Vom Generalsekretär des Europarats war im April 2014 eine internationale Arbeitsgruppe eingesetzt worden, um zu kontrollieren, ob die ukrainischen Untersuchungen der gewaltsamen Zusammenstöße während der Maidan-Demonstrationen in der Zeit vom 30.11.2013 bis 21.02.2014 den Anforderungen der Europäischen Menschenrechtskonvention und der Rechtsprechung des Europäischen Gerichtshofs für Menschenrechte entsprechen. Geleitet wurde die Arbeitsgruppe vom ehemaligen Präsidenten des Europäischen Gerichtshofs für Menschenrechte in Straßburg, Nicolas Bratza, der in einem Presse-Briefing vom 31.03.2015 ein vernichtendes Urteil abgab.[37] Demnach hat die Regierung in Kiew die Aufklärung der Maidan-Morde systematisch behindert. Die Haltung des Innenministeriums gegenüber den Ermittlern sei „unkooperativ und verschleppend" gewesen. Ebenso habe der ukrainische Geheimdienst SBU blockiert: Dort sei man an Aufklärung nicht interessiert. Innenministerium und Geheimdienst schützten die kampferfahrenen Männer einer Spezialeinheit, um belastete Sonderpolizisten ungestört im Kampf gegen die Separatisten im Osten des Landes [Donbass] einsetzen zu können. Die Untersuchung sei nicht unabhängig geführt worden, denn in einigen Fällen unterstünden die Ermittler der gleichen Behörde wie jene, gegen die ermittelt werde. Über die Untersuchungsergebnisse des Europarats berichteten am 31.03.2015 auch Zeit Online und die FAZ.[38, 39]

„Angehörige der Opfer buhen Präsident Poroschenko aus" überschrieb die *Süddeutsche Zeitung* am 21.11.2014 einen Artikel. Bei der Maidan-Gedenkfeier ein Jahr nach Beginn der Maidan-Proteste legte Poroschenko am Mahnmal einen Kranz nieder. Wütende Angehörige getöteter Demonstranten buhten den Präsidenten aus und forderten lautstark Aufklärung der Gewalt bei den Kundgebungen. „Schande! Warum wurde niemand bestraft?", riefen aufgebrachte Zuschauer.[40]

Odessa 2. Mai 2014 – Das unaufgeklärte Massaker

Wie es um die Rechtsstaatlichkeit in der Ukraine tatsächlich bestellt ist, enthüllen auch die Vorgänge am 2. Mai 2014 in Odessa, bei denen 48 Menschen starben und 200 verletzt wurden.

Am 2. Mai um 17 Uhr sollte ein Fußballspiel einer Mannschaft aus Charkiw mit einer Mannschaft aus Odessa stattfinden. Dieses Ereignis wurde genutzt für einen „Marsch der Einheit der Ukraine". Bereits gegen Mittag versammelten sich Fußballfans sowie aus der ganzen Ukraine angekarrte Mitglieder von Maidan-Aktivisten und Nationalisten des Rechten Sektors, von denen viele mit Helmen, Schildern, Schlagstöcken und einige mit Schusswaffen ausgerüstet waren. Die Gruppe wuchs auf etwa 2000 Personen an. Eine andere, ebenfalls bewaffnete Gruppe bestand aus etwa 300 prorussischen Aktivisten, die seit April vor dem Gewerkschaftshaus in Odessa ein Zeltlager errichtet hatten. Es kam zu einer Straßenschlacht, bei der zwei proukrainische und vier prorussische Demonstranten durch Schüsse getötet wurden. Die prorussischen Aktivisten flohen zu ihrem Zeltlager und verbarrikadierten sich später im Gewerkschaftshaus, nachdem sie vor einem Angriff ukrainischer Nationalisten gewarnt worden waren. Per Megafon rief der Funktionär Andrej Jusow der prowestlichen Klitschko-Partei UDAR dazu auf, zum Zeltlager vor dem Gewerkschaftshaus zu gehen. Um 19:30 Uhr trafen ukrainische Aktivisten dort ein, verbrannten die Zelte und warfen Molotowcocktails in das Gewerkschaftshaus, wodurch im Erdgeschoss ein Brand ausbrach, der Ausgang und Flure unpassierbar machte. Um 19:43 Uhr wurde die Feuerwehr angerufen, die nur 650 Meter entfernt lag, aber erst nach vierzig Minuten eintraf.

Währenddessen starben 38 Menschen im Gebäude und 10 starben, nachdem sie aus Fenstern gesprungen waren. Handyvideos zeigen, wie proukrainische Schläger auf diejenigen Jagd machten, die den Flammen entkommen waren. Auf den Fenstersimsen Stehende wurden von außen beschossen, Fliehende verprügelt oder mit Baseballschlägern erschlagen. All das geschah, ohne dass die Polizei eingriff. Bei YouTube kann man eine Dokumentation mit Videoaufnahmen während des Geschehens und Interviews von Teilnehmern ansehen.[41]

Vertreter der Regierung in Kiew behaupteten danach, die Regierungsgegner im Gewerkschaftshaus hätten sich am 2. Mai selbst angezündet. Der Präsident der Ukraine Aleksander Turtschinow äußerte, das Ganze sei ein von Russland angezetteltes Komplott. Der Gouverneur der Oblast Odessa Wladimir Nemirowski bezeichnete das Vorgehen der Pro-Kiew-Demonstranten am 2. Mai als „rechtmäßig". Die Demonstranten hätten „bewaffnete Terroristen neutralisiert". Die Chefin der Vaterlandspartei VVA Julia Timoschenko dankte öffentlich den Pro-Kiew-Demonstranten, dass sie die „Besetzung von Verwaltungsgebäuden wie in Lugansk" verhindert hätten (darum war es nie gegangen).

Im November 2015, eineinhalb Jahre nach den Ausschreitungen, übte der Europarat auch in diesem Fall Kritik an den Untersuchungen der ukrainischen Justiz. Es sei „kein substanzieller Fortschritt bei den Untersuchungen gemacht worden". Sie seien weder unabhängig noch effizient gewesen. Zudem mangle es den ukrainischen Behörden an der „notwendigen Gründlichkeit und Sorgfalt".[42, 43, 44]

Am 15. Juni 2014 legte das Büro des Hohen Kommissars der Vereinten Nationen für Menschenrechte einen Bericht dazu vor.[45] 2016 bemängelte es, dass die ukrainischen Behörden nur Ermittlungen gegen prorussische Aktivisten eingeleitet hatten. 2018 beanstandete es die weiterhin einseitigen Ermittlungen. Stand heute (2023) wurde niemand für den Brand und die dortigen Todesfälle bestraft.

Morde an Oppositionellen

Ins Bild passen auch die vielen ungeklärten Morde und mysteriösen Todesfälle von Oppositionellen nach dem Umsturz 2014. Hier einige Beispiele:

Am 13. April 2015 wird der Journalist Sergej Suchobok in der Nähe Kiews erschossen. Er hatte zuletzt als freier Mitarbeiter mehrerer Magazine aus den besetzten Gebieten im Donbass berichtet. Am 15. April 2015 wird Oleh Kalaschnikow, früherer Parlamentsabgeordnete der Partei der Regionen, in Kiew im Treppenhaus seiner Wohnung mit zehn Treffern erschossen. Am 16. April 2015 wird Oleh Busyna um die Mittagszeit im Beisein eines halben Dutzends Zeugen in der Nähe seines Hauses im Kiewer Zentrum erschossen. Er war einer der prominentesten prorussischen Publizisten in der Ukraine, Buchautor, Journalist, Zeitungs- und Fernsehredakteur. Busyna galt als Gegner des Euromaidan und der Regierung Poroschenko, aber als unabhängiger Kopf mit Distanz zu dem gestürzten Staatschef Janukowitsch. Seine persönlichen Daten, wie auch die Oleh Kalaschnikows, waren zwei Tage vor den Morden auf der Webseite Mirotworez in einer Liste von „Volksfeinden“ mit deren Fotos und Anschriften veröffentlicht worden.46 Eine nationalistische Gruppe namens Ukrainische Aufständische Armee (UPA) bekannte sich zu diesen und anderen Morden. Sie drohte in E-Mails an die Opposition und an den Politologen Wladimir Fessenko, weitere „antiukrainische“ Personen zu töten.[47]

Der ukrainische Staatschef Pedro Poroschenko antwortete auf die Morde mit einer indirekten Schuldzuweisung Richtung Moskau: „Der politische Sinn hinter diesen Verbrechen ist verständlich – das ist eine bewusste Provokation, die Wasser auf die Mühlen unserer Feinde gießt.“[48] Verbrechen der eigenen Seite Russland zuzuschieben, hat in der Ukraine System, wie man auch in der Folge immer wieder sieht. Die Morde blieben bis heute unaufgeklärt.

Die Website Mirotworez, übersetzt „Friedensstifter“ (wie höhnisch), wird betrieben vom *Zentr Mirotworez*, das mit dem Inlandsgeheimdienst und dem Innenministerium enge Verbindungen pflegt. Es veröffentlicht weiterhin Listen von „Staatsfeinden“ – im Jahr 2016 Personaldaten von 4500 ukrainischen und ausländischen Reportern, die in den sogenannten Volksrepubliken Donezk und Luhansk akkreditiert waren und deswegen als „Terroristenhelfer“ bezeichnet wurden. Ebenfalls als Staatsfeinde diffamiert wurden auch Persönlichkeiten wie Gerhard Schröder, Ungarns Außenminister Peter Szijjártó, der Vorsitzende der Ukrainisch-Orthodoxen Kirche Moskauer Patriarchat, Metropolit Onufrij, der britische Pink-Floyd-Gründer Roger Waters und die weißrussische Literaturnobelpreisträgerin Swetlana Alexijewitsch.

Die Website ist heute noch aktiv. Am 30.12.2022 sah ich auf ihrer Hauptseite unter der Überschrift „Tod den russisch-faschistischen Eindringlingen und Okkupanten“ in Nahaufnahme sieben halbverweste Gesichter getöteter Russen.[49]

Am 20.07.2016 wird in Kiew der Journalist Pawel Scheremet durch eine Autobombe getötet. Er war tätig bei der Zeitung „Ukrainiskaja Prawda“ und arbeitete für mehrere Radio- und Fernsehsender. Diese Aufzählung könnte man nach weiteren Recherchen fortsetzen.

Serie mysteriöser Todesfälle

Allein von Januar bis März 2015 haben in der Ukraine zehn bekannte Persönlichkeiten in einer „Selbstmord-Epidemie“, so ukrainische Medien, einen gewaltsamen Tod gefunden, der als Selbstmord (ohne Abschiedsbrief) deklariert wurde.[50] Fast alle Personen waren Mitglieder der Partei der Regionen Janukowitschs. Es besteht der Verdacht auf „Sterbehilfe“.

26. Januar: Nikolai Sergienko, ehemaliger Vorsitzender des Regionalrates in Kharkow, erschoss sich mit einem Jagdgewehr. 29. Januar: Alexei Kolesnik, von 2002 bis 2004 Stadtratschef von Charkiw, wurde erhängt in seiner Wohnung gefunden. 25. Februar: Sergei Walter, der ehemalige Vorsitzende der Partei der Regionen in der Stadt Melitopol, wurde erhängt aufgefunden. 26. Februar: Oleksandr Bordjuga, stellvertretender Polizeichef von Melitopol, wurde tot in

seiner Garage aufgefunden. 27. Februar: Michael Chechetow, ehemaliger Leiter des staatlichen Grundstücksfonds, stürzte aus einem Fenster seiner Wohnung. 12. März: Alexander Pekluschenko, ehemaliger Gouverneur von Saporischschja, soll Selbstmord durch einen Genickschuss mit einem Gewehr begangen haben. 9. März: Stanislaw Melnik, ehemaliger Abgeordnete der „Partei der Regionen", erschoss sich mit einem Jagdgewehr. 14. März: Serhij Melnitschuk, Staatsanwalt in Odessa und Mitglied der Partei der Regionen, fiel aus dem neunten Stock eines Apartmenthauses in Odessa.

Krim und Donbass

Die Geschehnisse in diesen Gebieten dürfen nicht isoliert, sondern müssen im Zusammenhang mit ihrer Geschichte , der Bevölkerungsstruktur und der Politik der ukrainischen Regierung und des Westens betrachtet werden. Davon darf in der Öffentlichkeit heute keine Rede mehr sein – im Gegensatz zu den Einschätzungen früherer Jahre. Noch am 3. März 2014 kritisierte Der Spiegel unter der Überschrift „Die fatalen Fehler der Regierung in Kiew":

„Dass die Aufnahme von Rechtsextremen in die Regierung kein Beitrag zur nationalen Versöhnung war, erkannte man in den russischsprachigen Regionen der Ukraine schneller als in westlichen Außenministerien.

Die braune Swoboda-Partei stellt im Kiewer Kabinett mehrere Minister, einen Vizepremier und den Generalstaatsanwalt Oleg Machnitzkij. Zu den Mitbegründern der Sozial-Nationalen Partei der Ukraine, die sich jetzt Swoboda nennt, zählte neben Tjagnibok auch der neue Sekretär des Sicherheits- und Verteidigungsrates der Ukraine, Andrij Parubi. Zum Koordinator der Sicherheitsdienste stieg der Rechtsradikale auf, weil er zuvor ‚Kommandant' des Maidan gewesen war. Dort kooperierte er eng mit dem Führer des militant rechtsextremistischen Rechten Sektors, Dmitrij Jarosch. Der ließ seit Januar seine Kameraden auf die Polizei schießen. So trug er maßgeblich zur blutigen Eskalation bei. Jarosch hat zwei Jahrzehnte lang bewaffnete Nationalisten bei Wehrübungen geschult. Sein Rechter Sektor verfügt jetzt über mehrere tausend bewaffnete Kämpfer. Jarosch nennt seine Kameraden ‚Soldaten der nationalen Revolution' und ruft zum ‚nationalen Befreiungskrieg' für die ‚Entrussifizierung der Ukraine' – ein Appell zum Bürgerkrieg.

Die Folge: Die russische Bevölkerung der Krim erhob sich gegen die Zentralregierung, noch bevor Putin Truppen in Marsch setzte."[51]

Die im Jahre 1989 durchgeführte Volksbefragung ergab, dass sich in der Ukraine 72,7 Prozent der Bevölkerung als Ukrainer bezeichneten, 22,1 Prozent als Russen und 5,2 Prozent als Angehörige von etwa 17 anderen Nationalitäten.

Im Jahre 2001, zehn Jahre nach der Unabhängigkeitserklärung der Ukraine, hatte sich das Bevölkerungsverhältnis auffällig verschoben.

Jetzt bezeichneten sich 77,8 Prozent als Ukrainer, 17,3 Prozent als Russen und 4,9 Prozent als Angehörige anderer Nationalitäten. Ob in den Jahren zwischen 1989 und 2001 tatsächlich so viele Russen und andere Nationalitäten ausgewandert sind oder ob sich ein Teil von ihnen nun als Ukrainer erklärte, weil sie die Ukraine als ihre Heimat betrachteten oder es opportun schien, ist unklar.

Der Anteil russischer Muttersprachler an der Gesamtbevölkerung betrug 1989 32,8 Prozent und sank bis zum Jahr 2001 auf 29,6 Prozent. Als Alltagssprache wurde Russisch jedoch von wesentlich mehr Menschen gesprochen. Eine Statistik der Akademie der Wissenschaften der Ukraine wies noch im Jahr 2011 38,7 Prozent der gesamtukrainischen Bevölkerung als „zu Hause“ Russisch sprechend aus, während dort 42,8 Prozent Ukrainisch und 17,1 Prozent beide Sprachen anwandten.

Bevölkerungsstruktur und Sprache in den früher russischen Gebieten laut Angabe des Statistischen ukrainischen Komitees im Jahre 2001 [52, 53]

Oblast	Ethnien in %				Bürger mit russischer Muttersprache in %
	Ukrainer 2001	Russen+ Belarussen 1989	Russen+ Belarussen 2001	andere Nat. 2001	
Krim	24,4	67,0	58,5	17,1	77,0
Luhansk	58,0	44,8	39,8	2,2	68,8
Donezk	56,9	43,6	39,1	4,0	74,9
Charkiw	70,7	33,2	26,1	3,2	44,3
Dnipropetrowsk	79,3	24,2	18,4	2,3	32,0
Saporischschja	70,8	32,0	25,4	3,8	48,2
Cherson	82,0	20,2	14,8	3,2	24,9
Mykolaiv	81,9	19,4	14,8	3,3	29,3å
Odessa	62,8	27,4	21,2	16,0	41,9

Auf der Krim betrug der Anteil der dort ursprünglich heimischen tatarischen Bevölkerung 12,6 Prozent, in der Oblast Odessa lebten eine hohe Anzahl Bulgaren und Moldawier.

Bevölkerungsstruktur und Muttersprache sind in diesen östlichen und südlichen Gebieten infolge der Historie stark russisch geprägt. Zwischen Ukrainern und Russen gibt es enge verwandtschaftliche Verbindungen. Viele der seit Langem dort lebenden Ukrainer und der Angehörigen anderer Nationalitäten sprechen Russisch als Muttersprache.

Daraus erklärt sich das Bedürfnis großer Bevölkerungsteile nach friedlichen Beziehungen zu Russland und danach, die russische Sprache zu erhalten. Deswegen und auch, weil beim Referendum für die Unabhängigkeit des Landes am 1. Dezember 1991 nicht nur die Ukrainer dafür gestimmt hatten, sondern ebenfalls Russen und andere Nationalitäten, wie die Zahlen zeigten, wäre es von der ukrainischen Regierung klug gewesen, die Bedürfnisse solcher Bevölkerungsschichten zu berücksichtigen und sie in demokratische Prozesse einzubinden, anstatt sich gegen sie zu richten.

Am 26. Februar 2014 nahm die nach dem Putsch installierte Interimsregierung ihre Tätigkeit auf. Die davon ausgeschlossene Partei der Regionen (PR) war vor allem auf der Krim und in den östlichen und südlichen Landesteilen gewählt worden, die sich nun nicht mehr vertreten fühlten. Dazu kamen die Angriffe auf die KPU. Verschärft wurde die Brüskierung der russischsprachigen Bevölkerung dadurch, dass die Interimsregierung schon zwei Tage nach Amtseinführung die Aufhebung des Sprachengesetzes von 2012 beschloss. Das Gesetz war 2012 unter der Regierung Janukowitschs unter Bezug auf die in der Ukraine am 1. Januar 2006 in Kraft getretene Europäische Charta für Regional- und Minderheitensprachen verabschiedet worden. Es ermöglichte, Minderheitensprachen als regionale zweite Amtssprache in Regionen einzuführen, in denen mindestens 10 Prozent der Bevölkerung eine andere Sprache spricht. Daraufhin war Russisch von neun Regionalparlamenten neben Ukrainisch zur zweiten Amtssprache erklärt worden, wie auch Ungarisch (Transkarpatien), Rumänisch (Bukovyna) und Krimtatarisch (Krim).

Der Beschluss von 2014, dieses Gesetz aufzuheben, wurde zwar nicht wirksam, weil er aufgrund von Unruhen und Protesten von Übergangspräsident Turtschynow nicht unterzeichnet wurde, mit der Unterdrückung der russischen Sprache begann man trotzdem. Das Rundfunk- und Fernsehgesetz schrieb Quoten und die Untertitelung bzw. Synchronisation nicht-ukrainischer Sendungen vor, was solche Produktionen unrentabel machte. Der Import russischer Bücher wurde erschwert, russische Bücher sogar öffentlich auf Scheiterhaufen verbrannt. Das im September 2017 verabschiedete neue Schulgesetz verordnete, dass ab der 5. Klasse ausschließlich Ukrainisch Unterrichtssprache ist.[54]

Die Regierung Poroschenko verabschiedete 2019 das „Gesetz zur Sicherung des Gebrauchs des Ukrainischen als Landessprache“. Nach einer Übergangsphase ist es im Januar 2022 vollständig in Kraft getreten. Es verpflichtet die Bürger bei Strafe, in allen Bereichen des öffentlichen Lebens die ukrainische Sprache zu verwenden, also in Verwaltungen, Läden, Gesundheits- und Bildungseinrichtungen, an Arbeitsplätzen und so weiter. Kulturveranstaltungen, Filme, Printmedien müssen immer auch eine ukrainischsprachige Ausgabe anbieten, wenn sie in einer anderen Sprache erscheinen.

Das gilt praktisch allerdings nur für Russisch, denn ausgenommen von dieser Regelung sind Englisch, alle Sprachen der Europäischen Union und die Sprachen der anderen indigenen Völker wie etwa Tataren, Bulgaren und weitere. Es geht dabei also ausschließlich um die Unterdrückung der russischen Sprache, die von 29,6 Prozent aller Ukrainer als ihre Muttersprache bezeichnet wird, wie ein Bericht der in Verfassungsfragen beratenden Venedig-Kommission des Europarats schreibt. Der Bericht der Venedig-Kommission wertet daher die Andersbehandlung des Russischen als „Verstoß gegen das Prinzip der Nicht-Diskriminierung". Auch die Menschenrechtsorganisation Human Rights Watch hat das Gesetz kritisiert.[55]

Die Innenpolitik richtete sich nicht nur gegen die russische Sprache. Bereits vor 2014 wurde systematisch ein großer Teil der Statuen Lenins zerstört, eines Mannes, der an der Befreiung der Ukraine vom Zarentum, polnischer und deutscher Besetzung und der Zuteilung großer russischer Gebiete an die Ukraine maßgeblich beteiligt war. Im Mai 2015 verabschiedete die ukrainische Regierung ein Gesetz zur Dekommunisierung, nach dem sämtliche Referenzen an die Sowjetunion aus der Öffentlichkeit entfernt werden sollen. Dies schloss Orts-, Straßen- und Fabriknamen und Denkmäler ein. Ausgeschlossen davon waren damals allerdings noch Denkmälern mit Bezugnahme auf den Zweiten Weltkrieg, doch seit Kriegsbeginn 2022 gibt es keinerlei Ausnahmen mehr: Alles, was an die Sowjetunion und Russland erinnert, muss verschwinden – Reminiszenzen an den Sieg der Roten Armee über Hitlerdeutschland sowieso, aber auch Gedenken an russische Künstler wie Puschkin, Dostojewski, Tolstoi, Musiker und Wissenschaftler aus vorsowjetischer Zeit. In Geschichtsbüchern wird die ukrainische Geschichte umgeschrieben. Die Kiewer „Aktion zur nationalen Bereinigung der Privatbibliotheken" führte dazu, dass 57 Tonnen russischer Bücher aus den privaten Sammlungen von Bürgern als „Altpapier" gesammelt wurden, aus dessen Erlös ein Geländewagen für die ukrainische Armee gekauft werden sollte.[56]

Das Geschehen auf der Krim

Nachdem sie die letzten Weißen Truppen auf der Krim vertrieben hatte, rief die Rote Armee am 18. Oktober 1921 eine „Autonome Sozialistische Sowjetrepublik Krim“ innerhalb Sowjetrusslands aus. 1945 wurde der Autonomiestatus aufgehoben, die Krim wurde zu einer Oblast der Russischen Sozialistischen Föderativen Sowjetrepublik innerhalb der Sowjetunion (Union der Sozialistischen Sowjetrepubliken). 1948 gliederte Russland Stadt und Hafengebiete Sewastopol, Hauptbasis der Schwarzmeerflotte, aus der Oblast Krim aus und unterstellte sie Moskau. Diesen Sonderstatus behielt sie auch nach 1954.

Die persönliche Entscheidung des Chefs der Kommunistischen Partei der Sowjetunion Chruschtschow im Jahre 1954, die Oblast Krim (außer Sewastopol) an die Ukraine abzugeben war eine Verletzung aller schon damals gültigen verfassungsmäßigen Normen. Allerdings wurde dieser Akt eher als verwaltungstechnische Formsache empfunden, denn es war nicht vorstellbar, dass die Ukraine und Russland einmal verschiedenen Systemen angehören würden.

Im Januar 1991, noch vor dem endgültigen Zerfall der Sowjetunion, wurde auf der Krim ein Referendum abgehalten, bei dem 90 % der Wähler für die Autonomie der Krim stimmten, das heißt für die Unabhängigkeit sowohl von der SU als auch von der Ukrainischen Sozialistischen Sowjetrepublik.[57]

Am 24. August 1991 erklärte die Ukraine ihre Unabhängigkeit, die bei dem ukraineweiten Referendum am 1. Dezember 1991 von den Bürgern bestätigt wurde. Auf der Krim stimmten 54 % der Wähler (wegen geringer Wahlbeteiligung allerdings nur ca. 30-35 Prozent der Wahlberechtigten) für die Unabhängigkeit der Ukraine. Die neue, unabhängige Ukraine übernahm auch die direkte zentrale Kontrolle über die Sewastopol.

In der Folgezeit wandten sich viele Bewohner der Krim gegen die Zugehörigkeit der Halbinsel zu dem neuen Staat. Aktivisten gründeten autonomistische, prorussische oder separatistische Organisationen, hielten Kundgebungen ab und organisierten Unterschriftensammlungen. Als Kompromiss wurde der Krim 1992 der Status einer Autonomen Republik innerhalb der Ukraine zugestanden. Im Frühjahr 1994 gewann das prorussische Wahlbündnis „Block Russland“ mit großer Mehrheit die Parlaments- und Präsidentschaftswahlen auf der Krim.

1995 wurden die Rechte der Autonomen Republik Krim stark eingeschränkt: Kiew unterstellte die Region seiner direkten Kontrolle und schaffte das Amt des Krim-Präsidenten ab. Die Verfassung der Ukraine von 1996 gewährte der Krim ein Parlament und einen Ministerrat als Regionalregierung mit der Einschränkung, dass deren Beschlüsse nicht der Verfassung und den Gesetzen der Ukraine entgegenstehen durften. Ein Einflussmechanismus war die Besetzung regionaler Positionen, insbesondere der Sicherheitsbehörden und Medienanstalten, mit Personal aus Kiew.[58]

Ein Streitpunkt zwischen Russland und der Ukraine war Sewastopol, der Heimathafen der russischen Schwarzmeerflotte. Die Situation wurde erst 1997 durch einen Pachtvertrag entspannt, der auch die Anwesenheit von maximal 25.000 russischen Soldaten einschloss. 2012 verlängerte ihn Präsident Janukowitsch – unter Protest der Opposition – um weitere 30 Jahre. Als Gegenleistung erhielt die Ukraine einen Preisrabatt auf russische Gaslieferungen.

Der politische Umsturz in der Ukraine im Februar 2014 und die zunehmend russlandfeindliche Politik wurden von der Mehrheit der Krimbewohner abgelehnt und führten zum Wiederaufleben der Unabhängigkeitsbestrebungen. Im Jahr 2014 waren von den 1.891.500 Einwohnern 1.189.000 Millionen (62,9 Prozent) Russen. Nur 291.600 (15,4 Prozent) Einwohner waren Ukrainer, 229.400 (12,1 Prozent) Krimtataren, 181.400 (9,6 Prozent) Angehörige anderer Nationalitäten.[59]

Am 27. Februar 2014 stimmte das Parlament der Krim für die Ansetzung eines Referendums über den Status der Krim. Am 11. März stimmte das Parlament mit großer Mehrheit für die Unabhängigkeit der Autonomen Republik Krim und der Stadt Sewastopol. Die Unabhängigkeit sollte die rechtliche Grundlage für ein Referendum der Bevölkerung schaffen, bei dem über den Status der Krim abgestimmt werden sollte. (Die Reihenfolge ist analog der Unabhängigkeitserklärung der Ukraine im Jahr 1991.)

Das Krimparlament erklärte vor dem Referendum, man wolle ein demokratischer, säkularer und multiethnischer Staat werden und berief sich unter anderem auf das Rechtsgutachten des Internationalen Gerichtshofs vom 22. Juli 2010 zur Unabhängigkeitserklärung Kosovos, wonach eine einseitige Unabhängigkeitserklärung nicht gegen das Völkerrecht verstoße. (Dieser Argumentation folgte der Westen bei der Abspaltung des Kosovo gegen den Widerstand Serbiens und Russlands, soll in seinen Augen für die Krim jedoch nicht gelten.)

Auf dem Wahlzettel des Referendums am 16. März 2014 standen zwei Alternativen zur Auswahl: Den Anschluss ans Nachbarland Russland oder eine Rückkehr zur Krim-Verfassung von 1992, die der Region weiterreichende Autonomierechte einräumen würde. Für die Beibehaltung des Status quo konnte man nicht stimmen.

Die Wahlbeteiligung lag nach offiziellen Angaben bei 80 Prozent. Laut der Regionalregierung entschieden sich 96,6 Prozent der an der Abstimmung beteiligten Einwohner für den Anschluss an Russland.

Vergleichbare Angaben (über 90 Prozent für einen Anschluss an Russland) zeigten sowohl die Exit-Polls gleich nach der Schließung der Wahllokale als auch die später durch zwei US-amerikanische Meinungsfor-schungszentren durchgeführten Befragungen. Bei „Pew Research Center“ sagten 88 Prozent der Krim-Bewohner, die Regierung in Kiew solle das Ergebnis des Referendums anerkennen;

91 Prozent waren der Meinung, das Referendum sei fair durchgeführt worden. Das Gallup-Institut ermittelte, dass 82,8 Prozent der Bevölkerung der Ansicht sei, dass die Resultate die Meinung der Mehrheit adäquat wiedergeben. Selbst die Mehrheit der Krim-Ukrainer (Gallup, 59 Prozent) befürwortet die Zugehörigkeit zu Russland. Im Frühjahr 2015 gaben laut einer repräsentativen Umfrage der Gesellschaft für Konsumforschung (GfK), des größten deutschen Marktforschungsunternehmens, 82 Prozent der Krim-Bewohner an, den Anschluss an Russland rückhaltlos zu befürworten. 11 Prozent zeigten sich allein mit den Umständen des Anschlusses unzufrieden.[60]

Es kam weder im Vorfeld noch bei der Abstimmung zu einem bewaffneten Zusammenstoß und menschli-chen Opfern, was wohl dem Schutz des Parlaments und der Abstimmungen durch die laut Pachtvertrag in Sewastopol stationierten Soldaten zu verdanken war. Die ukrainischen Soldaten hatten sich bei der Einnahme ihrer Stützpunkte durch Separatisten nicht verteidigt. Es sickerte aber durch, dass die Regierung in Kiew schriftlich einen Schießbefehl gegeben und blutige Auseinandersetzungen in Kauf genommen hatte – der damalige Interims-Präsident Olexandr Turtschinow bestätigte das im Juni 2014. Die Soldaten und Offiziere der ukrainischen Armee, die selbst mehrheitlich ethnische Russen waren, hatten aber den Befehl verweigert und nicht auf ihre Landsleute geschossen.[61]

Am 17. März 2014 unterzeichnete Russlands Präsident Wladimir Putin einen Erlass, mit dem Russland die Krim als souveränen und unabhängigen Staat anerkannte.

Zeitgleich verabschiedete die Krim-Regierung einen Antrag auf Aufnahme in die Russische Föderation. Am 18. März 2014 ratifizierten der Föderationsrat und die Staatsduma im Kreml den Vertrag zum Beitritt der Republik Krim und der Stadt Sewastopol zur Russischen Förderation, der am 21. März von beiden Seiten unterschrieben wurde.

Dadurch platzte der geostrategische Plan von USA, NATO und EU, infolge des Regime Change den russi-schen Marine-Stützpunkt Sewastopol und das Schwarze Meer unter vollständige NATO-Kontrolle zu stellen und den russischen Zugang zum Mittelmeer zu verhindern.

Die ukrainische Regierung und westliche Staaten erkannten das Referendum nicht an, bezeichneten den Anschluss der Krim an Russland als Annexion und beschlossen weitere Sanktionen gegen Russland.

Der Anschluss der Krim an Russland war unzweifelhaft im Interesse Russlands, doch völkerrechtlich gese-hen konnte von einer Annexion keine Rede sein. Zum russischen Vorgehen auf der Krim lieferte Professor Reinhard Merkel, Rechtswissenschaftler an der Universität Hamburg, in der FAZ folgende juristische Einschätzung:

„Hat Russland die Krim annektiert? Nein. Waren das Referendum auf der Krim und deren Abspaltung von der Ukraine völkerrechtswidrig? Nein. Waren sie also rechtens? Nein, sie verstießen gegen die ukrainische Verfassung. Hätte aber Russland wegen dieser Verfassungswidrigkeit den Beitritt der Krim nicht ablehnen müssen? Nein, die ukrainische Verfassung bindet Russland nicht. War dessen Handeln also völkerrechtsgemäß? Nein, jedenfalls seine militärische Präsenz außerhalb seiner Pachtgebiete dort war völkerrechtswidrig. Folgt daraus nicht, dass die von dieser Militärpräsenz erst möglich gemachte Abspaltung der Krim null und nichtig war und somit deren nachfolgender Beitritt zu Russland doch nichts anderes als eine maskierte Annexion? Nein."[62]

Diese Beurteilung wird von Professor Karl Albrecht Schachtschneider, bis zu seiner Emeritierung im Jahr 2005 Professor für Öffentliches Recht an der Universität Erlangen-Nürnberg, bestätigt und in einem Artikel ausführlich begründet.[63]

Sind also die gegenteiligen Behauptungen und die auf allen Bühnen zur Schau getragene moralische Entrüstung des Westens auf krasse Unwissenheit der Politiker und Leitmedien zurückzuführen? Oder sollte sie den darauf folgenden Sanktionen und sonstigen feindlichen Maßnahmen gegen Russland ein moralisches Mäntelchen umhängen und ihnen dadurch in den Augen der Öffentlichkeit zu einer gewissen Rechtmäßigkeit verhelfen?

Das Geschehen im Donbass

Infolge der politischen Ereignisse kam es auch im Donbass zu einer Separatistenbewegung. Das Hauptziel der Bevölkerung war ursprünglich nicht der Anschluss an Russland, wie eine Umfrage des Kiewer *Internationalen Instituts für Soziologie* vom März 2015 ergab. Bei einer Befragung über den zukünftigen Status des Donbass sprachen sich die Befragten im Süden und Osten mehrheitlich für einen Sonderstatus mit erweiterten Rechten innerhalb der Ukraine aus; im Westen und im Zentrum der Ukraine war man mehrheitlich dagegen. In erster Linie ging es im Donbass um mehr Unabhängigkeit von der Zentralregierung in wirtschaftlicher Hinsicht – zum Beispiel aufgrund der flächendeckenden Schließung von Kohleminen, wodurch viele Bergleute und Industriearbeiter ihre Jobs verloren hatten – sowie in sozialer und politischer Hinsicht aufgrund der russlandfeindlichen Haltung der Regierung.

Nach einer „Chronik der Besetzungen öffentlicher Gebäude in der Ostukraine" in der Zeitschriftschrift Osteuropa Heft 5-6/2014 begannen ab 1. März 2014 Demonstrationen in Luhansk, Donezk, Charkiv. Unbewaffnete Demonstranten forderten die Absetzung der von Kiew eingesetzten Gouverneure und deren Ersetzung durch „Volksgouverneure", forderten ein Referendum über die Abspaltung der Region und besetzten kurzzeitig Gebäude der Regionalverwaltungen, aus denen sie von ukrainischen Sicherheitskräften wieder vertrieben wurden.

Im April forderten Demonstranten die Freilassung verhafteter Aktivisten, riefen Unabhängige Volksrepubliken aus, gründeten „Volksmilizen“, besetzten teils Gebäude der Staatsanwaltschaft, des Rundfunks und Fernsehens, des Inlandsgeheimdienstes und der Polizei, wobei auch Waffen erobert wurden. Die Chronik erwähnt bewaffnete Aktivisten am 6.4. in Charkiv, am 12.4. in Donezk und am 30.04. in Luhansk, sogar „schwerbewaffnete Gruppen“ in Kramatogorsk, Mariupol und am 12.4. in Slawjansk, ohne dass es bei den Besetzungen zum Blutvergießen kam. Erstmalig am 13. April setzte die ukrainische Regierung Militär gegen die Besetzer in Slawjansk ein: Bei einem Schusswechsel sei ein Mitglied der ukrainischen Sicherheitskräfte verletzt und fünf Separatisten getötet worden, teilte das Innenministerium in Kiew mit, was die angeblich schwere Bewaffnung der Separatisten infrage stellt.

Am 15. April 2014 begann offiziell der von der ukrainischen Regierung als „Anti-Terror-Operation“ be-zeichnete Bürgerkrieg unter der Operationsführung des Inlandsgeheimdienstes SBU gegen die separatistische Bewegung im Donbass. Beteiligt waren neben den regulären Streitkräften der Ukraine und dem SBU auch Einheiten des Innenministeriums wie die Nationalgarde und paramilitärische Verbände. Letztere bestanden aus Kräften des „Rechten Sektors“, der „Radikalen Partei“ und von Einzelpersonen gegründeten privaten Armeen. Eine Dokumentation der Bundeszentrale für politische Bildung vom 4. Mai 2015 berichtet von zehn solcher Freiwilligen-Bataillone. Wer diese außerstaatlichen Kräfte finanzierte und mit Waffen ausrüstete, fand im Westen keine Erwähnung.

Zu den militärischen Führern auf Seiten der Rebellen gehörten Alexander Zachartschenko, der zuvor einen Kampfsportclub in Donetzk betrieb, Alexander Chodakovskij, der bis Mitte März 2014 Chef der Donetzker Anti-Terror-Spezialeinheit „Alfa“ war und nun das „Bataillon Vostok“ kommandierte, sowie Igor Bezler, der in Horlivka eine eigene bewaffnete Gruppierung gründete. Zulauf erhielten die Rebellen von Einheimischen, zugewanderten Freiwilligen und übergelaufenen ukrainischen Polizei- und Sicherheitskräften. Eine Unterstützung durch russische Regierungsstellen wurde im Westen behauptet, aber nicht nachgewiesen.

Die einzelnen Geschehnisse und Verbrechen bei den jahrelangen Kämpfen wurden und werden von beiden Seiten sowie den Medien unterschiedlich beschrieben und bewertet. Die jeweiligen Tatsachen herauszufinden, dürfte schon wegen der Zensur in Russland und der Ukraine schwierig sein. Der ukrainische Kriegsreporter Ruslan Kotsaba zum Beispiel wurde 2015 angeklagt und 2016 durch ein ukrainisches Gericht wegen uner-wünschter Berichterstattung zu drei Jahren und sechs Monaten Freiheitsentzug verurteilt. Die Anklage hatte wegen „Hochverrats und Mobilisierungsverhinderung“ ursprünglich 13 Jahre Haft und die Konfiszierung seines Privatvermögens gefordert. Er war einer der ersten Korrespondenten, die sowohl von ukrainischer als auch von Seite der Separatisten berichteten, und er versuchte, ein realistisches Bild vom Krieg zu vermitteln, was seiner Meinung nach die anderen Medien nicht taten. Nach seinen Worten war es ein Bürgerkrieg mit nur geringer Beteiligung russischer Staatsbürger, und er sprach sich aus gegen den Militäreinsatz der ukrainischen Regierung und für eine friedliche politische Lösung des Konflikts. Seine Ehefrau Uljana Kotsaba hoffte *„auf den Protest der deutschen Öffentlichkeit, einen derartigen Umgang mit der Presse- und Meinungsfreiheit in der Ukraine nicht kritiklos hinzunehmen“*. Sie betonte, ihr Mann sei gegen den Krieg aufgetreten, aber nicht gegen die Ukraine. Er sei auf dem Maidan gewesen, seit 1991 Mitglied der ukrainischen Helsinki-Gruppe, habe sich für die Unabhängigkeit der Ukraine engagiert und war einer der ersten, der am Ende der Sowjetzeit die blau-gelbe Flagge hisste.[64]

In der Berufungsverhandlung am 14. Juli 2016 wurde Ruslan Kozaba wegen „Mangels an Beweisen“ nach insgesamt über 17 Monaten Untersuchungshaft freigelassen, doch in einem solchen Klima kann man kaum von einer realistischen Berichterstattung ausgehen. In Russland wird es nicht anders sein. Man muss alle Berichte mit Vorsicht betrachten. Ich werde deshalb nur auf das zurückgreifen, was als bewiesen gelten kann.

Von örtlichen Aktivisten wurde am 7. April 2014 eine „Volksrepublik Donezk“ und am 27. April 2014 eine „Volksrepublik Luhansk“ ausgerufen. Am 11. Mai 2014 wurden in Donezk und Luhansk Referenden abgehalten. Die gestellte Frage lautete: „Unterstützen Sie die Selbständigkeit der Donezker (bzw. Luhansker) Volksrepublik? Ja/Nein.“ In Donezk sollen bei einer Beteiligung von 75 Prozent insgesamt 89 Prozent die Selbständigkeit unterstützt haben. In Luhansk soll bei einer Beteiligung von 81 Prozent die Zustimmung sogar bei 96 Prozent gelegen haben. Zuvor, am 7. Mai, hatte der russische Präsident Putin die Separatisten aufgefordert, das Referendum zu verschieben, „um die notwendigen Bedingungen für einen Dialog zu schaffen“. Die Referenden fanden trotzdem und unter erschwerten, ungeordneten Umständen statt, die eine Teilnahme aller abstimmungswilligen Bürger gebietsweise ver- oder behinderten sowie die Korrektheit der Abstimmungsergebnisse nicht gewährleisteten. International wurden die Republiken nicht anerkannt, auch nicht von Russland. Die Moskauer Regierung erklärte lediglich, man respektiere den Willen der dortigen Bevölkerung.[65]

Präsident Poroschenko intensivierte die „Anti-Terror-Operation“. Einen Tag nach seiner Wahl, am 26. Mai 2014, setzte er Kampfflugzeuge und Kampfhubschrauber bei der Rückeroberung des Donezker Flughafens ein, der in der Nacht zuvor unblutig von Separatisten besetzt und geschlossen worden war. Die Deutsche Presse-Agentur berichtete danach, ein Lastwagen mit verletzten Kämpfern sei von regierungstreuen Truppen beschossen worden, mindestens 35 Menschen seien getötet worden. Gespräche mit den Separatisten lehnte Poroschenko weiterhin ab. „Wir verhandeln nicht mit Terroristen“, sagte er in Kiew und kündigte eine Fortsetzung des „Anti-Terror-Kampfes“ an. Freilich müsse der Einsatz effektiver geführt werden.[66]

Anfang Juni 2014 trafen fünf Fliegerbomben das ostukrainische Dorfe Staraja Kondraschowka, möglicherweise versehentlich, da sich dort keine Stellungen von Aufständischen befanden. Sieben Einwohner wurden getötet, elf verletzt. Wie immer bei Angriffen auf zivile Objekte erklärte die Leitung der Anti-Terror-Operation, die Verantwortung für die Toten trügen „die Terroristen". Die hätten einen „tückischen Angriff" mit Granatwerfern gegen den Ort ausgeführt, um die ukrainische Armee dann dafür verantwortlich zu machen. In der von Separatisten besetzten Stadt Kramatorsk wurden erneut Wohnviertel und eine Schule mit Raketen beschossen. In Lugansk wurde das Bezirkskrankenhaus einschließlich des Operationssaales beschädigt. Parallel dazu beobachten die Behörden der sogenannten Volksrepubliken Donezk und Lugansk seit Tagen gezielte Angriffe auf Industriebetriebe. So wurde ein Chemiewerk in der Stadt Lisitschansk durch Luftangriffe schwer beschädigt.

Von UN, Amnesty international und Human Rights Watch wurden sowohl den Separatisten als auch den ukrainischen Freiwilligen-Bataillonen, unter ihnen vor allem „Asow" und „Aidar" Kriegsverbrechen und Straftaten vorgeworfen. Die Organisationen wiesen damals und in der Folge immer wieder darauf hin, dass diese Vorgänge genauer untersucht werden müssen. Unabhängigen Beobachtern und Journalisten wurde allerdings von beiden Seiten sehr häufig der Zugang zum Kriegsgebiet verweigert.

In den besetzten Gebieten wurden im November 2014 Präsidentschafts- und Parlamentswahlen durchgeführt. Die OSZE lehnte eine Wahlbeobachtung ab, da die Wahlen als unrechtmäßig angesehen wurden. In Donezk erhielt Alexander Sachartschenko 75 Prozent der Stimmen, in Luhansk erhielt Igor Plotnizki 63 Prozent der Stimmen. Beide stammten aus der Ostukraine. Die mit den Wahlgewinnern verbundenen Parteien erhielten bei den Parlamentswahlen jeweils mehr als zwei Drittel der Stimmen. Die Wahlen wurden von der ukrainischen Regierung nicht anerkannt, weil sie nicht dem ukrainischen Recht entsprachen.

Das Minsker Abkommen

Zu einer friedlichen Lösung des Konflikts sollten die in Minsk geschlossenen Vereinbarungen führen.

Laut **Minsker Protokoll (Minsk I)** vom 5. September 2014 verständigte sich die Trilaterale Kontaktgruppe (OSZE, Russland, Ukraine) über Maßnahmen wie: Sofortiger beidseitiger Waffenstillstand und Schaffung einer Pufferzone entlang der Kontaktlinien mit Überprüfung durch die OSZE, Dezentralisierung staatlicher Macht der Ukraine durch Verabschiedung eines ukrainischen Gesetzes über eine Ordnung der lokalen Selbstverwaltung in bestimmten Bezirken der Regionen Donezk und Luhansk mit anschließender Durchführung vorgezogener Lokalwahlen, Abzug aller ungesetzlichen bewaffneten Einheiten aus der Ukraine.

Am 19. September 2014 wurden die Vorhaben durch konkrete Vereinbarungen zur Umsetzung des Waffenstillstands ergänzt und im **Minsker Memorandum** festgeschrieben. Daran nahmen auch zwei Vertreter der sogenannten Volksrepubliken Donezk und Luhansk teil.

Weder der Waffenstillstand hatte Bestand, noch wurden die anderen Vereinbarungen vollständig umgesetzt. Am 12. Februar 2015 einigten sich die Trilaterale Kontaktgruppe und die Vertreter der sogenannten Volksrepubliken auf ein **Minsk II** genanntes Maßnahmenpaket zur Umsetzung der im September 2014 getroffenen Vereinbarungen. Flankiert wurde das Maßnahmepaket durch die „Erklärung des Präsidenten der Russischen Föderation, des Präsidenten der Ukraine, des Präsidenten der Französischen Republik und der

Bundeskanzlerin der Bundesrepublik Deutschland zur Unterstützung des Maßnahmenpakets zur

Umsetzung der Minsker Vereinbarungen", angenommen am 12. Februar 2015 in Minsk. Minsk II wurde durch die von Russland eingebrachte Resolution Nr. 2202 (2015) des VN Sicherheitsrats gebilligt.

Die Vereinbarungen von „Minsk II" beinhalten:
- Sofortige Waffenruhe
- Einrichtung einer Pufferzone entlang der Kontaktlinie und Abzug schwerer Waffen
- Entwaffnung aller illegalen Gruppierungen und Abzug ausländischer Truppen und Söldner
- Gefangenenaustausch, Befreiung von Geiseln, Straffreiheit für Separatisten
- Verabschiedung eines Gesetzes „Über die zeitweilige Ordnung der lokalen Selbstverwaltung in einzel-nen Gebieten der Oblaste Donezk und Luhansk" und Durchführung regionaler Wahlen
- Inkrafttreten einer neuen Verfassung der Ukraine, die Dezentralisierung und einen Sonderstatus von Gebieten des Donbass ermöglicht und die Verabschiedung eines „Ständigen Gesetzes über den Sonder-status einzelner Gebiete der Oblaste Donezk und Luhansk" bis Ende 2015
- Vollständige Kontrolle über die Staatsgrenze durch die ukrainische Regierung im gesamten Konfliktgebiet
- Wiederherstellung sozialer und wirtschaftlicher Verbindungen mit Kiew
- Wiederaufnahme von Renten- und Sozialzahlungen durch die Ukraine

Die Maßnahmen sollten unter Kontrolle der OSZE durchgeführt werden. Nicht geregelt war, welche rechtliche Form der Sonderstatus für den Donbass haben und in welcher Reihenfolge die Umsetzung der Maßnahmen erfolgen sollte, was zwangsläufig zu Konflikten führen musste. Darum blieben bis Kriegsbeginn 2022 die Modalitäten für die Durchführung von Wahlen, der Status der „Volksrepubliken" Donezk und Luhansk im ukrainischen Staat sowie der Zeitpunkt, zu dem Kiew die vollständige Kontrolle der Grenze zu Russland zurückerhalten soll, Hauptstreitpunkte bei der Umsetzung.

Die Separatisten hatten sich mit ihrer Unterschrift verpflichtet, ihre bewaffneten Verbände (als „ungesetzlich bewaffnete Gruppierung“) sowie die in den Volksrepubliken entstehenden quasistaatlichen Strukturen aufzulösen und die Reintegration der Gebiete in den ukrainischen Staat zuzulassen. Nun forderten sie die gesetzliche Regelung zum Sonderstatus und Sicherheitsgarantien, bevor die Rebellengebiete in ukrainisches Territorium eingegliedert werden könnten.

Die Ukraine hatte die ebenfalls ungesetzlichen Freiwilligen-Bataillone formal einfach in ihr politisches System integriert – zum Beispiel wurden die Bataillone Aidar und Rechter Sektor dem Verteidigungsministerium unterstellt, die Bataillone Asow, Donbass und andere paramilitärische Verbände in die „Nationalgarde“ integriert, die sich unter dem Kommando des Innenministeriums befindet. Die Nationalgarde soll die ukrainische Armee unterstützen. Mitglieder der Freiwilligen-Bataillone hatten auch politischen Einfluss, denn sie stellten fünf Prozent der Parlamentarier der Regierungskoalition.

Im Gegensatz dazu forderte man von den Separatisten die vollständige Waffenniederlegung. Die ukrainische Regierung wollte zuerst die vollständige Kontrolle über die besetzten Gebiete erhalten, bevor eine Verfassungsreform durchgeführt und diesen Gebieten ein „Sonderstatus“ (welcher Art auch immer) zugestanden werden könnte. Zudem fühlte sich die Ukraine nach eigener Aussage generell nicht verpflichtet, die Minsker Abkommen umzusetzen, weil sie keine „völkerrechtliche Verbindlichkeit“ besäßen, sondern nur einen „politischen Prozess“ beschrieben, während Russland darauf bestand, dass die Abkommen ein internationaler Rechtsakt mit verbindlichen Bestimmungen seien.[67, 68, 69, 70]

Inzwischen ist es fraglich, ob der Westen überhaupt eine ernsthafte Absicht für die friedliche Beilegung des Konflikts hatte, oder ob die Minsker Abkommen lediglich dazu dienen sollten, der Ukraine mehr Zeit für die Aufrüstung zu verschaffen. So jedenfalls lässt sich die vielkommentierte Bemerkung von Bundeskanzlerin Merkel beim Besuch der Panzerlehrbrigade 9 am 20. Mai 2019 in Munster verstehen: *„Sie wissen, dass wir über das Minsk-Abkommen mit unseren französischen Partnern politisch versuchen, dass die* ***Sicherung der territorialen Integrität****, die unser Leitprinzip ist,* ***auch für die Ukraine wieder Realität werden kann****. Umso wichtiger ist unser Einsatz in unserem eigenen Bündnisgebiet, um deutlich zu machen,* ***dass wir hierzu auch technisch in der Lage sind.*** *“*

Im Dezember 2022 sagt Merkel in einem Interview mit Zeit online Nr. 51/22 wörtlich: „Und das Minsker Abkommen 2014 war der Versuch, der Ukraine Zeit zu geben. Sie hat diese Zeit hat auch genutzt, um stärker zu werden, wie man heute sieht. […] Ich bezweifle sehr, dass die NATO-Staaten damals so viel hätten tun können wie heute, um der Ukraine zu helfen.“[71]

Auch der ehemalige französische Präsident François Hollande erklärte in einem Interview, das 2015 geschlossene Minsker Abkommen habe der Ukraine vor allem mehr Zeit geben sollen, um militärisch stärker zu werden. Die Militärausgaben der Ukraine bestätigen es, denn deren Anteil am BIP stieg von 1,6 Prozent in 2013 auf das Doppelte von 3,3 Prozent in 2015 bis 4,1 Prozent in 2020.

Welche Haltung hatte die ukrainische Bevölkerung zum bewaffneten Konflikt im Donbass?

Im März 2015 führte das Kiewer Internationale Institut für Soziologie eine repräsentative Umfrage in der gesamten Ukraine durch.[72] Erklärungen dazu: Unter „Süden" sind die Oblasts Odessa, Mykolaiv und Kherson zusammengefasst, unter „Osten" die Oblasts Dnipropetrowsk, Zaporozhye und Charkiw, unter „Donbass" die Oblasts Donezk und Luhansk (jedoch nur die von ukrainischen Behörden kontrollierten Gebiete). Die Prozentzahlen für „Keine Antwort" und „Weiß nicht" sind im Original aufgeführt, ich habe sie hier jedoch weggelassen.

Frage: Unterstützen Sie die ukrainische „Anti-Terror Operation" in der Ostukraine?

Gebiet	Ja (in %)	Nein (in %)
Westen	64	27
Zentrum	51	36
Süden	29	58
Osten	31	60
Donbass	5	83
Ukraine gesamt	45	44

Frage: Welche Lösung des Donbass-Konflikts halten Sie für die angemessenste?

Gebiet	Einsatz der Armee (in %)	Verhandlungen (in %)
Westen	27	61
Zentrum	29	61
Süden	8	87
Osten	11	83
Donbass	1	93
Ukraine gesamt	21	70

Obwohl eine Mehrzahl der Befragten im Westen und im Zentrum der Ukraine die Anti-Terror-Operation bejahte, befürworteten doppelt so viele der Befragten dieser Gebiete die Lösung des Konflikts durch Verhandlungen und nicht durch Militäraktionen.

Frage: Wenn alle angebotenen Verhandlungskompromisse nicht ausreichten, was sollte die Ukraine dann tun?

Gebiet	Fortsetzung der Feindlichkeiten (%)	Frieden unter allen Bedingungen (in %)
Westen	16,7	62,1
Zentrum	10,2	74,2
Süden	9,1	77,4
Osten	6,9	79,5
Donbass	2,6	83,3
Ukraine gesamt	10,2	73,8

Für Frieden unter allen Bedingungen stimmen danach siebenmal mehr aller Befragten in der Ukraine. Die Wünsche der ukrainischen Bevölkerung fanden jedoch bei der eigenen Regierung und im Westen kein Gehör.

In einem Artikel der Bundeszentrale für politische Bildung vom 11.11.2014 schrieb Christian Hacke:

„Viele Beobachter sehen den Ursprung der Ukraine-Krise in der explosiven Entwicklung auf dem Kiewer Majdan im Winter 2013/14. Diese habe zum Regimewechsel in der Ukraine geführt, zur russischen Übernahme der Krim und letztlich durch die Kampfhandlungen in der Ostukraine zur anhaltenden Destabilisierung des Landes. Eine Abspaltung des Ostens, sogar sein Anschluss an Putins ‚Neues Russland', könne angesichts der militärischen Einflussnahme Russlands nicht mehr ausgeschlossen werden."[73]

Wohin die Politik der Ukraine noch führen könnte, nämlich „zu einer Abspaltung der Ostukraine mit Anschluss an Russland", war demnach zum Zeitpunkt des Artikels bereits zu befürchten, hätte aber durch internationale Bemühungen um Konkretisierung und Einhaltung des *Minsker Abkommens* verhindert werden müssen und wahrscheinlich auch können. Stattdessen kam es zu einem lange währenden Bürgerkrieg.

Acht Jahre Bürgerkrieg im Donbass

Während meines Aufenthalts in Russland sehe ich im russischen Fernsehen immer wieder Beiträge aus dem Donbass. Gezeigt werden zerschossene Schulen und Wohnhäuser, Menschen, die in Kellern hausen und sich vor den Häusern im Freien auf kleinen Feuern etwas Warmes kochen, zerborstene Raketenteile mitten in Wohngebieten. Zwischen den Wohnblöcken mit Kinderspielplätzen und Grünflächen sind mit primitiven Holztafeln versehene Gräber angelegt, weil die Toten aufgrund des Beschusses durch ukrainische Regierungstruppen nicht zu einem Friedhof gebracht werden konnten.

Nein, die Geschosse der Regierungstruppen machen keinen Bogen um zivile Ziele und nein, auch die Ge-schosse der Separatisten tun das nicht. Dazu kommen Kriegsverbrechen beider Seiten, von denen man in Deutschland nur hört, wenn sie von den Separatisten begannen wurden.

Deshalb hier ein Bericht der OSZE vom 15. April 2016 mit dem Titel „Kriegsverbrechen der bewaffneten Kräfte und Sicherheitskräfte der Ukraine: Folter und unmenschliche Behandlung. Zweiter Bericht“: *Die Daten, die seit dem ersten Bericht des Foundation for Democracy Studies gesammelt wurden, geben Grund zu dem Schluss, dass Folter und unmenschliche Behandlung durch die Sicherheitskräfte der Ukraine (SBU), durch die ukrainischen Streitkräfte, die Nationalgarde und andere Formationen innerhalb des Innenministeriums der Ukraine, sowie durch illegale bewaffnete Gruppen, wie Right Sector, nicht nur fortgesetzt, sondern an Ausmaß gewonnen haben. Dieser Bericht enthält die Ergebnisse von Interviews mit über 200 von ukrainischer Seite freigelassenen Gefangenen. Die Interviews wurden in der Zeit vom 25. August 2014 bis zum 20. Januar 2015 durchgeführt. Die Gefangenen wurden mit Stromschlägen traktiert, mit verschiedenen Objekten (Eisenstangen, Baseballschläger, Stöcke, Gewehre, Gummischlagstöcke) grausam geschlagen. Weit verbreitete Techniken sind Wasserboarding, Würgen, Verbrennungen, Messerstiche [usw.].*[74]

Ich weiß nicht, wie viele Seiten ein Buch fassen würde, wollte man über das Elend im Donbass während der acht Jahre Bürgerkrieg vom 15. April 2014 bis 24. Februar 2022 berichten. Hier nur einige Ausschnitte aus Presseberichten.

Der Stern schreibt am 11.06.2016: *„Entlang der Grenze zwischen der von Kiew und den Separatisten kontrollierter Gebiete sind die Auswirkungen des seit zwei Jahren andauernden Konflikts besonders gravierend. Nach Informationen des Menschenrechtsrats der Vereinten Nationen sind seit April 2014 9.371 Menschen in der Ostukraine ums Leben gekommen, 21.532 wurden verletzt. 600.000 Menschen mussten aus ihrer Heimat fliehen. Die meisten von ihnen flüchteten nach Russland.“*[75]

Der Beitrag der „Länder-Analysen“ der Forschungsstelle Osteuropa an der Universität Bremen vom 11. Juni 2020 konstatiert: *„Der Konflikt in und um den ostukrainischen Donbas hat viele Opfer gefordert. Seit Anfang 2014 gab es laut offiziellen Zahlen mehr als 13.000 Todesopfer, rund 1,5 Millionen Binnenvertriebene und über eine Million Personen, die aus dem Donbas nach Russland geflohen sind. Die Infrastruktur und die öffentliche Verwaltung in der Konfliktregion wurden weitgehend zerstört. Die Lage ist kompliziert, und die Fronten sind verhärtet, auch auf gesellschaftlicher und zwischenmenschlicher Ebene. Die Bruchlinien halten sich nicht an geographische oder ideologische Grenzen, sondern gehen mitten durch die Gesellschaft, und nicht selten finden sich Freunde und Familienmitglieder in unterschiedlichen Lagern wieder.“*[76]

Am 19. Mai 2021, schreibt die Berliner Zeitung: *„Laut UN-Schätzungen sind bei den Kämpfen zwischen der ukrainischen Armee und den Separatisten bisher mehr als 13.000 Menschen getötet worden. Etwa die Hälfte der ehemals rund sechs Millionen Einwohner der Gebiete sollen die Region bereits verlassen haben. Der andauernde Gewaltkonflikt im Osten der Ukraine hat zu einer deutlichen Steigerung der Militarisierung der Ukraine geführt, so dass das Land heute zu den am höchsten militarisierten Staaten weltweit zählt. Im Ranking des Globalen Militarisierungsindex belegt es 2019 Platz 22 von 151. Der Militäretat der Ukraine wuchs seit 2014 um 62 Prozent auf 4,6 Milliarden US-Dollar. Bei den Waffenlieferungen erhält das Land vor allem Unterstützung durch die USA, die der Ukraine seit Beginn der Kämpfe militärische Ausrüstung und Waffensysteme geliefert haben."* […] *„Anfang März 2021 berichtete die OSZE von Truppenbewegungen auf ukrainischer Seite – unter anderem seien Panzer, Raketen und Luftabwehrsysteme verlagert worden. Die Ukraine lässt zudem mehr ausländische Soldaten auf ihrem Gebiet zu. Laut einem von der Deutschen Presseagentur am gleichen Tag vermeldeten Parlamentsbeschluss vom 26. Januar 2021 dürfen sich 2021 bis zu 2000 US-Soldaten und weitere 2000 Militärs aus Nato-Staaten dauerhaft im Land aufhalten."*[77] Es braucht also keinen NATO-Beitritt, damit die NATO in der Ukraine kräftig mitmischt. Und so etwas geschieht mit Einwilligung der deutschen Regierung. Wollen das die deutschen Bürger? Wurde das Parlament gefragt?

Die OSZE hatte am 21. März 2014 ein Mandat für eine Sonderbeobachtungsmission in der gesamten Ukraine erhalten. Der Einsatz auch in den nicht-regierungskontrollierten Gebieten des Donbass wurde im Minsker Abkommen festgeschrieben (Special Monitoring Mission, SMM). Im Dezember 2014 hatte die SMM insgesamt 511 Mitarbeiter, davon 341 Beobachter, im Februar 2022 war sie auf 1301 Mitarbeiter, davon 689 Beobachter, angewachsen.

Nun würde man annehmen können, dass die Vorgänge und Verfehlungen durch die Konfliktparteien gut dokumentiert worden sind. Ich las auf der Suche nach Aufklärung einige OSZE-Berichte und war irritiert, weil die einzelnen Ereignisse von Beschuss und Explosionen zwar aufgeführt waren, aber nicht, durch wen sie verursacht worden waren. Die Erklärung dazu liefert ein Beitrag der „Länder-Analysen" vom 22. Februar 2022. Dort werden „Schwachstellen der Mission" benannt: Die SMM-Tagesberichte enthielten bis zum 29.10.2015 eine Richtungsangabe zur Schussrichtung schwerer Waffen, was eine mutmaßliche Zuschreibung des Urhebers zuließ, doch seit 30.10.2015 wird nur noch vermerkt, wann und wo ein Beschuss oder eine Explosion beobachtet wurde. Als „große Schwäche des Mandates" wird die fehlende Benennung der Konfliktparteien bezeichnet, was auf die Kommunikationspraxis der ukrainischen Regierung zurückzuführen sei, die eine Benennung der „Volksrepubliken" als Konfliktpartei ausschließt, um ihnen die Legitimation zu entziehen. So könne keine der Seiten im Konflikt zur Rechenschaft gezogen werden. Daraus folgert die Autorin des Beitrags: „Das ermöglicht Manipulationen bei der Auslegung von Informationen aus den OSZE-Berichten zur Untermauerung eigener Positionen." „Die SMM wirkt wie ein für die konkrete Aufgabe wenig taugliches Werkzeug, das dennoch weitergenutzt wird, da es besser ist als gar keines." „Die verklausulierte Berichtssprache der OSZE erschwert für Nicht-Insider ein klares Verständnis ihrer Berichte erheblich."[78]

Das sieht eindeutig nach Absicht von Seiten der Ukraine aus. Die OSZE müsste dem nicht folgen, doch die Verschleierung der Tatsachen ist offenbar auch im westlichen Interesse. Wer diese wesentliche Änderung in den Berichten der SMM befohlen hat, wird im Beitrag der „Länder-Analysen" nicht genannt.

Nach acht Jahren Bürgerkrieg sah die russische Regierung das Minsker Abkommen als gescheitert an. Am 15. Februar 2022 stimmte die russische Staatsduma für den Vorschlag, die Volksrepublik Donezk (VRD) und die Volksrepublik Lugansk (VRL) unverzüglich diplomatisch anzuerkennen. Der russische Sicherheitsrat sprach sich am 21. Februar mehrheitlich für die Anerkennung aus. Putin hielt die hier bereits erwähnte „Rede an die Nation", in der er diese Entscheidung erklärte. Und am 24. Februar 2022 begann Russland seine sogenannte „Spezialoperation" gegen die sogenannte „Anti-Terror-Operation" der Ukraine. Zu dieser Entscheidung trugen die im Kapitel „Plötzlich Krieg in Europa" beschriebenen Vorgänge ganz wesentlich bei.

Demokratie à la Ukraine

Die Stiftung Wissenschaft und Politik in Berlin, die im Auftrag und finanziert von der Bundesregierung arbeitet, stellt unter anderem fest, dass Präsident Selenskyj im Laufe der Zeit seine ohnehin schon erhebliche Macht auf Kosten demokratischer Institutionen ausweitet. Die Präsidialadministration, die das Staatsoberhaupt nur unterstützen soll, sei zum faktischen Zentrum von Politikgestaltung und Entscheidung geworden. Diese Entwicklung gehe zu Lasten des Ministerkabinetts und des Parlaments, von denen Selenskyj Gefolgschaft fordere, sowie der Justiz, deren Rechtsvorrang häufig negiert werde. Eine Sonderrolle spiele der „Nationale Rat für Sicherheit und Verteidigung der Ukraine". Dieses nicht gewählte und dem Präsidenten untergeordnete Gremium sei von Selenskyj ebenfalls aufgewertet worden. Der Rat segne in der Regel ohne weitere Diskussion ab, was vorher in der Präsidialadministration entschieden worden sei – seien es Sanktionen oder weitreichende Gesetzesentwürfe, die der Präsident per Dekret in geltendes Recht umsetze.

Im Laufe des Jahres 2021 habe sich in der Mehrheitsfraktion der Partei des Präsidenten zunehmend Unmut über Selenskyjs Missachtung des Parlaments breit gemacht. Im Herbst habe der lange mit Selenskyj verbundene Parlamentssprecher

Dmytro Rasumkow harsche Kritik am Regierungsstil des Präsidenten geübt und sei anschließend auf dessen Betreiben von seinem Posten abgewählt worden. Die beständig sinkenden Umfragewerte für die Präsidentenpartei verstärkten die Auseinandersetzungen innerhalb der Fraktion, deren Vertreter das „Turboregime" beenden wollten.[79]

Am 24. Februar 2022 verhängte Selenskyj per Dekret Nr. 64/2022 das Kriegsrecht mit noch umfassenderen Vollmachten für den Präsidenten und extremer Einschränkung demokratischer Rechte. Es galt zunächst für 30 Tage und wird monatlich verlängert.[80]

Parteienverbote

Nach dem Regierungswechsel 2014 wurden Mitglieder unliebsamer Parteien bedroht und unter Druck gesetzt sowie Parteien verboten.

Die Kommunistische Partei der Ukraine (KPU), 1918 gegründet und älteste Partei des Landes, wurde ab Februar 2014 zum Ziel gewalttätiger Angriffe. Büros wurden besetzt, verwüstet oder mit Molotowcocktails in Brand gesetzt, Parlamentsabgeordnete bedroht und sogar im Parlament tätlich angegriffen. Am 10. April wurde die Parteizentrale auf gerichtlichen Beschluss zwar von Besetzern geräumt, dabei aber wurden die Räume in Brand gesetzt. Am 6. Mai 2014 wurde die Fraktion der KPU von der Sitzung der Werchowna Rada (Parlament) ausgeschlossen, da sie angeblich den Separatismus in der Ostukraine unterstütze. Am 24. Juli 2014 erklärte Parlamentspräsident Oleksandr Turtschynow die kommunistische Fraktion in der Rada für aufgelöst, obwohl die Partei bei der Parlamentswahl 2012 mit 13,18 Prozent fast gleichauf mit der drittstärksten Kraft lag und Parlamentsneuwahlen erst im Oktober 2014 stattfinden sollten. Am 16. Dezember 2015 beschloss das Bezirksverwaltungsgericht Kiew das Verbot der KPU auf dem Gebiet der Ukraine.

Das Europäische Parlament verurteilte in einer am 27. Februar 2014 angenommenen Resolution den Angriff auf den Sitz der KPU. Von Amnesty International wurde das Verbot der Partei als „eklatante Verletzung der Meinungs- und Vereinigungsfreiheit" bezeichnet – es solle unverzüglich aufgehoben werden.[81]

Unter Bezug auf das Kriegsrecht und die Vorlage des Nationalen Sicherheits- und Verteidigungsrat der Ukraine, dessen Vorsitzender er ist, verbot der Präsident mit Dekret 153/2022 vom 18. März 2022 elf politische Parteien: „Staat", „Linke Opposition", „Progressive Sozialistische Partei der Ukraine", „Union Linke Kräfte", „Sozialistische Partei der Ukraine", „Sozialisten", „Oppositionsblock", „Unsere", „Block Vladimirs Balance" und „Partei Scharij", sowie die Oppositionsplattform (OP)", die bei den Parlamentswahlen 2019 zweitstärkste Kraft geworden war. Die Verbote wurden am 20. Juni 2022 gerichtlich bestätigt und die Parteivermögen konfisziert.[82, 83]

Die seit 2015 verbotene Kommunistische Partei der Ukraine verlor am 5. Juli

2022 die Berufungsverhandlung und wurde dauerhaft verboten. „Die Tätigkeit der Kommunistischen Partei der Ukraine ist verboten; das Eigentum, die Mittel und andere Vermögenswerte der Partei wurden auf den Staat übertragen" heisst es im Gerichtsurteil.

Mit den Parteiverboten und dem Einzug aller Vermögenswerte wurde die Opposition gezielt und entschei-dend geschwächt. Das wird die nächste Parlamentswahl fundamental beeinflussen.

Ausschaltung kritischer Medien

Im Jahr 2014 verbot der damalige Präsident Poroschenko die Ausstrahlung russischen Fernsehens in der Ukraine, mehr als 70 Sender wurden gesperrt. Im Juni 2016 führte der Deutschlandfunk ein Interview mit Gemma Pörzgen, Autorin des sehr umfangreichen Berichts „Ernüchterung nach dem Euromaidan" von *Reporter ohne Grenzen* über die Pressefreiheit in der Ukraine. Sie sieht ein großes Problem in der Polarisierung der öffentlichen Meinung. Diese führe dazu, dass viele Journalisten die Objektivität vermissen lassen und gerne entweder Sachen weglassen oder patriotisch auch in ihrem Beruf auftreten. Kollegen hingegen, die versuchten, professionell zu arbeiten, würden angegriffen und als nicht loyal gegenüber Land und Regierung gelten.[84]

Im Januar 2017 wurde der Sender *Doschd* verboten, im Mai 2017 sperrte Poroschenko die russischen sozialen Netzwerke *Vkontakte* und *Odnoklassniki*, die Suchmaschine *Yandex.ru* und den Email-Provider *Mail.ru*. Sein Nachfolger Selenskyj verlängerte die Maßnahmen.

Im Februar 2021 ließ Präsident Selenskyj drei Oppositions-Nachrichtensender sperren (Kanal 112, NewsOne und ZIK), die als Sprachrohr der im Osten und Süden des Landes verankerten Partei „Oppositionsplattform für das Leben (OP)" galten. Im August wurden die Zeitungen *Wedomosti* und *Moskowski Komsomolez* verboten sowie die oppositionelle Nachrichtenseite strana.ua. Im Dezember 2021 ließ Selenskyj per Dekret 684/2021 zwei weitere oppositionsnahe Fernsehsender (*Ukrlive.tv* und *Perwij Nesawissimij*) schließen, ihre Vermögen wurden eingefroren, sämtliche Aktivitäten untersagt.[85]

Nach Kriegsbeginn entschied Selenskyj mit Dekret Nummer 152/2022 vom 19. März 2022 „die Umsetzung einer einheitlichen Informationspolitik im Kriegsrecht". Darin wurde beschlossen, alle nationalen Fernsehsender, deren „Programminhalte hauptsächlich aus Informations- und/oder informationsanalytischen Sendungen" bestehen, durch eine einzige „Informationsplattform strategischer Kommunikation (Unique News)" zu ersetzen, womit jegliche regierungsunabhängige Berichterstattung verhindert ist.[86]

Am 13. Dezember 2022 verabschiedete das ukrainische Parlament ein neues Mediengesetz und bezeichnet es auf seiner Website als „weiteren Schritt auf dem Weg zur europäischen Integration", denn die Ukraine hatte am 23. Juni 2022 den Status eines EU-Beitrittskandidaten erhalten. Das Gesetz schließt auch Online-

Medien im Internet ein. Kritik gab es vom europäischen Journalistenverband EFJ: Das Gesetz enthalte viele Bestimmungen, die im Widerspruch zu europäischen Werten stehen. *„Die Zwangsregelung, die in dem Gesetzentwurf vorgesehen und in den Händen einer Regulierungsbehörde ist, die vollständig von der Regierung kontrolliert wird, ist den schlimmsten autoritären Regimes würdig. Ein Staat, der solche Bestimmungen anwenden würde, hat einfach keinen Platz in der Europäischen Union. Die Medienregulierung sollte von einem von der Regierung unabhängigen Organ umgesetzt werden, und ihr Ziel sollte die Unabhängigkeit der Medien sein - keine Medienkontrolle“*, betonte EFJ-Generalsekretär Ricardo Gutiérrez. *„Das Gesetz wird das Leben der Journalisten in der Ukraine unmöglich machen!“*, sagte der Präsident der Unabhängigen Mediengewerkschaft der Ukraine IMTUU Serhiy Shturkhetskyy.[87]

Gewalt und Drohungen gegen Journalisten

Immer wieder wird Gewalt gegen missliebige Medienschaffende ausgeübt, in den seltensten Fällen wird dies aufgeklärt und bestraft. Im Februar 2021 rief die rechtsextreme Organisation „Rechter Sektor“ zum Protest vor der Redaktion von *Nasch TV* in Kiew auf, einem als prorussisch geltenden Sender. Dabei schlugen Demonstranten den Journalisten Oleksij Paltschunow zusammen. Die Chefredakteurin der Online-Nachrichtenseite *Zaborona (Tabu)*, Kateryna Sergazkowa, wurde derart bedroht, dass sie aus Angst um ihre Familie das Land verließ. Sergazkowa hatte über mögliche Verbindungen der Fact-checking-Initiative *Stopfake* zu ukrainischen Rechtsextremen berichtet. Daraufhin wurden Fotos ihres Sohnes sowie ihre Adresse in sozialen Netzwerken veröffentlicht und ihr Gewalt bis hin zur Ermordung angedroht. Anfang Dezember 2021 steckten Unbekannte in der westukrainischen Stadt Uschgorod zwei Autos des Chefredakteurs der Nachrichtenagentur *Zido*, Pawlo Biletskyj, in Brand. Er hatte über illegale Bereicherung in der lokalen Verwaltung berichtet. Weitere Brandanschläge trafen Ende Januar 2020 im westukrainischen Lwiw das Auto der *RFE/RL*-Reporterin Halyna Tereschtschuk und im August 2020 nahe Kiew einen Wagen des Investigativ-Programms *Schemy*.[89]

„Schwarze Liste“ des ukrainischen „Zentrums zur Bekämpfung von Desinformation“

Das „Zentrum zur Bekämpfung von Desinformation“ wurde im März 2021 beim Nationalen Rat für Sicherheit und Verteidigung der Ukraine eingerichtet, dessen Vorsitzender Selenskyj ist. Das Zentrum entscheidet, was als Desinformation anzusehen ist. Seine Tätigkeit führt zur weiteren Einschränkung der Meinungsfreiheit in der Ukraine. Jüngst wies es sogar den Bericht der Menschenrechtsorganisation Amnesty International, die dem ukrainischen Militär Verstöße gegen das Kriegsvölkerrecht vorgeworfen hat, als „russische Propaganda“ zurück, ohne auf die konkreten Vorwürfe auch nur einzugehen.[90]

In einer Rede vor einem Runden Tisch (mitorganisiert von U.S. Civilian Research and Development Foundation, das vom US-Außenministerium finanziert wird) am 14. Juni 2022 bezeichnete der stellvertretende Leiter des Zentrums diejenigen, die aus seiner Sicht Desinformation betreiben, als „Informationsterroristen“. Zum Schutz des Informationsraums sei eine Änderung der Rechtsvorschriften erforderlich, sodass sich Informationsterroristen als Kriegsverbrecher verantworten müssen, betonte er. Zu diesen Personen gehören aus Sicht des Zentrums über 70 prominente internationale Persönlichkeiten, die angeblich russische Propagandaerzählungen verbreiteten. Ihre Namen, Privatadressen und Fotos veröffentlichte das Zentrum am selben Tag, dem 14. Juni 2022, auf einer Liste im Internet. Sie wurden damit sozusagen „zum Abschuss“ durch ukrainische Nationalisten freigegeben. Darunter finden sich, neben vielen Persönlichkeiten aus den USA und anderen Ländern, auch Deutsche wie zum Beispiel SPD-Fraktionschef Rolf Mützenich, Alice Schwarzer, Autor Wolfgang Bittner, der Politikwissenschaftler und ehemalige Professor an der Universität der Bundeswehr Hamburg Christian Hacke und Johannes Varwick, Professor für Internationale Beziehungen und europäische Politik an der Martin-Luther-Universität Halle-Wittenberg, außerdem die Gründerin des Schiller-Instituts Helga Zepp-LeRouche und dreißig Redner bei Konferenzen des Schiller-Instituts.[91]

Die Liste selbst kann im Internet inzwischen nicht mehr abgerufen werden.

Angriff auf ukrainische Gewerkschaften

Am 10. Dezember 2022 wurden im Parlament die Gesetzesentwürfe Nr. 6420 und Nr. 6421 des Ausschusses für wirtschaftliche Entwicklung registriert. Durch sie soll das Gewerkschaftseigentum aus der Zeit vor 1991 verstaatlicht werden, obwohl der Staat nach der Unabhängigkeitserklärung 1991 die Gewerkschaften offiziell als rechtmäßige Eigentümer anerkannt hatte. Bei der Enteignung geht es um Gewerkschaftssanatorien, Kur-, Sport- und Tourismuseinrichtungen, die von Arbeitern und ihren Familien, von Arbeitsunfall- und Tschernobyl-Opfern genutzt werden, aber auch um Ausbildungszentren und wertvolle Gewerkschaftshäuser, die meist auf den Hauptplätzen fast aller großen Städte stehen.

Laut Erklärung der *Föderation der Gewerkschaften der Ukraine* (FPU) sind die beabsichtigten Enteignungen die Antwort darauf, dass sich die Gewerkschaften gegen viele Gesetzesentwürfe aussprechen, die die Rechte von Arbeitnehmern einschränken, so zum Beispiel das Gesetz Nummer 5371 vom März 2022, das es Arbeitgebern in Unternehmen mit unter 250 Mitarbeitern erlaubt, Tarifverträge einseitig zu kündigen, die Arbeitszeit auf 60 Stunden pro Woche zu erhöhen, von den Arbeitnehmern zu verlangen, an Feiertagen, arbeitsfreien Tagen und Wochenenden zu arbeiten, und Gewerkschaften zu Organen degradiert, die die Einhaltung des Gesetzes überwachen. Arbeiterstreiks gegen das Gesetzesvorhaben sind wegen des herrschenden Kriegsrechts unter Strafe gestellt.[92, 93]

Kritische Stimmen zur „Demokratie in der Ukraine“ lässt die ARD-Tagesschau am 25. Juli 2023 zu Wort kommen.[94] Am gleichen Tag zeigt die ARD ein Interview „Fragen an Oleksandra Mtwijtschuk, Center for Civil Liberties“. Seltsamerweise entschuldigt die Vorsitzende des „Zentrums für bürgerliche Freiheiten“ in der Ukraine, ausgezeichnet 2022 mit dem Friedensnobelpreis, auch alle demokratischen Einschränkungen, die nicht erst seit Kriegsbeginn verhängt wurden. Es wäre interessant zu wissen, wer diese Art der Vertretung bürgerlicher Freiheiten finanziert.[95]

Was wollte die ukrainische Bevölkerung?

Welche Einstellung die ukrainische Bevölkerung tatsächlich zu verschieden Themen hat bzw. hatte, erfahren wir im Westen nicht oder nur dann, wenn sie zur offiziellen Politik der Ukraine und des Westens passt.

Schon sehr früh zeichneten sich in der Ukraine zwischen Westen/Zentrum und Süden/Osten/Donbass große Meinungsunterschiede in der Haltung zur EU und zur NATO ab, die einen neutralen Status des Landes ratsam scheinen ließen, worauf die ukrainische Regierung jedoch keine Rücksicht nahm.

Im März 2015 veröffentlichte das Kiewer *Internationale Institut für Soziologie* die Ergebnisse einer ukraineweiten, vom 8. – 16. April 2014 durchgeführten Umfrage (Umfrage im Donbass nur in den ukrainisch kontrollierten Gebieten).[96, 97]

Eine Frage lautete: Wenn es ein Referendum über den Beitritt zur NATO gäbe, wie würden Sie abstimmen?

Gebiet	für Beitritt in %	Kein Beitritt in %	Keine Teilnahme/ Weiß nicht in %
Westen	63,0	14,9	4,9 / 17,2
Zentrum	47,3	28,0	9,4 / 15,3
Süden	24,7	54,8	14,2 / 6,3
Osten	26,2	49,5	12,7 / 11,5
Donbass	26,0	51,2	12,2 / 10,6
Ukraine gesamt	43,3	33,4	9,6 / 13,7

Die Umfrage zum EU-Beitritt wurde nur im Süden und Osten der Ukraine durchgeführt.

Die Frage lautete: Wie würden Sie abstimmen, wenn es eine Abstimmung über den Beitritt der Ukraine zu EU oder zur Zollunion mit Russland/Belarus/Kasachstan gäbe?

Oblast	Für EU (in %)	Für Zollunion mit Russland in %
Charkiw	26,5	46,5
Dnipropetrowsk	38,1	29,2
Saporischschja	31,1	36,3
Cherson	37,4	31,4
Mykolaiw	40,4	22,1
Odessa	25,4	36,5
Luhansk	11,2	64,3
Donezk	9,4	72,5
Südosten gesamt	24,7	46,8

Die restlichen Prozent betrafen „Weiß nicht" und „Würde nicht teilnehmen".

Was will die ukrainische Bevölkerung jetzt?

Da es in der Ukraine keine freie Presse mehr gibt, wissen wir nicht, wie der Großteil der ukrainischen Be-völkerung jetzt, anderthalb Jahre nach Kriegsbeginn, über Friedensverhandlungen denkt und darüber, dass Selenskyj Verhandlungen und alle Vermittlungsversuche dazu ablehnt. Es ist schwer vorstellbar, dass die Bevölkerung tatsächlich der Meinung ist, dass Friedensverhandlungen keine Option seien und dass es zweitrangig ist, wie viele ihrer Söhne, Brüder, Väter, Enkel im Krieg noch getötet oder verletzt werden und das Land zerstört wird.

Will die Bevölkerung wirklich weiterkämpfen, bis Krim und Donbass zurückerobert sind und die Ukraine in die NATO eintreten kann?

Dass viele derjenigen, die zum Kriegsdienst verpflichtet sind, es vorziehen, lebendig und gesund zu bleiben, zeigen im September 2023 die Angaben des ukrainischen Grenzschutzes, nach denen über 20.000 Wehrpflichtige an der Flucht aus der Ukraine gehindert worden seien. Der EU-Statistikbehörde Eurostat zufolge sind in den 27 EU-Staaten und in Norwegen, Schweiz und Liechtenstein mehr als 650.000 ukrainische Männer im Alter von 18 bis 64 Jahren als Flüchtlinge registriert. Ukrainische Stellen ziehen in Betracht, die Auslieferung illegal ausgereister Wehrpflichtiger aus den EU-Staaten und anderen Ländern zu erwirken.[98]

USA – Hüter von Demokratie, Freiheit, Menschenrechten?

In der hiesigen Öffentlichkeit werden die USA als Garant für Demokratie, Freiheit und Menschenrechte dargestellt. Unerklärlicherweise glauben das auch in Deutschland noch viele Menschen, obwohl die Tatsachen eine ganz andere Sprache sprechen. Wir sollten kritisch hinterfragen, ob die Supermacht wirklich unser Vertrauen verdient und ob es sinnvoll ist, ihren Vorgaben und Argumenten zu folgen, so wie es unsere Politiker und Medien offenbar grundsätzlich tun.

Allein schon das bemerkenswert undemokratische Wahlsystem des Landes weckt grundsätzliche Zweifel.

- Der Präsident wird nicht direkt, sondern über Wahlmänner gewählt. Jeder Bundesstaat hat – unabhängig von seiner Einwohnerzahl – die gleiche Anzahl Wahlmänner. Sie sind also nicht proportional zur Bevölkerung der Bundesstaaten aufgeteilt, sondern in kleineren Staaten überrepräsentiert.
- 48 der 50 Staaten der USA vergeben ihre Wahlmänner geschlossen an den Wahlsieger des Staates, auch wenn dieser nur eine hauchdünne Mehrheit an Stimmen hatte, statt sie im Verhältnis des Wahlergebnisses aufzuteilen.
- Der Zuschnitt der Wahlkreise für Abgeordnetenhaus und Senat kann vor jeder Wahl neu und willkürlich festgelegt werden. So kann zum Beispiel ein Gebiet, indem die meisten Menschen in der Regel eher Demokraten wählen, völlig verschlungen geteilt und diese Teile Wahlkreisen zugeordnet werden, in denen die meisten Einwohner Republikaner wählen. Dadurch wird erreicht, dass in diesen Gebieten der republikanische Kandidat die meisten Stimmen und demzufolge alle Wahlmännerstimmen erhält.
- Indem in bestimmten Wahlkreisen die Registrierungen zur Wahl schwierig gemacht, Wahllokale reduziert und gleichzeitig die Möglichkeiten zur Briefwahl eingeschränkt werden, werden bestimmte Wählergruppen von der Wahl abgehalten. Solche Defizite zählte die Wahlbeobachtungsorganisation ODIHR der OSZE zum Beispiel im Jahr 2018 auf. Sie beanstandete, dass 11 Millionen Wahlberechtigte ihr Stimmrecht nicht ausüben konnten und weitere 50 Millionen Wahlberechtigte gar nicht registriert seien, weil die Bedingungen zur Registrierung zu schwierig gemacht wurden.

Wie man erkennt, ist dieses Wahlsystem auch darauf ausgerichtet, dass Vertreter neu gegründeter oder kleinerer Parteien nicht den Hauch einer Chance haben, im Kongress oder Senat eine Stimme zu bekommen. Parteien mit einer anderen Grundausrichtung als Demokraten und Republikaner können also keinerlei Einfluss auf amerikanische Politik ausüben.

Dadurch, dass Kandidaten und Parteien für die enormen Wahlkampfkosten (im Schnitt etwa 20 Millionen US-Dollar) keine staatliche Kostenerstattung erhalten, brauchen Kandidaten viel eigenes Geld und ein hohes Spendenaufkommen. Und natürlich unterstützen finanziell potente Spender nur solche Kandidaten, von denen sie die Vertretung ihrer Interessen erwarten – wo das Geld ist, sitzt die Macht.

Die 100 Senatoren des US-Senats, der die Regierung kontrollieren soll, besitzen einer Erhebung zufolge durchschnittlich jeweils ein Vermögen von 3 Millionen Dollar. Auch unter den über 500 Abgeordneten des Kongresses sind die Millionäre in der Mehrheit. Da stellt sich nicht mehr die Frage, welche Interessen sie vertreten.

Donald Trump ist nicht der Erfinder von „Amerika first". Spätestens nach dem Zweiten Weltkrieg, als die USA Großbritannien als Hegemon abgelöst hatten, setzten sie ihre Interessen mit verschiedenen, teils brutalen Mitteln weltweit durch. In diesem Ziel waren sich Demokraten und Republikaner immer völlig einig.

Die Maßnahmen zur Durchsetzung ihrer Vorherrschaft wurden nach dem Zusammenbruch der Sowjetunion weiter intensiviert. Unter Präsident Bill Clinton formulierten die USA in den 90er Jahren einen Zukunftsplan mit dem Namen „Joint Vision 2020", in dem unter anderem stand: *„Aufgrund der globalen Natur unserer Interessen und Verpflichtungen müssen die USA ihre militärische Vormacht in Übersee sowie ihre Fähigkeit, schnell weltweit Macht ausüben zu können, erhalten, um eine Dominanz auf allen Gebieten zu erlangen."*

Präsident Obama verdeutlichte 2014 in einer Rede an der Militärakademie West Point: *„Amerika muss auf globaler Ebene stets die Führungsrolle übernehmen. […] Unser Militär ist das Rückgrat dieses Führungsanspruchs und wird auch in Zukunft stets das Rückgrat dieses Führungsanspruchs bleiben. Die Vereinigten Staaten werden Militäraktionen nutzen, wenn notwendig auch unilateral [einseitig], wenn unsere Kerninteressen es erfordern." 2016 betonte Obama in einem Vox-Interview, dass in der Weltwirtschaft Regeln gelten müssten, die von den USA bestimmt werden. Er sagte: „Wir müssen gelegentlich Ländern, die nicht das tun, was wir wollen, den Arm umdrehen!" und „Wir müssen Russland isolieren."*

Nichts geht über die Kerninteressen der USA. Sie durchzusetzen ist jedes Mittel recht – sei es durch die Unterstützung USA-freundlicher Despoten, den Sturz unliebsamer Machthaber oder durch Kriege. Laut Ranking der Länder mit den weltweit höchsten Militärausgaben im Jahr 2022 lagen die USA (flächenmäßig 1,7-mal kleiner als Russland) mit 877 Milliarden US-Dollar an erster Stelle, an zweiter China mit 292 Milliarden und an dritter Stelle Russland mit 86,4 Milliarden.[99]

Etwa 1,1 Billionen US-Dollar gaben die dreißig NATO-Staaten im Jahr 2022 für „Verteidigung" aus. Trotzdem, man glaubt es nicht, mahnte NATO-Generalsekretär Jens Stoltenberg im März 2023 jährliche Erhöhungen an: „Wir bewegen uns in die richtige Richtung, aber wir bewegen uns nicht so schnell, wie es die gefährliche Welt, in der wir leben, erfordert."

Russland verfügt über neun ausländische Militärbasen, davon sechs in den Ländern der ehemaligen Sowjetunion, zwei in Syrien und eine in Vietnam. Nach den letzten öffentlich zugänglichen Angaben unterhielten die USA 2015 außerhalb ihres Staatsgebiets 587 militärische Stützpunkte, und diese nicht nur in NATO-Staaten.[100] Inzwischen sind es mit Sicherheit wesentlich mehr. Vor allem im ehemaligen sowjetischen Einflussbereich installierten USA und NATO zahlreiche militärische Stützpunkte. Ein Beispiel für das Vorgehen der USA beim Ausweiten ihrer Machtsphäre ist der Abschluss eines Militärvertrages mit der Slowakei am 04. Februar 2022 inmitten der heftigen Spannungen zwischen der Ukraine und Russland. Die Slowakei ist bereits seit 2004 NATO-Mitglied. Der nunmehr abgeschlossene Vertrag gewährt den USA darüber hinausgehende militärische Rechte in dem direkt an die Ukraine angrenzenden Land, insbesondere den Ausbau der beiden Militärflughäfen Sliac und Kuchyna.

Nach dem Einmarsch der NATO-Truppen im Kosovo-Krieg errichteten die USA im Kosovo „Camp Bonds-teel", eine der größten US-Militärbasen in Europa, was die vorherige Unterstützung der UCK in eindeutigerem Licht erscheinen lässt. Die Basis beherbergt bis zu 7.000 Soldaten der US-Armee und verbündeter Truppen. Der Menschenrechtsbeauftragte des Europarates, Alvaro Gil Robles, berichtete in einem am 5. Dezember 2005 veröffentlichten Spiegel-Interview, er habe im September 2002 das Kriegsgefängnis im Camp Bondsteel besichtigt, das unter dem Befehl der NATO-Truppen KFOR stand. Er sagte, dass die Gefangenen sich in einer Situation befanden, die der in Guantanamo ähnelte. Sie waren direkt von der Armee verhaftet worden, ohne die Möglichkeit, sich dagegen juristisch zu wehren. Sie hatten keinen Anwalt. Es gab keine Berufungsinstanz. Es gab noch nicht einmal genaue Vorschriften darüber, wie lange die Menschen in Haft gehalten werden durften.[101]

Die einseitigen Austritte der USA aus Militärverträgen verweisen ebenso auf ihre aggressiven militärischen Absichten. Am 13. Juni 2002 traten die USA einseitig vom **ABM-Vertrag** zurück, einem Rüstungskontrollvertrag zwischen den USA und der Sowjetunion zur Begrenzung von Raketenabwehrsystemen, der am 28. Mai 1972 mit unbefristeter Gültigkeit abgeschlossen worden war.

Am 1. Februar 2019 kündigten die USA mit der vorgesehenen 6-monatigen Frist den zwischen den USA und der Sowjetunion abgeschlossenen **INF-Vertrag**, worauf die Russische Föderation am 2. Februar 2019 erklärte, den Vertrag ebenfalls per August 2019 zu verlassen. Er war am 1. Juni 1988 in Kraft getreten und enthielt die Vereinbarung, dass beide Seiten weltweit sowohl ihre boden-/landgestützten Nuklearraketen mit kürzerer (500–1000 km) und mittlerer Reichweite (1000–5500 km) als auch deren Abschussvorrichtungen und Infrastruktur innerhalb von 3 Jahren vernichten und keine neuen herstellen. Der Vertrag beinhaltete auch das Recht, die Einrichtungen des anderen Landes zu überprüfen.

Im Jahr 2020 stiegen die USA als erster Staat aus dem **Open-Skies-Vertrag** (Offener Himmel Vertrag) aus, den 34 Staaten unterzeichnet hatten. Daraufhin verließ Russland 2021 den Vertrag. Er berechtigt jeden Vertragsstaat, jährlich eine bestimmte Anzahl vereinbarter Beobachtungsflüge über dem Staatsgebiet anderer Vertragsstaaten durchzuführen. Die Stiftung Wissenschaft und Politik (SWP) gab dazu folgende Einschätzung: *„Damit* [mit dem Austritt aus dem Open-Skies-Vertrag] *würde Präsident Trump den Rückzug der USA aus der regelbasierten Sicherheitsordnung fortsetzen und eine weitere Bresche in die Rüstungskontrollarchitektur schlagen. Deren kontinuierlicher Abbau, ein neuer Rüstungswettlauf sowie die Rückkehr bewaffneter Konflikte und von Szenarien nuklearer Kriegsführung gefährden die europäische Sicherheitsordnung und die strategische Stabilität.“*[102]

Ein mehrbändiges Werk würde kaum ausreichen, um die Vielzahl von Menschenrechtsverletzungen durch die USA zu dokumentieren. Erpressungen durch Sanktionen gehören dazu. Ben Norten, Investigativjournalist und Herausgeber von *Geopolitical Economy Report*, schreibt: *„Laut einem Bericht des US-Finanzministeriums aus dem Jahr 2021 wurden Ende des Jahres 9421 Parteien [Einzelpersonen oder Organisationen] von der US-Regierung mit Sanktionen belegt, was einem atemberaubenden Anstieg von 933 Prozent seit dem Jahr 2000 entspricht.“*[103]

Am 3. November 2022 stimmten 182 Staaten in der UN-Generalversammlung zum 30sten (!) Mal seit 1992 für die Aufhebung der US-Blockade gegen Kuba.

Am 3. April 2023 stimmten die Mitgliedsländer des Menschenrechtsrats der Vereinten Nationen mit großer Mehrheit für die „Resolution zu den negativen Auswirkungen einseitiger Zwangsmaßnahmen auf die Wahrnehmung der Menschenrechte“ (A/HRC/52/L.18). Die Resolution fordert alle Staaten auf, „keine einseitigen Zwangsmaßnahmen mehr zu ergreifen, beizubehalten, durchzuführen oder anzuwenden, die nicht im Einklang mit dem Völkerrecht, dem Humanitären Völkerrecht, der Charta der Vereinten Nationen und den Normen und Grundsätzen für friedliche Beziehungen zwischen den Staaten stehen“.

Das betrifft alle Sanktionen, die ohne UN-Sicherheitsratsbeschluss verhängt wurden! Die einzigen Länder, die dagegen stimmten, waren die USA, die EU-Mitgliedstaaten, Georgien und die Ukraine – kurz gesagt diejenigen, die sich lauthals als Verfechter der Menschenrechte darstellen und mit ihren „Werten“ hausieren gehen. Damit hat Deutschland nachträglich auch sein Einverständnis erklärt zu den erpresserischen Sanktionen der USA im Jahr 2020 gegen Firmen und verantwortliche Personen, die am Bau von Nord Stream 2 beteiligt waren, sowie gegen Unternehmen, die mit diesen Firmen zusammenarbeiteten oder Handel trieben.

Überall dort, wo die USA in der Welt als „Ordnungs- oder Schutzmacht für Freiheit und Demokratie“ aufgetreten sind, haben sie verbrannte Erde und Chaos hinterlassen und ungezählte unschuldige Zivilisten getötet, wobei die in den Krieg geschickten Soldaten ebenso bedauernswerte Opfer sind.

Barack Obama, Präsident der USA von 2009 bis 2017, hatte man im Dezember 2009 wohl etwas zu voreilig den Friedensnobelpreis verliehen. Nach Maßgabe des Stifters soll der Preis nämlich an denjenigen vergeben werden, „der am meisten oder am besten auf die Verbrüderung der Völker und die Abschaffung oder Verminderung stehender Heere sowie das Abhalten oder die Förderung von Friedenskongressen hingewirkt" hat. Obama hat über beide Amtszeiten ununterbrochen Kriege geführt und brach damit den Rekord seines Vorgängers George W. Bush. *Der Spiegel* berichtet im Mai 2016: „US-Kräfte sind in insgesamt sieben Ländern im Einsatz: Afghanistan, Irak, Pakistan, Somalia, Jemen, Libyen und Syrien. Nur in Afghanistan sind Soldaten mit einem offiziellen Mandat im Einsatz, in den meisten anderen Ländern fliegen die USA Luftangriffe oder entsenden Drohnen."[104]

Die Kriege der USA begannen mit bewussten Lügen, die den Krieg moralisch legitimieren und die wahren Gründe verschleiern sollten.

Vietnamkrieg 1964 – 1975:

Am 2. und 4. August 1964 wurden angeblich zwei amerikanische Kriegsschiffe im Golf von Tonkin von nordvietnamesischen Schnellbooten mit Torpedos beschossen. US-Präsident Johnson schickte umgehend Bomber über das kommunistische Nordvietnam und der Kongress verabschiedete die „Tonkin-Resolution". In Wirklichkeit hatten die Militärplaner schon im Frühjahr 1964 detaillierte Pläne gemacht für Angriffe auf den Norden – im Namen des Kreuzzugs gegen den Kommunismus, der elf Jahre lang gegen das vietnamesische Volk geführt wurde. Die ungeheuerlichen Verbrechen der amerikanischen Streitkräfte, vor allem auch gegen die Zivilbevölkerung, sind bekannt geworden – unter anderem dank Seymour Hersh, Investigativ-Journalist und Reporter-Legende, der die Kriegsverbrechen der USA in My Lay (Vietnam) und Abu-Ghuraib (Irak) aufdeckte und neuerdings die USA und Norwegen für die Sprengung der Nord-Stream-Pipelines verantwortlich machte. Die Zahl der Toten, Verstümmelten, Vergifteten und weitere Folgeschäden in Vietnam gehen ins Unermessliche.

1971 veröffentlichte der Pentagon-Mitarbeiter Daniel Ellsberg einen als Pentagon-Papiere bekannt gewordenen Bericht, der die Darstellung des Tonkin-Zwischenfalls durch die frühere Regierung als bewusste Falschinformation entlarvte.

Schon damals übrigens wurden Wortführer der Antikriegsbewegung diskriminiert, indem man sie bezichtigte, moskaufreundliche und amerikafeindliche Verschwörungstheorien zu verbreiten – ein auch heute noch äußerst beliebtes Totschlagargument!

Erster Krieg gegen den Irak Januar 1991 – Ende Februar 1991:

Am 2. August 1990 marschierte der Irak ins ölreiche Kuweit ein, dem zu dieser Zeit wichtigsten Erdöllieferanten der USA. Infolgedessen hätte der Irak großen Einfluss auf die Versorgung mit Erdöl und dessen Preisentwicklung gewonnen. Damit war der, zuvor im Krieg gegen den Iran massiv von den USA unterstützte,

Machthaber Hussein zu weit gegangen.

Die „Brutkastenlüge“ behauptete, irakische Soldaten hätten kuwaitische Frühgeborene getötet, indem sie diese aus ihren Brutkästen gerissen hätten und auf dem Boden sterben ließen. Das berichtete am 10.10.1990 vor dem US-Kongress eine junge Frau namens Nayirah, die, wie sie sagte, als Hilfskrankenschwester Zeugin dieser Verbrechen gewesen sei. Eine ähnliche Aussage tätigte ein vor dem UN-Sicherheitsrat auftretender Arzt, der von 120 getöteten Frühgeborenen sprach. Diese Behauptungen wurden – vollkommen ungeprüft – durch Politiker, Medien und Menschenrechtsorganisationen weltweit verbreitet. Sie beeinflussten maßgebend die öffentliche Debatte über die Notwendigkeit eines militärischen Eingreifens zugunsten Kuwaits. Mithilfe der „Brutkastenlüge“ gelang es, die Resolution 678 im UN-Sicherheitsrat zu beschließen, die dazu ermächtigte, sozusagen im Namen des Humanismus Krieg gegen den Irak zu führen.

Die Bundeszentrale für politische Bildung schreibt dazu: *„Überliefert ist der Satz des damaligen UN-Generalsekretärs Perez de Cuellar, den er am ersten Tag der Luftangriffe auf Bagdad äußerte: 'Dies ist eine Niederlage der Vereinten Nationen.' Er schien zu ahnen, was sich in den nächsten 42 Tagen der Bombardierungen an zivilen Opfern, Zerstörungen ziviler Einrichtungen bis hin zu Kriegsverbrechen seitens der US-amerikanischen Truppen unter den Augen der UNO abspielte.“*[105]

Nach dem Krieg wurde öffentlich, dass Nayirah as-Sabah die Tochter des kuwaitischen Botschafters in den USA und Kanada sowie Mitglied der Herrscherfamilie Kuwaits ist. Sie und der Arzt waren zu dieser Zeit gar nicht in Kuweit. Ihre Aussagen waren von einer Presseagentur inszeniert worden und von vorn bis hinten erlogen, politisch aber sehr erwünscht. Das sollen die Geheimdienste nicht gewusst haben?

Zweiter Irakkrieg 20.03.2003 – 1.05.2003 (Besetzung des Irak bis 2011):

Die Menge und Art der Behauptungen und getürkten „Beweise“, die die Regierungen Bush und Blair aufgebrachten, um die eigenen Bürger, andere Staaten und die UNO für den Krieg gegen den Irak zu gewinnen, ist unfassbar. Sie konzentrierten sich auf drei Themen.

1. Der Irak unterstütze das Terrornetzwerk Al-Qaida.
   Dafür gab es keinerlei Beweise. Ein Kommissionsbericht aus dem US-Senat bestätigte, dass jegliche Verbindung von Saddam Hussein mit dem Terrornetzwerk erfunden sei.
2. Der Irak habe B- und C-Waffen – Massenvernichtungswaffen, die er innerhalb von 45 Minuten einsetzen könne, und er habe den Bau von Atomwaffen aufgenommen.
   Der Abschlussbericht vom 7. März 2003 der vom UN-Sicherheitsrat eingesetzten Untersuchungskommission ergab nach über 500 Inspektionen keine Funde verbotener Waffen und keine Spuren ihrer Herstellung, auch nicht an Orten, die die CIA als wahrscheinliche Waffenfabriken angegeben hatte. Auch

später, nach der Besetzung des Iraks, wurde nichts dergleichen gefunden.

3. Die grausam unterdrückte Bevölkerung verlange nach Freiheit. Diesem Schrei nach Freiheit dürfe sich der Westen nicht verschließen.
   Dem „Schrei nach Freiheit" gaben die USA und Großbritannien nach, als sie 2003 mit militärischer und/oder politischer Unterstützung durch eine *Koalition der Willigen* die Militäraktion „Operation Iraqi Freedom" begannen – ohne UN-Mandat, denn vor allem Deutschland, Frankreich und Russland hatte eine Zustimmung verweigert.

In Wirklichkeit ging es bei dem Krieg um den ungehinderten Zugang zu den Ölquellen und den Sturz Husseins, der diesem Ziel im Wege stand. 1972 war die irakische Erdölindustrie verstaatlicht worden, was nach dem Sieg umgehend rückgängig gemacht wurde. Die neu vergebenen Explorationslizenzen erhielten vor allem amerikanische und britische Firmen wie Exxon, Chevron, Halliburton, BP, Shell. Die CCN erinnerte in einem Bericht vom 13. April 2003, „Big Oil" habe in den Wahlkampf von George W. Bush mehr Geld investiert als jemals zuvor in einen Wahlkampf.

Die Besetzung des Irak endete erst 2011 mit dem Abzug der letzten US-Kampftruppen und hinterließ ein zerstörtes Land sowie unzählige Tote und Verstümmelte. Der Aufstand gegen die amerikanische Besatzung, in dem bald radikale Islamisten die Richtung vorgaben, führte dazu, dass sich Al Qaida im Irak festsetzte, aus dessen Umfeld eine neue Gruppe entstand, der Islamische Staat (IS), begründet der Nahost-Experte Michael Lüders in seinem Buch „Wer den Wind sät – Was westliche Politik im Orient anrichtet".

Ein probates Mittel für die Durchsetzung der Kerninteressen der Machtelite der USA sind Maßnahmen für Regime Changes. Wikipedia hat eine lange Liste darüber veröffentlicht, die den Zeitraum 1805 bis 2017 umfasst.[106] Über das, was in den ehemaligen Sowjetrepubliken geschehen ist, könnte man Thriller schreiben. Ich will jedoch einige Fälle ins Gedächtnis rufen, die nicht mehr so präsent sind.

Bolivien 2019: Bei den Präsidentschaftswahlen im Dezember 2005 errang Evo Morales von der Partei Bewegung zum Sozialismus (MAS) mit 54 Prozent die absolute Mehrheit. Als Mitglied des Aymara-Volkes wurde Morales der erste indigene Präsident Boliviens und Südamerikas. Schon in den ersten zehn Jahren gelang es der MAS-Regierung, die extreme Armut von 38 Prozent auf 17 Prozent zu senken. Die Gas- und Rohstoffabbauindustrien wurden verstaatlicht, Schulden abgebaut, gesetzliche Renten, Kindergeld für Schulkinder und kostenlose Gesundheitsleistungen wurden eingeführt und die Rechte der Ureinwohner gestärkt. 2014 war der Analphabetismus besiegt. Das Land prosperierte und befand sich im „bolivianischen Wirtschaftswunder". Kurz nach seinem vierten Wahlsieg in Folge 2019 wurde Morales vom Militär und Polizeikräften in Koordination mit

Washington ins Exil gezwungen, begründet mit Vorwürfen des Wahlbetrugs. Die Vorwürfe stellten sich im Nachhinein als manipuliert und nicht haltbar heraus. Die Macht im lithiumreichen Bolivien übernahm die weiße, USA-hörige Rechte. Als eine der ersten Amtshandlungen der Putschregierung führte die Armee ein Massaker an Dutzenden Moralesanhängern durch.

Im Okober 2020 fanden Neuwahlen mit einer Wahlbeteiligung von über 88 Prozent statt, die der Morales-Vertraute und Mitglied der MAS Luis Acre mit über 55 Prozent der Stimmen gewann. 50 Prozent der Abgeordneten sind Frauen.[107, 108] Man möchte hoffen, dass die USA von wirtschaftlicher Strangulierung und der Inszenierung innerer Krisen absehen, doch warum sollten sie erstmals eine linke Regierung in Lateinamerika akzeptieren?

Nicaragua 1990: Nach dem Sturz des Diktators Somoza übernahm die linksgerichtete Sandinistische Nationale Befreiungsfront 1979 die Macht in Nicaragua. Ein Jahr später begannen rechtsgerichtete Contras den bewaffneten Kampf gegen die sandinistische Regierung, massiv unterstützt durch die USA. Die Sandinisten verfolgten ein sozialistisch orientiertes, demokratisches Programm. Sie führten eine Agrarreform durch, gründeten Schulen im ganzen Land, das Gesundheitswesen wurde entwickelt, die Frauenrechte gestärkt. Die ersten freien Wahlen im Jahr 1984 gewann die sandinistische Regierung; internationale Wahlbeobachter attestierten einen fairen Verlauf. Die USA unter Präsident Ronald Reagan jedoch erließen ein Handelsembargo, die CIA verminte 1984 die Häfen Nicaraguas und leitete illegal Gelder aus Waffengeschäften mit dem Iran an die von den USA als „Freiheitskämpfer" bezeichneten Contras weiter (Iran-Contra-Affäre 1986).

Der Internationale Gerichtshof in Den Haag, den Nicaragua 1984 angerufen hatte, verurteilte die USA am 27. Juni 1986 zu einer Zahlung von 2,4 Milliarden US-Dollar als Entschädigung für die Folgen ihrer militärischen und paramilitärischen Aktionen. Die USA weigerten sich – sie erkennen, ebenso wie Israel, Russland und Sudan, den Internationalen Gerichtshof nicht an. Die UN-Generalversammlung verabschiedete eine Resolution, die die USA aufforderte, dem Urteil nachzukommen, was von den USA ignoriert wurde.

Der durch die USA forcierte Bürgerkrieg, der 29.000 Tote gefordert hatte und das US-Embargo führten zu Kriegsmüdigkeit und wirtschaftlicher Not. Dazu kam die offene Drohung der USA, den Boykott und den Krieg fortzuführen. Demzufolge siegte bei den Wahlen am 25. Februar 1990 das antisandinistische Wahlbündnis UNO, das aus 14 konservativen und antisandinistischen Parteien bestand und mit Unterstützung der USA Frieden und das Ende des Embargos versprach.

In der Folge wurde eine kapitalistische Privatwirtschaft eingeführt, die Preise für Grundnahrungsmittel stiegen, soziale Einrichtungen wie Kindergärten wurden geschlossen, das Gesundheitssystem wurde privatisiert, Schulgeld erhoben, Agrarreform und Verstaatlichung im Wirtschaftssektor rückgängig gemacht.

Die Auslandsschulden, Arbeitslosigkeit, Analphabetenrate sowie die Kindersterblichkeit stiegen und die Lebenserwartung sank. Ganz im Sinne von Demokratie, Freiheit und Menschenrechten lobten die USA Nicaragua für seine Entwicklung.[109]

Chile 1973: Als Kandidat eines Wahlbündnisses aus linken und christlichen Parteien (Unidad Popular) erhielt Salvador Allende bei den Präsidentschaftswahlen 1970 die meisten Stimmen. Zu dem Zeitpunkt befand sich Chile in einer prekären Situation: von 10 Millionen Einwohnern galten 1,5 Millionen Kinder als unterernährt, 500.000 Familien waren obdachlos, und die Arbeitslosigkeit lag bei 8,8 Prozent. 80 Prozent des Nutzlandes befanden sich in der Hand von 4,2 Prozent Grundeigentümern.

Die neue Regierung veranlasste, dass die Löhne um 35 bis 60 Prozent erhöht wurden, die Preise für Mieten und wichtige Grundbedarfsmittel wurden eingefroren, Schulbildung und Gesundheitsversorgung wurden kostenfrei angeboten. Die Kindersterblichkeitsrate sank um 20 Prozent. Ausländische Großunternehmen wurden enteignet, die Bodenschätze, der Kohleabbau und die Textilindustrie verstaatlicht. Durch eine Agrarreform sollten 20.000 Quadratkilometer Fläche von Großgrundbesitzern an Bauern übergeben werden. 1971 wurden die noch in (vor allem US-amerikanischem) Privatbesitz befindlichen Anteile am Kupferbergbau mit Zustimmung aller Parlamentsparteien sozialisiert sowie die Banken verstaatlicht. Die Wirtschaftsleistung wuchs um elf Prozent und die Arbeitslosigkeit sank auf drei Prozent.

In der Folge strichen die USA sämtliche Hilfsmittel für Chile und verhängten mit 14 anderen Staaten einen Kaufboykott über Kupfer. Nun fehlten Devisen für den Import von Rohstoffen, Maschinen und Ersatzteilen, die für die Industrie gebraucht wurden, was dazu beitrug, dass ein Zahlungsbilanzdefizit von 26 Milliarden US-Dollar entstand und Chile aus westlicher Sicht nicht mehr kreditwürdig war – eine Ansicht, die von der Regierung von US-Präsident Nixon vehement unterstützt wurde. Für die Aktivitäten der innenpolitischen Destabilisierung Chiles wendeten die USA über 13 Millionen US-Dollar auf. Dazu gehörte die finanzielle Unterstützung von Zeitungen, die im Sinne der USA berichteten. Am 11. September 1973 putschte die Armee unter Augusto Pinochet. Mit Kampfflugzeugen bombardierten sie den Präsidentenpalast und erstürmten ihn dann. Nach kurzem Gefecht ordnete Allende die Kapitulation an. Er selbst blieb im „Saal der Unabhängigkeit“ zurück und beging dort Suizid.

Sämtliche staatlichen Institutionen wurden binnen Stunden vom Militär besetzt. Pinochet setzte die Verfassung sofort außer Kraft, löste den Kongress auf, ordnete eine strenge Zensur an und verbot alle politischen Parteien.[110] Die USA erkannten nach zwei Wochen die Militär-Junta an und unterstützte sie, zum Beispiel mit 290 Millionen US-Dollar im Jahre 1976. Das neue Regime senkte Zolltarife, gab die Preise frei, wertete die Währung ab, privatisierte Staatsunternehmen und machte weitere Entscheidungen Allendes rückgängig. Während der bis 1988 herrschenden Militärdiktatur Pinochets kam es zu massiven Menschenrechtsverletzungen, darunter mehrere tausend Morde, mehrere zehntausend Fälle von Folter und eine hohe Zahl von verschwundenen Personen. Gefährdet waren alle vermeintlichen Gegner, vor allem Linke.

Guatemala 1954: Bei den Wahlen im Jahr 1951 wurde Jacobo Arbenz Guzmán zum Präsidenten gewählt. Die neue Regierung führte soziale Reformen durch: Einführung einer moderaten Einkommenssteuer sowie der ersten Sozialversicherung, Arbeiter durften sich gewerkschaftlich organisieren und streiken. Schulen und Krankenhäuser wurden gebaut, Straßen und Häfen modernisiert. Die Regierung konfizierte mehrere hundert Quadratkilometer brachliegendes Plantagenland und entschädigte die Eigentümer aus der einheimischen Oberschicht mit Staatsanleihen. Das Land wurde unter besitzlosen Tagelöhnern verteilt. Schließlich ließ die Regierung 1953 auch brachliegendes Land eines der damals größten Unternehmen der USA enteignen, der United Fruit Company (heute Chiquita), die rund 70 Prozent der Landfläche besaß, auf der nahezu alle Landbewohner unter elenden Bedingungen auf den Bananenplantagen arbeiteten, und die keinerlei Steuern zahlte. Dieser Angriff auf amerikanische Geschäftsinteressen überschritt eine rote Linie. In den USA befürchtete man, dass dieses Beispiel Schule machte. Es wurde eine Medienkampagne inszeniert: *In Guatemala bedrohe der Sowjetkommunismus Amerika und den American way of life. Während die United Fruit Company im Einklang mit den patriotischen Kräften Guatemalas Freiheit, Wohlstand und Demokratie zu fördern suche, säten die Kommunisten der Regierung Hass und Zwietracht und agierten als fünfte Kolonne Moskaus.*

Am 27. Juni wurde der demokratisch gewählte Präsident Jacobo Arbez Guzman durch einen vom US-Außenministerium und der CIA organisierten Putsch gestürzt. Dabei rückte eine CIA-geführte Söldnertruppe von 400 Mann unter dem nominellen Kommando des Exil-Guatemalteken Carlos Castillo Armas auf die Hauptstadt zu. Gleichzeitig griffen US-Kampfjets ohne Länderkennung strategisch wichtige Ziele in Guatemala an, während US-Regierungsvertreter die einheimische Militärführung aufforderten, den gewählten Präsidenten fallen zu lassen. Sein Nachfolger wurde der Putschführer Armas, der als erste Amtshandlung der United Fruit Company das Land zurückgab – die Kleinbauern wurden von ihren Parzellen vertrieben. Die Alphabetisierungskampagnen wurden abgebrochen, zivilgesellschaftliche Organisationen zerschlagen, die kommunistische Partei verboten. Viele engagierte Aktivisten und Befürworter der Agrarreform und der Volksbildungsbewegung wurden ermordet. Es folgte ein 40 Jahre andauernder Bürgerkrieg mit über 200.000 Toten.[111]

Deutsche Medien und Politik

Dieses Kapitel zeigt, wie die Meinungsbildung in Deutschland beeinflusst wird. Gern praktizierte Methoden sind: Unerwünschte Informationen werden unterdrückt, indem sie von den Öffentlich Rechtlichen Medien und vielen anderen totgeschwiegen oder verzerrt dargestellt werden. Personen, die unerwünschte Meinungen vertreten, werden falsch oder verkürzt zitiert und öffentlich diskreditiert. Zu Talkshows oder Podiumsdiskussionen werden sie nicht mehr eingeladen, wenn ihre Argumente gar nicht zu widerlegen sind, oder sie werden allein einer Mehrzahl anders Denkender gegenübergestellt und verbal niedergemacht.

Erstmals besonders aufgefallen ist mir dieses Vorgehen während der Coronapandemie, in der man Zweifler und Kritiker der Maßnahmen pauschal mit Ausdrücken wie Querdenker, Corvidioten (von Saskia Esken geprägt), Impfgegner, Corona-Leugner, Verschwörungstheoretiker usw. verunglimpfte. Obwohl ich mich hatte impfen lassen, fand ich diese Art des Umgangs sehr problematisch.

Schwer haben es auch Menschen, die die Migrationspolitik der Regierung kritisieren. Statt die auftretenden Probleme und Lösungsmöglichkeiten in der Öffentlichkeit sachlich zu diskutieren, wird Kritikern pauschal Fremdenfeindlichkeit und Rassismus unterstellt.

Völlig tabu sind Auffassungen, die auch von der AFD vertreten werden, denn deren Ansichten müssen zwangsweise von A bis Z alle als falsch und als rechtsextrem bewertet werden. Als im Herbst 2023 bei Landtagswahlen in Bayern und Hessen sowie in Umfragen hohe Zustimmungswerte für die AFD sichtbar werden, wird klar: Die etablierten Parteien brauchen ein anderes Volk!

Diejenigen, die für einen Waffenstillstand in der Ukraine und für Verhandlungen eintreten, um den Krieg möglichst bald zu beenden und noch mehr Leid und Zerstörung zu verhindern, sind Lumpenpazifisten, Friedensschwurbler, Naivlinge, Linke auf Abwegen, Putin-Unterstützer und dergleichen mehr. Dagegen wird denjenigen eine hohe moralische Gesinnung zugeschrieben, die sich für die Weiterführung des Krieges in der Ukraine bis zum bitteren Ende und für Waffenlieferungen einsetzen.

Viel zu selten kommen Menschen zu Wort, die die Lage sachlich anhand von Tatsachen beurteilen. In dem Fall fällt es Journalisten schwer, eine Angriffsfläche zu finden, wie das Radio-Interview mit Professor Christian Hacke am 21. Februar 2023 im Deutschlandfunk[112] und das Interview mit ihm am 28.06.2022 in der Sendung „Maischberger“[113] zeigen, aber viele unabhängige Autoren, Journalisten, Politiker und Ex-Militärs kommen öffentlich fast nur noch auf Internetplattformen wie YouTube und in alternativen Medien vor. Die Zeitschrift EMMA veröffentlichte im Januar und März 2023 zwei ausführliche und aufschlussreiche Interviews mit General a. D. Erich Vad und General a. D. Harald Kujat.

General a. D. Vad sagt u. a.: *„Militärische Fachleute – die wissen, was unter den Geheimdiensten läuft, wie es vor Ort aussieht und was Krieg wirklich bedeutet – werden weitestgehend aus dem Diskurs ausgeschlossen. Sie passen nicht* *zur medialen Meinungsbildung. Wir erleben weitgehend eine Gleichschaltung der Medien, wie ich sie so in der Bundesrepublik noch nie erlebt habe. Das ist pure Meinungsmache.“* Er bezeichnet die deutsche Außenpolitik als sehr stark auf Waffenlieferungen fokussiert und mahnt stattdessen als deren Hauptaufgabe Diplomatie, Interessenausgleich, Verständigung und Konfliktbewältigung an. Es reiche nicht, *„nur Kriegsrhetorik zu betreiben und mit Helm und Splitterschutzweste in Kiew oder im Donbass herumzulaufen.“* [114]

Auch General a. D. Kujat findet klare Worte: *„Die beiden Hauptakteure in diesem Krieg sind Russland und die USA. Die Ukraine kämpft auch für die geopolitischen Interessen der USA. Denn deren erklärtes Ziel ist es, Russland politisch, wirtschaftlich und militärisch so weit zu schwächen, dass sie sich dem geopolitischen Rivalen zuwenden können, der als einziger in der Lage ist, ihre Vormachtstellung als Weltmacht zu gefährden: China.“* [115]

Auf welche Weise Journalisten Ereignisse entstellen, konnte ich persönlich erleben. Zusammen mit einigen Bekannten nahm ich an der Kundgebung „Aufstand für den Frieden“ teil, die von Alice Schwarzer und Sarah Wagenknecht organisiert worden war und am 25. Februar 2023 vor dem Brandenburger Tor in Berlin stattfand. Zuvor hatten über 700.000 Menschen das am 10. Februar 2023 veröffentlichte „Manifest für den Frieden“ unterschrieben. Darin heißt es unter anderem: *„Verhandeln heißt nicht kapitulieren. Verhandeln heißt, Kompromisse machen, auf beiden Seiten. Mit dem Ziel, weitere Hunderttausende Tote und Schlimmeres zu verhindern.“*[116]

Sarah Wagenknecht erklärte am Beginn ihrer Rede: *„Ich sage es noch einmal sehr deutlich – selbstverständlich haben Neonazis und Reichsbürger, die in der Tradition von Regimen stehen, die für die schlimmsten Weltkriege der Geschichte Verantwortung tragen, auf unserer Friedenskundgebung nichts zu suchen! Aber genauso sage ich auch: Jeder, der ehrlichen Herzens mit uns für Frieden und Verhandlungen demonstrieren will, ist willkommen!“*[117] Trotzdem wird behauptet, die Veranstalter hätten sich nicht von den „Rechten“ abgegrenzt.

Das Wetter hätte nicht schlechter sein können – fast die ganze Zeit schneite oder regnete es –, doch in der großen Menschenmenge mit circa 50.000 Teilnehmern herrschte eine friedliche, ja freudige Stimmung. Einige, mit denen wir ins Gespräch kamen, sagten, wie froh sie seien, dass endlich auch unsere Stimmen gehört werden müssten, das mache Mut. Neben uns stand eine kleine Gruppe aus Nürnberg, und aus Rostock kam eine Gruppe von Die Linken, obwohl sich die Linkenspitze gegen die Demo ausgesprochen hatte. Viele Demonstranten trugen Schilder, beschriftete Schirme, Fahnen aus Stoff mit Friedenstauben oder Aufschriften. „Rechte“ und sogenannte „Querdenker“ haben wir nicht bemerkt, sie traten in der Menge zahlenmäßig wohl kaum in Erscheinung – anders aber in den Medien.

In der Sendung „Hart aber fair“ am 27.02.2023 fragte der Moderator Klamroth: *„Linke, alte Pazifisten, rechte Querdenker – ist das der Beginn einer neuen Friedensbewegung?“*, und diskreditierte damit 50.000 Menschen.[118]

Die Hauptaussage der TAZ lautete: *„Es hat den Anschein, als bildet die verschwörungsideologische „Querdenken"-Bewegung hier den Kitt zwischen Rechtsextremen, Resten der traditionellen Friedensbewegung und einer antiimperialistischen Linken auf Abwegen."*[119]

Der Tagesspiegel schrieb einen einzigen, kurzen Satz über das Anliegen der Kundgebung und den Inhalt der Reden, konzentrierte sich stattdessen aber auf einen Teil der Teilnehmer: *„Ähnlich wie bei den Protesten der Querdenken-Bewegung überwog die sogenannte Boomer-Generation im Teilnehmerspektrum. Vor allem vor der Bühne sammelten sich tausende Anhänger der Links-Partei und Mitglieder der Friedensbewegung. Nicht unbedingt dominierend, aber dennoch in relativ hoher Zahl präsent und geduldet waren Verschwörungsideologen und Querdenker.*

Gleichzeitig waren zahlreiche AfD-Politiker wie der sächsische Landesvorsitzende Jörg Urban, das Berliner Abgeordnetenhausmitglied Gunnar Lindemann, Hans-Thomas Tillschneider aus Sachsen-Anhalt und die Brandenburger Abgeordneten Lars Hünich und Lars Günther, vor Ort."[120]

Die *ARD-Tagesschau* berichtete zwar kurz, aber sachlich von der Kundgebung, auf der Sprechchöre „Frieden schaffen ohne Waffen" zu hören waren. Die Tagesschau erwähnte auch: *„Auf der Kundgebung tauchen Vertreter rechter Gruppierungen auf. Demoteilnehmer stellen sich ihnen entgegen."*[121]

Trotz des medialen und politischen Gegenwinds mehren sich die Stimmen für Friedensverhandlungen. In der Frankfurter Rundschau vom 31.03.2023 ruft der Historiker Prof. Dr. Peter Brandt, Sohn Willy Brandts, zu Verhandlungen über einen Frieden in der Ukraine auf. Politiker, Wissenschaftler, Gewerkschafter, Kulturschaffende und viele andere haben den Aufruf unterzeichnet.[122] Die Twitterantwort des stellvertretenden Außenministers der Ukraine und früheren Botschafters in Deutschland, Andrij Melnyk, ist bezeichnend für die an der Macht befindliche, vom Westen hofierte ukrainische Politikerkaste: *„Hallo Peter Brandt & Co., schert euch zum Teufel mit eurer senilen Idee, einen schnellen Waffenstillstand zu erreichen und den Frieden nur mit Russland zu schaffen."*[123]

Am 16. Mai 2023 veröffentlichte die New York Times (NYT) einen ganzseitigen Friedensappell mit der Überschrift „The U.S. should be a force for peace in the world", der von 14 hochrangigen US-Sicherheitsexperten unterzeichnet ist.[124] Der Text wurde ins Deutsche übersetzt.[125]

Putin will nicht verhandeln?

Sehr unklar, wenn überhaupt, wurde über Inhalt und Verhandlungsstand zwischen der Ukraine und Russland Ende März 2022 in Istanbul berichtet, der bereits anderthalb Monate nach Kriegsbeginn ein ernsthaftes Potenzial zum Waffenstillstand und zu einer Einigung hatte.

Die *Stiftung Wissenschaft und Politik (SWP)* schreibt in der Ausgabe 2022/A

66 über das Treffen am 29. März 2022 in Istanbul: „Dort legte die ukrainische Seite das ‚Istanbuler Kommuniqué' vor, das in zehn *Punkten die Bedingungen für einen Waffenstillstand, dauerhafte ukrainische Neutralität und internationale Sicherheitsgarantien skizzierte. Um den Status der Krim zu klären, wurde ein Zeitraum von 15 Jahren vorgeschlagen. Weitere strittige Punkte sollten bei einem Treffen der Präsidenten Selenskyj und Putin aus der Welt geschafft werden. (...) Das Papier enthielt weitgehende Kompromissangebote. An den Verhandlungen beteiligte Akteure betonten, das Kommuniqué sei von den Konfliktparteien vorabgestimmt worden. Es hätte zur Grundlage einer Verhandlungslösung werden können. (...) Während der ersten Aprilhälfte wurde im Online-Format weiter über den ukrainischen Vorschlag verhandelt.*"[135]

Der ehemalige israelische Premierminister Naftali Bennett hat in einem Videointerview Anfang Februar 2023 ausführlich über diese Waffenstillstandsverhandlungen zwischen Russland und der Ukraine im März/April 2022 unter seiner Vermittlung gesprochen.[136] Ihm zufolge waren beide Seiten zu erheblichen Zugeständnissen bereit. Zusätzlich zu den von der SWP genannten Punkten betont er, die Einigung habe vorgesehen, dass sich Russland auf seine Positionen vom 23. Februar 2022 zurückzöge. Die diplomatischen Vermittlungsversuche zwischen den beiden Kriegsparteien waren laut Naftali Bennett bis ins kleinste Detail mit den USA, Deutschland und Frankreich abgestimmt. Jedoch hätten insbesondere Großbritannien und die USA den Prozess gestoppt und auf eine Fortsetzung des Krieges gesetzt.

Die Vorgänge sind auch in der Kleinen Anfrage der Partei Die Linken vom 22.03.2023 im Bundestag, Drucksache 20/6106, genau beschrieben.[137]

Tatsächlich brach Kiew im April 2022 die Verhandlungen ab und ließ einen neuerlichen Formulierungsvorschlag Russlands vom 15. April unbeantwortet. Was wissen wir über die Gründe?

Die ukrainische Nachrichtenseite „Ukrainska Pravda" berichtet am 5. Mai 2022 unter Berufung auf Quellen aus dem engen Umkreis Selenskyjs, dass die Verhandlungen zwischen Russland und der Ukraine infolge des Besuchs des damaligen britischen Premierministers Boris Johnson am 9. April 2022 in Kiew zum Erliegen gekommen seien. Boris Johnson habe der ukrainischen Seite mitgeteilt, dass Wladimir Putin unter Druck gesetzt werden solle, anstatt mit ihm zu verhandeln, und dass, selbst wenn die Ukraine zu einem Abkommen mit Wladimir Putin bereit sei, der Westen dies nicht unterstützen werde. Die westliche Absage habe die Fortführung von Verhandlungen mit Russland neben den Berichten über Kriegsverbrechen in Butscha maßgeblich verhindert.[138]

Die *Stiftung Wissenschaft und Politik* (finanziert zu 100 % aus dem Haushalt des Bundeskanzleramts) *verschweigt die Einflussnahme Großbritanniens, sondern begründet den Abbruch der Verhandlungen wie folgt: „In der ukrainischen*

Gesellschaft jedoch schwand angesichts der Bilder aus Butscha, Irpin und anderen Orten die Unterstützung für einen Kompromiss mit Russland. Dafür trat die Frage in den Vordergrund, wie die russischen Kriegsverbrechen geahndet werden sollten und ob Russland einen Genozid an der ukrainischen Bevölkerung verübe. Im selben Zeitraum erreichten erste substantielle westliche Waffenlieferungen die Ukraine. Auf der Ramstein-Konferenz am 26. April kamen die westlichen Verbündeten und andere befreundete Staaten überein, Kyjiw systematisch militärisch zu unterstützen. Diese Änderung der westlichen Haltung war eine Reaktion auf die Verbrechen der russischen Streitkräfte. Sie wurzelte auch in der Erkenntnis, dass die Ukraine sich dem russischen Angriff erfolgreich widersetzen konnte. In der Ukraine wuchs nun die Überzeugung, den Gegner militärisch abwehren zu können."

Konkret heißt das: A) Verbrechen Russlands in Butscha werden zum Genozid erklärt, dessen Ahndung diplomatische Verhandlungen ausschließt. B) Die Verbündeten der Ukraine beschließen deren systematische militärische Unterstützung und überzeugen sie, als Sieger aus dem Krieg hervorgehen zu können.

Deshalb also hat die Ukraine die Waffenstillstands- und Friedensverhandlung im April 2022 abgebrochen und die Fortsetzung des Krieges in Kauf genommen! Unsere Politiker (mit Ausnahme der Linken) und die Leitmedien verschweigen diese Vorgänge der Öffentlichkeit.

Dazu kommt, dass die Darstellungen der Vorgänge in Butscha erhebliche Widersprüche aufweisen.

Bestätigt ist, dass die russische Armee die Gegend um Kiew, darunter Butscha, am 30. März 2022 freiwillig und kampflos verlassen hatte, möglicherweise aufgrund der Fortschritte bei den Verhandlungen vom März/April in Instanbul.

Am 31. März verkündet der Bürgermeister von Butscha in einem Video glücklich lächelnd die Befreiung der Stadt, ohne von Erschießungen zu berichten. Beim Versuch, das Video aufzurufen, erhält man jetzt die Meldung: „Das Video ist nicht mehr verfügbar, weil das mit dem Video verknüpfte YouTube-Konto gekündigt wurde."

Am 2. April filmt die Nationale Polizei der Ukraine sehr lange und ausführlich ihren Einzug in die Stadt und Gespräche mit Passanten, die sich glücklich zeigen über den Abzug der Russen, aber keine Tötungen erwähnen.[139] Im Video sind auf den Straßen kaputte Autos und andere Zerstörungen zu sehen, aber keine Leichen.

Am selben Tag veröffentlicht das Ib.ua, eines der führenden Nachrichten-Portale in der Ukraine, auch auf Englisch den Artikel „*Special Forces Regiment SAFARI Begins Clearing Operation in Bucha from Saboteurs and Accomplices of Russia*".[140] SAFARI ist ein Sondereinsatzregiment der Nationalen Polizei für Sonderaufgaben, das demnach beginnt, Butscha „von Saboteuren und Komplizen der russischen Truppen zu säubern". Wie die „Säuberungsoperation" durchgeführt wurde, wird öffentlich nicht bekannt, und es gibt auch keine Videoaufnahmen von diesem Einsatz.

Am 3. April meldet Kiew erstmalig Tote auf den Straßen in Butscha und veröffentlicht dazu Videos, die um die Welt gehen. Wir sehen die Videos auch laufend im russischen Fernsehen. Moskau bestreitet empört die Schuld an den Tötungen. Man könnte das leicht als Schutzbehauptung abtun, wenn da nicht drei Tage zwischen dem Abzug der russischen Truppen und den Videoaufnahmen der Toten lägen. Und hätten die Russen vor ihrem Abzug nicht wenigstens die offen auf der Straße herumliegenden Leichen beseitigt?

Was, wann und durch wen in Butscha passiert ist, ist nicht eindeutig geklärt – Zweifel sind angebracht.[141]

Immer wieder wird – ebenso oft wie falsch – behauptet, Putin wolle nicht verhandeln. Dabei ist es kein Geheimnis, das es Selenskyj war, der Verhandlungen mit Putin verboten hat. Sein Dekret 679/2022 ordnet die „Durchsetzung eines Beschlusses des Nationalen Sicherheits- und Verteidigungsrates der Ukraine vom 30. September 2022" an. Darin heißt es: *„Unter Berücksichtigung der Ergebnisse des Treffens des Obersten Kommandeurs und der Anhörung der Mitglieder des Nationalen Sicherheits- und Verteidigungsrates der Ukraine beschloss der Nationale Sicherheits- und Verteidigungsrat der Ukraine: 1. Die Unmöglichkeit der Verhandlungen mit dem Präsidenten der Russischen Föderation V. Putin."*[142]

Am 4.10.2022 war die Nachricht unter Überschriften wie „Selenskyj verbietet per Dekret Verhandlungen mit Putin" in vielen deutschen Medien, wurde dann aber „vergessen".

Am 30.10.2022 veröffentlicht der Schweizer Tagesanzeiger unter der Überschrift „Kiew fordert vor Verhandlungen den Abzug der russischen Streitkräfte" folgende Meldung: *„Der einzige realistische Vorschlag sollte die sofortige Beendigung des russischen Krieges gegen die Ukraine sein und der Abzug der russischen Streitkräfte von ukrainischem Gebiet, teilte der Sprecher des Außenministeriums in Kiew, Oleh Nikolenko, am Sonntag mit. Er reagierte damit auf neue Äußerungen von Russlands Außenminister Sergej Lawrow, der das Angebot von Kremlchef Wladimir Putin an die Ukraine zu Verhandlungen bekräftigte."*[143] Diese Haltung bedeutet eine generelle Absage Kiews an Waffenstillstands- und Friedensverhandlungen.

Das ZDF berichtet am 20.11.2022 über die Ablehnung russischer Verhandlungsangebote: *„Der ukrainische Präsident Wolodymyr Selenskyj hat Vorschläge zu Verhandlungen bislang klar abgelehnt, solange die russischen Truppen nicht aus der gesamten Ukraine abgezogen sind. […] Daran ändern auch die Aussagen von US-Generalstabschef Mark Milley nichts, der einen militärischen Sieg der Ukraine kürzlich als ‚nicht wahrscheinlich' bezeichnet hatte."*[144]

Die „diplomatischen" Bemühungen der Bundesrepublik sehen folgendermaßen aus, wie aus einem Bericht der Bundesregierung hervorgeht: *„Bei einem einstündigen Telefonat am 2. Dezember 2022 mit Russlands Präsident Wladimir Putin hat Bundeskanzler Olaf Scholz am Freitag auf eine diplomatische Lösung* *im völkerrechtswidrigen Krieg Russlands gegen die Ukraine gedrängt, zu der ein Rückzug der russischen Truppen gehöre. Der Bundeskanzler verurteilte gegenüber Putin insbesondere die russischen Luftangriffe gegen zivile Infrastruktur in der Ukraine und betonte die Entschlossenheit Deutschlands, die Ukraine in der Sicherstellung ihrer Verteidigungsfähigkeit gegen die russische Aggression zu unterstützen.*"[145]

Worüber wäre nach Abzug der russischen Truppen aus der Ukraine noch zu verhandeln, fragt man sich nach solchen Aussagen allerdings.

Im Gedächtnis behalten sollte man auch, dass nicht Putin, sondern Selenskyj die Angebote Chinas, des Papstes, Indiens und Brasiliens abgelehnt hat, als Vermittler bei Verhandlungen zwischen der Ukraine und Russlands zu fungieren.

Das Kriegsgeschehen

Die Berichterstattung über das Kriegsgeschehen in der Ukraine sollte man mit großer Skepsis betrachten, denn es gibt vor Ort kaum unabhängige Beobachter. Ein Bericht des Deutschlandfunks vom 02.09.2022 bestätigt, dass die Kriegsberichterstattung aus Kiew stattfindet, weil „aus Sicherheitsgründen nur wenige ausländische Medienleute in die umkämpften Gebiete fahren". Ausländische Medien könnten oft nur mutmaßen, was genau geschehen ist, denn sowohl von der Ukraine als auch von Russland kämen in der Regel nur solche News, „die der jeweiligen Seite gerade passen". Andrea Beer und Vassili Golod berichten für die ARD aus Kiew. Bei Ereignissen im Kriegsgebiet sei ihre allererste Quelle das Militär. Im Internet fänden sich dann meist schnell Fotos und Videos, aufgenommen von ukrainischen Soldaten und hochgeladen vom Militär, sagt Beer im Deutschlandfunk. Quellen seien Presseinformationen des ukrainischen Generalstabs, Erklärungen von Ministern, Provinzgouverneuren oder anderen Offiziellen – alles ins Deutsche übersetzt – und der britische Geheimdienst. So müsse auch die Frage, wer denn das Atomkraftwerk in Saporischschja wirklich beschießt, weiter offen bleiben. Auch der Chef der internationalen Atomenergiebehörde IAEA, Rafael Grossi, halte sich auffällig mit Einschätzungen zurück.[126]

Eine Berichterstattung, die einseitig auf Quellen der einen, vom Westen unterstützten Kriegspartei beruht, ist unglaubwürdig und löchrig wie Schweizer Käse – das kann wohl nicht bezweifelt werden. Wer das Atomkraftwerk beschießt, soll öffentlich nicht verbalisiert werden, obwohl es völlig unstrittig ist. Sehen wir uns daher die Tatsachen an.

Wer beschießt das Kernkraftwerk Saporischschja?

Das gesamte Gebiet des (in Fließrichtung) linken Dnepr-Ufers bis zur Mündung ins Schwarze Meer ist seit Anfang März 2022 von russischen Truppen besetzt. Innerhalb des Gebiets liegt auch das mit sechs Reaktoren größte und leistungsstärkste Kernkraftwerk Europas Saporischschja, 55 Kilometer entfernt von der Stadt Saporischschja am Ufer des Krachowskaer Stausees auf dem Territorium der Stadt Enerhodar. Die gesamte Anlage des AKW wurde durch russische Truppen am 4. März 2022 besetzt. Betrieben wird das Kraftwerk weiterhin von ukrainischem Personal, kontrolliert durch russische Atomspezialisten. An der Stelle des Kraftwerks ist der Dnepr mehr als 4 Kilometer breit. Ukrainisches Militär befindet sich entlang des gegenüberliegenden Ufers.

Die Gesellschaft für Anlagen- und Reaktorsicherheit (GRS) stellt seit Beginn des russischen Angriffs auf die Ukraine laufend Informationen zu den ukrainischen Kernkraftwerken bereit.

Sie ist seit 1977 Deutschlands zentrale Fachorganisation auf dem Gebiet der nuklearen Sicherheit und ist in engem Kontakt mit der Internationalen Atomenergiebehörde (IAEA) und der Staatlichen Nuklearaufsichtsbehörde der Ukraine (SNRIU).[127]

Einige wichtige Meldungen der GRS:

13.03.2022: Die Chefs der Energieversorger Energoatom (Ukraine) und Rosatom (Russland) bestätigten gegenüber der IAEA, dass Personal des russischen Energieversogers Rosatom am Standort Saporischschja eingetroffen sei.

15.03.2022: Russische Kräfte haben auf dem Gelände des AKW Blindgänger gesammelt und beseitigt. Die Munition stamme von dem Angriff russischer Truppen am 04.03.

06.05.2022: Treffen des IAEA-Generaldirektors Grossi mit dem Generaldirektor Likhachev der russischen Rosatom, in dem es um den sicheren Betrieb geht. Likhachev teilte in einem offiziellen Statement mit, dass die Sicherstellung des sicheren Betriebs für die russische Seite absolute Priorität habe. Eine IAEA-Mission nach Saporischschja soll erörtert werden.

27.05.2022: Die ukrainische Behörde SNRIU lehnte einen Besuch der IAEA (wie von dieser in einer Meldung vom 17.05. vorgeschlagen) am Standort Saporischschja ab. Er solle erst dann stattfinden, wenn das AKW nicht mehr unter russischer Kontrolle stehe.

06.08.2022: Am 5.08. kam es zu zwei Angriffen auf das AKW, bei denen drei Artilleriegranaten in unmittelbarer Nähe einschlugen. In einem der drei zu diesem Zeitpunkt in Betrieb befindlichen Blöcke sprach wegen des Ausfalls einer Leitung der Notfallschutz an, der Reaktor wurde notabgeschaltet und die Notstromdiesel liefen an, um die Sicherheitssysteme zu versorgen.

08.08.2022: Erneuter Beschuss. Dabei wurde ein Trockenlager beschossen, in dem 174 Behälter mit abgebrannten Brennelementen lagern. Die IAEA drängt darauf, so schnell wie möglich eine Mission mit Expertinnen und Experten nach Saporischschja zu entsenden, um die nukleare Sicherheit und Sicherung am Standort zu bewerten.

12.08.2022: Gemeldet werden Raketenbeschüsse vom 11.08. mit zehn Einschlägen.

Die UN veröffentlicht auf ihrer Website folgende Meldungen:

09.08.2022: UN-Generalsekretär António Guterres hat jegliche Angriffe auf Atomanlagen als selbstmörderisch verurteilt. Er hoffe, dass die Angriffe auf das ukrainische Atomkraftwerk Saporischschja aufhörten und die Internationale Atomenergiebehörde (IAEA) Zutritt zu dem Kraftwerk erhalte, sagte Guterres. […] Die Angriffe zeigten „die sehr reale Gefahr einer nuklearen Katastrophe", sagte IAEA-Chef Rafael Grossi.
Der Besuch eines IAEA-Teams vor Ort würde helfen, unabhängige Informationen über den Zustand des AKW zu liefern. Laut der russischen Nachrichtenagentur RIA Novosti signalisierte ein russischer Vertreter die Bereitschaft seines Landes für eine solche Inspektion.[128]

10.08.2022: Auf Initiative Russlands soll sich der UN-Sicherheitsrat am Donnerstag mit dem Beschuss des ukrainischen Atomkraftwerks Saporischschja beschäftigen. Das mächtigste UN-Gremium solle vom IAEA-Chef Rafael Grossi über den Zustand des AKW unterrichtet werden.[129]

12.08.2022: Die Dringlichkeitssitzung des UN-Sicherheitsrates war von Russland beantragt worden. Der russische UN-Botschafter Nebensia machte weiterhin die Ukraine für die Angriffe des Atomkraftwerks verantwortlich. Der ukrainische Vertreter, Kyslyzja, entgegnete, Russland sei bekannt für seine ausgefeilten Pläne der Täuschung, Sabotage und Verschleierung.[130]

Die Berichte dokumentieren zwar den laufende Beschuss des Kraftwerks, verschweigen aber den Verursacher. Zumindest wird deutlich, dass die Ukraine eine Kontrolle durch die Internationale Atomenergiebehörde IAEA in Saporischschja verhindert, während Russland beim UN-Sicherheitsrat dafür plädiert.

Westliche Medien hingegen verbreiten sogar die verlogenen Äußerungen der Ukraine oder bleiben im Vagen und überlassen es dem Leser, zwischen den Zeilen zu lesen. Auch unsere Politiker verlassen sich darauf, dass der Großteil der Bevölkerung weder die Tatsachen recherchiert, noch die Absurdität der Behauptung wahrnimmt, dass Russland das selbst besetzte AKW mit seiner Umgebung, die ebenfalls in russischer Hand ist, bombardiert. *ZDFheute* live berichtet am 08.08.2022: *„In den vergangenen Tagen gab es einige Angriffe auf das AKW Saporischschja, für die sich Russland und die Ukraine gegenseitig verantwortlich machen"*, und lässt Selenskyj zu Wort kommen, der sich dreist entrüstet: *„Es gibt keine Nation auf der Welt, die sich sicher fühlen kann, wenn ein terroristischer Staat ein Atomkraftwerk beschießt!"* Die Show geht weiter, als eine militärische Einschätzung durch Ex-Nato-General Egon Ramms angekündigt wird, der aber ausdrücklich nicht dazu befragt wird, wer seiner Meinung nach für den Beschuss verantwortlich sei. Er verurteilt lediglich Russland wegen der Besetzung.[131]

Der *Bayrische Rundfunk* berichtet am 15.08.2022, der russische Besatzungsvertreter Wladimir Rogow habe mitgeteilt, das von russischen Truppen besetzte AKW Saporischschja und Wohnviertel der Stadt Enerhodar seien 25 mal mit schwerer Artillerie beschossen worden und Granaten seien eingeschlagen. Das russische Außenministerium habe eine Feuerpause vorgeschlagen und betont, Russland wolle alles dafür tun, dass Inspekteure der IAEA das Gelände des Atomkraftwerks inspizieren können. Der ukrainische Präsident Wolodymyr Selenskyj mache Russland für den Beschuss verantwortlich und fordere die internationale Gemeinschaft auf, einen Unfall im Atomkraftwerk zu verhindern. *„Wenn die Welt jetzt nicht Stärke und Entschlossenheit zeigt, um ein Atomkraftwerk zu verteidigen, bedeutet das, dass die Welt verloren hat"*, sagte er in seiner nächtlichen Videobotschaft.[132]

So dreist, unverfroren und geradezu reflexhaft zu lügen, ohne in der Öffentlichkeit Widerspruch hervorzurufen, hat eine besondere Qualität. Es ist kriminell, dass Medien das unterstützen und Selenskyjs verlogene „Warnungen" vor einem Terroranschlag auf das AKW durch Russland verbreiten, die er im August vermehrt ausruft.

Die GRS meldet weitere Beschießungen am 13.,19., 22., 25., 29.08. und auch am 01.09.2022, als die Experten-Mission der IAEA nun endlich doch im AKW eintreffen darf, nachdem sie auf ukrainischer Seite mehrere Stunden aufgehalten worden war. (Die Kommission hatte den Vorschlag Russlands, von der Krim aus anzureisen, abgelehnt.)

Der *Tagesspiegel* berichtet am 01.09.2022: „IAEA-Generaldirektors Grossi sagte am Abend in einem Video, die IAEA werde eine andauernde Präsenz am Kraftwerk etablieren. Russlands Außenminister Sergej Lawrow versprach Unterstützung, forderte von dem Team aber Objektivität. Kiew besteht hingegen auf dem vollständigen Abzug der russischen Truppen und einer Demilitarisierung der Kraftwerksumgebung."[133]

Trotz der ab 05.09.2022 dauerhaften Präsenz zweier IAEA-Mitarbeiter geht der Beschuss ungehindert weiter. Am 20.11.2022 zum Beispiel sprach der IAEA-Chef von einem dutzend Angriffen, die „vorsätzlich und gezielt" erfolgt seien. Es sei ein Skandal, dass „ein Atomkraftwerk als legitimes militärisches Ziel betrachtet" werde, sagte Grossi. Er beschuldigte weder Russland noch die Ukraine, betonte aber: „Wer auch immer es ist, stoppt diesen Wahnsinn!" Ende März 2023 sagte Grossi nach einem Besuch des AKW: „Offensichtlich verbessert sich die Situation nicht. Ich fordere erneut ein Engagement aller Seiten, um die nukleare Sicherheit und den Schutz des Kraftwerks zu gewährleisten."

Alle Reaktoren sind inzwischen abgestellt und werden nur noch gekühlt und überwacht. Immer wieder wird durch ukrainischen Beschuss die einzige noch funktionierende 750-kV-Stromleitung zum ukrainischen Landesnetz gekappt, sodass die Anlage für die Reaktorkühlung und andere wichtige Funktionen der nuklearen Sicherheit auf ihre Diesel-Notstromaggregate angewiesen ist. Am 9. März 2023 beispielsweise war die Anlage elf Stunden ohne externe Stromversorgung und wurde durch Diesel-Notstrom versorgt, bis die Leitung repariert war. Die Situation ist hochgefährlich und kann zu einer nuklearen Verseuchung großer Gebiete führen.

Unsere Politiker und Medien verschweigen Wesentliches und lassen die Ukraine trotz aller Gefahren ungestört und kritiklos mit dem Feuer spielen.

Am 21. April 2023 intensiviert IAEA-Direktor Grossi seine Warnungen: „Ich habe klare Anzeichen militärischer Vorbereitungen in dem Gebiet gesehen, als ich das AKW Saporischschja vor drei Wochen besucht habe", sagt IAEA-Direktor Rafael Grossi laut einer Mitteilung der Behörde. Seither hätten die vor Ort stationierten Atomexperten mehrfach Explosionen in unmittelbarer Nähe der Anlage registriert, fügt Grossi hinzu. Die prekäre Situation erfordere weiteren Druck, damit das Atomkraftwerk weder beschossen noch als Ausgangspunkt für Angriffe genutzt werde. Wie üblich benennt er die Ukraine nicht als Verursacher, es dürfte aber jedem denkenden Menschen klar sein, dass Russland sich nicht selbst beschießt. Der von Grossi geforderte politische Druck erfolgt offenbar nicht, denn am 6. Juni 2023 wird der Kachowka-Staudamm zerstört.

Der Staudamm liegt im russisch kontrollierten Gebiet. Direkt daneben, am russisch besetzten Ufer, befinden sich ein Wasserkraftwerk, das durch die Wassermassen ebenfalls zerstört wird, ebenso der Nord-Krim-Kanal, der die Halbinsel Krim nun nicht mehr mit Wasser versorgen kann, sowie die russisch besetzte Stadt Novaja Kachowka, die überflutet und unbewohnbar ist. Überflutet werden zwei Drittel der russisch besetzten Gebiete und ein Drittel des von der Ukraine gehaltenen Gebiets unterhalb des Stausees.

Der Stausee versorgte auch das russisch besetzte AKW Saporischschja mit Wasser für die Kühlung der Reaktoren. Selenskyj beschuldigt sofort Russland, die Staumauer vermint und gesprengt zu haben. Russland beschuldigt die Ukraine, die Staumauer mit Raketen beschossen zu haben. Die Straßenbrücke, welche über die Staumauer führt, wurde bereits im Sommer 2022 durch ukrainische Angriffe für Fahrzeuge unpassierbar gemacht. Anfang November 2022 meldeten russische Medien, dass die Staumauer mit „sechs [amerikanischen] Himars-Raketen" angegriffen wurde, von denen fünf von der russischen Luftabwehr abgeschossen wurden. Die sechste habe eine Schleuse des Kachowka-Damms getroffen, aber „keine kritischen Schäden verursacht".

Obwohl die Schuldfrage von unabhängiger Seite nicht geklärt ist und die deutschen Medien anfangs lediglich verkünden, dass sich beide Seiten gegenseitig beschuldigen, versuchen sie, durch die Wortwahl den Eindruck zu erwecken, die Russen hätten den Damm gesprengt. Westliche Politiker sind weniger zurückhaltend, obwohl sie noch nichts wissen können. Sie haben es sich zur Gewohnheit gemacht, ohne jeden Beweis die Gegenseite der schlimmsten Verbrechen zu beschuldigen und Verbrechen der eigenen Verbündeten geflissentlich zu übersehen.

Schon wenige Stunden nach dem Anschlag schreibt Nato-Generalsekretär Jens Stoltenberg auf Twitter: „Dies ist eine ungeheuerliche Tat, die einmal mehr die Brutalität von Russlands Krieg in der Ukraine demonstriert." Bundeskanzler Olaf Scholz urteilt beim „Europaforum" des WDR in Berlin am 6. Juni: „Das ist ja auch etwas, das sich einreiht in viele, viele der Verbrechen, die wir in der Ukraine gesehen haben, die von russischen Soldaten ausgegangen sind."

Am 22. Juni 2023 liest und hört man in den Medien, Russland plane laut Selenskyj einen Terrorakt auf das AKW Saporischschja. Die Süddeutsche Zeitung schreibt: *„Sie haben dafür alles vorbereitet", sagte der Staatschef am Donnerstag in einem Video. Der ukrainische Geheimdienst SBU habe darüber Informationen. Am Mittwoch hatte bereits der Chef des ukrainischen Militärgeheimdienstes, Kyrylo Budanow, von russischen Vorbereitungen zur Sprengung des Kühlwasserteichs am Kraftwerk gesprochen.*

In der Folge betont die Ukraine laufend, Russland verlege Sprengsätze im AKW. Im Gegensatz dazu befürchtet Russland einen ukrainischen Angriff mit Raketen und Kamikazedrohnen, um einen atomaren Unfall zu verursachen und dadurch die NATO zum Eingreifen zu veranlassen. Regierungssprecher Peskow sagt: „Es müssen alle Maßnahmen ergriffen werden, um diese Bedrohung zu bekämpfen."

Der IAEA-Direktor Grossi wiederholt, dass seine dort stationierten Mitarbeiter keine Verminungen innerhalb des AKW festgestellt haben. Indessen bezeichnet der Berater des ukrainischen Präsidentenbüros, Mychajlo Podoljak, IAEA-Direktor Grossi als „das Subjekt Grossi" und „dieser Mensch". Durch Druck hätte die IAEA den Abzug der Russen erzwingen können.

Selenskyj und seine Regierung werden immer unkontrollierbarer und nutzen ihre Narrenfreiheit, die der Westen duldet. Wie lange noch und wohin führt das?

Kriegsbeteiligung der NATO

Der ukrainische Präsident Wolodymyr Selenskyj forderte die NATO kürzlich auf, auf ihrem nächsten Gipfel im Juli 2023 den Weg zur Aufnahme seines Landes ins westliche Militärbündnis freizumachen. Am 21.4.2023 meldet Der Spiegel: „ *‚Alle NATO-Mitglieder haben einem Beitritt der Ukraine zugestimmt', sagte Jens Stoltenberg zum Auftakt des Treffens der Ukraine-Kontaktgruppe auf dem US-Luftwaffenstützpunkt Ramstein. Stoltenberg sagte allerdings auch, dass der Fokus nun erst einmal darauf liegen würde, dass die Ukraine sich (im Krieg) durchsetze."*

Der Kreml wiederholte jedoch, dass die Verhinderung eines NATO-Beitritts der Ukraine nach wie vor ein Hauptziel seiner Invasion sei.

Die NATO ist mit Personal, Militärberatern, Kriegsgerät, Soldatenausbildung, aus Ramstein unterstützten Drohnenangriffen usw. schon voll integriert in die

Kriegshandlungen, doch Selenskyj fordert weitere und weitreichendere Waffen und versucht mit verschiedenen Aktionen immer wieder, das Bündnis direkt in den Krieg hineinzuziehen – sehr verständlich sogar, nachdem ihn der Westen zuvor zur Konfrontation mit Russland ermutigt hatte und sein Land die furchtbaren Konsequenzen nun ausbaden muss. Doch inzwischen nimmt sein Handeln immer gefährlichere, irrationale Züge an, denn er setzt auf Eskalation ohne Rücksicht auf noch schrecklichere Folgen.

Am 15.11.2022 schlägt in Polens Grenzgebiet zur Ukraine eine Rakete vom Typ S-300 ein und tötet zwei Menschen. Am Tag darauf behauptet Selenskyj in einem TV-Interview, es sei eine russische Rakete und keinesfalls eine ukrainische. Er hofft wohl, die NATO versteht das als Bündnisfall und greift nun endlich ein. Aber das ist überhaupt nicht im Sinne des Westens, denn Präsident Biden erklärt knapp: *„Das ist nicht die Beweislage"*, und sowohl Nato-Generalsekretär Jens Stoltenberg als auch Polens Präsident Andrzej Duda stellen fest, es handle sich um eine ukrainische Flugabwehrrakete. Politiker wie Strack-Zimmermann, die sofort mit dem Finger auf Russland gezeigt hatten, rudern schnell zurück, nachdem das Herrchen gepfiffen hatte.

Der beste Witz ist, dass die Verteidigungsminister*innen von Polen und Deutschland im November 2022 den Vorfall als Vorwand benutzen, um „einen gemeinsamen Schutz des polnischen Luftraums" zu vereinbaren. *„Polen ist als Nachbar der Ukraine besonders exponiert"*, sagt Verteidigungsministerin Christine Lambrecht mit unfreiwilliger Komik und begründet so das Vorhaben, Patriot-Flugabwehrsysteme nach Polen zu schicken und die Absicherung des polnischen Luftraums mit Eurofightern zu unterstützen.

Die Washington Post veröffentlicht am 13. Mai 2023 einen ausführlichen Artikel zu im Internet aufgetauchten geheimen Pentagon-Dokumenten. In den Geheimdokumenten finden sich Informationen zu Waffenlieferungen und Einschätzungen zum Kriegsgeschehen, aber ebenso Details aus Spähaktionen der USA gegen Partnerstaaten – so auch Inhalte interner Kommunikation Selenskyjs mit Beratern und militärischen Führern. Danach schlug Selenskyj im Januar vor, „Angriffe in Russland durchzuführen" und ukrainische Bodentruppen in feindliches Gebiet zu verlegen, um „nicht näher bezeichnete russische Grenzstädte zu besetzen" mit dem Ziel „Kiew in Gesprächen mit Moskau ein Druckmittel in die Hand zu geben", heißt es in einem als streng geheim gekennzeichneten Dokument. Bei einem separaten Treffen Ende Februar mit General Valery Zaluzhny, dem obersten militärischen Befehlshaber der Ukraine, „äußerte Selenskyj seine Besorgnis" darüber, dass „die Ukraine weder über Langstreckenraketen verfügt, die russische Truppenaufstellungen in Russland erreichen könnten, noch über irgendetwas, womit sie diese angreifen könnte". Selenskyj schlug daraufhin vor, „dass die Ukraine stattdessen nicht näher bezeichnete Aufmarschorte in Rostow, einer Region im Westen Russlands, mit Drohnen angreift", heißt es in einem anderen Geheimdokument.

Bei einem Treffen mit der stellvertretenden Ministerpräsidentin Yuliya Svrydenko schlug Selenskyj vor, die von der Sowjetunion gebaute Druschba-Pipeline zu sprengen, die Ungarn mit Öl versorgt. „Selenskyj betonte, dass die Ukraine die Pipeline einfach in die Luft jagen und die Industrie des ungarischen [Ministerpräsidenten] Viktor Orban zerstören sollte, die stark auf russisches Öl angewiesen ist", heißt es in dem Dokument.[134]

Während Kiew die Dokumente reflexartig als russische Fälschungen bezeichnet, dementiert das Pentagon nicht, sondern das FBI nimmt am 11.5.2023 mit großem Aufgebot einen jungen US-Militärmitarbeiter fest, der für das Datenleck verantwortlich gemacht wird.

Selenskyj hatte sich verpflichtet, die westlichen Waffen nur zur Verteidigung innerhalb der Ukraine einzusetzen, scheint inzwischen aber immer mehr außer Kontrolle zu geraten, was seine oben genannten Vorschläge und die bereits stattgefundenen Drohnenanschläge auf russischem Gebiet bestätigen.

Seit Beginn des Krieges hat Biden erklärt, dass die Vereinigten Staaten „die Ukraine nicht ermutigen oder befähigen, jenseits ihrer Grenzen zuzuschlagen". Die Forderung nach ATACMS-Langstreckenraketen hatte er immer wieder zurückgewiesen. Großbritannien jedoch hat Anfang Mai 2023 als erstes westliches Land Langstreckenraketen geliefert: Der Storm Shadow, ein Marschflugkörper mit Tarnkappenfähigkeiten, hat eine Reichweite von 155 Meilen (250 km) und übertrifft damit die 50 Meilen der von den USA gelieferten HIMARS-Raketen bei weitem.

Der deutsche CDU-Verteidigungspolitiker Roderich Kiesewetter sieht Deutschland in der Pflicht. „Die Partner der Ukraine müssen jetzt all-in gehen und der Ukraine alles liefern, was völkerrechtlich zulässig ist." Taurus-Marschflugkörper mit einer Reichweite von 400 bis 500 Kilometern seien hierbei ein sehr hilfreicher Beitrag aus Deutschland, meint er.

Doppelmoral des Westens

Am 29. März 2023 veröffentlichte Amnesty International seinen International Report 2022/23. Im Vorwort heißt es unmissverständlich: *„Der russische Angriffskrieg gegen die Ukraine ist auch ein Krieg gegen universelle Werte und die multilateralen Systeme, die zum Schutz dieser Werte gedacht sind. Wenn die westliche Welt diesen Kampf für universelle Werte gewinnen will, darf sie nicht gleichzeitig vergleichbare Aggressionen in anderen Ländern hinnehmen, nur weil ihre Interessen auf dem Spiel stehen. Deutlich wurde die Doppelmoral des Westens im lauten Schweigen zu den Menschenrechtsverletzungen in Saudi-Arabien und Ägypten sowie in den inkonsequenten Reaktionen auf die schwerwiegenden Auswirkungen anderer Konflikte auf die Menschenrechte, einige davon Verbrechen gegen die Menschlichkeit. Auch der Schutz von Flüchtlingen, die vor diesen Konflikten flohen, ließ stark zu wünschen übrig.*

In Israel und den besetzten palästinensischen Gebieten wurde das Apartheidsys-

*tem 2022 weiter verfestigt. Mehrere aufeinanderfolgende israelische Regierungen leiteten Maßnahmen ein, um noch mehr Palästinenser*innen aus ihren Häusern zu vertreiben, illegale Siedlungen auszuweiten und bestehende Siedlungen und Außenposten im besetzten Westjordanland zu legalisieren. Anstatt ein Ende dieses Systems der Unterdrückung zu fordern, gingen einige westliche Regierungen dazu über, diejenigen anzugreifen, die das Apartheidsystem Israels anprangerten.*

*Die Tore der EU, die für Ukrainer*innen, die vor dem russischen Angriffskrieg flohen, geöffnet waren, blieben für jene geschlossen, die vor Krieg und Repression in Afghanistan und Syrien flohen. Die USA wiesen zwischen September 2021 und Mai 2022 mehr als 25.000 Haitianer*innen aus. Viele dieser Menschen wurden inhaftiert und Folter und anderen Misshandlungen ausgesetzt, die rassistisch und migrationsfeindlich motiviert waren und in der systemischen Diskriminierung Schwarzer Menschen gründeten. […]*

Derartige Beispiele machten dem Rest der Welt einmal mehr deutlich, dass die Rückendeckung für die Menschenrechte durch den Westen selektiv und von Eigeninteressen geprägt ist.“[146]

Am 26. Juni 2023 berichtete die UN-Sonderberichterstatterin Fionnuala Ni Aolain vor Journalisten in New York über ihren Besuch im seit zwanzig Jahren existierenden US-Gefangenenlager Guantanamo auf Kuba. Die Behandlung der verbliebenen 34 Insassen, die ohne Prozess dort festgehalten werden, sei nach wie vor „grausam, unmenschlich und herabwürdigend“.

Frau Baerbock, andere Politiker und die deutschen Medien klagen in anderen Ländern immer lauthals die Einhaltung der Menschenrechte ein, vor den USA kuschen sie aber wie das Hündchen vor dem Herrn, der mit Zuckerbrot und Peitsche regiert.

Es gibt zahllose Beispiele sowohl für die Doppelmoral als auch für die Unmoral des Westens und viele Bücher, die das belegen. Ich werde mich auf den Kosovokonflikt beschränken, der Ähnlichkeiten mit den Vorgängen im Donbass aufweist, aber eine völlig andere Reaktion des Westens hervorrief. Ich muss dabei ausführlich auf Einzelheiten eingehen, weil gerade die Einzelheiten ein wahrheitsgetreues Bild ermöglichen.

Beispiel Kosovokrieg

Anfang des 13. Jahrhunderts wurde der Kosovo Teil des serbischen Königreichs und blieb es bis zum Einfall der Osmanen im 15. Jahrhundert. Die Osmanen beherrschten das Gebiet fast fünf Jahrhunderte lang, währenddessen sich die Bevölkerungsstruktur stark zugunsten von Albanern änderte. Erst in den Balkankriegen 1912/13 eroberten die Serben das Kosovogebiet vom Osmanischen Reich zurück. Im zweiten Weltkrieg besetzten Italiener und Deutsche das Kosovo (1941-1944). Viele Albaner kollaborierten mit den nationalsozialistischen Besatzern. So waren in der 21. Gebirgs-Division „Skanderbeg“ der Waffen-SS bis zu 9.000 Albaner im

Kosovo im Einsatz. Die Aktionen dieser Einheit richteten sich gegen die jugoslawisch-kommunistischen Partisanen sowie gegen Juden, Serben und Roma. Etwa 10.000 serbische Familien wurden vertrieben, zahlreiche Serben und Juden ermordet. Ende 1944 wurde der Kosovo von der jugoslawischen Armee unter Josip Broz Tito eingenommen und gehörte wieder zu Serbien, einer von sechs Teilrepubliken der Föderativen Republik Jugoslawien. Der Kosovo erhielt 1974 innerhalb der Sozialistischen Republik Serbien den Status einer Autonomen Provinz mit weitreichender Selbstverwaltung und einer kosovo-albanischen Führung. Es kam zu einer zunehmenden Albanisierung der Gesellschaft und Diskriminierung der serbischen Bevölkerung. Ab 1981 fanden wiederholt nationalistische Erhebungen der Kosovo-Albaner statt, bei denen auch der Republikstatus gefordert wurde. Sie wurden von der jugoslawischen Regierung niedergeschlagen. 1989 wurde der Autonomiestatus aufgehoben und damit verbundene Rechte der albanischen Bevölkerung eingeschränkt, was unter ihr Unmut und Empörung auslöste.

Im September 1990 proklamierten 111 Abgeordnete der Kosovo-Albaner heimlich eine Verfassung der Republik Kosovo. Ein Jahr später folgte die Unabhängigkeitserklärung, die per Volksabstimmung bestätigt wurde. Im Mai 1992 wurden Präsidentschafts- und Parlamentswahlen durchgeführt, die lediglich durch Albanien anerkannt wurden, nicht aber durch die serbische oder andere Regierungen.

1994 gründeten militante Albaner die sogenannte Kosovo-Befreiungsarmee UCK, eine bewaffnete Untergrundorganisation, die ab 1996 Mordanschläge auf serbische Polizisten und Zivilisten, auf Flüchtlingslager von aus Kroatien vertriebenen Serben sowie auf Albaner beging, die bezichtigt wurden, Kollaborateure zu sein. Auch im Westen wurde die UCK als Terrororganisation eingestuft. 1997 war die UCK auf über 15.000 Mitglieder angewachsen und rekrutierte weitere Kämpfer. Vom Westen wurden sie nun als „Freiheitskämpfer" heroisiert, die gegen die staatlichen Sicherheitskräfte der (russlandfreundlichen) Milošević-Regierung vorgingen. Unterstützt wurden sie von den USA, die die UCK aufrüstete und in Albanien Trainingslager für sie organisierte. Im Frühjahr 1998 startete die UCK eine Offensive und brachte große Gebiete des Kosovo unter ihre Kontrolle. Parallel versuchten die serbisch-jugoslawischen Streitkräfte, die von der UCK „befreiten Gebiete" zurückzuerobern und die Grenzregion zu Albanien zu kontrollieren. Die Brutalität nahm auf beiden Seiten zu.

Am 15. Januar 1999 wurden bei der Ortschaft Racak, einer Hochburg der UCK, mindestens 40 Menschen von Mitgliedern serbischer Sicherheitskräfte erschossen. Der Vorfall wurde als „Massaker von Racak" der serbisch-jugoslawischen Regierung angelastet, während diese behauptete, die Getöteten seien Angehörige der UCK und bei einer Kampfaktion getötet worden. Ohne dass die Widersprüche, die sich aus Berichten von OSZE-KVM, des finnischen forensischen Expertenteams, jugoslawischen Behörden und UCK-Organen ergaben, aufgeklärt wurden, diente der Vorfall zur Legitimation der ohne UNO-Mandat geführten Luftangriffe der NATO gegen die Bundesrepublik Jugoslawien.[147, 148] Der durchschnittliche Medienkonsument wurde tagtäglich mit Informationen gefüttert, die belegen sollten, dass mit dem serbischen Präsidenten Slobodan Milošević eine Art Hitler an der Macht sei.

Der (bis heute nicht aufgeklärte) Vorfall und andere Behauptungen wurden benutzt, um die Öffentlichkeit emotional gegen die Regierung Milošević aufzuheizen, den Angriff der NATO auf Jugoslawien zu rechtfertigen und die mediale Aufmerksamkeit vom wahren Grund des NATO-Eingriffs abzulenken.

Verteidigungsminister Rudolf Scharping machte einen angeblichen Geheimplan des serbischen Präsidenten mit der Bezeichnung „Operation Hufeisen" (unbewiesen bis heute) publik, der eine Umzingelung und Vertreibung der gesamten albanischen Bevölkerung des Kosovos enthalte. Ganze Dörfer seien bereits planmäßig ausradiert worden. Was hier stattfinde, sei ein „Genozid", und man müsse unbedingt eingreifen.

Der grüne Außenminister Joschka Fischer, gerade ein halbes Jahr im Amt, rief auf einem Sonderparteitag der Grünen: *„Nie wieder Krieg!" Durch die nachgefügten Worte „Nie wieder Auschwitz, nie wieder Völkermord, nie wieder Faschismus"* stellte er die Milošević-Regierung auf eine Stufe mit dem Naziregime und rechtfertigte dadurch den völkerrechtswidrigen Krieg der NATO-Staaten gegen Serbien bei gleichzeitiger Verharmlosung der Naziherrschaft.

Bundeskanzler Gerhard Schröder sagte am 24. März 1999 in einer Fernsehansprache: *„Heute Abend hat die NATO mit Luftschlägen gegen militärische Ziele in Jugoslawien begonnen. Damit will das Bündnis weitere schwere und systematische Verletzungen von Menschenrechten unterbinden und eine humanitäre Katastrophe im Kosovo verhindern. […] Wir führen keinen Krieg, aber wir sind aufgerufen, eine friedliche Lösung im Kosovo auch mit militärischen Mitteln durchzusetzen!"*

Schon im April 1999 stellte sich heraus, dass es peinliche Fehlinformationen gegeben hatte. Weder die Existenz von Konzentrationslagern, noch die von Massenexekutionen durch die Serben hatten sich bewahrheitet. Später wurde noch mehr enthüllt. Unter anderem entlarvte die ARD-Sendung Panorama am 18.5.2000, wie Verteidigungsminister Rudolf Schaping Fakten bewusst falsch wiedergegeben (z. B. den „Hufeisenplan") und Drohkulissen entworfen hatte, die nicht der Realität entsprachen.[149]

Am 17.1.2001 meldete Der Spiegel: *„Für das angebliche serbische Massaker an albanischen Zivilisten im Kosovo-Dorf Racak vom 15. Januar 1999 finden sich auch in einem wissenschaftlichen Abschlussbericht finnischer Gerichtsmediziner keine Beweise."*[150]

Der äußere Anlass für den Angriffskrieg der NATO gegen Jugoslawien

Anlass für den Angriff der NATO war der Entschluss der Regierung des Präsidenten Slobodan Milošević, am 18. März 1999 den von der NATO ausgearbeiteten *Vertrag von Rambouillet* nicht zu unterzeichnen. Es handelte sich um einen Vertrag zwischen der jugoslawischen Regierung und der Führung der UCK. Der

Vertrag sah die Autonomie des Kosovo innerhalb der BR Jugoslawiens vor, womit beide Seiten ursprünglich einverstanden waren.

Allerdings waren in die nun vorgelegte Fassung, sehr kurzfristig und inhaltlich nicht veränderbar, Zusätze eingebracht worden. Sie erlaubten die freie Beweglichkeit der NATO nicht nur im Kosovo, sondern in ganz Jugoslawien inklusive des Luftraumes und der See und ihrer Nutzung für Manöver, Training und andere Operationen (Artikel 8), die völlige Immunität von NATO und NATO-Personal gegenüber jugoslawischen Behörden (Artikel 6) und die kostenlose Nutzung der gesamten Infrastruktur Jugoslawiens (Artikel 10).[151]

Ratko Marković, damaliger Verhandlungsführer der jugoslawischen Delegation, sagte 2005 vor dem Internationalen Strafgerichtshof (IStGH) in Den Haag während des Prozesses gegen Slobodan Milošević aus, dass die jugoslawische Delegation den vollständigen Text des Rambouillet-Abkommens erst um 9:30 Uhr des letzten Verhandlungstages, dem 18. März 1999, ausgehändigt bekommen habe und der Delegation eine Frist von 3 ½ Stunden für die Unterzeichnung des Vertrages eingeräumt worden sei. Die Delegation habe bis zu diesem Zeitpunkt keine der Kapitel einsehen können, welche die militärische Umsetzung des Abkommens und den sehr umstrittenen Anhang B enthielten.

Es stellt sich natürlich die grundsätzliche Frage, warum nicht die UN, sondern ein kriegerisches Bündnis die Verhandlungen über einen Friedensvertrag geführt hat?

Am 17. März 1999 hatte die NATO der BR Jugoslawien ein Ultimatum zur Annahme des Rambouillet-Abkommens (das nach Bekanntwerden von vielen Kritikern als von Jugoslawien unannehmbar eingeschätzt wurde) gestellt: Für den Fall der Nichtannahme wurde die Bombardierung Jugoslawiens angedroht. Sie begann am 24. März 1999 ohne Ermächtigung des UN-Sicherheitsrates. Der von 14 NATO-Staaten geführte Krieg namens „Operation Allied Force“ war völkerrechtswidrig, denn er verstieß gegen die Charta der Vereinten Nationen, die Gewalt zwischen Staaten nur zur Selbstverteidigung sowie nach einer Billigung durch den Sicherheitsrat erlaubt. Der Krieg verstieß auch gegen die NATO-Doktrin, die einen Krieg nur zur Selbstverteidigung oder zur Verteidigung eines Bündnispartners erlaubt. Die Beteiligung der Bundeswehr verstieß gegen die Verfassung der Bundesrepublik.

Insgesamt warfen Flugzeuge 28.018 Sprengkörper über Jugoslawien ab; 83 Prozent dieser Abwürfe erfolgten durch Flugzeuge der United States Air Force. Die NATO bombardierte in der ersten Kriegsnacht mehrere serbische Chemie- und Petrochemiewerke im Chemie-Großkombinat Pancevo, einem Vorort von Belgrad. Große Mengen an giftigen und krebserregenden Stoffen traten dabei in Wasser und Luft aus und hüllten Pancevo in eine Giftwolke. Bombardiert wurden die Zentren von Belgrad und anderen serbischen Großstädten. Nicht nur militärische Ziele wurden angegriffen, sondern im Laufe der „Operation“ vermehrt auch Infrastrukturziele wie Brücken, Fabriken, Strom-, Wärme- und Wasserversorgung und Medieneinrichtungen, „um die jugoslawische Bevölkerung zu einer Protesthaltung gegen Präsident Milošević zu bringen".

Auch Wohnhäuser und Krankenhäuser wurden zerstört, und im Kosovo bombardierten NATO-Flugzeuge über zwei Stunden lang einen Flüchtlingszug, wobei 73 Menschen starben. Schließlich kapitulierte die jugoslawische Regierung. Während des Krieges vom 24. März bis 10. Juni 1999 kamen zwölf- bis fünfzehntausend Menschen ums Leben, darunter „aus Versehen" rund 500 Zivilisten.[152] So sieht das aus, wenn die NATO eine humanitäre Katastrophe „verhindert"!

Am 10.6.1999 verabschiedete die UNO die Resolution 1244, in der sie den Kosovo der UN-Mission UNMIK unterstellte. Sie soll grundlegende zivile Verwaltungsaufgaben wahrnehmen und u. a. den Prozess der Selbstverwaltung des Kosovo vorantreiben, wodurch eine substantielle Autonomie innerhalb der BR Jugoslawien hergestellt wird. Seit dem 12.6.1999 stationierte Soldaten der NATO-Schutztruppe KFOR sollen für Sicherheit und Ordnung sorgen.

2008 erklärte der Kosovo seine Unabhängigkeit. Der Internationale Gerichtshof (IGH) gelangte am 22. Juli 2010 zu dem Ergebnis, dass die Unabhängigkeitserklärung des Kosovo nicht gegen das Völkerrecht verstoße. Gleichzeitig erkannte der IGH die Gültigkeit der UN-Resolution 1244 an, vermied aber, den Rechtsstatus des Kosovo zu bewerten. 117 von 191 Mitgliedsstaaten der Vereinten Nationen erkannten den Kosovo als unabhängigen Staat an. 5 Mitgliedsstaaten der EU erkennen bis heute die Unabhängigkeit nicht an, weil sie selbst gegen Autonomiebestrebungen im eigenen Land vorgehen. Vom Westen unberücksichtigt blieb, dass der an Serbien grenzende und mehrheitlich von Serben bewohnte Nordkosovo (die Gemeinden Nord-Mitrovica, Leposavić, Zvečan und Zubin Potok) die Unabhängigkeit des Kosovo nicht anerkannte und sich weiterhin zum Teil Serbiens erklärte! Am 28. Juni 2008 gründeten Vertreter der im Nordkosovo lebenden serbischen Einwohner in Kosovska Mitrovica ein eigenes Parlament. Vor diesem Hintergrund entstehen im Nordkosovo immer wieder Unruhen wie kürzlich im Juni 2023.

Am 27. Mai 1999 wurde Milošević und sechs weitere Regierungsmitglieder vom Internationalen Strafgerichtshof (IStGH) in Den Haag wegen Verbrechen gegen die Menschlichkeit angeklagt, aber es dauerte fast ein Vierteljahrhundert, bis der IStGH 2023 mit dem „Kosovo-Sondertribunal" einen Prozess gegen die Führungsriege der UCK anstrengte. Kosovos bis 2020 amtierendem Präsidenten Hasim Thaci (früherer UCK-Führer) und drei weiteren hochrangigen Politikern (früheren UCK-Kommandeuren) werden Morde, Verschleppungen und Folter vorgeworfen. Von einer Befreiungsarmee ist nicht mehr die Rede, sondern von einer kriminellen Unternehmung. Seltsamerweise ist das Sondertribunal formaler Teil des kosovarischen Justizsystems, obwohl viele ehemalige UCK-Mitglieder hohe Positionen im Kosovo einnehmen.

Der Sitz des Tribunals ist jedoch in den Niederlanden, da es in anderen Prozessen gegen UCK-Mitglieder zu Drohungen und Gewalt gegen Zeugen gekommen ist, darunter mindestens einem Todesfall.

Für die bis zu 15.000 Menschen, die „aus humanitären Gründen" durch die NATO getötet wurden, muss sich niemand verantworten!

Ersetzt man nun einmal die BR Jugoslawien durch „Ukraine", die UCK durch „Donbass-Separatisten" beziehungsweise durch „Krimbewohner". Hätte die NATO dann nicht die Ukraine einschließlich Kiews wegen ihrer acht Jahre andauernden „Antiterror-Operation" im Donbass bombardieren und sie zwingen müssen, die militärischen Aktionen im Donbass einzustellen, anstatt Russland für sein militärisches Eingreifen zu verdammen und zu sanktionieren? Hätten die USA, Deutschland, Großbritannien und andere Staaten nicht auch die Unabhängigkeit der Krim sowie der Volksrepubliken Luhansk und Donezk anerkennen müssen wie die des Kosovo?

Was führte zu dem extrem gegensätzlichen Verhalten der NATO-Staaten?

Der Grund lag im Verhalten (Willfährigkeit oder Widersetzlichkeit) gegenüber den Hegemonieansprüchen der USA und der Haltung gegenüber einem NATO-Beitritt. Die Regierung Milošević verweigerte der NATO den Zutritt und war russlandfreundlich gesinnt, während die UCK mit den USA gemeinsame Sache machten. Die Ukraine zeigt sich wirtschaftlich und militärisch willfährig, während die Donbass-Separatisten und die Krimbewohner russlandfreundlich sind.

Diese grundsätzliche Haltung der USA lässt auch für die Zukunft der jetzigen Regierung Serbiens unter Staatspräsident Aleksandar Vučić fürchten, denn er lehnt sowohl Sanktionen gegen Russland als auch einen NATO-Beitritt Serbiens ab und betonte zudem erst Anfang März 2023 wieder: *„Ich habe zweifellos deutlich gemacht, dass Serbien weder einem NATO-Beitritt des Kosovo zustimmen wird, noch werden wir den Kosovo in irgendeiner Weise anerkennen"*.

Vučić wurde 2017 zum Staatspräsidenten gewählt. Seine Partei SNS gewann bei den demokratischen Parlamentswahlen 2016 und 2020 die absolute Mehrheit. Da die Parlamentswahl 2020 von den Oppositionsparteien boykottiert worden war, ließ Vučić im Jahr 2022 vorgezogene Neuwahlen durchführen. Bei den Parlamentswahlen am 3. April 2022 erhielt sein Bündnis SNS 42,9 Prozent, die Oppositionskoalition „Vereinigtes Serbien" USPS 13,6 Prozent und die Sozialistische Partei Serbiens (SPS) 11,4 Prozent der Stimmen. Keine Partei trat für die Verhängung von Sanktionen gegen Russland oder die Mitgliedschaft in der NATO ein.[153]

Am gleichen Tag fanden Präsidentschaftswahlen statt, die Vučić, seit fünf Jahren Amtsinhaber, mit 59 Prozent der Stimmen wieder gewann. Sein Herausforderer Zdravko Ponoš wurde von mehreren Oppositionsparteien unterstützt, erzielte aber nur knapp 18 Prozent.

Solche Wahlergebnisse bieten allerdings keine Sicherheit gegen Putsche, die von den USA gegen störende Machthaber inszeniert werden, wie die Vergangenheit des Öfteren zeigte. Auffällig ist, dass seit Mai 2023, sechs Großdemonstrationen stattfanden. Das erinnert stark an die von den USA inszenierte Umsturzbewegung Otpor, in deren Folge der amtierende Staatschef Milošević gestürzt wurde. Die TAZ schreibt jedoch am 5. Juni 2023: *„Zehntausende marschierten gegen Gewalt und Aggression, die die Staatsspitze in der Gesellschaft schürt, gegen ‚gekaperte Institutionen', ‚gleichgeschaltete Medien' und die ‚Machtusurpation' durch Staatspräsident Aleksandar Vučić."* (Das war den Bürgern Serbiens ein Jahr zuvor bei den Wahlen wohl gar nicht aufgefallen.) Ausgelöst wurden die Proteste angeblich durch die beiden Amokläufe am 3. und 4. Mai, bei denen ein Dreizehnjähriger und ein Zwanzigjähriger insgesamt 18 Menschen töteten. Diese Taten in Zusammenhang zu bringen mit den durch die *TAZ* genannten Vorwürfen, erfordert erhebliche gedankliche Verrenkungen.[154] Dagegen wird von serbischen Medien vermutet, die Proteste seien von ausländischen Geheimdiensten gemeinsam mit Serbenhassern aus Kroatien, Bosnien, Montenegro und dem Kosovo organisiert worden.

Offenbar gehen die Aktionen gegen die Vučić-Regierung weiter, denn am 13. Oktober 2023 kündigt Vučić vorgezogene Neuwahlen für den 2. November an. „Die Bürger sollen sagen, was für eine Politik sie wollen", sagt er im Fernsehen und kommt damit einem eventuellen Putschversuch zuvor. Auf das Wahlergebnis darf man gespannt sein.

Warum erfahren wir aus den Mainstream-Medien nur einen ausgewählten Teil der Tatsachen?

Die Antworten kann man unter anderem finden in Büchern von Uwe Krüger, Medienwissenschaftler und Journalist, dessen Forschungsschwerpunkt die Unabhängigkeit der Medien ist, Jürgen Todenhöfer, ehemaliger CDU Politiker und Journalist, Udo Ulfkotte, Journalist, Noam Chomsky, amerikanischer Publizist, Richard David Precht, Philosoph, Harald Welzer, Soziologe und Publizist.

Die Satiresendung „Die Anstalt" klärte 2014 sehr anschaulich über die engen Verbindungen maßgeblicher Journalisten und Herausgeber wie Dieckmann (Bild), Cornelius (Süddeutsche Zeitung), Joffe (Die Zeit), Bittner (Die Zeit) und Nonnenmacher (FAZ) mit transatlantischen Organisationen und Lobbyorganisationen auf.[155] Da wundert die Parteinahme für USA-gesteuerte Maßnahmen kaum noch. Eine Medienanalyse ergab zum Beispiel, dass rund zwei Drittel der Beiträge in Der Spiegel, Die Zeit und Süddeutsche Zeitung die Irakkriege als gerechtfertigt darstellten und die FAZ durchgängig ein Hohelied auf Washington bei gleichzeitiger Geißelung der Schröder-Regierung anstimmte.

Seltsam, dass in unserem Land keine Alarmglocken schrillen, wenn Joffe in *Die Zeit* schreibt: „Wer die Assad-Diktatur fällen oder doch lähmen will, zerschlage

Stromversorgung, Kommunikationsanlagen, Fabriken und Brücken à la Serbien; noch besser Raffinerien, Benzinlager, Flugplätze und Häfen. Und nimmt, Präzisionswaffen hin oder her, Abertausende von Ziviltoten in Kauf"[156, 157] oder wenn unsere Politiker davon reden, „Deutschland müsse mehr Verantwortung in der Welt" übernehmen. Diese propagandistische Formulierung vernebelt, was tatsächlich gemeint ist: Militäreinsätze außerhalb Deutschlands. In die gleiche Kerbe schlägt Joffe: *„Warum verweigern die demokratischen Mächte die schreiende moralische Pflicht?"*

Der Syrienkrieg ist ein gutes Beispiel für Desinformation. Worum es in Syrien ging und was sich dort wirklich abgespielt hat, beschreibt Michael Lüders in „Die den Sturm ernten – Wie der Westen Syrien ins Chaos stürzte".

Quellennachweise

1 https://www.laender-analysen.de/site/assets/files/1811/ukraineanalysen49.pdf#page=2
2 https://www.bpb.de/themen/europa/ukraine-analysen/332322/chronik-23-maerz-bis-25-april-2021/
3 https://www.wallstreet-online.de/nachricht/13733809-forex-report-yellen-mindeststeuer-ukraine-russland-dekret-117-2021
4 https://www.bundesregierung.de/breg-de/suche/pressekonferenz-von-bundeskanzler-scholz-und-dem-praesidenten-der-ukraine-selensky-am-14-februar-2022-in-kiew-2004978
5 https://www.bundesregierung.de/breg-de/suche/pressestatement-von-bundeskanzler-scholz-zu-seinem-besuch-in-der-russischen-foederation-am-15-februar-2022-2005532
6 https://www.youtube.com/watch?v=IY0NEgeqf2Q
7 https://www.spiegel.de/politik/absurde-vorstellung-a-a18a7cab-0002-0001-0000-000067871653?context=issue
8 https://zeitschrift-osteuropa.de/blog/vladimir-putin-ansprache-am-fruehen-morgen-des-24.2.2022/
9 https://www.youtube.com/watch?v=D336cJMM2l4
10 https://peace.fes.de/security-radar-2019
11 https://www.zdf.de/nachrichten/politik/ukraine-baerbock-unterstuetzung-hilfe-krieg-100.html
12 https://www.youtube.com/watch?v=LmSZQS3HdTI
13 https://www.youtube.com/watch?v=ynK6YLxa_Uw
14 Baring: Deutschland – was nun? (1991)
15 „Hart aber fair" Oktober 2016
16 https://zeitschrift-osteuropa.de/blog/putin-rede-21.2.2022/
17 https://www.spiegel.de/ausland/der-kremlchef-und-seine-drohungen-gegen-den-westen-putins-ukraine-rede-im-wortlaut-a-fab35f1d-3a2e-494c-af44-72798d2aa42c
18 https://www.bpb.de/system/files/dokument_pdf/bpb-Karten-Ukraine_03a.pdf
19 https://www.bpb.de/system/files/dokument_pdf/bpb-Karten-Ukraine_03b.pdf
20 https://www.bpb.de/shop/zeitschriften/izpb/info-aktuell/209719/geschichte-der-ukraine-im-ueberblick/
21 https://de.wikipedia.org/wiki/Geschichte_der_Ukraine
22 https://www.bpb.de/shop/zeitschriften/izpb/info-aktuell/209719/geschichte-der-ukraine-im-ueberblick/
23 https://www.bpb.de/shop/zeitschriften/izpb/sowjetunion-i-1917-1953-322/189565/stalinismus/?p=4

24 https://www.spiegel.de/politik/das-blutbad-von-lemberg-ein-erlebnisbericht-von-moritz-gruenbart-a-3a257fae-0002-0001-0000-000043063489

25 https://www.lpb-bw.de/ukraine-geschichte#c84767

26 https://www.theguardian.com/world/2004/nov/26/ukraine.usa

27 https://www.spiegel.de/politik/die-revolutions-gmbh-a-0ff5abd6-0002-0001-0000-000043103188

28 https://de.wikipedia.org/wiki/Orange_Revolution

29 https://www.upi-institut.de/ukrainekonflikt.htm

30 https://de.wikipedia.org/wiki/Dekret_zur_Aussetzung_des_Assoziierungsvertrags_zwischen_der_Ukraine_und_der_EU

31 https://www.washingtonpost.com/opinions/interview-with-ukrainian-presidential-candidate-petro-poroshenko/2014/04/25/74c73a48-cbbd-11e3-93eb-6c0037dde2ad_story.html

32 https://www.spiegel.de/politik/ausland/ukraine-praesidentenkandidat-zarjow-ueberfallen-und-geschlagen-a-964504.html

33 https://www.bpb.de/themen/europa/ukraine-analysen/217169/analyse-sinkender-wohlstand-und-die-anpassungsstrategien-der-bevoelkerung/

34 https://www.boell.de/de/2020/10/28/lokalwahlen-ukraine-herbe-niederlage-fuer-selenskyj

35 https://www.welt.de/print/die_welt/politik/article126815616/Wer-waren-die-Scharfschuetzen-auf-dem-Maidan.html

36 https://www.ardmediathek.de/video/monitor/todesschuesse-in-kiew-wer-ist-fuer-das-blutbad-vom-maidan-verantwortlich/das-ers-te/Y3JpZDovL3dkci5kZS9CZWl0cmFnLTc2ZGM1N2M0LTI0OTAtMTFlNS1hOWE3LTUyMjFhZjBjMmJiNQ

37 https://rm.coe.int/CoERMPublicCommonSearchServices/DisplayDCTMContent?documentId=09000016802f0790

38 https://www.zeit.de/politik/ausland/2015-03/ukraine-maidan-ermittlungen-europarat

39 www.faz.net/aktuell/politik/ausland/europa/ukraine-regierung-behindert-aufklaerung-der-majdan-morde-13515455.html

40 https://www.sueddeutsche.de/politik/gedenken-an-maidan-proteste-in-kiew-angehoerige-der-opfer-buhen-praesident-poroschenko-aus-1.2231170

41 https://www.youtube.com/watch?v=F62m6h4aXDM

42 https://www.lto.de/recht/hintergruende/h/2014-odessa-42-tote-buergerkreig-brand-ukraine-russland-un-europarat-ermittlungen-emrk/

43 https://www.spiegel.de/politik/ausland/ukraine-europarat-kritisiert-ermittlungen-zu-strassenschlachten-a-1060987.html

44 https://www.coe.int/de/web/portal/international-advisory-panel/-/asset_publisher/EPeqGGDr0yBr/content/iap-report-on-odessa-events?inheritRedirect=false&redirect=https%3A%2F%2Fwww.coe.int%2Fde%2Fweb%2Fportal%2Finternational-advisory-pa-nel%3Fp_p_id%3D101_INSTANCE_EPeqGGDr0yBr%26p_p_lifecycle%3D0%26p_p_state%3Dnormal%26p_p_mode%3Dview%26p_p_col_id%3Dcolumn-4%26p_p_col_pos%3D2%26p_p_col_count%3D4#{%22700162%22:[]}

45 https://www.ohchr.org/sites/default/files/Documents/Countries/UA/HRMMUReport15June2014.pdf

46 https://www.spiegel.de/politik/ausland/ukraine-mordserie-an-maidan-gegnern-a-1029075.html

47 https://www.tagesspiegel.de/politik/ukrainische-nationalisten-bekennen-sich-zu-anschlagen-6634477.html

48 https://www.fr.de/politik/politische-morde-haeufen-sich-11164753.html

49 https://myrotvorets.center/2281675-smert-rosyjsko-fashistskim-zagarb/

50 https://taz.de/Keiner-stirbt-einfach-so/!207928/

51 https://www.spiegel.de/politik/ausland/krim-krise-die-fatalen-fehler-der-kiewer-regierung-a-956680.html

52 https://en.wikipedia.org/wiki/Ukrainian_Census_(2001)

53 https://commons.wikimedia.org/wiki/File:Ukraine_census_2001_Russian.svg

54 https://www.bpb.de/themen/europa/ukraine-analysen/260833/kommentar-sprachenpolitik-in-der-ukraine/

55 https://dpa-factchecking.com/germany/220701-99-876250/

56 https://www.jungewelt.de/artikel/442862.ukraine-alles-muss-raus.html

57 https://www.bpb.de/themen/europa/russland-analysen/nr-277/185420/analyse-aufstieg-und-niedergang-der-prorussischen-bewegung-auf-der-krim-1991-1995/

58 https://www.ssoar.info/ssoar/bitstream/handle/document/4361/ssoar-1998-sasse-die_krim_-_regionale_autonomie.pdf?sequence=1&isAllowed=y&lnkname=ssoar-1998-sasse-die_krim_-_regionale_autonomie.pdf

59 www.bpb.de/themen/europa/ukraine/214882/statistik-demographische-situation-auf-der-krim/

60 https://www.mdr.de/heute-im-osten/krim188_page-1_zc-43c28d56.html

61 https://www.mdr.de/heute-im-osten/krim188_page-1_zc-43c28d56.html

62 https://www.faz.net/aktuell/feuilleton/debatten/die-krim-und-das-voelkerrecht-kuehle-ironie-der-geschichte-12884464.html

63 https://www.wissensmanufaktur.net/media/pdf/Krim-Zeitfragen.pdf

64 https://www.deutschlandfunk.de/haftstrafe-fuer-ukrainischen-kriegsreporter-unerwuenschte-100.html

65 https://www.bpb.de/themen/europa/ukraine-analysen/184520/analyse-die-referenden-in-donezk-und-luhansk/
66 https://www.dw.com/de/poroschenko-triumphiert-und-lehnt-gespr%C3%A4che-mit-terroristen-ab/a-17663390
67 https://www.bundestag.de/resource/blob/880828/23b6372347d72f843cb197002f229887/WD-2-081-21-pdf-data.pdf
68 https://www.bpb.de/themen/europa/ukraine-analysen/nr-261/346854/analyse-die-umsetzung-der-minsker-vereinbarungen-was-ist-moeglich/
69 https://www.laender-analysen.de/ukraine-analysen/150/
70 https://www.laender-analysen.de/ukraine-analysen/261/die-umsetzung-der-minsker-vereinbarungen-was-ist-moeglich/
71 https://www.tagesspiegel.de/politik/absolut-unerwartet-putin-zeigt-sich-enttauscht-von-merkel-wegen-ausserungen-zur-ukraine-9006844.html
72 http://kiis.com.ua/materials/pr/20152603_ratings/Ukraine2000_Results3.pdf
73 https://www.bpb.de/shop/zeitschriften/apuz/194824/der-westen-und-die-ukraine-krise-plaedoyer-fuer-realismus/
74 https://www.osce.org/files/f/documents/e/7/233896.pdf
75 https://www.stern.de/politik/ausland/die-vergessene-ukraine--krieg--folter--willkuer--6891912.html
76 https://www.laender-analysen.de/ukraine-analysen/236/der-minsker-prozess-perspektiven-aus-der-bevoelkerung-in-der-konfliktregion/
77 https://www.berliner-zeitung.de/open-source/aggression-oder-reaktion-der-konflikt-zwischen-der-ukraine-und-russland-eskaliert-li.159434
78 https://www.laender-analysen.de/ukraine-analysen/262/die-osze-sonderbeobachtermission-in-der-ukraine-wunsch-und-wirklichkeit/
79 https://www.swp-berlin.org/publikation/die-ukraine-unter-praesident-selenskyj
80 https://www.anwalt.de/rechtstipps/kriegsrecht-und-ausnahmezustand-in-der-ukraine-199736.html
81 https://de.wikipedia.org/wiki/Kommunistische_Partei_der_Ukraine
82 https://www.president.gov.ua/documents/1532022-41765
83 https://www.zlv.lu/db/1/1418490688254/0
84 https://www.deutschlandfunkkultur.de/pressefreiheit-in-der-ukraine-ein-schwieriger-schmerzhafter-100.html
85 https://www.reporter-ohne-grenzen.de/pressemitteilungen/meldung/ukraine-selenskyj-muss-pressefreiheit-schuetzen
86 https://www.president.gov.ua/documents/1522022-41761
87 https://europeanjournalists.org/blog/2022/07/08/ukraine-authorities-should-withdraw-the-draft-media-law/
89 https://www.reporter-ohne-grenzen.de/pressemitteilungen/meldung/ukraine-selenskyj-muss-pressefreiheit-schuetzen

90 https://dserver.bundestag.de/btd/20/033/2003377.pdf
91 https://www.berliner-zeitung.de/politik-gesellschaft/ukraine-setzt-alice-schwarzer-auf-schwarze-liste-li.251348

92 https://www.dgb.de/uber-uns/dgb-heute/internationale-und-europaeische-gewerkschaftspolitik/++co++e2ba94b4-38dd-11ed-a5c9-001a4a160123
93 https://de.wikipedia.org/wiki/Gewerkschaften_in_der_Ukraine
94 https://www.tagesschau.de/multimedia/video/schnell_informiert/video-1226504.html
95 https://www.tagesschau.de/multimedia/video/schnell_informiert/video-1226518.html
96 https://kiis.com.ua/materials/pr/20152603_ratings/Ukraine2000_Results3.pdf
97 https://www.bpb.de/themen/europa/ukraine-analysen/185498/umfragen-einheitsstaat-vs-foederaler-staat-sprachsituation-die-ansichten-der-buerger-in-der-suedost-ukraine/
98 https://taz.de/Ukraine-will-Auslieferung-Wehrpflichtiger/!5955315/
99 https://de.statista.com/statistik/daten/studie/157935/umfrage/laender-mit-den-hoechsten-militaerausgaben/
100 https://de.statista.com/statistik/daten/studie/1134544/umfrage/militaerische-einrichtungen-der-us-streitkraefte/
101 https://www.spiegel.de/politik/ausland/geheimlager-in-europa-jeder-wusste-wie-es-in-bondsteel-zugeht-a-387762.html
102 https://www.swp-berlin.org/publikation/angriff-auf-den-open-skies-vertrag
103 https://www.zeit-fragen.ch/archiv/2023/nr-9/19-2-mai-2023/un-menschenrechtsrat-fordert-abschaffung-einseitiger-sanktionen
104 https://www.spiegel.de/panorama/krieg-barack-obama-ist-der-us-praesident-mit-den-meisten-kriegstagen-a-00000000-0003-0001-0000-000000567071
105 https://www.bpb.de/shop/zeitschriften/apuz/27583/die-rolle-der-uno-und-des-sicherheitsrates-im-irakkonflikt/
106 https://de.wikipedia.org/wiki/Beteiligung_der_Vereinigten_Staaten_an_Regierungswechseln_im_Ausland
107 https://de.wikipedia.org/wiki/Geschichte_Boliviens
108 Michael Lüders: Die Scheinheilige Supermacht (2021)
109 https://de.wikipedia.org/wiki/Geschichte_Nicaraguas#B%C3%BCrgerkrieg_und_Macht%C3%BCbernahme_der_Sandinisten
110 https://de.wikipedia.org/wiki/Geschichte_Chiles#Die_Regierung_Frei
111 https://de.wikipedia.org/wiki/Geschichte_Guatemalas#20._Jahrhunde
112 https://www.deutschlandfunk.de/interview-mit-christian-hacke-konfliktforscher-dlf-99bec0b6-100.html

113 https://www.youtube.com/watch?v=D336cJMM2l4
114 https://www.emma.de/artikel/erich-vad-was-sind-die-kriegsziele-340045
115 https://www.emma.de/artikel/russland-will-verhandeln-340083
116 https://aufstand-fuer-frieden.de/manifest-fuer-frieden/
117 https://www.youtube.com/watch?v=xC-aRUy6qnI
118 https://www.youtube.com/watch?v=If--0DhS_qc
119 https://taz.de/Kundgebung-Aufstand-fuer-Frieden/!5918192/
120 https://www.tagesspiegel.de/politik/altbekannte-oder-neue-bewegung-wen-der-aufstand-fur-den-frieden-tatsachlich-anzog-9417647.html
121 https://www.tagesschau.de/multimedia/video/video-1160993.html
122 https://frieden-und-zukunft.de/2023-04-01_aufruf-frieden-schaffen/
123 https://twitter.com/MelnykAndrij/status/1642076243037245441?lang=de
124 https://original.antiwar.com/eisenhower_media_network/2023/05/16/the-us-should-be-a-force-for-peace-in-the-world/
125 https://www.telepolis.de/features/Die-USA-sollten-eine-Kraft-fuer-den-Frieden-in-der-Welt-sein-9064735.html
126 https://www.deutschlandfunk.de/ukraine-berichterstattung-100.html
127 https://www.grs.de/de/aktuelles/informationen-zur-kerntechnischen-sicherheit-ukraine
128 https://unric.org/de/ukraine-09082022/
129 https://unric.org/de/ukraine10082022/
130 https://unric.org/de/ukraine12082022/
131 https://www.zdf.de/nachrichten/zdfheute-live/atomkraftwerk-saporischschja-angriff-video-100.html
132 https://www.br.de/nachrichten/deutschland-welt/bundesregierung-verurteilt-angriffe-auf-akw-saporischschja,TEZImlH
133 https://www.tagesspiegel.de/politik/iaea-plant-dauerhafte-mission-in-saporischschja-8606239.html
134 https://www.washingtonpost.com/world/2023/05/13/zelensky-ukraine-war-leaked-documents/
135 https://www.swp-berlin.org/publications/products/aktuell/2022A66_krieg_russland_ukraine_Web.pdf
136 https://www.youtube.com/watch?v=qK9tLDeWBzs
137 https://dserver.bundestag.de/btd/20/061/2006106.pdf
138 www.pravda.com.ua/eng/news/2022/05/5/7344206/
139 https://www.youtube.com/watch?v=9MNuMJNIS64 (abgerufen am 23.6.2023)
140 https://en.lb.ua/news/2022/04/02/12441_special_forces_regiment_safari.html
141 https://www.anti-spiegel.ru/2022/weitere-videos-beweisen-beim-abzug-der-russischen-armee-gab-es-keine-leichen-in-butscha/
142 https://www.president.gov.ua/documents/6792022-44249

143 https://www.tagesanzeiger.ch/ticker-ukraine-russland-krieg-wichtigste-news-57-230591284724/40
144 https://www.zdf.de/nachrichten/politik/verhandlungen-kapitulation-ukraine-russland-krieg-100.html

145 https://www.bundesregierung.de/breg-de/aktuelles/telefonat-von-bundekanzler-scholz-mit-russlands-praesident-wladimir-putin-2148846
146 https://www.amnesty.de/informieren/amnesty-report/vorwort-amnesty-international-report-2022
147 https://de.wikipedia.org/wiki/Massaker_von_Ra%C4%8Dak#Berichte_des_US-Au%C3%9Fenministeriums
148 https://de.wikipedia.org/wiki/Kosovokrieg
149 https://daserste.ndr.de/panorama/archiv/2000/Enthuellungen-eines-Insiders-Scharpings-Propaganda-im-Kosovo-Krieg,erste7422.html
150 https://www.spiegel.de/politik/ausland/kosovo-krieg-keine-beweise-fuer-massaker-von-racak-a-112775.html
151 https://de.wikipedia.org/wiki/Vertrag_von_Rambouillet
152 https://de.wikipedia.org/wiki/Operation_Allied_Force
153 https://www.kas.de/de/laenderberichte/detail/-/content/parlamentswahlen-in-serbien-2022
154 https://taz.de/Proteste-in-Serbien/!5938427/
155 https://www.youtube.com/watch?v=ymY3HOEwDBw
156 Michael Lüders, Die scheinheilige Supermacht, S. 126 (2021)
157 https://www.zeit.de/2013/38/syrien-menschenrechtskrieg-ist-auch-krieg
158 www.focus.de/politik/ausland/ukraine-krise/sie-nennt-sich-friedensjournalistin-frueher-war-alina-lipp-eine-engagierte-gruene-jetzt-betreibt-sie-propaganda-fuer-putins-krieg_id_86251798.html
159 https://dpa-factchecking.com/germany/220715-99-38098/

Öffentliche Personen

Christian Hacke

Geboren 1943, studierte an der Freien Universität Berlin Politikwissenschaft, Soziologie und Rechtswissen-schaft, promovierte 1973 zum Dr. phil. Nach verschiedenen Tätigkeiten in der Konrad-Adenauer-Stiftung, der Deutschen Gesellschaft für Auswärtige Politik, am Bonner Seminar für Politische Wissenschaft, der Deutschen Forschungsgemeinschaft und seiner Habilitation 1980 lehrte er als Professor Politikwissenschaft mit dem Schwerpunkt Internationale Politik an der Universität der Bundeswehr Hamburg. Von 2000 bis 2008 war er Professor für Politikwissenschaft und Inhaber des Lehrstuhls für die Wissenschaft von Politik und Zeitgeschichte an der Rheinischen Friedrich-Wilhelms-Universität Bonn.

General a. D. Harald Kujat

Geboren 1942. Höchste Funktionen vor seiner Pensionierung waren: Generalinspekteur der Bundeswehr (ranghöchster Soldat der Bundeswehr), Vorsitzender des NATO-Militärausschusses (ranghöchster Soldat des NATO-Bündnisses / Oberbefehlshaber der Truppen im Falle eines militärischen Konfliktes der NATO), Vorsitzender des NATO-Russlandrates der Generalstabschefs, Vorsitzender der NATO-Ukraine-Kommission der Generalstabschefs und des Euro-Atlantischen Partnerschaftsrates. Als inzwischen unabhängiger Militärexperte in Mainstream-Medien unbeliebt geworden.

Alina Lipp

Geboren 1994 in Hamburg. Sie hat eine deutsche Mutter und einen russischen Vater. Sie war eine engagierte Grünen-Politikerin in Niedersachsen, ist aber Ende 2020 aus der Partei ausgetreten. Nach eigener Aussage hat sie einen Bachelorabschluss in Umweltsicherung und einen Masterabschluss in Nachhaltigkeitswissenschaften. Vor einiger Zeit ist sie nach Russland ausgewandert und lebt zurzeit im Donbass.[158]

DPA-Factcheking veröffentlicht am 3.8.2022: „Es stimmt, dass gegen Alina Lipp ermittelt wird. Dabei geht es jedoch nicht um eine bloße Meinungsäußerung, sondern die Staatsanwaltschaft wirft ihr die Billigung von Straftaten nach § 140 Nr. 2 Strafgesetzbuch (StGB) vor. In einer Vielzahl von Fällen soll Lipp demnach den russischen Angriffskrieg gegen die Ukraine gutgeheißen haben, der laut der Staatsanwaltschaft ein Verbrechen der Aggression nach § 13 Absatz 1 Völkerstrafgesetzbuch (VStGB) darstellt. [...] Laut dem Sprecher der Staatsanwaltschaft soll Lipp sich über ihre öffentlichen Social-Media-Accounts immer wieder mit dem am 24. Februar 2022 begonnenen russischen Angriffskrieg auf die Ukraine solidarisiert und diesen gutgeheißen haben."[159]

Thomas Röper (Website www.anti-spiegel.ru)
Der Deutsche lebt in Sankt Petersburg und berichtet auf seiner Website über aktuelle Ereignisse in Russland. Bücher: „Spieglein, Spieglein in der Hand – wer lügt am meisten im ganzen Land?"(2020). „Ukraine Krise 2014 – Das erste Opfer des Krieges ist die Wahrheit. Wie der neue kalte Krieg begann" (2020).

Michael von der Schulenburg (Website www.michael-von-der-schulenburg.com)
Geboren 1948. Ehemaliger stellvertretender Generalsekretär der Vereinten Nationen. Floh 1969 aus der DDR, studierte in Berlin, London und Paris und arbeitete über 34 Jahre für die Vereinten Nationen und kurz darauf für die OSZE in vielen Ländern im Krieg oder in bewaffneten Konflikten. Dazu gehörten langfristige Einsätze in Haiti, Pakistan, Afghanistan, Iran, Irak und Sierra Leone sowie kürzere Einsätze in Syrien, auf dem Balkan, in Somalia, auf dem Balkan, in der Sahelzone und in Zentralasien.

Daniela Schwarzer
Geboren 1973. Politikwissenschaftlerin. Tätigkeiten: Von 2005 bis 2010 arbeitete sie bei der Stiftung Wissenschaft und Politik (SWP). Danach leitete sie das Berliner Büro und das Europa-Programm des German Marshall Fund. Die Johns Hopkins University ernannte Daniela Schwarzer 2014 zur Senior Research Professorin, im gleichen Jahr wurde sie Fritz-Thyssen-Fellow am Weatherhead Center for International Affairs der Harvard University. Ab November 2016 arbeitete sie fast fünf Jahre in leitender Funktion bei der Deutschen Gesellschaft für Auswärtige Politik. 2020 wurde sie zum Senior Fellow am Belfer Center der Harvard Kennedy School of Government ernannt. 2021 wurde Daniela Schwarzer zur Honorarprofessorin an der Freien Universität Berlin berufen. Seit Mai 2021 leitet sie als Executive Director in Europa und Eurasien die Open Society Foundations. (Diese Organisation wurde vom Milliardär George Soros gegründet. Das Netzwerk arbeitet in verschiedenen Ländern eng mit der NED zusammen, einer von den USA finanzierten angeblichen NGO.)

Anmerkungen

Für Namen und geografische Bezeichnungen benutzte ich die Transkription nach dem Duden, die der deutschen Lautschrift entspricht. In Atlanten, anderen geografischen Werken oder Computerprogrammen sind die russischen Buchstaben ins Englische transkribiert, oft aber nach verschiedenen Regeln, sodass man unterschiedliche Schreibweisen vorfindet. Hier einige Beispiele zum leichteren Auffinden:

Juktali	= Yuktali	
Mogotscha	= Mogocha	
Oljokma	= Olekma	= Olyokma
Srednjaja Oljokma	= Srednyaya Olekma	= Srednyaya Olyokma
Sabajkalskij Kraj	= Zabaykalskiy Kray	
Tschita	= Tshita	= Chita
Ust-Njukscha	= Ust-Nyuksha	= Ust-Nyukzha

Die Namen mehrerer Personen sind anonymisiert.

Auf unserer Website **www.taigaleben.de** finden Sie aktuelle, ausführliche Informationen über Möglichkeiten der Kontaktaufnahme und den Erwerb meiner Videofilme und Bücher.

Fotonachweis:

Fotos: Karin Haß

Glossar

Banja	russische Sauna
Bagulnik	Dahurischer Rhododenron
Bulotschki	süße Hefebrötchen
Ewenke	Angehöriger einer Volksgruppe sibirischer Ureinwohner
Isbuschka	Blockhütte, Jagdhütte
Kascha	Brei
Kraj	Kreis, großer Verwaltungsbezirk
Laika	Russische Hunderasse mit vier Unterrassen
Lepjoschki	dicke, in der Pfanne gebackene Fladen aus Mehl, Wasser, Hefe bzw. Soda
Oblast	großer Verwaltungsbezirk
Pirogge	meist mit Hack oder Schmorkohl gefülltes Hefebrötchen
Rayon	Landkreis innerhalb einer Oblast oder eines Kraj
Taimen	sibirischer Huchen (Huchen taimen)